FAMÍLIA E FRONTEIRA NO BRASIL COLONIAL

ALIDA C. METCALF

FAMÍLIA E FRONTEIRA NO BRASIL COLONIAL

SANTANA DE PARNAÍBA, 1580-1822

Tradução
Igor Machado de Lima
Ludmila de Souza Maia

editora
unesp

Título original: *Family and Frontier in Colonial Brazil: Santana de Parnaíba, 1580-1822*

Direitos de publicação reservados à:
Fundação Editora da Unesp (FEU)
Praça da Sé, 108
01001-900 – São Paulo – SP
Tel.: (0xx11) 3242-7171
Fax: (0xx11) 3242-7172
www.editoraunesp.com.br
www.livrariaunesp.com.br
atendimento.editora@unesp.br

Dados Internacionais de Catalogação na Publicação (CIP) de acordo com ISBD
Elaborado por Vagner Rodolfo da Silva – CRB-8/9410

P644m Metcalf, Alida C.

Família e fronteira no Brasil colonial: Santana de Parnaíba, 1580-1822 / Alida C. Metcalf; traduzido por Igor Machado de Lima, Ludmila de Souza Maia. – São Paulo: Editora Unesp, 2024.

Tradução de: *Family and Frontier in Colonial Brazil: Santana de Parnaíba, 1580-1822*
Inclui bibliografia.
ISBN: 978-65-5711-239-7

1. História do Brasil. 2. Brasil colônia. 3. História social. 4. Desenvolvimento econômico. 5. Relações sociais. I. Lima, Igor Machado de. II. Maia, Ludmila de Souza. III. Título.

CDD 300
2023-3588 CDU 3

SECRETARIA DE CULTURA E TURISMO
PREFEITURA DE SANTANA DE PARNAÍBA

Editora afiliada:

Asociación de Editoriales Universitarias de América Latina y el Caribe

Associação Brasileira de Editoras Universitárias

Sumário

Lista de mapas, tabelas e imagens

Mapas

Tabelas

Figuras

Pranchas

Abreviações

As seguintes abreviações são utilizadas nas citações:

Arquivos

ACDJ	Arquivo da Cúria Diocesana de Jundiaí
ACMSP	Arquivo da Cúria Metropolitana de São Paulo
AHU	Arquivo Histórico Ultramarino, Lisboa
AN	Arquivo Nacional, Rio de Janeiro
Apesp	Arquivo Público do Estado de São Paulo
ATT	Arquivo da Torre do Tombo, Lisboa

Coleções de documentos manuscritos

IPO	Inventários do Primeiro Ofício, Apesp
IT	Inventários e Testamentos, Apesp
LP	Livros de Parnaíba, Apesp
MP	Mapas de População, Apesp
LPS	Livros Paroquiais de Santana de Parnaíba, ACDJ

Coleções de documentos publicados

IT	*Inventários e testamentos*, Departamento do Arquivo Público do Estado de São Paulo
DI	*Documentos interessantes*, Departamento do Arquivo Público do Estado de São Paulo
	Boletim, Departamento do Arquivo Público do Estado de São Paulo
	Sesmarias, Departamento do Arquivo Público do Estado de São Paulo

Nota da tradução

Em virtude da obra original e do seu diálogo historiográfico com as tradições norte-americana (do famoso trabalho de Frederick Jackson Turner)[1] e brasileira (da importante obra de Sérgio Buarque de Holanda, *Caminhos e fronteiras*),[2] decidimos utilizar o termo "fronteira" – que em Bluteau (1728)[3] e Moraes (1789)[4] tinha o significado de limite, confim. Por vezes, a palavra "sertão" também foi escolhida para traduzir *frontier*, quando esta se referia a região selvagem (*wilderness*). Outro conceito presente na obra é o de classe, devido à concepção da autora sobre a maior mobilidade nas hierarquias sociais na Santana de Parnaíba colonial.

Uma palavra cujo sentido mudou na versão em português foi *peasant*, a qual escolhemos traduzir por "população pobre livre", termo mais próximo do debate historiográfico brasileiro, principalmente por se distanciar de "camponês", mais relevante para falar da realidade europeia.[5] Nesse grupo social estavam os roceiros, importantes naquela sociedade – o termo se encontra nos censos, e, na contemporaneidade, eles costumam ser chamados de trabalhadores agrícolas. Por sua vez, *planters* foi traduzido como "proprietários agrícolas", devido ao caráter agrário da sociedade de Santana de Parnaíba, assim como à diversidade dos seus membros, proprietários de pessoas escravizadas e de terras, e ao fato de serem a classe privilegiada em termos de riqueza e *status*.

---

1 Turner, *The Frontier in American History*.

2 Holanda, *Caminhos e fronteiras*.

3 Bluteau, *Vocabulario portuguez e latino*, v.4, p.219.

4 Moraes, *Diccionario da lingua portugueza*, v.2, p.62.

5 Sobre o debate a respeito da população pobre livre, ver Samara, *Lavoura canavieira, trabalho livre e cotidiano. Itu (1780-1830)*, p.13-53.

As transformações e as permanências dos termos traduzidos foram escolhas realizadas pela autora e pelos tradutores com o intuito de aproximar o texto dos debates historiográficos brasileiros, sem, no entanto, modificar totalmente o significado do texto e do debate do trabalho produzido tempos atrás.

Prefácio da autora

É uma honra apresentar esta obra a um público leitor falante de português. Embora tenha sido escrita há muitos anos, ela continua sendo um trabalho relevante e útil, dados o interesse e a importância da história social no Brasil. Há muito tempo, meu desejo era publicar esta obra em português, mas os desafios de conseguir uma tradução clara e agradável eram até então insuperáveis. A tarefa de traduzir nunca é fácil, e questões referentes a vocabulário e contexto a tornam especialmente problemática para o historiador. Este livro foi possível graças à dedicação de Igor Machado de Lima, que me incentivou a enfrentar os obstáculos, bem como de Ludmila de Sousa Maia, que me encorajou a terminá-lo. Ambos são excelentes historiadores e escritores. Os seus conhecimentos históricos e a sua compreensão do ofício de escrever história facilitaram a superação dos desafios da tradução. Trabalhei com cada um dos tradutores para garantir que minhas observações originais fossem representadas de forma clara e precisa em cada parágrafo da tradução. Uma vez nas mãos da Editora Unesp, a cuidadosa revisão de sua equipe levou a esta versão final. Agradeço imensamente todo esse trabalho de tradução, que resultou neste livro que é tão bom quanto o original (se não ainda melhor!).

A importância deste livro é seu estudo detalhado da outrora vila rural de Santana de Parnaíba, localizada a oeste da cidade de São Paulo. Antigamente abrangendo um grande distrito que incluía as quatro paróquias de Santana, Araçariguama, São Roque e Barueri, centenas de fontes dessa vila sobreviveram, possibilitando a elaboração de uma história social detalhada ao longo de duzentos anos. Usando as metodologias da demografia histórica e da história social, bem como técnicas de análise quantitativa e vinculação de registros nominais, este estudo capta as mudanças fundamentais que ocorreram ao longo do tempo.

Essa história é relevante não pelo fato de Santana de Parnaíba ter desempenhado um papel importante na história do Brasil, tampouco pelo fato de pessoas importantes terem vivido lá. Na verdade, é na obscuridade e na normalidade dessa vila rural que se encontram as chaves para entender como as famílias sobreviveram no Brasil colonial. Como o leitor verá, a vida familiar e comunitária se desenvolveu em relação à vasta região do sertão brasileiro colonial. A importância da fronteira para a compreensão da vida em Santana de Parnaíba emergiu quando eu trabalhava cuidadosamente com a vasta documentação dessa vila. Essa não era minha hipótese original. E essa abordagem do historiador – deixar os documentos falarem – é uma das partes mais importantes e empolgantes da profissão. À medida que os documentos falam, nossa compreensão do passado muda, assim como as perguntas que fazemos aos documentos também mudam nossa compreensão deles.

A pesquisa original foi financiada por uma bolsa da Fulbright e do Social Science Research Council (EUA), e meus agradecimentos completos podem ser encontrados na publicação original. Aqui, gostaria de destacar apenas mais alguns. Eni de Mesquita Samara, que já nos deixou e cujo trabalho inicial sobre agregados e mulheres foi fundamental, era uma amiga e colega muito querida. Sentimos muito a sua falta. Também sou grata a Robert Slenes, cujo trabalho sobre a demografia da escravidão brasileira e sua colegialidade me influenciaram profundamente. Jamais poderia esquecer a dedicação de Inês da Conceição Inácio e Wilma Gomes da Silva, que passaram longas horas comigo nos arquivos. Meus colegas da Unicamp, especialmente Silvia Lara, Lucilene Reginaldo e Ricardo Pirola, têm me apoiado enormemente em estudos comparativos e colaborativos. Graças a Joice Oliveira, todos os meus documentos de pesquisa retornaram a Santana de Parnaíba e podem ser consultados no Centro Histórico. Sou muita grata à Rice University por apoiar o trabalho de tradução desta publicação. Também estou muito feliz que a Editora Unesp esteja publicando este livro, pois eu era professora visitante no *campus* de Assis quando finalmente concluí a pesquisa para esta obra. Lamento muito que Anna Maria Martinez Corrêa, que me recebeu no câmpus de Assis da Unesp com grande amizade, não esteja mais entre nós. Em nossa última visita, ela e Jacy Barleta me inspiraram a fazer a tradução deste livro. Como sempre, agradeço a meus colegas, alunos e amigos brasileiros, que me ajudaram a entender o passado do país, o que, por sua vez, me permitiu compreender mais profundamente a história das Américas. E, para encerrar, espero que este livro seja útil e que ajude a manter vivo o estudo das raízes coloniais do Brasil moderno.

Houston, 2023

Uma observação sobre a moeda

A moeda oficial no Brasil colonial era o real, embora circulassem muitas outras moedas, bem como ouro em pó. A quantia de mil reais, ou um mil réis, era escrita da seguinte forma: 1$000. Para evitar confusão no texto, substituí o $ por um ponto, de modo que a grafia 1$000 se torna 1.000 reais. Embora seja difícil fornecer equivalentes modernos significativos, um valor comparativo pode ser útil para o leitor: no século XVIII, uma pessoa escravizada forte no auge de seus anos de trabalho valia entre 100.000 e 150.000 reais.

Uma nota sobre ortografia

A língua portuguesa passou por várias reformulações para padronizar a ortografia. Isso traz dificuldades para os historiadores, pois a grafia moderna aceita para os nomes próprios difere daquela dos documentos coloniais. Além disso, os tabeliães que escreviam e transcreviam esses documentos geralmente usavam sua própria grafia. E, para complicar ainda mais as coisas, as pessoas geralmente tinham vários nomes de família, os quais nem sempre foram registrados nos documentos. Adotei o uso moderno padrão para figuras históricas e lugares proeminentes – por exemplo, Santana de Parnaíba –, independentemente de como foram grafados nos documentos. Embora nas edições originais em inglês deste livro eu não tenha modernizado os nomes de pessoas comuns, nesta tradução seguimos o exemplo dos historiadores brasileiros e usamos a grafia moderna dos nomes.

Introdução
As famílias e a fronteira na colonização das Américas

Este livro narra a história de pessoas comuns que viviam de maneira simples em quatro paróquias adjacentes que formavam uma vila numa área rural do Brasil Meridional. Embora raramente os historiadores tenham se interessado por essas pessoas, que em sua maioria eram escravizados e pequenos proprietários, elas influenciaram fortemente a colonização dessa região do país, onde hoje se encontra São Paulo. Pela forma como viveram, que era despretensiosa e sem constrangimento, desenvolveram certos modos de vida que moldaram diretamente o caráter da sociedade em que eles e os seus descendentes viveram.

A herança das condições econômicas e dos modos culturais, passada de geração para geração na comunidade de Santana de Parnaíba – desde o tempo em que os portugueses chegaram à costa do Brasil, em 1500, até o nascimento da nação brasileira, em 1822 –, é o tema deste livro. Santana de Parnaíba serve como um excelente microcosmos para entender como as famílias sobreviviam no Brasil colonial. Passadas pela vida familiar para as gerações seguintes, suas estratégias familiares tornaram-se uma herança cultural que moldou a comunidade e o desenvolvimento da fronteira ocidental. Dada a expansão contínua da fronteira agrícola na direção da Bacia Amazônica contemporânea, as estratégias de sobrevivência daquelas pessoas nos séculos XVII e XVIII explicam por que estratégias similares continuaram a ser usadas pelos seus descendentes no Brasil atual.

Defendo que as estratégias das famílias em relação ao sertão são essenciais para entender a colonização dessa região do Brasil. Essa relação ajuda a explicar o processo de colonização, além de ser uma das chaves para compreender as origens da estratificação social. O poder e a riqueza nessa região advinham do sertão, mas nem todos tinham o mesmo acesso a ele. Dessa forma, essas famílias e classes sociais que controlavam o desenvolvimento e a exploração do sertão passaram a dominar a região econômica e politicamente.

Em Santana de Parnaíba, o processo de colonização ocorreu em três fases distintas. Na primeira, Santana de Parnaíba era uma fronteira: ficava entre o sertão, a oeste, e a vila de São Paulo, a leste. Quando os primeiros povoadores vieram de São Paulo e começaram a se estabelecer na região, no final do século XVI, surgiu uma sociedade que misturava os modos de vida indígena e português. Embora não fosse uma sociedade igualitária, havia, contudo, uma fluidez, e a mobilidade social era possível para os descendentes dos portugueses que conseguissem adquirir terras e indígenas escravizados provenientes do sertão. Depois de Santana de Parnaíba tornar-se uma vila, no início do século XVII, ela serviu como ponto de partida em direção a oeste. No decorrer do século XVII, os homens de Santana de Parnaíba, e apenas ocasionalmente as mulheres, rumaram ao sertão em busca de riquezas.

A vila cresceu e se tornou uma comunidade mais complexa no século XVIII, entrando numa segunda fase, em que as classes sociais começaram a emergir. Uma economia comercial baseada no cultivo agrícola criou raízes no local, bem como investimentos no comércio e na mineração, e a influência das populações indígenas diminuía. A escravidão permanecia presente e inquestionável, mas os africanos substituíram os escravizados indígenas nas propriedades agrícolas. Como no primeiro estágio, os moradores da vila que tinham êxito em explorar o sertão conquistavam e/ou continuavam detendo a riqueza e o poder em Santana de Parnaíba. O sertão continuava sendo crucial para o sucesso econômico e social na vila.

Na terceira fase desse processo, Santana de Parnaíba perdeu seus laços com o sertão e decaiu, enquanto as vilas mais a oeste, muitas das quais fundadas por homens e mulheres de Santana de Parnaíba, floresceram. Nesse estágio, Parnaíba manteve uma comunidade estratificada, com um número pequeno de proprietários agrícolas donos de pessoas escravizadas e um número crescente de pequenos lavradores que não possuíam escravizados. Por fim, a região caiu na obscuridade e tornou-se dependente de São Paulo, que estava crescendo. Esse terceiro estágio começou nos primeiros anos do século XIX na paróquia central da vila e mais tarde espalhou-se pelas outras paróquias mais afastadas, continuando ao longo do século, à medida que a fronteira do café avançava em direção ao oeste. No século XX, Santana de

Parnaíba entrou em um quarto momento, configurando-se como uma região que se incorporava de forma crescente à Grande São Paulo. A população cresceu à medida que trabalhadores da cidade de São Paulo procuravam ali moradias mais baratas, ao mesmo tempo que ricas famílias construíam suas casas de veraneio na região. No século XXI, é provável que Santana de Parnaíba se torne mais um subúrbio da metrópole paulistana.

Em cada fase de desenvolvimento, a relação entre as famílias e o sertão teve um importante papel na configuração do estilo de vida dos indivíduos e na estruturação dos contornos da vida da comunidade. As estratégias de sobrevivência que as famílias adotaram consciente ou inconscientemente acabaram afetando o modo como elas percebiam o sertão, criavam seus filhos e filhas, dividiam suas propriedades e cultivavam suas terras. Muitas dessas atitudes se formaram no primeiro estágio da colonização, quando as famílias se adaptaram e experimentaram formas de sobrevivência. Uma dessas atitudes era a crença de que o sertão fornecia as riquezas de que os indivíduos e as famílias necessitavam para sobreviver. Essa posição se desenvolveu durante o primeiro momento da colonização e continuou a caracterizar a vida nas próximas fases de desenvolvimento da região por conta da proximidade do sertão.

A história do sertão do Brasil possui muitos aspectos em comum com a história da fronteira nos Estados Unidos. De fato, a obra mais influente sobre o papel da fronteira na história norte-americana descreve algumas das mesmas características da fronteira brasileira. Em 1893, o memorável artigo de Frederick Jackson Turner, "The Significance of the Frontier in American History", argumentou que os Estados Unidos eram diferentes da Europa por causa de sua fronteira, o ponto de encontro entre o sertão habitado pelos povos originários e a população europeia que se expandia.[1] A existência da fronteira e a sua contínua colonização pelo avanço de levas sucessivas de colonizadores era, na visão de Turner, o que tornava os Estados Unidos únicos. Nos primeiros povoados ao longo da costa do Atlântico, os colonizadores reproduziram muito da cultura europeia, mas, com o avanço para o oeste, eles tiveram que se adaptar ao sertão e ser transformados por ele a fim de eventualmente dominá-lo. Nas palavras de Turner: "Indo em direção ao oeste, a fronteira tornou-se cada vez mais norte-americana. Então, o

1 Turner, *The Frontier in American History*.

avanço da fronteira significou um constante crescimento da independência norte-americana. E estudar esse avanço [...] significa estudar realmente a verdadeiramente norte-americana da nossa história".[2] Para Turner, a parte da história dos Estados Unidos "verdadeiramente norte-americana" foi o crescimento do individualismo e da democracia na fronteira, e esses valores formaram a base do nacionalismo do país. A tese de Turner foi desenvolvida[3] e criticada[4] por muitos historiadores que o sucederam, mas o seu trabalho ainda instiga discussões atuais por conta das questões que ele levantou e temas que abordou.

Historiadores brasileiros como Sérgio Buarque de Holanda também destacaram a fronteira como um fator-chave no desenvolvimento brasileiro.[5] À semelhança do que ocorreria na América do Norte, o Brasil começou com alguns povoados na costa do Atlântico, atrás dos quais se estendia um vasto e, ao menos para os colonos, desconhecido sertão. O Brasil se expandiu para o oeste, devastando as terras indígenas e criando uma nova e distinta cultura brasileira. O desenvolvimento do Brasil dependeu das terras e dos recursos pouco custosos do sertão. No entanto, havia uma grande diferença, pois, no caso do Brasil, a fronteira raramente estimulou uma cultura democrática ou individualista. Enquanto atualmente muitos historiadores norte-americanos questionam se a fronteira nos Estados Unidos realmente fomentou a democracia ou o individualismo,[6] o contraste com o Brasil é impressionante. No nordeste brasileiro, as enormes fazendas de gado de fato colonizaram o sertão e concentraram imensas extensões de terras nas mãos de poucos. Na região sul, os senhores dos engenhos de açúcar e das fazendas de café procuraram florestas virgens para derrubá-las e transformá-las em grandes propriedades agrícolas que empregariam mão de obra escravizada. Apenas poucas

2 Ibid., p.4.

3 Billington; Ridge, *Westward Expansion: A History of the American Frontier.*

4 Ver Billington (Org.), *The Frontier Thesis: Valid Interpretation of American History?*, para visões emblemáticas sobre o debate a favor da tese de Turner e contra ela.

5 Holanda, *Caminhos e fronteiras*; id., *Monções*.

6 Ver Billington, *The Frontier Thesis*, bem como Schieber, "Turner's Legacy"; Putnam, "The Turner Thesis and Westward Movement: A Reappraisal"; e Ridge, "Frederick Jackson Turner", para três revisões em diferentes décadas dessa literatura e da controvérsia. Em "Turner, The Boltonians, and the Borderlands", David Weber argumenta que a tese de Turner nunca influenciou muito os estudos sobre a fronteira do norte mexicano ou sobre a fronteira entre o México e os Estados Unidos, pois Turner – e seus alunos – falhou em abordar a questão da etnicidade na região.

regiões do sertão do Brasil foram colonizadas pelos pequenos proprietários rurais tão elogiados por Turner – as diligentes famílias empreendedoras que construíam suas propriedades no sertão pelo seu próprio esforço. Embora pequenos proprietários de fato tenham se mudado para o sertão brasileiro, eles raramente obtinham o título legal das terras que reivindicavam. Por conseguinte, quando o agronegócio chegou, ele expulsou os pequenos proprietários, os quais, por sua vez, mudaram-se para o oeste, tornaram-se meeiros ou migraram para a cidade.

Como demonstrarei, o sertão forneceu os recursos que permitiram a uma pequena elite, permitindo se formar e se tornar rica e poderosa em uma vila como Santana de Parnaíba. Por causa da maneira como essa elite percebia o sertão e o tornava parte integrante da sua vida familiar, sucessivas gerações das famílias de elite foram para a região, onde também encontraram recursos para enriquecer e se tornar poderosos em suas respectivas comunidades locais. Outros grupos sociais não se beneficiaram da mesma maneira desses recursos e tampouco conseguiram incorporar em suas vidas familiares as estratégias para desenvolver o sertão. Pequenos proprietários subsistiram naquela área, mas não o utilizaram para enriquecer, ao passo que as pessoas escravizadas não tinham a oportunidade de adquirir os recursos do sertão. Desse modo, a maneira como este se desenvolveu no Brasil é uma das raízes da desigualdade da sociedade brasileira que perdura até os dias atuais.

Uma segunda fonte de desigualdade da sociedade brasileira origina-se na vida familiar. Muitos historiadores da América Latina estão cada vez mais cientes de que a família, sobretudo a de elite, foi uma das forças mais poderosas da sociedade colonial. Ainda que as instituições políticas e econômicas tenham sido implantadas nas colônias pela Espanha e por Portugal, as famílias da elite nascidas na América conseguiram se infiltrar nessas instituições e utilizá-las em benefício próprio. Nesse processo, elas afetaram profundamente a própria natureza da sociedade colonial.

Depois da descoberta e conquista da América Latina, as colônias ofereciam muitas oportunidades para portugueses e espanhóis que conseguissem viajar rumo ao Novo Mundo. À medida que esses indivíduos se estabeleceram e posteriormente formaram famílias, eles começaram a se incomodar cada vez mais com as restrições impostas pela Espanha e por Portugal. A Espanha mantinha um rígido controle sobre suas colônias, com o intuito de tirar delas o máximo de receita possível. Essas regulamentações dificultavam as aspirações dos primeiros conquistadores e povoadores. Isso significava que as famílias que conseguiram sucesso econômico – por meio de investimentos em agricultura ou mineração, por exemplo – tiveram que ser extremamente astutas para preservar seu poder e sua influência.

Muitos historiadores do México e Peru coloniais documentaram as estratégias extremamente complexas empregadas pelas famílias da elite que procuravam preservar seu *status* e influência. Estudos de David Brading, Doris Ladd e Richard Lindley, entre outros, sobre o México, além dos trabalhos de Susan Ramírez, Fred Bronner e Robert Keith sobre o Peru, demonstram como se deu a formação da elite nos séculos XVI e XVII e como, por meio de suas famílias, elas mantiveram seu poder e sua influência.[7] Essas famílias casavam cuidadosamente suas filhas, preparavam seus filhos para carreiras eclesiásticas, no governo ou na administração de fazendas agrícolas. Também mantinham uma rede de parentesco ampliada, estabeleciam ligações fictícias de parentesco com outras famílias influentes e planejavam com cuidado a transmissão de propriedade por meio da herança. Essas estratégias trouxeram riqueza e poder para a elite proprietária de terras, ao mesmo tempo que dificultaram a ascensão social para outros grupos. O sistema de castas nas colônias da Espanha, baseado na pureza do sangue (*limpieza de sangre*), estrangulou ainda mais as aspirações dos mestiços, negros e indígenas pobres.

No Brasil, uma sociedade colonial menos rígida se comparada à América espanhola, ocorreu um processo similar. Na região açucareira do atual nordeste (então região norte), uma poderosa elite proprietária de terras surgiu no final do século XVI e início do seguinte. Essa elite recorria a estratégias familiares para se manter economicamente e garantir seu poder político. Por meio do casamento das filhas com ricos mercadores, proprietários de terras adquiriram novos capitais. Os casamentos com poderosos representantes da

---

7 Brading, *Miners and Merchants in Bourbon Mexico, 1763-1810*; Ladd, *The Mexican Nobility at Independence, 1780-1820*; Lindley, *Haciendas and Economic Development: Guadalajara, Mexico, at Independence*; Ramírez, *Provincial Patriarchs: The Economics of Power in Colonial Peru*; Bronner, "Peruvian Encomenderos in 1630: Elite Circulation and Consolidation"; Keith, *Conquest and Agrarian Change*. Elites proprietárias semelhantes também se desenvolveram nas regiões de fronteira; ver Harris III, *A Mexican Family Empire: The Latifundio of the Sánchez Navarros, 1765-1867*; Ferry, *The Colonial Elite of Early Caracas: Formation and Crisis, 1567-1767*; e Balmori; Voss; Wortman, *Notable Family Networks in Latin America*. Para uma excelente revisão da formação e da consolidação dessa elite, ver Ramírez, "Large Landowners".

Coroa também lhes deram grande influência. A vida familiar no Brasil colonial, assim como na América espanhola, foi fundamental para a formação e perpetuação da elite.[8]

O comportamento das famílias de elite em Santana de Parnaíba influenciou, de maneira semelhante, a evolução de uma vila socialmente estratificada. Pelo fato de essas famílias ricas possuírem recursos valiosos como terras e mão de obra, o modo como elas adquiriram propriedades, mantiveram-nas em suas famílias e distribuíram-nas entre seus herdeiros afetou não apenas elas próprias, mas a comunidade como um todo. O domínio das famílias de elite nas instituições locais – a câmara municipal, a ordenança e a Igreja – contribuiu igualmente para a desigualdade social. Tais instituições refletiam os interesses da elite, e não os da população como um todo, servindo para reforçar o poder dessas famílias ricas.

Como poucas famílias concentravam recursos em suas próprias mãos e influenciavam as instituições locais em benefício próprio, elas ajudaram a criar e reforçar as classes sociais. O mundo social de Santana de Parnaíba era estratificado de diferentes maneiras. A riqueza, a raça, os laços familiares, a idade, o sexo e o estado civil foram fatores que influenciaram o modo como a população da vila se percebia e percebia os demais. Contudo, de forma crescente ao longo dos séculos XVII e XVIII, três classes sociais se desenvolveram em Parnaíba: os proprietários agrícolas, a população pobre livre e os escravizados. Os proprietários agrícolas possuíam pessoas escravizadas e terras e cultivavam, por exemplo, cana-de-açúcar, para fins comerciais. A população pobre livre plantava para sua própria subsistência e para o mercado local e não possuía escravizados. Estes, por sua vez, tinham poucos recursos além do que recebiam dos seus senhores. A maioria dos escravizados não possuía nada, nem mesmo a sua própria força de trabalho. Cada classe tinha uma relação única com os principais recursos necessários para a sobrevivência na vila – terra e mão de obra. As interações de cada classe com o sertão também eram distintas. Ademais, cada classe tinha vidas familiares muito diferentes.

8 Schwartz, *Sovereignty and Society in Colonial Brazil: The High Court of Bahia and Its Judges, 1609-1751*; id., *Sugar Plantations in the Formation of Brazilian Society: Bahia, 1550-1835*; Flory; Smith, "Bahian Merchants and Planters in the Seventeenth and Early Eighteenth Centuries".

Qualquer tipologia invariavelmente simplifica o mundo social vivenciado pelos indivíduos. Em Santana de Parnaíba, uma família que possuísse um cativo não estava em uma situação muito melhor do que aquelas que não possuíam nenhum. De modo similar, um alforriado que continuava a servir ao seu ex-senhor provavelmente não teria uma mudança radical em sua vida se comparado aos tempos de escravidão. No entanto, em termos da forma como as famílias se viam, importava muito para um ex-escravizado se sua liberdade havia sido comprada, concedida ou prometida. Para uma família pobre que tivesse apenas uma pessoa escravizada, essa posse lhe concedia uma posição social na comunidade que a distinguia daquelas que não possuíam nenhum escravizado. Portanto, enquanto as distinções entre as classes sociais podem parecer ser um pouco rudimentares, elas de fato são fundamentais para definir os estratos sociais em Santana de Parnaíba. Naquela sociedade, o modo de vida dos proprietários agrícolas (que possuíam pessoas escravizadas) diferia em sua essência do estilo de vida da população pobre livre (que não possuía escravizados), enquanto a vida das pessoas escravizadas divergia daquela dos proprietários agrícolas e dos pobres livres.

Historiadores do Brasil colonial divergem quanto à terminologia utilizada para caracterizar a estrutura social da colônia.[9] Alguns afirmam que o mundo colonial era uma sociedade de castas; outros, que se tratava de uma sociedade de classes. Ainda outros preferem o conceito de estamento. Os proponentes do termo "estamento" o emprestam da França do Antigo Regime, dividida em três estamentos: os que rezavam (clérigos), os que lutavam (nobreza) e os que trabalhavam (camponeses, artesãos e burgueses). O termo "casta" deriva de estudos sobre a Índia, onde os indivíduos nasciam numa casta e permaneciam nela por toda a vida. Utilizo o termo "classe" porque é o que descreve de maneira mais adequada a realidade histórica encontrada nos documentos. "Estamento" não caracteriza, de forma precisa, uma sociedade na qual não havia títulos de nobreza, os clérigos tinham pouca influência e na qual existia um grande número de escravizados. "Casta" implica uma sociedade rígida, sem mobilidade social, mas os abrangentes laços com o sertão permitiam tal possibilidade aos residentes

---

9 Ver Hirano, *Pré-capitalismo e capitalismo*, para a revisão de como os termos "estamento", "classe" e "casta" foram utilizados historicamente e em trabalhos sociológicos e históricos recentes sobre o Brasil colonial.

de Santana de Parnaíba. Até mesmo os escravizados poderiam conseguir a liberdade. Em contrapartida, "classe" sugere uma sociedade em que grandes grupos de pessoas se distinguem por sua relação com os recursos materiais. Os proprietários agrícolas tinham terras e mão de obra; os escravizados não. A população pobre livre possuía mais recursos que os escravizados, mas bem menos que os proprietários agrícolas. Esses fatos simples diferenciavam cada vez mais a vida dos indivíduos nos séculos XVII e XVIII. Dessa maneira, conceitualizo Santana de Parnaíba como uma sociedade de classes composta por proprietários agrícolas, pobres livres e escravizados.

A vida familiar variava conforme a classe social. As famílias da elite dos proprietários agrícolas viviam em domicílios hierárquicos grandes, onde os interesses de muitos tinham que ser subjugados e conflitos evitados. A importância da propriedade para manter o *status* da família implicava que costumes familiares moldavam explicitamente eventos como casamentos e heranças. Esses costumes impediam que as mulheres desejassem vidas independentes ou que escolhessem seus futuros esposos. Outros costumes serviam para minimizar conflitos entre irmãos. Da mesma forma, a maneira paternalista e benevolente como essas famílias tratavam seus escravizados e outros empregados tinha a importante função de amenizar as desigualdades nesses domicílios.

Para os pobres livres, a vida familiar girava em torno do cultivo de pequenas propriedades de terra pelos integrantes da família. Eles deveriam cooperar uns com os outros e dividir o trabalho que propiciava o sustento de todos. A grande maioria dessas famílias vivia em pequenos domicílios nucleares compostos por pais e filhos. Mães e pais ensinavam seus filhos, desde a tenra idade, a cultivar a terra e a cuidar da casa. Essas famílias valorizavam a cooperação entre homens e mulheres, irmãos e irmãs, familiares e vizinhos.

A vida familiar dos escravizados era substancialmente diferente daquela dos proprietários agrícolas e dos pobres livres. A escravidão dava pouco espaço para se criar uma vida familiar autônoma. Nesse sentido, a fortuna econômica dos senhores e as atitudes destes em relação às famílias dos escravizados determinavam muitos aspectos da vida familiar dos últimos. Além disso, outros fatores, tais como as características demográficas da população escravizada ou o tamanho das propriedades onde os escravizados moravam, também influenciavam as chances de eles se casarem e constituírem famílias. As famílias de escravizados tendiam a ser menos estáveis que as dos proprietários agrícolas e as da população pobre livre, pois estavam sujeitas a constantes mudanças, ocasionadas não apenas por casamentos, nascimentos e falecimentos, mas também pela transferência de propriedade. Assim, das três classes sociais presentes em Santana de Parnaíba, os escravizados eram os que tinham menos controle sobre sua vida familiar.

Não apenas a vida familiar variava conforme a classe, mas cada classe relacionava-se com o sertão de maneira diferente. As famílias dos proprietários agrícolas viam sua sobrevivência em termos da aquisição de propriedades do sertão e de sua preservação para as gerações futuras. Essas propriedades poderiam ser terras, escravizados indígenas ou ouro. Além disso, quando essas famílias dividiam suas propriedades a cada geração, elas esperavam que alguns dos seus filhos migrassem para o oeste. Desse modo, favoreciam alguns herdeiros em detrimento de outros ao permitir que apenas os favorecidos herdassem a maior parte dos recursos familiares e a posição social dos pais em Santana de Parnaíba, sabendo que os outros filhos iriam fazer fortuna no sertão. Os herdeiros que permaneciam em Parnaíba mas não eram favorecidos pagavam o preço de perder sua posição social. Eles se tornavam pequenos proprietários com poucos recursos. Tais costumes da vida familiar em meio à elite dos proprietários agrícolas promoviam o desenvolvimento da fronteira, a manutenção de grandes propriedades agrícolas em Parnaíba e a criação de uma crescente parcela da classe de proprietários agrícolas composta por proprietários pobres.

Os pobres livres também dependiam do sertão para sua sobrevivência. Primeiramente, eles desejavam terras para plantar para seu sustento e o de seus filhos. Contudo, como frequentemente não conseguiam proteger suas terras no decorrer do tempo, eles se mudavam seguindo o movimento da fronteira. Esses lavradores pobres livres fizeram parte da primeira onda de povoamento da região, muitas vezes lutando com tribos indígenas por matas virgens para cortar e depois plantar suas roças. As famílias dessa parcela da população que conseguiram manter suas terras em Parnaíba passaram a olhar para a cidade de São Paulo, que se desenvolvia de forma crescente, sendo abastecida pela produção de alimento excedente dessas pessoas e onde elas trabalhavam como tropeiros ou trabalhadores braçais. Muitos dos jovens homens e mulheres dessas famílias pobres livres migraram para o centro de Santana de Parnaíba, onde acabaram se tornando artesãos ou trabalhadores domésticos, ou para a cidade de São Paulo.

Apesar de alguns escravizados terem fugido para o sertão, onde formaram comunidades quilombolas, e muitos outros terem sido levados à fronteira para cultivarem novas plantações de cana-de-açúcar e café, a maioria deles não via o sertão como um lugar que poderia lhes favorecer. Tratava-se de um possível destino de fuga, porém os escravizados não criaram estratégias para explorar o sertão. Suas estratégias para a sobrevivência de seus familiares e daqueles que faziam parte de duas redes de parentesco se desenvolveram em Santana de Parnaíba e nos seus arredores, onde eles formaram uma comunidade negra. Os escravizados buscavam obter privilégios dos seus senhores, os quais poderiam tornar suas vidas mais suportáveis. Esses privilégios poderiam ser o direito de plantar uma roça, de economizar para comprar sua liberdade ou de se casar com uma pessoa livre ou mesmo com uma pessoa escravizada de uma propriedade vizinha. Os escravizados criaram irmandades religiosas com outros escravizados e mesmo com negros forros. Essas associações foram a base de uma comunidade negra em Santana de Parnaíba. Assim, os escravizados desenvolveram sua vida familiar num contexto significativamente diferente dos proprietários agrícolas ou da população pobre livre.

Em síntese, a vida familiar nessa região fronteiriça do Brasil colonial desenvolveu-se em vários contextos. Em primeiro lugar, a vida familiar variava de acordo com a classe social. Em segundo lugar, as famílias encaravam e utilizavam o sertão de diferentes maneiras. Em terceiro lugar, o sertão tinha impactos diversos nas famílias de diferentes classes sociais. As famílias dos proprietários agrícolas, por exemplo, se beneficiavam do sertão, ao passo que raramente isso ocorria no caso dos escravizados.

Por meio de suas várias estratégias de sobrevivência, as famílias participaram da formação de classes sociais em Santana de Parnaíba e reforçaram o processo. A estrutura de poder e autoridade resultante foi reproduzida por muitas gerações naquela comunidade. A estrutura social da comunidade não foi predefinida nem imposta por algum elemento externo. Na verdade, ela se desenvolveu à medida que os povoadores nessa região do império português fizeram escolhas sobre como viver e se relacionar com o império, escolhas que influenciariam profundamente a comunidade que seus filhos e netos herdaram.

Por meio do estudo de uma vila pequena e comum como Santana de Parnaíba, pode-se examinar uma ampla variedade de temas, eventos e processos que caracterizam não apenas o Brasil, mas as Américas, durante o período de colonização. O objetivo deste estudo não é inflar a importância dessa vila, mas usá-la como uma lente por meio da qual um processo de colonização pode ser ampliado, revelando seus detalhes. Como a colonização do continente americano produziu resultados muito diversos, para entender as sociedades americanas modernas é preciso analisar suas raízes coloniais. A história de Santana de Parnaíba nos ajuda a entender as raízes históricas do Brasil moderno, especialmente a região dominada por São Paulo – polo industrial, financeiro e tecnológico do Brasil atual – e seu sertão moderno – a região da bacia amazônica ocidental.

Escrever a história da colonização a partir da perspectiva das pessoas que viveram esse processo não é tarefa fácil. A vasta maioria dos que viveram em Santana de Parnaíba não sabia ler e escrever, e muitos nem mesmo falavam bem o português. Como a região de Santana de Parnaíba não era do interesse da Coroa portuguesa nem de seus administradores no Brasil, poucos representantes foram enviados a essa comunidade com o intuito de observar seus moradores e escrever sobre eles. Portanto, o tipo de documentação que os historiadores tradicionalmente utilizam não existe para essa região. Todavia, ainda assim, é possível escrever a história dessa comunidade e avaliar a contribuição de sua população para a colonização do Brasil porque muitas outras fontes existem e podem ser analisadas pelos historiadores.

Um conjunto de fontes diferentes reunidas revela vislumbres da evolução de Santana de Parnaíba ao longo do tempo. As documentações mais importantes para este estudo são os recenseamentos, que retratavam, como em uma fotografia, toda a população em determinado instante. A partir do censo é possível calcular o perfil demográfico da população, incluindo características como o tamanho dela, a pirâmide etária e a proporção de mulheres em relação a homens. Como os censos da segunda metade do século XVIII – os chamados *Mapas de população* – para o estado de São Paulo são muito detalhados, os historiadores podem ver claramente quem morava em cada domicílio, o que as famílias plantavam e a composição da força de trabalho. A partir dessas informações, é possível definir as classes sociais que viviam nessa comunidade. Infelizmente, só há censos para o final do século XVIII, quando a região de São Paulo chamou a atenção dos ministros da Coroa por conta de sua localização estratégica, próxima às colônias espanholas no Rio da Prata. Os oficiais da ordenança, encarregados de fazer o recenseamento das suas companhias da ordenança a partir de 1765, conduziram anualmente o censo até a década de 1840. Três desses censos, os de 1775, 1798 e 1820, são o alicerce deste livro.

A segunda série de documentos mais importante para este estudo são os inventários e os testamentos de Santana de Parnaíba durante os séculos XVII e XVIII. Essa coleção inclui centenas de inventários e testamentos manuscritos e publicados. Por meio da análise dos inventários, é possível reconstruir a cultura material e e os costumes de herança do povo. Os inventários de propriedades, elaborados depois do falecimento de um indivíduo, seguindo a lei portuguesa, descreviam meticulosamente cada bem pertencente ao falecido. Possivelmente, a parte mais importante do inventário era a divisão da propriedade, a partilha entre os herdeiros legais, cuidadosamente registrada nesses documentos. Alguns dos inventários incluíam testamentos ditados por homens e mulheres que desejavam registrar suas últimas vontades e desejos, para serem postos em prática após sua morte. Esses testamentos são uma rica fonte de informações sobre a vida de indivíduos, as relações familiares, a vida da comunidade, os costumes religiosos e a propriedade familiar.

Os testamentos e inventários documentaram uma série de mudanças ao longo de dois séculos em Santana de Parnaíba, mas também apresentam limitações. Uma delas é o viés em favor dos abastados. Pessoas que não tinham propriedades não precisavam inventariar seus bens, nem tinham a oportunidade de convocar um notário para que pudessem ditar, em seus últimos suspiros, seus últimos desejos em testamento. Às vezes, é possível vislumbrar os pobres nos testamentos e inventários, quando, por exemplo, algumas doações eram deixadas para os necessitados. Já os escravizados podem ser encontrados nos inventários porque eram considerados propriedade, aliás de muito valor, e sempre eram citados nesses documentos.

Os registros paroquiais de nascimento, casamento e morte feitos ao longo do século XVIII pelo padre da paróquia de Santana compõem outra fonte amplamente usada neste estudo. Os registros paroquiais, como os censos, incluíam a população como um todo, não apenas os ricos. Documentos de casamentos e batismos são utilizados não apenas para calcular as taxas de matrimônio ou os níveis de fertilidade das mulheres, mas também para compreender como as famílias se relacionavam entre si. Uma vez que em batismos e casamentos havia padrinhos e testemunhas, essas documentações contêm importantes pistas sobre como as famílias construíam seu universo de relações e seus círculos sociais.

A câmara municipal de Santana de Parnaíba possui também um grande número de documentos, preservados em uma série de volumes no Arquivo Público do Estado de São Paulo (Apesp), os quais possuem informações sobre o governo local. São fundamentais para este estudo os livros de escrituras que registravam as vendas de terrenos e de pessoas escravizadas e suas alforrias. Os registros das petições e requerimentos levados ao juiz de paz são particularmente interessantes porque contêm testemunhos dos indivíduos a respeito dos vários conflitos locais. O livro de cárcere possui dados de todos os presos da segunda metade do século XVIII. Por fim, a comunicação entre os oficiais reais, as cartas dos jesuítas, os mapas e a genealogia das famílias proeminentes foram usados para reconstruir a história da comunidade e das pessoas que nela viviam.

Apesar de os mais profundos pensamentos dos moradores de Santana de Parnaíba raramente terem sido registrados, os historiadores, por meio da análise documental, conseguem reconstituir as características externas da vida individual e familiar dessas pessoas. Por essa razão, este livro descreve comportamentos em vez de pensamentos, o exterior em detrimento do interior. Entretanto, ainda que tais fontes introspectivas existissem, um dos pressupostos centrais desta obra é o fato de que as estratégias familiares usadas para sobreviver e ser bem-sucedido em Santana de Parnaíba não eram sempre conscientes; elas faziam parte do modo de vida, que não era reconhecido e nem mesmo questionado. Os comportamentos das famílias enquanto grupos eram, nesta análise, mais importantes que os pensamentos dos indivíduos.

A metodologia deste estudo foi projetada para reconstruir a transformação da comunidade ao longo do tempo, além de analisar em pormenores as relações entre indivíduos, famílias e classes sociais em determinados momentos. Este estudo possui, portanto, uma dimensão horizontal e outra vertical. Muitas das fontes possuem informações sobre ambos os eixos. Por exemplo, um único censo pode fornecer uma abundância de dados sobre os domicílios, assim como sobre a estrutura de classe da comunidade num dado momento, enquanto o estudo de três censos em intervalos de cinquenta anos revela as mudanças na estrutura familiar e de classe ao longo do tempo. A metodologia empregada nesta pesquisa também incorpora fontes quantitativas e qualitativas. Os censos, os registros paroquiais e os inventários se prestam a uma análise quantitativa. Facilmente codificados para serem manipulados por computadores, podem revelar certas características estatísticas da comunidade – o tamanho, as estruturas de classe, as características econômicas e o perfil demográfico – e como estas mudaram ao longo do tempo. As análises estatísticas dessas fontes criam a estrutura para a análise qualitativa de outras fontes, tais como testamentos, depoimentos e cartas, que fornecem informações que ajudam a explicar os padrões encontrados na análise quantitativa. Para mais detalhes sobre as fontes e a metodologia, ver o anexo.

As unidades de análise deste estudo são família, classe e comunidade. A família é a unidade de análise mais básica. Entretanto, este termo é difícil de quantificar. Nos censos, a "família" aparece como um grupo de indivíduos vivendo juntos no momento do recenseamento, mas em um testamento ou inventário, "família" refere-se a um grupo mais amplo de relações de parentesco. Por essa razão, os demógrafos e os historiadores da família formulam a distinção entre domicílio e família extensa.[10] O domicílio se refere aos indivíduos que vivem juntos em determinado momento, enquanto a família abrange um grupo mais amplo de indivíduos, tais como aqueles que deixaram suas casas, parentes e indivíduos sem parentesco biológico. Para a análise quantitativa, a delimitação de domicílio no censo define no nível mais básico do que é uma família, mas utilizaremos também o sentido mais amplo do termo. Essa definição ampliada de família pode ser vista especialmente na análise qualitativa das fontes.

Nesta obra, a vida familiar foi avaliada dentro do contexto mais amplo das classes sociais. Tendo emergido paulatinamente durante o século XVII, elas diferenciaram a comunidade e distinguiram claramente as vidas familiares das pessoas. Visto que a posse de pessoas escravizadas era a medida mais visível e valiosa de *status* e riqueza, tal critério é usado na análise quantitativa para demarcar a divisão entre a classe social dos pobres livres e a dos proprietários agrícolas.

O terceiro nível de análise do presente estudo é a comunidade, a saber, Santana de Parnaíba. No início do século XVII, ela recebeu o título de vila e abarcava uma ampla área rural de quatro paróquias. No povoado original,

---

10 Laslett; Wall (Orgs.), *Household and Family in Past Time.*

que se tornou a paróquia de Santana, estavam localizadas as instituições administrativas da vila, como a câmara e a igreja matriz. Os moradores da vila conduziam seus negócios nesse espaço, no qual as famílias mais importantes construíram suas casas. Nos séculos XVII e XVIII, as paróquias de São Roque e Araçariguama formaram-se em torno de grandes propriedades. Barueri era o local de uma comunidade indígena fundada no início do século XVII. No século seguinte, São Roque e Araçariguama cresceram de maneira constante. No século XIX, essas duas paróquias haviam se tornado grandes o suficiente para serem separadas de Santana de Parnaíba e se tornarem municípios depois da independência. São Roque e Barueri, ambas agora no traçado da ferrovia, tornaram-se cidades pequenas, enquanto Santana de Parnaíba e Araçariguama (fora da linha férrea) permaneceram como comunidades rurais de ritmo lento apesar da proximidade com a florescente cidade de São Paulo. Atualmente, Santana de Parnaíba corresponde somente à antiga paróquia de Santana, sendo muito menor do que a comunidade estudada neste livro. Dessa maneira, o termo "comunidade", como utilizado aqui, não se refere a um povoado composta por algumas famílias próximas, mas sim a uma área rural ampla que possuía um centro administrativo comum no assentamento original, a paróquia de Santana.

Quando se escreve uma história social com base na experiência de uma única comunidade, os historiadores e seus leitores devem formular questões importantes: quão típica é essa comunidade? Ou, dito de outra forma, quão útil é a história detalhada dessa comunidade para compreender a experiência de grupos maiores de pessoas? Os trabalhos de historiadores norte-americanos sobre o período colonial norte-americano são especialmente interessantes para responder a essas questões. A partir da década de 1970, a história colonial norte-americana foi transformada depois da publicação de dois estudos de comunidades na Nova Inglaterra: Dedham e Andover, ambas em Massachusetts.[11] Esses estudos visavam demonstrar em detalhes concretos como os colonos puritanos colocavam em prática suas ideias religiosas. Os historiadores Kenneth Lockridge e Philip Greven mudaram o foco, deixando de lado como pensavam e pregavam os líderes religiosos

---

11 Lockridge, *A New England Town, The First Hundred Years: Dedham, Massachusetts, 1636-1736*; Greven Jr., *Four Generations: Population, Land, and Family in Colonial Andover, Massachusetts*.

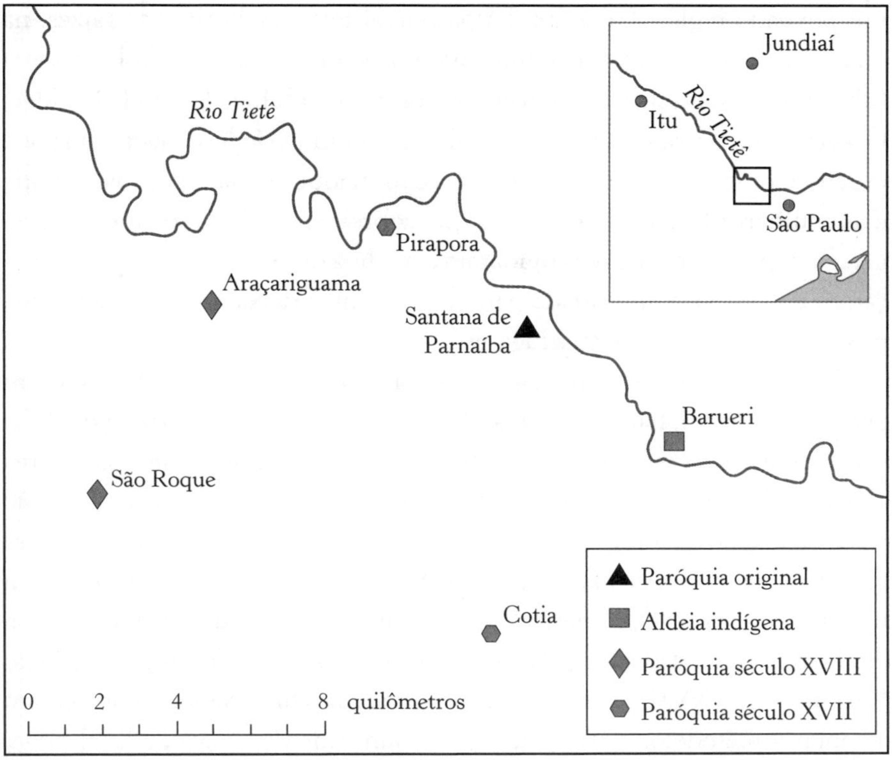

Mapa 1. Vila de Santana de Parnaíba

puritanos e passando a estudar como as famílias de Dedham e Andover de fato construíram essas comunidades. Lockridge julgou que Dedham, em seus primeiros anos, era uma comunidade coletiva fechada, unida por crenças religiosas compartilhadas que expressavam um ideal utópico. Lá, a vida era melhor que na Europa, pois havia baixa mortalidade, menor desigualdade e uma economia agrícola adequada ao sustento da própria comunidade. Com o passar do tempo, porém, segundo Lockridge, o ideal utópico morreu em Dedham à medida que a comunidade cresceu, que o acesso à terra se tornou mais difícil e que as gerações mais jovens perderam o fervor religioso dos fundadores da vila. A comunidade agrária fechada do século XVII deu lugar a uma vila provinciana mais complexa no século XVIII.

Greven também vê continuidade entre a Inglaterra e a América no início da história de Andover, além de uma mudança substancial entre os séculos XVII e XVIII. Nas duas primeiras gerações, Andover parecia com um povoado inglês. Uma família patriarcal forte havia fincado raízes, na qual o pai, com as terras da família nas mãos, mantinha o controle sobre os filhos homens, mesmo quando eles se tornavam adultos. Como Lockridge, Greven caracteriza esses anos iniciais como um período de estabilidade e ordem. Comparado com a Inglaterra, os indivíduos viviam por mais tempo e as mulheres tinham mais filhos que sobreviviam. Na terceira e quarta gerações, porém, os padrões mudaram à medida que os filhos homens começaram a desafiar a autoridade patriarcal. Muitos deixaram a comunidade, procurando terras em outros lugares.

Esses dois estudos, com suas caracterizações do século XVII como um período de ordem, harmonia, estabilidade e prosperidade e do século XVIII como uma época de crescimento, transformações, diminuição dos valores de comunidade e um individualismo maior, influenciaram profundamente os trabalhos de historiadores mais recentes da América colonial.[12] A transformação de uma sociedade agrária fechada e relativamente harmônica em uma sociedade aberta, comercial, individualista e repleta de conflitos parecia estabelecer uma vase adequada para explicar a revolução norte-americana do final do século XVIII. Entretanto, conforme mais historiadores começaram a adotar a metodologia de estudo de comunidade de Greven e Lockridge, os resultados divergiram. O retrato de Springfield, Massachusetts – uma vila ribeirinha fundada em 1636 –, apresentado pelo historiador Stephen Innes nunca se assemelhou às comunidades fechadas, coletivas e utópicas de Andover e Dedham. Na sua introdução, Innes nota que "poucos historiadores tinham [...] perguntado se as experiências de Andover e Dedham realmente eram típicas dos primórdios da Nova Inglaterra. Particularmente notável é a propensão a generalizar com tanta confiança a partir do exemplo de duas comunidades agrícolas de subsistência, especialmente tendo em vista que [...] a maioria da população seiscentista da Nova Inglaterra vivia em regiões portuárias ou em importantes cidades ribeirinhas".[13] Innes documenta que o materialismo, não a unidade espiritual, caracterizava Springfield, onde os homens eram mais frequentemente julgados por seu valor financeiro do que por sua piedade. Artesanato, manufatura, comércio

12 Innes, *Labor in a New Land: Economy and Society in Seventeenth-Century Springfield*, p.xv-xvii.

13 Ibid., p.xvi.

e agricultura criaram as bases econômicas da região. Springfield, que estava longe de ser uma utopia, fomentava conflitos, violência e desigualdade social. Uma família monopolizava os recursos de Springfield e dominava as instituições políticas. E embora Andover e Dedham tenham se tornado mais individualistas e estratificadas no século XVIII, esses traços diminuíram em Springfield à medida que a revolução norte-americana se aproximava.

O estudo de Innes sobre Springfield parece contradizer em quase todos os aspectos o retrato da vida em Andover e Dedham apresentado por Lockridge e Greven, apesar de essas comunidades serem todas da mesma região e do mesmo estado, Massachusetts. Qual descrição está mais próxima da realidade?

Gradualmente, o que emergiu dessa fascinante historiografia foi uma compreensão da importância das diferentes regiões para o período colonial norte-americano. Innes argumenta que Massachusetts tinha três regiões distintas: uma região costeira urbana, cujo centro era Boston; uma região adjacente de agricultura de subsistência (na qual se localizavam Andover e Dedham); e uma terceira área de agricultura comercial nas vilas ao longo do Rio Connecticut, como Springfield. Cada região, comenta Innes, "tinha diferentes padrões de relações sociais, oportunidades econômicas e comportamentos políticos".[14]

Se Massachusetts deve ser estudado em termos de suas três regiões distintas, ainda mais importante é a distância entre a Nova Inglaterra e as comunidades que surgiram no sul dos atuais Estados Unidos. Ali, o meio ambiente, a economia e as instituições sociais como a servidão por contrato e a escravização de africanos criaram comunidades bem diferentes. Historiadores descobriram que os altos índices de mortalidade em Maryland no século XVII, causados principalmente pela malária, combinados com a chegada de servos contratados, na sua maioria homens, criaram padrões de vida familiar profundamente diferentes. Em uma sociedade em que 70% dos homens morriam antes dos 50 anos e na qual havia mais homens do que mulheres (eram em média três homens para cada mulher), as mulheres solteiras se casavam rapidamente e as viúvas também se casavam novamente com rapidez e facilidade. As famílias que se formaram eram "mistas", compostas por enteados, filhos de casamentos anteriores, assim como

14 Ibid.

novos filhos. Em razão do alto índice de mortalidade, milhares de crianças tornavam-se órfãs e ficavam sob a custódia de instituições comunitárias.[15]

Ao contrário das comunidades do norte, as da região sul eram menos afetadas por conflitos entre pais e filhos, porque a vida adulta dos pais e a dos filhos raramente tinham pontos de convergência. Nos casos em que os pais conseguiam ver os filhos chegarem à idade adulta, eles passavam a propriedade e a autoridade às novas gerações quando os filhos ainda eram jovens.[16] Como afirma a historiadora Lorena Walsh, as famílias na Nova Inglaterra transferiram com êxito uma estrutura familiar patriarcal para suas comunidades, mas em Chesapeake essa transferência não foi possível.[17]

As diferentes representações da vida comunitária nos Estados Unidos do período colonial suscitaram muitas questões na historiografia sobre estudos de comunidades. Um defensor desse método interroga-se: "Será que esses estudos coletivamente perfazem um todo?".[18] Esse mesmo autor sugere que, apesar dos diferentes panoramas dos modos de vida do período colonial nos Estados Unidos que essa pesquisa apresenta, existiam algumas características comuns a essas comunidades. Em quase todas, a instituição social fundamental era a família nuclear, que sobrevivia da agricultura. As famílias tendiam a formar laços longos e duradouros com os seus vizinhos, com quem cooperavam para sobreviver. O ritmo de vida era lento, e os grandes acontecimentos da história "adentravam sorrateiramente as vilas e regiões, sem que ninguém se apercebesse".[19]

O historiador Jack Greene defende a ideia de que é possível integrar as descobertas dos estudos divergentes a respeito das comunidades para constituir uma síntese. Na perspectiva dele, os primeiros povoados no Novo Mundo eram desordenados porque os colonos tiveram dificuldades para adaptar a cultura europeia ao ambiente norte-americano. Contudo, de forma lenta, conforme os povoados cresciam, eles tornavam-se mais estáveis, organizados e complexos. No século XVIII, as elites conscientemente tentaram

---

15 Carr; Walsh, "The Planter's Wife: The Experience of White Women in Seventeenth-Century Maryland".

16 Rutman; Rutman, "'Now Wives and Sons-in-law': Parental Death in a Seventeenth-Century Virginia County".

17 Walsh, "'Till Death Do Us Part': Marriage and Family in Seventeenth-Century Maryland".

18 Rutman, "Assessing the Little Communities of Early America", p.163.

19 Ibid., p.167.

replicar a sociedade inglesa em suas vidas e comunidades. Para Greene, o progressivo desenvolvimento nos Estados Unidos do período colonial seguia o modelo encontrado pelos historiadores no caso de Chesapeake, em vez de aquele encontrado na Nova Inglaterra. Além disso, as sociedades norte-americanas tornavam-se, com o passar do tempo, mais parecidas com as sociedades europeias.[20]

O "modelo desenvolvimentista" de Greene e os estudos das comunidades na região de Chesapeake são particularmente interessantes para compreender o Brasil colonial, que tinha muito em comum com a região meridional dos Estados Unidos. A formação de economias agrícolas comerciais utilizando mão de obra escravizada e a criação de sociedades fortemente estratificadas são características encontradas em ambas as sociedades. Como nas vilas de Chesapeake, os moradores de Santana de Parnaíba não tinham o sonho de uma utopia religiosa. O estudo dessa vila não revela a gênese de uma comunidade unida pelo ideal religioso, mas o nascimento de uma sociedade dividida pela desigualdade social.

Como tem ocorrido entre os historiadores estudiosos da colonização dos Estados Unidos, os historiadores do Brasil colonial também questionam o significado de uma interpretação única ou modelar para compreender o passado. Por décadas, o retrato do passado do Brasil colonial foi dominado pelo trabalho do antropólogo Gilberto Freyre, que caracteriza a colonização do Brasil como um processo em que uma sociedade de *plantation* ancorada na miscigenação se enraizou. Nesse processo, era a família – não o indivíduo, o Estado, as companhias comerciais ou a Igreja – que possuía o papel central. A família era "desde o século XVI o grande fator colonizador no Brasil, a unidade produtiva, o capital que desdobrava o solo, instala as fazendas, compra escravizados, bois, ferramentas, a força social que se desdobra em política, constituindo-se na aristocracia colonial mais poderosa da América".[21] Para Freyre, a sociedade colonial se desenvolvia na casa-grande da fazenda, sede da família aristocrática colonial, e na senzala, abrigo de pessoas escravizadas. Na casa-grande, as famílias eram numerosas, extensas e patriarcais. Os escravizados da senzala, em

20 Greene" *Pursuits of Happiness. The Social Development of Early Modern British Colonies and the Formation of American Culture*.

21 Freyre, *Casa-grande & senzala: edição crítica*, p.46-7.

maior número que os brancos da casa-grande, transmitiam a esses muito da cultura africana. Adjacente à fazenda, mas dependente dela, vivia uma população marginal mestiça de homens e mulheres livres. Embora Freyre reconheça que esse modelo de colonização caracterizava em especial a região de Pernambuco e do Recôncavo Baiano, ele defende que, em todos os lugares em que a cultura açucareira se espalhou pelo Brasil, "trouxe em consequência uma sociedade e um gênero de vida de tendências mais ou menos aristocráticas e escravocratas. Por conseguinte, de interesses econômicos semelhantes".[22] Uma vez que o cultivo da cana-de-açúcar e a escravidão dominaram a economia colonial brasileira nos séculos XVI e XVII e continuaram a se expandir mesmo com a descoberta do ouro no século XVIII, os historiadores continuaram a usar o modelo de colonização de Freyre para caracterizar o Brasil colonial.[23]

Quando historiadores sociais, influenciados pelas obras de demógrafos históricos europeus, começaram a estudar a família, eles descobriram evidências surpreendentes de que em geral os brasileiros não haviam vivido como as grandes famílias descritas por Freyre. As análises dos censos para a cidade de São Paulo na segunda metade do século XVIII e para a cidade de Vila Rica, em Minas Gerais, no início do século XIX revelam a existência de poucas famílias extensas. Em São Paulo, Elizabeth Kuznesof descobre que famílias nucleares eram predominantes e que os domicílios eram pequenos. Os domicílios chefiados por mulheres se tornaram cada vez mais comuns conforme a cidade crescia, representando 45% de todos os domicílios urbanos em 1802.[24] Em Vila Rica, Iraci del Nero da Costa constata, de modo semelhante, que menos de 10% do total de domicílios eram extensos ou complexos em 1804; 44% deles correspondiam ao que Peter Laslett definia como família simples (um domicílio com um ou ambos os pais e filhos), e 39% dos domicílios (um índice surpreendentemente alto) eram formados por indivíduos solteiros ou viúvos vivendo sós ou com agregados ou pessoas escravizadas.[25] Donald Ramos, analisando o mesmo censo, surpreendeu-se

---

22 Ibid., p.57.

23 O modelo de Freyre foi desenvolvido por Oliveira Viana, Luís de Aguiar da Costa Pinto, Antonio Candido e outros. Para uma excelente revisão dessa bibliografia, ver Samara, *As mulheres, o poder e a família*, p.15-45.

24 Kuznesof, *Household Economy and Urban Development: São Paulo, 1765-1836*, p.156-9.

25 Costa, *Vila Rica: população (1719-1825)*, p.164.

com o alto número de domicílios chefiados por mulheres.[26] Em um primeiro momento, esse índice parecia poder ser explicado pelo fato de elas serem um fenômeno urbano: as cidades atraíam mulheres pobres, as quais viviam como artesãs, criadas, vendedoras ambulantes e costureiras.[27] No entanto, em uma análise mais acurada, mulheres chefes de domicílio também são encontradas em áreas rurais.[28] Mesmo em áreas rurais como no interior da Bahia, os historiadores da família confirmam a existência de domicílios chefiados por mulheres.[29]

Essas descobertas, tão incompatíveis com a imagem tradicional da família brasileira, levaram os pesquisadores a questionarem seriamente o modelo de Freyre, com sua família grande, extensa e patriarcal como a norma brasileira.[30] Porém, enquanto os historiadores concordam que a típica família no Brasil não era a família patriarcal extensa de Freyre, nem todos estão dispostos a abrir mão desse modelo para descrever as famílias de elite. Eles defendem que, enquanto a família típica de Freyre é inapropriada para compreender a maioria da população, ela pode ser uma boa maneira de caracterizar as famílias das classes altas.

Dois pesquisadores que não rejeitam por completo o retrato da família pensado por Freyre são Linda Lewin e Darrell Levi, os quais estudaram duas famílias influentes no Brasil do século XIX, a oligarquia dos Pessoa do nordeste da Paraíba e a família Prado de São Paulo.[31] Embora nenhum desses historiadores afirme que a descrição de Freyre é precisa nem empregue a análise demográfica dos domicílios defendida pela demografia histórica, eles ilustram claramente a importância da extensa e complexa rede de parentesco das famílias de elite. A população do Brasil colonial pode ter vivido

26 Ramos, "Marriage and the Family in Colonial Vila Rica".

27 Dias, *Quotidiano e poder em São Paulo no século XIX, Ana Gertrudes de Jesus*; Kuznesof, "The Role of the Female-Headed Household in Brazilian Modernization. São Paulo (1765-1836)".

28 Kuznesof, *Household Economy and Urban Development*, p.158; Ramos, *Consensual Unions and the Family in Nineteenth-Century Minas Gerais, Brazil.*

29 Diaz; Stewart, "Occupational Class and Female-Headed Households in Santiago Maior do Iguape. Brasil, 1835".

30 Samara, *As mulheres, o poder, a família*, p.15-45; Levi, *The Prados of São Paulo, Brazil: An Elite Family and Social Change, 1840-1930*, p.1-16.

31 Lewin, *Politics and Parentela in Paraíba: A Case Study of Family-based Oligarchy in Brazil*; Levi, *The Prados of São Paulo*. Ver também Elizabeth Kuznesof, que descreve a família da elite de São Paulo em "A família na sociedade brasileira: parentesco, clientelismo e estrutura social. São Paulo, 1700-1980".

principalmente em famílias nucleares, deduzem Lewin e Levi, mas a rede de parentesco ampliada influenciou profundamente a vida familiar, sendo fundamental para seu poder econômico e social. A partir desses dois estudos, é possível sugerir que essas redes, as quais geralmente não são visíveis nos censos, são cruciais para se compreender as famílias da elite.

As análises demográficas das famílias de elite, baseadas nos censos demográficos, todavia, sugerem que o modelo de Freyre deve ser utilizado com cautela, mesmo se aplicado apenas aos estudos das famílias da elite. Ana Silvia Volpi Scott[32] mostra que a família nuclear predominava em meio à elite paulista: em torno de 60% a 75% de todos os domicílios de elite entre os anos de 1779 e 1818. O tamanho da família era pequeno: 6,3 membros nas cidades da região do Rio Paraíba e 4,7 membros nas cidades da região e ao redor da cidade de São Paulo. Devido ao fato de Scott fazer a análise das famílias conforme elas aparecem nos censos manuscritos, ela não consegue estabelecer suas redes de parentescos. Entretanto, se fosse possível combinar uma análise demográfica das famílias de elite com as histórias familiares narradas por Lewin e Levi, essa análise revelaria que a família extensa e patriarcal de elite proposta por Freyre não era um fato demográfico, mas uma descrição das relações de parentesco dessas famílias abastadas. Mais estudos sobre as famílias de elite que combinem análise demográfica e investigações sociais e econômicas sobre a vida familiar das classes mais ricas poderão permitir aos historiadores descreverem com precisão a família de elite no Brasil.[33]

Antes de rejeitar o modelo de família de Freyre, os historiadores precisam considerar a mudança ao longo do tempo. As famílias de elite poderiam ser mais extensas e mais complexas nos primeiros anos da colonização – isto é, nos séculos XVI e XVII – do que no século XIX. Embora haja dados demográficos mais consistentes para os séculos XVIII e XIX, os historiadores não devem pressupor esse modelo da vida familiar da elite como característico de todo o período colonial.

Mas e a vida familiar dos outros grupos sociais durante o período colonial e no século XIX no Brasil? Lentamente, os historiadores têm conseguido

---

32 Scott, *Dinâmica familiar da elite paulista (1765-1836)*.

33 Carlos de Almeida Prado Bacellar trabalha nesta direção, ver *Os senhores da terra – família e sistema sucessório entre os senhores de engenho no Oeste Paulista, 1765-1835*.

formar uma imagem mais precisa dos pobres urbanos, um grupo cuja história demográfica mostra altos índices de domicílios chefiados por mulheres, relações ilegítimas e uniões consensuais.[34] Sem dúvida, essa população vivia de um modo diferente daquelas famílias extensas retratadas por Freyre. Apesar de os historiadores terem avançado na documentação dos contornos demográficos desse grupo social, pouco se sabe sobre as famílias pobres de regiões rurais no passado. O estudo pioneiro de Maria Luiza Marcilio sobre os trabalhadores agrícolas e pescadores pobres livres de Ubatuba, na costa de São Paulo, começa a definir as estratégias de sobrevivência e a vida familiar dos pobres livres no Brasil. Como demonstra Marcilio, a população pobre livre em seus estilos de vida tradicionais utilizou-se do trabalho dos membros da família de forma bem-sucedida para se sustentar e interagir nas economias locais. Porém, devido à falta de poder político, não conseguiram manter suas terras à medida que a agricultura se comercializou.[35] Esse padrão, também encontrado em Parnaíba, pode ser na verdade uma característica comum da população pobre livre em todo o Brasil.

Incitados pela celebração do centenário da abolição da escravidão no Brasil, muitos estudos sobre famílias escravizadas se desenvolveram no país. Contudo, devido ao fato de a escravidão ter existido por mais de trezentos anos no Brasil, em regiões tão diversas como o nordeste canavieiro, o interior minerador e o Rio Amazonas, os historiadores estão longe de definir a "família escravizada". A vida dos escravizados obviamente variava conforme as distintas áreas e ao longo do tempo. Nas cidades, por exemplo, os escravizados tinham mais autonomia e independência, mas suas vidas familiares eram menos estáveis.[36] No interior, os escravizados tinham pouca autonomia, mas, tendo em vista que muitos viviam em grandes fazendas, eram capazes de formar famílias nucleares e extensas que resistiam ao passar dos anos.[37]

---

34 Samara, "Família e domicílios nas sociedades escravistas (São Paulo no século XIX)"; Ramos, "Single and Married Women in Vila Rica, Brazil, 1754-1838"; Kuznesof, "Sexual Politics, Race and Bastard-Bearing in Nineteenth-Century Brazil: A Question of Culture or Power?"; Dias, *Quotidiano e poder em São Paulo no século XIX*; Samara, *As mulheres, o poder e a família*.

35 Marcilio, *Caiçara: terra e população, estudo de demografia histórica e da história social de Ubatuba*.

36 Karasch, *Slave Life in Rio de Janeiro, 1808-1850*, p.287-98.

37 Ver a edição especial da revista *Estudos Econômicos*. Demografia e Escravidão, v.17, n.2, 1987.

Portanto, os estudos de muitos historiadores da família no Brasil têm forçado os pesquisadores a repensarem seriamente a universalidade da perspectiva de Gilberto Freyre sobre a família brasileira no passado. Conforme cada vez mais estudos são concluídos, será possível constituir uma síntese de como era a vida familiar no Brasil colonial. Este livro tem esse objetivo no horizonte, ao estudar a vida familiar no contexto da classe social, da comunidade mais ampla e da fronteira.

O estudo da vida familiar em Santana de Parnaíba revela que a desigualdade nessa comunidade tem origem nos modos como as famílias se relacionavam com o sertão. Praticamente todas as famílias da população livre em Santana de Parnaíba, nos séculos XVII e XVIII, dependiam dos recursos do sertão para o seu sustento. As famílias que exploravam a fronteira para participar da economia mais ampla do Atlântico tornavam-se parte da classe de proprietários agrícolas e renovavam suas riquezas a cada geração porque continuavam a explorar o sertão. Já as outras famílias que dependiam dos recursos do sertão para a sobrevivência da família imediata tornaram-se parte da classe independente, embora vulnerável, dos pobres livres. Os escravizados, impedidos de partilhar os recursos do sertão, permaneceram no estrato social mais baixo. Essas conclusões sugerem questões importantes sobre como as estratégias familiares no Brasil colonial influenciaram a evolução de uma ordem social estratificada nessa sociedade fronteiriça do continente americano.

Capítulo 1
Indígenas, portugueses e mamelucos: a colonização no século XVI em São Vicente

Em 1628, a viúva Suzana Dias estava acamada na casa de seu filho em uma pequena vila chamada Santana de Parnaíba. A vila estava localizada na extremidade do sertão do Brasil, vários quilômetros a oeste da vila de São Paulo. Temendo sua morte, Suzana Dias chamou um escrivão ao seu leito para registrar as suas últimas vontades em um testamento e um padre para dar a extrema-unção. Primeiramente, ela pediu ao padre que "encomendasse sua alma a Deus Nosso Senhor que a criou" e "lhe pedia pela morte e paixão e merecimento de seu filho Nosso Senhor Jesus Cristo tivesse misericórdia de sua alma e lhe perdoasse seus pecados". Ela rogava pela intercessão da Virgem Maria Santíssima, dos apóstolos e de todos os santos seguidores de Deus para que ela pudesse atingir a glória divina.[1] Suzana declarou que acreditava na Santa Madre Igreja de Roma e morreria uma cristã leal e verdadeira. Tendo cuidado de sua salvação, ela voltou-se para a sua vida material, para a família de que tinha cuidado, para o patrimônio que havia acumulado e para o assentamento que havia fundado nos confins do império português.

Suzana Dias foi casada duas vezes e teve dezessete filhos. Possuía escravizados indígenas, os quais a serviam e serviriam seus herdeiros quando de seu falecimento, mesmo que, como ela própria sabia, esses escravizados indígenas fossem legalmente livres de acordo com a legislação do império português. Um xale, uma saia, um manto e o material para costurar uma saia eram suficientemente importantes para serem mencionados em seu testamento, deixados como heranças especiais para suas filhas e netas. Suzana pediu aos seus dois filhos que mandassem rezar trinta missas "por minha alma

1 Inventário de Suzana Dias, 1634, *Inventários e testamentos*, v.33, p.11-22.

para que Deus Nosso Senhor tenha misericórdia com ela" e afirmou que ela desejava ser enterrada na Igreja de Santa Ana, lugar que havia fundado e em torno do qual o povoado crescera. Por fim, pedia ao pároco que assinasse o testamento para ela, pois não sabia ler ou escrever.

Esse documento aparentemente simples marca o fim da vida de Suzana Dias e o início da história de Santana de Parnaíba. Quando Suzana nasceu, Santana de Parnaíba não existia; a região fazia parte do sertão, que ainda não havia sido colonizado pelos portugueses ou mesmo pelos mamelucos. No entanto, no momento em que Suzana Dias faleceu, os portugueses já tinham tomado posse dessa região do sertão e a colonizado.

Quem era Suzana Dias? De acordo com a reconstrução histórica e genealógica, ela era uma das netas de Tibiriçá, o então chefe indígena do Planalto de Piratininga quando os portugueses primeiro chegaram à costa do Brasil, em 1500.[2] O Planalto de Piratininga, lugar da moderna cidade de São Paulo, encontra-se a aproximadamente 800 metros acima do nível do mar. É banhado pelo Rio Tietê, o qual escoa na direção do interior, a oeste, desaguando no Rio Paraná. O clima é ameno, com média de temperatura de 20 °C e de precipitação de 132,5 cm ao ano.[3] Tibiriçá conheceu os portugueses por meio de João Ramalho, um marinheiro ou degredado português que havia naufragado ou sido abandonado durante os primeiros anos do século XVI, provavelmente entre 1511 e 1513.[4] Embora Tibiriçá não pudesse saber o que o seu encontro com esse náufrago ou exilado português pressagiava, foi o primeiro passo em uma longa série de acontecimentos que transformariam radicalmente o mundo que ele conhecia.

Na Espanha e em Portugal, os últimos anos do século XV e os primeiros do século seguinte foram tempos de glória. Enquanto Cristóvão Colombo "descobria" as ilhas do Caribe em 1492, Portugal estava às vésperas de conquistar a tão desejada rota marítima que levaria às Índias. Antecipando os acontecimentos, no Tratado de Tordesilhas, de 1494, Espanha e Portugal dividiram o mundo não cristão em dois, ficando os territórios a leste da linha imaginária com Portugal e os a oeste com a Espanha. Seis anos depois de Colombo tentar chegar às Índias, navegando a oeste, o explorador português Vasco da Gama

---

2 Leme, *Genealogia paulistana*, v.7, p.224.
3 Cf. Wilkie; Haker, *Statistical Abstract of Latin America*, p.30.
4 Reis, *O indígena do Vale do Paraíba*, p.41.

contornou o Cabo da Boa Esperança, chegando à Índia. Em 1500, Cabral partiu com o mesmo destino, visando estabelecer as bases do comércio entre Índia e Portugal. Cabral traçou uma rota ligeiramente diferente da de Vasco da Gama e, empurrado pelos ventos mais a oeste do que havia planejado, alcançou o Brasil por acidente. Diferentemente de Colombo, Cabral não havia deixado Lisboa com o intuito de fazer uma viagem de "descobertas" e não tinha nenhum direito sobre as terras que porventura encontrasse. Portanto, a "descoberta" do Brasil não assegurava nenhuma recompensa imediata para ele. Ele não se tornaria vice-rei e governador de nenhuma terra que encontrasse nem seria conhecido como o "almirante do mar-oceano", privilégios prometidos para Colombo por Fernando e Isabel, reis da Espanha.[5] Em vez disso, essa descoberta memorável foi tratada como um atraso inesperado na importante viagem para a Índia. Muito mais interessados na abertura do comércio com a Índia, os portugueses não fizeram planos imediatos para explorar ou colonizar o Brasil, apesar de este estar claramente dentro da esfera de Portugal, de acordo com o Tratado de Tordesilhas.

Cabral permaneceu no que viria a ser o Brasil durante onze dias, mas a primeira impressão sobre o lugar foi capturada por Pero Vaz de Caminha, escrivão real que fazia parte da expedição rumo a Calicute. Em uma carta escrita ao rei de Portugal, Caminha descreveu uma vasta terra nova e pessoas de "boa e pura simplicidade". Em suas palavras: "De ponta a ponta é toda praia parma, muito chã e muito formosa. Pelo sertão nos pareceu, vista do mar, muito grande, porque, a estender olhos, não podíamos ver senão terra com arvoredos, que nos parecia muito longa".[6] Ele descreveu os habitantes dessa terra como "pardos, maneira de avermelhados, de bons rostos e bons narizes, bem-feitos. Andam nus, sem nenhuma cobertura. Nem estimam de cobrir ou de mostrar suas vergonhas; e nisso têm tanta inocência como em mostrar o rosto".[7] Caminha maravilhou-se com a inocência e a beleza dos indígenas: "andam muito bem curados e muito limpos. E naquilo me parece ainda mais que são como aves ou alimárias monteses, às quais faz o ar melhor

---

5 Antes da viagem rumo ao oeste em 1492, Colombo assegurou um contrato favorável que lhe deu extensos poderes administrativos e financeiros sobre quaisquer terras descobertas. Ver "Capitulaciones de Santa Fe, 1492", Archivo General de Indias, Patronato, 8,5.8.

6 Cf. *A carta de Pero Vaz de Caminha*, disponível em: https://objdigital.bn.br/Acervo_Digital/Livros_eletronicos/carta.pdf.

7 Ibid.

pena e melhor cabelo que às mansas, porque os corpos seus são tão limpos, tão gordos e tão formosos, que não pode mais ser".[8]

A observação de Caminha sobre os indígenas lhe convenceu que esses não tinham crenças religiosas e que poderiam ser facilmente "tornados ao desejo de Vossa Alteza" e que "não lhes falece outra coisa para ser toda cristã, senão entender-nos, porque assim tomavam aquilo que nos viam fazer, como nós mesmos".[9] Caminha via a possibilidade de utilizar as novas terras para a agricultura e pensava que a evangelização dessas terras poderia ser uma conquista nobre para o rei português, mesmo que a nova terra não se tornasse muito mais que uma parada a caminho das Índias.

Caminha terminou sua carta em 1º de maio de 1500, na noite anterior à partida para as Índias. Naquele dia, dois marinheiros roubaram um barco, tornando-se desertores do comando de Cabral e desaparecendo ao longo da costa. Além do mais, Cabral deixou para trás dois prisioneiros degredados para apreender a língua indígena para facilitar novos encontros, caso houvesse outros. Então, sem mais delongas, Cabral levantou âncora e seguiu na direção leste, rumo à África e à Índia. A carta de Caminha, bem como arcos, flechas, plumagens e papagaios e outros itens coletados na nova terra, foi enviada diretamente a Portugal em uma nau da frota. Talvez ninguém que testemunhou essa visita simples de onze dias tenha percebido como ela mudaria de forma radical o futuro da terra que os portugueses chamaram de Santa Cruz.

Quando Portugal e Espanha fizeram o primeiro contato com o vasto Novo Mundo, eles tinham ideias diferentes sobre como proceder com a colonização. A Espanha tinha terminado uma empreitada de séculos, conhecida como Reconquista, quando derrotou os mouros em Granada em 1492. O matrimônio entre Fernando de Aragão e Isabel de Castela deu início ao processo de unificação da Espanha. O fervor religioso com o qual os espanhóis conquistaram os mouros e dividiram suas terras entre os comandantes espalhou-se também no Novo Mundo. A Espanha embarcou em uma jornada semelhante para disseminar a Cristandade, fazendo dos indígenas seus vassalos, recompensando os conquistadores de seu novo império e fortalecendo o poder da Coroa.[10]

---

8 Ibid.

9 Ibid.

10 Sobre as estruturas de poder da Coroa espanhola, ver Vives, *Manual de historia económica de España*; Lomax, *The Reconquest of Spain*; Mariéjol, *The Spain of Ferdinand and Isabella*.

Portugal era uma nação mercantil que, ao longo de várias décadas no século XV, foi pioneira da navegação no Atlântico Sul e do mapeamento da costa africana em busca de uma rota em direção às Índias. Os portugueses tinham como objetivo entrar no lucrativo comércio de especiarias do Oriente, que era completamente controlado pelos comerciantes árabes pelas rotas terrestres que atravessam o Oriente Médio. Em 1498, os portugueses conseguiram estabelecer a tão aguardada rota marítima; assim, pela primeira vez, os europeus tiveram acesso direto ao comércio de especiarias.[11] Por isso, a descoberta do Brasil por Cabral teve em Portugal um peso diferente do que a descoberta de Colombo teve na Espanha. Portugal viu a importância do comércio com os recém-descobertos nativos do Brasil, não de sua colonização. Por essa razão, Portugal não fez imediatamente planos de colonizar o território.

Durante trinta anos depois da descoberta, de 1500 a 1530, os portugueses viam o Brasil como um simples entreposto, similar a vários outros que já existiam na costa africana, onde os navios portugueses a caminho das Índias paravam para negociar escravizados. Nas poucas feitorias no litoral do Brasil, os portugueses comercializavam pau-brasil com as tribos indígenas locais. Essa madeira tinha alta demanda na Europa devido à tinta vermelha extraída dela para colorir tecidos. Cada feitoria possuía um feitor e uma pequena tropa de soldados para protegê-la. O feitor realizava o comércio com os indígenas, trocando ferramentas de ferro, espelhos, pentes, contas e outros objetos por pau-brasil. Os indígenas cortavam, carregavam e empilhavam os troncos nos entrepostos para que a madeira estivesse pronta para ser carregada nos navios quando estes chegassem.

Todavia, os portugueses não foram os únicos a fazer negócios no Brasil. Os franceses também eram muito ativos no comércio do pau-brasil, argumentando que, como Portugal não havia colonizado a região, não poderia impedir outros interessados de fazer comércio com os indígenas. Portanto, embora Portugal reivindicasse o domínio do Brasil por conta da descoberta de Cabral, ele praticamente não exercia soberania sobre a região e os povos encontrados.

---

11 Para uma análise abrangente desse período histórico, ver Godinho, *A economia dos descobrimentos henriquinos*; Diffie; Winius, *Foundations of the Portuguese Empire, 1415-1580*; e Marques, *A History of Portugal*.

Durante esses primeiros anos do século XVI, apenas alguns europeus, como João Ramalho, viveram no Brasil. Prisioneiros degredados deixados pelos capitães, marinheiros naufragados e os feitores dos entrepostos eram os únicos portugueses no local.[12] Muitos, contudo, tornaram-se "nativos" para sobreviver, como foi o caso de João Ramalho.

Homens como Ramalho adaptaram-se a um mundo radicalmente diferente daquele que conheciam na Europa. A área extensa do Brasil, coberta pelas florestas, era esparsamente habitada por centenas de tribos indígenas. Apesar de ser difícil estimar o tamanho da população indígena no Brasil em 1500, John Hemming apresenta uma estimativa sensata de 2,4 milhões.[13] Os povos indígenas faziam parte de quatro grupos linguísticos principais: tupi, jê, caribe e aruaque. O grupo linguístico tupi vivia principalmente ao longo da costa do Atlântico; o jê, no planalto central; o aruaque, no norte do Amazonas; e o caribe, em terras ao norte da porção inferior do delta do Rio Amazonas. Apesar das diferenças entre esses grupos, os indígenas do Brasil compartilhavam alguns modos de vida. Eles viviam em tribos independentes compostas por várias aldeias governadas pelos conselhos de anciões, chefes e xamãs. Sobreviviam graças à caça, à pesca, à colheita de frutas e outros víveres e à agricultura simples. Em pequenas clareiras criadas a partir do corte de árvores e da queima dos troncos, plantavam os mantimentos básicos de sua dieta: milho, mandioca, abóbora, feijão e amendoim. Uma clara divisão de trabalho separava homens e mulheres: enquanto os primeiros eram responsáveis pela caça, pela pesca e pelas batalhas, as mulheres plantavam, preparavam a comida e cuidavam das crianças. As tribos realocavam frequentemente suas aldeias para tirar proveito de novos locais de caça e terras para o plantio. As posses eram poucas e de fácil transporte, sendo levadas nas migrações. Comparados às grandes e complexas civilizações indígenas do México Central e do Peru, os povos indígenas do Brasil apresentavam mobilidade, autonomia e igualdade.[14]

Entre todas as tribos, mas especialmente entre os tupis, as lutas eram comuns, uma parte inquestionável da vida. Competições por áreas de caça

---

12 Prado, *Primeiros povoadores do Brasil, 1500-1530*, p.59-130; Marchant, *From Barter to Slavery: The Economic Relations of Portuguese and Indians in the Settlement of Brazil, 1500-1580*, p.28-47.

13 Hemming, *Red Gold: The Conquest of the Brazilian Indians*, p.487-501.

14 Id., "The Indians of Brazil in 1500". Ver também id., *Red Gold: The Conquest of the Brazilian Indians*, p.24-8.

frequentemente resultavam em guerras entre grupos. Entre os tupis, essas rivalidades causavam um estado quase de guerra entre grupos inimigos, como acontecia entre os tupiniquins e os tupinambás. Essas guerras começavam muitas vezes pela necessidade de vingar a honra da tribo devido a atrocidades cometidas no último confronto. Frequentemente, esses insultos centravam-se na prática do canibalismo ritual cometido com prisioneiros de guerra. Em uma elaborada cerimônia, prisioneiros eram mortos e sua carne era "provada" pelo grupo. A tribo do prisioneiro então retaliava realizando uma cerimônia similar com um prisioneiro do grupo culpado. Isso criava um ciclo interminável de hostilidades entre os tupis.[15]

Como poucos portugueses viviam no Brasil nos primeiros trinta anos após a "descoberta" de Cabral, a vasta maioria dos indígenas brasileiros tinha pouco contato com eles. Aqueles que tinham contato com os portugueses ou incorporaram alguns indivíduos a seus grupos, ou tinham um contato intermitente com os comerciantes. No Planalto de Piratininga, João Ramalho se tornou membro da família extensa de Tibiriçá. Ele casou-se com uma das filhas do chefe e tornou-se um poderoso e respeitado membro do grupo. Como os portugueses não estabeleceram um entreposto próximo a Piratininga, o povo chefiado por Tibiriçá não trabalhava para os portugueses extraindo pau-brasil.

O isolamento do Brasil mudou em 1530, quando, preocupado com o crescente interesse de comerciantes franceses pelo Brasil, o rei português enviou Martim Afonso de Sousa para estabelecer a primeira colônia no país. Partindo de Portugal no fim de 1530, a expedição de Martim Afonso fora encarregada de patrulhar a costa do Brasil e explorar o litoral sul com o intuito de fundar uma colônia. Oficiais reais, soldados, padres, senhores, mecânicos, operários, marinheiros e colonizadores (alguns com suas esposas) participaram da expedição, que contou com cerca de quatrocentos membros e quatro naus. Martim Afonso navegou pela costa do Brasil, atacando navios franceses antes de rumar ao sul para estabelecer uma colônia. Ele escolheu uma ilha na latitude 24° 30" e ordenou a seus homens que erguessem um forte e construíssem os princípios rudimentares da primeira

15 Existem muitas descrições do ritual de canibalismo praticado entre os tupis, sendo a mais famosa aquela de Hans Staden na década de 1550. Para uma discussão sobre a prática, bem como relatos de testemunhas oculares, ver Hemming, *Red Gold*, p.28-34.

colônia do Brasil, São Vicente. Deixando colonos no local, Martim Afonso seguiu com seus soldados para reconhecer a costa sul, sobretudo a região do Rio da Prata. Ao retornar, distribuiu as primeiras porções de terra aos colonos. Posteriormente, importou cana-de-açúcar e construiu o primeiro engenho. Rapidamente, a colônia espalhou-se da ilha ao continente, coberto por uma densa floresta tropical entre as montanhas e o Oceano Atlântico.[16]

Martim Afonso vislumbrou uma colônia dedicada à produção açucareira (similar à colônia portuguesa da Madeira) e à extração de minerais preciosos, caso fossem encontrados. Construiu São Vicente na região costeira, para que ela se mantivesse estreitamente ligada a Portugal por via marítima. Ao norte, no Planalto de Piratininga, vivia o grupo tupiniquim de Tibiriçá, chamado de guaianás. Eles viviam em várias aldeias próximas ao que atualmente é a cidade de São Paulo. Os indígenas preferiam o planalto, no qual havia um clima mais ameno e seco que na costa, e só desciam ao litoral em certas épocas do ano, para pescar e caçar. Assim, durante o período em que os portugueses permaneceram no litoral e permitiram que os indígenas pescassem, as relações entre colonos e guaianás progrediram sem problemas, facilitadas pela intervenção de João Ramalho. Em grande desvantagem numérica em relação aos indígenas e isolada de Portugal, a colônia de São Vicente estava extremamente vulnerável a ataques dos grupos indígenas. Ramalho persuadiu o seu sogro, Tibiriçá, a proteger a jovem colônia portuguesa. O próprio Tibiriçá tornou-se cristão, sendo batizado com o nome de Martim Afonso Tibiriçá para emular o líder da colônia. O chefe também casou várias de suas filhas com portugueses. Uma delas foi batizada como Beatriz e se casou com o português Lopo Dias. Eles eram os pais de Suzana Dias.[17] A boa relação entre os portugueses e os indígenas de São Vicente teve um papel fundamental no sucesso inicial dessa colônia. Desinteressado pelo interior e determinado a fazer a economia açucareira dar certo, Martim Afonso proibiu seus colonos de visitar o planalto sem permissão.[18] A Ramalho, ele concedeu o monopólio de abastecer a colônia com escravizados indígenas oriundos do planalto.[19]

---

16 Madre de Deus, *Memórias para a história da Capitania de São Vicente*, p.29-110. Marchant, *From Barter to Slavery*, p.49-52. Prado, *Primeiros povoadores*, p.81-108.

17 Leme, *Genealogia paulistana*, v.7, p.224.

18 Madre de Deus, *Memórias*, p.91.

19 Prado, *São Vicente e as capitanias do Sul do Brasil: as origens (1501-1551)*, p.467.

Pouco depois de Martim Afonso fundar São Vicente, a Coroa de Portugal decidiu promover a colonização do Brasil. Ela desejava reivindicar o Brasil, mas não queria gastar o necessário para estabelecer colônias reais. Por isso, entre 1533 e 1535, ignorando os aproximadamente 2,5 milhões de indígenas que viviam no Brasil, a Coroa portuguesa dividiu o Brasil em catorze faixas horizontais e concedeu cada uma delas a um indivíduo para que ele colonizasse tais propriedades com os seus próprios recursos. Cada um desses receptores, chamados de donatários, tinha amplos poderes legais. Eles podiam designar oficiais, exercer a justiça, criar vilas, conceder licenças para a montagem de engenhos e distribuir terras a colonos. Cada donatário recebeu extensas faixas de terra para si, além do direito de cobrar tributos de seus colonos. Essas capitanias eram hereditárias e seguiam o princípio da primogenitura, passando intactas do pai para o filho primogênito. A Coroa esperava que os donatários angariassem capital para colonizar a região e que, com o passar do tempo, esse modelo de colonização gerasse uma renda considerável para os arrendatários e seus herdeiros.[20] Martim Afonso recebeu a capitania da colônia que havia fundado, São Vicente. Apesar de ele próprio ter passado pouco tempo no local, a colônia sobreviveu graças ao esforço administrativo de sua esposa e de seus tenentes.

Dos catorze donatários, apenas dez realmente colonizaram suas capitanias e, destes, somente dois, em São Vicente e Pernambuco, obtiveram sucesso imediato. Todos os povoados passaram por muitas dificuldades: liderança fraca, dificuldade de atrair povoadores, escassez de capital e constantes confrontos com grupos indígenas vizinhos impediram o crescimento de muitas dessas primeiras colônias, cuja economia dependia da extração do pau-brasil e de tentativas preliminares de criar fazendas de cana-de-açúcar. A mão de obra era um problema constante. A maior parte do comércio de pau-brasil continuava a ser conduzida por meio de escambo com os indígenas. Com a diminuição das árvores de pau-brasil no litoral, ficou cada vez mais difícil para os indígenas cortá-las e transportá-las das florestas para o litoral. Esse escambo rompia-se quando os indígenas não mais desejavam ou

---

20 Johnson, "The Portuguese Settlements of Brazil, 1500-1580"; Id., "The Donatary Captaincy in Perspective: Portuguese Backgrounds to the Settlement of Brazil", p.203-4. Ver também "Carta de foral doando a capitania a Duarte Coelho (5 de setembro de 1534)", in Dias; Vasconcelos; Gameiro. *História da colonização portuguesa do Brasil*, v.3, p.309-13.

precisavam das trocas ou quando se ofendiam com as incessantes demandas dos portugueses. O problema de mão de obra era ainda mais acentuado nas plantações de cana-de-açúcar e nos engenhos, pois estes precisavam de trabalhadores confiáveis. Os lusitanos começaram a escravizar cada vez mais os indígenas, especialmente para trabalhar nas plantações de cana. Os indígenas que eram capturados nas guerras entre tribos e trocados por utensílios oferecidos pelos comerciantes de Portugal passavam a ser escravizados pelos portugueses. Além do mais, todo indígena capturado pelos portugueses nas guerras contra os povos originários também era escravizado.[21] À medida que a escravidão indígena emergia como a solução dos problemas da mão de obra dos colonos, confrontos entre colonos e indígenas intensificaram-se.[22]

Em São Vicente, uma das duas capitanias de sucesso, a plantação de cana-de-açúcar expandia-se ao longo da costa. Em 1548, a colônia possuía seis engenhos, seiscentas "almas" cristãs e 3 mil escravizadas.[23] A maior parte destas últimas era composta de indígenas do planalto capturados e vendidos por Ramalho e seus aliados aos portugueses.[24] No entanto, o sonho de Martim Afonso de criar uma Ilha da Madeira brasileira revelou-se ilusório. Os povoadores portugueses sentiam-se cada vez mais atraídos pelo planalto, fonte de mão de obra indígena. Em 1544, quando Martim Afonso estava em Portugal, sua esposa formalmente revogou a ordem da necessidade de petição para subir ao planalto.[25] Conforme crescia o número de colonos visitando o planalto, os portugueses passaram a mudar o foco econômico da colônia. Os colonos portugueses apaixonaram-se pelo clima do interior e aí estabeleceram propriedades voltadas para a cultura de trigo e para a pecuária. Portanto, apesar de a produção açucareira continuar em São Vicente, ela deixou de ser a principal força econômica dessa colônia mais ao sul do Brasil.

---

21 Marchant, *From Barter to Slavery*, p.94.

22 Ver, entre outros, a carta de Pero de Góis (donatário da Paraíba do Sul) e as de Duarte Coelho (donatário de Pernambuco) escritas na década de 1540, que descreviam as condições iniciais dos povoados e as dificuldades encontradas. In: Dias; Vasconcelos; Gameiro, *História da colonização portuguesa do Brasil*, v.3, p.263; 313-6. Marchant realiza uma excelente análise desse período em *From Barter to Slavery*, p.48-80.

23 Varnhagen, *História geral do Brasil*, v.1, p.168, n.8.

24 Marchant, *From Barter to Slavery*, p.71-2.

25 Madre de Deus, *Memórias*, p.91.

O fracasso da maioria dos donatários no Brasil fez que a Coroa repensasse sua política de colonização. Por volta da metade do século XVI, ela percebeu que a iniciativa privada, por si só, não poderia colonizar o Brasil. Desse modo, em 1549, a Coroa designou o primeiro governador-geral do Brasil, Tomé de Sousa. Sua principal tarefa era auxiliar as colônias instáveis, fornecendo-lhes assistência militar. Ademais, ele era responsável por aumentar o rendimento real e por construir a capital da colônia, Salvador, na capitania da Bahia. Com Tomé de Sousa vieram os primeiros jesuítas, a ordem religiosa escolhida pelo rei de Portugal para evangelizar e pacificar os indígenas do Brasil.

Durante a segunda metade do século XVI, a aceleração da colonização portuguesa começou a devastar o tradicional modo de vida das populações indígenas. Todos os portugueses tinham planos para os povos originários do Brasil. Os jesuítas esperavam não apenas converter os indígenas à Cristandade, mas substituir seus tradicionais modos de vida por outros mais alinhados às noções europeias de religiosidade, família e vida em comunidade. Os jesuítas criaram aldeias onde congregavam grupos indígenas com o intuito de facilitar a conversão. Nesses locais, os jesuítas ensinavam aos indígenas os novos valores culturais e novas formas de subsistência e apresentavam-lhes novas instituições sociais. O ajuntamento dos povos indígenas em aldeias jesuítas, sua conversão ao cristianismo e sua exposição a um novo modo de vida começaram a desfazer o tecido da sociedade indígena tribal nas áreas colonizadas pelos portugueses.[26]

Os colonizadores portugueses viram na população indígena a solução da sua falta de mão de obra. A escravidão e o trabalho forçado nas plantações de cana-de-açúcar destruíram as sociedades indígenas tribais ainda mais rapidamente do que as aldeias jesuíticas. A escravização de indígenas era considerada legal pela Coroa portuguesa se os escravizados fossem capturados em "guerras justas" ou se praticassem o canibalismo. Essas restrições, quando interpretadas de forma livre pelos colonizadores, levaram a inúmeras expedições ao interior.[27]

26 Hemming, *Red Gold*, p.97-118.

27 Ver as leis de 1570 até 1574, brevemente descritas em Johnson, "The Portuguese Settlement of Brazil", p.274, e em Hemming, *Red Gold*, p.151. Para uma discussão mais detalhada sobre as leis concernentes à escravidão indígena, ver ibid., p.140-60; Schwartz, "Indian Labor"; e Id., "New World Plantations: European Demands and Indian Responses in Northeastern Brazil".

Além disso, os europeus inconscientemente trouxeram consigo doenças para as quais os indígenas não possuíam imunidades naturais. As grandes epidemias que dizimaram os povos indígenas de várias regiões das Américas também atingiram aqueles no Brasil. No início da década de 1550, gripe, disenteria, varíola e a peste espalharam-se nas aldeias indígenas, matando muitos. Tanto os que viviam com os portugueses como aqueles que moravam na floresta contraíram várias doenças e acabaram morrendo em grande número. Depois da doença vinha a fome, enfraquecendo ainda mais os sobreviventes.[28]

Essas transformações durante a primeira metade do século XVI alteraram para sempre a história dos povos indígenas do Brasil e prepararam o terreno para a colonização portuguesa. À medida que as sociedades indígenas se desintegravam logo depois do contato com os portugueses, a sociedade portuguesa criou raízes na colônia. Enquanto os portugueses consideravam que o ritmo das mudanças era muito lento, os grupos indígenas praticamente não tiveram tempo de se adaptar ou de evitar essas mudanças que acabariam por destruir seus modos de vida.

Em São Vicente, é evidente que as características desse estágio inicial da colonização marcaram as etapas posteriores do desenvolvimento da região. A forma como os jesuítas, os colonos portugueses e o crescente número de mamelucos sobreviveram na região no século XVI influenciou o comportamento das gerações seguintes, que levaram essas estratégias de sobrevivência para o interior. Padrões visíveis no litoral no século XVI podiam ser encontrados no interior cem anos depois. A colonização de São Vicente repetia-se em um ciclo de eventos que gradualmente expandiam-se para o oeste. Os aspectos centrais desse ciclo de colonização foram postos em prática pela primeira vez no planalto em meados do século XVI.

Os jesuítas tiveram um papel muito importante no início da colonização de São Vicente. Em 1553, Padre Manuel da Nóbrega, líder dos jesuítas no Brasil, chegou a São Vicente. Naquela época, sete jesuítas tinham construído uma igreja e uma casa no litoral, perto do assentamento fundado por Martim Afonso de Sousa. Eles tinham começado a ensinar um grupo em torno de cinquenta a sessenta crianças indígenas.[29] Nóbrega reportou um

28 Hemming, *Red Gold*, p.139-46.

29 Carta de Nóbrega para P. Simão Rodrigues, 1552. In: Leite, *Novas cartas jesuíticas*, p.27; carta de Nóbrega para Rodrigues, 1553. In: Leite, *Novas cartas jesuíticas*, p.35.

grande sucesso inicial com "a gentilidade da terra, filhos e filhas de cristãos, mamelucos, que há muitos, e com a escravaria". Ele escreveu sobre o "muito fervor" nas confissões dos indígenas, quando muitos vinham "chorando" e "com grande dor". Ademais, observou que os indígenas catecúmenos "sabem a doutrina melhor que muitos velhos cristãos de nação" e "muitos se disciplinam com tão grande fervor que põem confusão aos brancos".[30] Na escola, os jesuítas ensinavam os meninos a ler e a escrever, a cantar e a tocar flauta. Aqueles com mais habilidade estudavam gramática. Alguns meninos aprendiam um ofício. Porém, a vida era difícil para os jesuítas, que viviam das esmolas dos indígenas.

Apesar do fato de os jesuítas terem pouca renda para cuidar dos meninos (a maioria deles vivia nu, pois a missão ainda era muito pobre para vesti-los), Nóbrega vislumbrava um grande futuro para São Vicente. Ele acreditava que dali os jesuítas espalhar-se-iam para o planalto e de lá para o interior, onde poderiam levar os indígenas para o caminho da salvação. Os jesuítas tinham ouvido falar dos guaranis, localizados entre São Vicente e as colônias espanholas no Paraguai. Ali, os jesuítas esperavam criar missões. Para Nóbrega, São Vicente seria a grande base para a evangelização do Brasil.

Com esse propósito, Nóbrega desejava estabelecer uma missão jesuítica no Planalto de Piratininga, acima do pequeno povoado já existente no litoral. Os jesuítas criaram sua missão no planalto, a que chamaram de São Paulo, com o auxílio de Tibiriçá, em 1553. Como já tinham feito na região costeira, em São Paulo eles abriram uma escola para ensinar as crianças e adentraram o sertão para pregar aos grupos indígenas.

Animados e ao mesmo tempo preocupados com a responsabilidade de salvar as almas indígenas, os sentimentos dos jesuítas alternavam entre a esperança e o desespero. Invariavelmente otimistas depois de sobreviverem à terrível viagem marítima para chegar a São Vicente e à perigosa subida da íngreme escarpa até Piratininga, os novos irmãos se deliciaram com o planalto. José de Anchieta descreveu a região como uma terra "de grandes campos, fertilíssima" e "aonde vivem os homens muito, máxime os velhos".[31] Já Baltazar Fernandes escreveu em 1556 que "é terra como essa do Reino,

---

30 Carta de Nóbrega para P. Luiz Gonçalves da Câmara, 1553. In: Leite, *Novas cartas jesuíticas*, p.45.

31 Taunay, *São Paulo nos primeiros anos (1554-1601). Ensaio de reconstituição social*, p.188.

fria e temperada" e que "é das boas que há no Reino e se dará nela, segundo parece, quanto lá se dá".[32] No entanto, Nóbrega, desanimado, refletiu que

> estamos em terra tão pobre e miserável, que nada se ganha com ela, porque é a gente tão pobre, que por mais pobres que sejamos, somos mais ricos, que eles. [...] Aqui não há trigo, nem vinho nem azeite, nem vinagre, nem carnes, senão por milagre, o que há pela terra, que é pescado, e mantimento de raízes, por muito que se tenha, não deixaremos de ser pobres.[33]

Guiado pela fé e pela responsabilidade que poucos compreendiam, os jesuítas claramente sofreram em seu trabalho. José de Anchieta descreveu a tarefa dos missionários jesuítas junto aos indígenas na tentativa de ganhar "em todo o Brasil muitas almas para o Senhor".[34] Escreveu Anchieta:

> principalmente na Capitania de São Vicente, no campo, onde já por vezes se acharam Índios mortos de frio e assim acontecia muitas vezes, ao menos aos princípios, a maior parte da noite não poder dormir de frio nos matos por falta de roupa e de fogo, porque nem calça nem sapato havia, e assim andavam as pernas queimadas das geadas e chuvas muitas e mui grossas e contínuas e com isto grandes enchentes de rios e muitas vezes se passam águas muito frias por longo espaço pela cinta e às vezes pelo peitos; e todo o dia com chuva muito grossa e fria gastando depois grande parte da noite em enxugar a roupa ao fogo sem haver outra que mudar.[35]

Enquanto os jesuítas tinham uma ideia de como o Brasil poderia ser cristianizado, os povoadores portugueses em São Vicente tinham outra. Muitos identificavam-se com a cultura mestiça, uma mistura dos modos portugueses e indígenas. Um número crescente de mamelucos e povoadores lusitanos vivia no planalto na década de 1550. Na pequena vila de Santo André vivia João Ramalho, sua prole mestiça e alguns povoadores portugueses. Distante

---

32 Ibid., p.185-6.

33 Carta de Nóbrega ao padre General Diogo Laínez, 1561. In: Leite, *Novas cartas jesuíticas*, p.112.

34 Anchieta, "Informação do Brasil e de suas Capitanias (1584)". In: Id., *Cartas, informações, fragmentos históricos e sermões*, p.323.

35 Ibid.

de entender Ramalho como um aliado, como Martim Afonso de Sousa havia feito em 1530, Nóbrega o encarava como um obstáculo à missão jesuítica no Brasil. Ele escreveu sobre João Ramalho em 1553:

> Nesta terra está um João Ramalho. É muito antigo nela e toda a sua vida e a dos seus filhos é conforme à dos Índios, e é uma *petra scandali* para nós, porque a sua vida é principal estorvo para com a gentilidade que temos, por ele ser muito conhecido e muito aparentado com os índios. Tem muitas mulheres. Ele e seus filhos andam com irmãs e tem filhos delas, tanto o pai como os filhos. Vão à guerra com os índios e as suas festas são de índios e assim vivem andando nus como os mesmos índios.[36]

Ramalho tinha se tornado poderoso no planalto não apenas por causa de sua ligação com os indígenas, mas também pelo reconhecimento de seu poder por oficiais portugueses. O governador-geral do Brasil, Tomé de Sousa, em 1553, ordenou aos povoadores portugueses no planalto que vivessem na vila de João Ramalho, Santo André, e o designou capitão deles.[37] Vinte anos antes, Martim Afonso reconheceu a autoridade de Ramalho no planalto e lhe concedera o monopólio de abastecer a região com indígenas escravizados. Os anos que Ramalho passou como traficante de escravizados – tempo em que ele vendia os indígenas capturados tanto nas guerras tribais tradicionais quanto que ele capturava diretamente com intuito de escravizar – abasteceram os povoados dos portugueses e de seus descendentes mamelucos com mão de obra para trabalhar nas suas plantações e como criados nas suas casas. Os mamelucos seguiram o exemplo de João Ramalho e transformaram-se em comerciantes de escravizados. Eles eram especialistas em escravizar indígenas, pois podiam negociar com os indígenas e com os portugueses. O crescente escopo do comércio de escravizados indígenas reverberou pelo interior de São Vicente e desestabilizou as relações entre grupos de indígenas.

Os indígenas do planalto viam-se entre vários mundos diferentes: o de suas próprias sociedades tradicionais, o do estilo religioso jesuíta rigoroso e

36 Carta de Nóbrega para Câmara, 1553. In: Leite, *Novas cartas jesuíticas*, p.46.

37 Madre de Deus, *Memórias*, p.122; Hemming, *Red Gold*, p.42; Dominian, *Apostle of Brazil*, p.70.

o da cultura mameluca. Alguns indígenas e muitos mamelucos circulavam facilmente entre a cultura indígena e a portuguesa. Nóbrega escreveu sobre meninos indígenas que estudaram com os jesuítas, mas que, quando adultos, retomaram os modos de vida indígenas de seus pais. Então, ele refletia, ao retornar ao costume da nudez, os indígenas tinham muita vergonha de ir à igreja. Nóbrega entendia que, embora eles tivessem usado roupas no passado, não tinham como fazer o vestuário necessário para serem respeitados na sociedade cristã.[38] Anchieta lamentou que "nossos antigos discípulos que com tanto afã e trabalho andávamos criando, não temos conta alguma [...] porque eles se hão feito indispostos para todo bem, dispersando-se por diversas partes onde não podem ser ensinados, e assim tornam-se todos aos costumes de seus pais".[39] E acrescentou, em tom de aprovação: "mas Nosso Senhor não deixa de castigá-los em doenças e mortes".[40]

Enquanto os indígenas tentavam entender o que acontecia em seu mundo e com sua cultura, as primeiras doenças os atingiram em São Vicente. Em 1554, o jesuíta Pero Correia escreveu que, entre os conversos indígenas, "saltou a morte de maneira que nos matou três principais e muitos outros índios e índias" e "quase cada dia nos morriam".[41] Uma crônica jesuíta conta que "começou a apoderar-se dos pobres índios uma como peste terrível [...] com tal rigor, que era o mesmo acometer, que derrubar, privar dos sentidos, e dentro de três ou quatro dias levar à sepultura".[42]

Em 1562, outra epidemia surgiu, dessa vez de varíola. Não entendendo a doença, Anchieta realizava sangrias nas vítimas, cortando a carne podre na tentativa de restaurar a saúde dos enfermos. Ele descreve a afecção como uma "coisa horrível" que cobria "todo o corpo de pés à cabeça de uma lepra mortal, que parece couro de cação".[43] Contudo, como não tinham imunidade, os indígenas frequentemente morriam.[44]

---

38 Carta do padre Nóbrega a Laínez, 1561. In: Leite, *Novas cartas jesuíticas*, p.106-7.

39 Carta de Anchieta a Diogo Laínez (em Roma), de Piratininga, março de 1562. In: Anchieta, *Cartas, informações, fragmentos históricos e sermões*, p.179.

40 Ibid.

41 Carta de Pero de Correa, 1554. In: Leite, *Novas cartas jesuíticas*, p.175.

42 Vasconcellos, *Chronica da Companhia de Jesu do Estado do Brasil*, v.1, p.92.

43 Anchieta a Laínez (em Roma), São Vicente, 8 de janeiro de 1565. In: Leite, *Monumenta Brasiliae*, v.4, p.178.

44 Alfred W. Crosby afirma que a mortalidade por meio da varíola em uma população não imunizada atinge 30%. Aqueles que sobreviviam à doença ainda podiam falecer devido à fome,

Além das epidemias que assolavam as planícies, havia a ameaça de aniquilação pela guerra. O pequeno aldeamento jesuítico de São Paulo, as aldeias indígenas circunvizinhas e o povoado de João Ramalho (Santo André) estavam vulneráveis a ataques de grupos indígenas hostis. Esses grupos incluíam os tradicionais inimigos dos tupiniquins, bem como indígenas que tinham desafetos com os colonos e jesuítas. Em 1561, esses dois grupos atacaram São Paulo. Um dos líderes da rebelião era Jagoanharo, ou "cão feroz", sobrinho de Tibiriçá e ex-aluno dos jesuítas. Descontente com as doenças e a escravização dos indígenas, ele levou muitos a se revoltarem. Os tamoios, um grupo dos tupinambás aliado aos franceses no litoral do Rio de Janeiro tradicionalmente inimigo dos tupiniquins do Planalto de Piratininga, juntaram-se aos rebelados. Esse cerco por pouco não foi bem-sucedido, mas Tibiriçá, fiel aos jesuítas, liderou a resistência ao ataque e salvou o povoado.[45]

O conflito entre esses inimigos indígenas tradicionais tornara-se mais complexo com a rivalidade imperial entre Portugal e França a respeito do Brasil. A França estabelecera uma pequena colônia na Baía de Guanabara em 1555. Tanto o governador-geral, Mem de Sá, quanto os jesuítas queriam expulsar os franceses – Mem de Sá via na presença deles uma ameaça à hegemonia portuguesa, e os jesuítas entendiam que os protestantes da colônia francesa poderiam espalhar a heresia entre os indígenas. Enquanto Mem de Sá e os jesuítas expulsavam os franceses da colônia em 1560, as hostilidades entre tamoios e portugueses continuavam. Diversas expedições acossaram os tamoios até eles serem praticamente extintos, no final do século XVI.[46]

Depois da rebelião, os portugueses e mamelucos do planalto mudaram da vila de Santo André para um novo lugar em torno do colégio jesuítico, criando a vila de São Paulo. O velho chefe Tibiriçá morreu em um surto de disenteria em 1562. Ramalho, seu genro, agora aceito pelos jesuítas, assumiu o papel de líder na defesa do povoado português de São Paulo. A vila cresceu e tornou-se um pequeno povoado murado com 120 domicílios habitados por portugueses, mamelucos e diversos escravizados indígenas. A missão jesuítica era composta de cinco ou seis irmãos e seus catecúmenos indígenas. Ao redor

---

que ocorria geralmente depois do surto. Ver Crosby, *The Columbian Exchange: Biological and Cultural Consequences of 1492*, p.44.

45 Southey, *History of Brazil*, p.298-9; Dominian, *Apostle of Brazil*, p.168-70; Hemming, *Red Gold*, p.126-8; Reis, *O indígena do Vale do Paraíba*, p.44-50.

46 Hemming, *Red Gold*, p.119-38.

da vila, as terras produziam trigo, milho, azeitona, uva e outros frutos. Gado, cavalos e porcos pastavam livremente pelos campos.[47]

Fora de São Paulo, os jesuítas construíram uma série de aldeias-satélites, como Pinheiros, São Miguel, M'Boi e Guarulhos. Nelas, os indígenas levavam uma vida regrada de trabalho e catequese, interrompida apenas pelo toque do sino da missão. Ao amanhecer, o sino convocava as meninas para a instrução religiosa, depois da qual iam fiar, tecer e coser roupa para os indígenas vestirem. De manhã, os jesuítas ensinavam lições aos meninos, que eram depois enviados para a pesca e a caça. Os adultos trabalhavam no campo durante o dia, mas, antes de o sol se pôr, o sino chamava-os para participar do ensino religioso.[48] Passando a vila de São Paulo, seus campos agrícolas e o anel das aldeias jesuíticas, havia o sertão. Nele, nas profundezas do interior do Brasil, a sociedade indígena tribal permanecia intacta.

No final do século XVI, os portugueses haviam transformado de forma definitiva o litoral e as planícies de São Vicente. As instituições portuguesas e os modos de vida dos mamelucos haviam se enraizado e sufocado os modos de vida originais dos indígenas. A cultura mameluca emprestava livremente elementos das culturas portuguesa e indígena. Tratava-se de uma cultura de fronteira, criada pela necessidade de sobrevivência num mundo apenas recentemente ligado a Portugal. Embora as tribos independentes e autossuficientes do planalto não mais vivessem como em 1500, muitos aspectos dos seus modos de viver continuaram presentes na região. Os mamelucos falavam tupi, alimentavam-se predominantemente da dieta indígena e adotaram apenas as manifestações aparentes do cristianismo.

Entre os mundos do interior, onde a sociedade indígena tribal permanecia intacta, e as colônias portuguesas no litoral havia uma zona-tampão – a fronteira, onde o processo de colonização ainda estava em curso. Foi lá que os jesuítas, mamelucos e portugueses encontraram novos grupos indígenas, iniciando novamente os acontecimentos que haviam ocorrido nas regiões litorâneas já colonizadas. A conquista e a colonização do Brasil se deram, assim, em ciclos, à medida que cada nova fronteira se tornava parte do império colonial português.

---

47 Taunay, *São Paulo nos primeiros anos*, p.188, 195-6.

48 Marchant, *From Barter to Slavery*, p.111. A descrição de Marchant sobre a vida nas aldeias jesuíticas da Bahia é baseada na carta de Rui Pereira aos padres e irmãos de Portugal, 15 de setembro de 1560. In: Leite, *Monumenta Brasiliae*, v.3, p.285-306.

As colônias criadas pelos portugueses no Brasil variavam de acordo com a região. No nordeste, Bahia e Pernambuco começaram a florescer na década de 1570. O cultivo da cana-de-açúcar e a produção de açúcar nos engenhos impulsionaram a expansão dessas áreas. As primeiras plantações de cana utilizavam mão de obra indígena escravizada, mas as doenças, os maus-tratos e o excesso de trabalho dizimaram os indígenas, o que levou os proprietários agrícolas portugueses a buscar mão de obra na África.[49] No final do século XVI, o tráfico de pessoas escravizadas vindas da África, controlado e desenvolvido pelos portugueses, fornecia um fluxo constante de mão de obra para as regiões açucareiras. Em meados da década de 1580, aproximadamente um terço dos escravizados em Pernambuco eram africanos.[50] Estes últimos trabalhavam em posições especializadas nos engenhos, substituindo os indígenas em funções como mestre de açúcar, purgador, ferreiro, caldeireiro e tacheiro.[51] A transição para o uso de mão de obra africana escravizada deu uma trégua aos indígenas, que passaram a viver nas aldeias jesuíticas plantando alimentos para abastecer as vilas portuguesas, tornando-se uma população pobre livre.[52]

O clima, a oferta de mão de obra proveniente da África e a demanda por açúcar na Europa causaram o florescimento da economia açucareira no nordeste. Em 1570, o Brasil possuía 20 mil habitantes portugueses ou brancos e sessenta engenhos de açúcar. A maioria destes (41) e a maior parte da população (60%) poderia ser encontrada nas capitanias de Pernambuco e Bahia.[53] A economia açucareira propiciou ao nordeste uma prosperidade desconhecida em São Vicente. Em 1593, os brancos em Pernambuco ganhavam em média 9.660 réis, enquanto em São Vicente essa média era de 2.770 réis.[54] Pernambuco teve um produto bruto de 116 milhões de réis em 1593, sujeito ao dízimo real, enquanto São Vicente produziu apenas 5 milhões de réis.[55] No entanto, São Vicente se distinguia por ser a primeira povoação permanente do Brasil, embora não fosse rica.

---

49 Sobre a transição da escravidão indígena para a africana, ver: Schwartz, *Sugar Plantations in the Formation of Brazilian Society*, p.51-72.

50 Ibid., p.65.

51 Ibid., p.68.

52 Marchant, *From Barter to Slavery*, p.136-7; Schwartz, *Sugar Plantations in the Formation of Brazilian Society*, p.35-43.

53 Johnson, *The Portuguese Settlements of Brazil*, p.279.

54 Ibid., p.285.

55 Ibid., Tabela 2, p.285.

No final do século XVI, a colonização portuguesa no nordeste estabeleceu-se em um modelo de *plantation* – ou seja, a exploração de terras e mão de obra para produzir o açúcar que seria vendido no mercado europeu. Em outras áreas, no entanto, essa sociedade de *plantation* desenvolveu-se mais lentamente ou nunca criou raízes por completo. São Vicente era uma dessas regiões.

Muitos fatores diferenciavam São Vicente das povoações do nordeste do Brasil. Localizados em um planalto com clima temperado, os principais povoados de São Vicente estavam separados do Oceano Atlântico por uma cordilheira costeira muito íngreme que podia ser praticamente intransponível. Como a vila de São Paulo não tinha fácil acesso ao mar, o transporte de açúcar para Portugal era precário. Por conseguinte, a economia local tornou-se mais autossuficiente. Com pouco capital para comprar escravizados da África, os povoadores portugueses e mamelucos do planalto continuaram a escravizar a população indígena do interior e obrigá-los a trabalhar nas suas propriedades agrícolas. Em São Vicente, diferentemente da Bahia e de Pernambuco, os indígenas livres que moravam no planalto continuaram sendo aliados dos jesuítas, dos colonos e dos mamelucos. Sua contribuição cultural, portanto, foi muito maior na sociedade formada em São Vicente do que no nordeste.

A família de Manoel Fernandes Ramos, um imigrante português, e de Suzana Dias, uma das netas de Tibiriçá, sugere como as famílias viviam no planalto no final do século XVI. Eles se casaram em 1570 e viveram em São Paulo, onde Suzana teve dezessete filhos. Manoel, que era português e portanto fluente no idioma, além de estar familiarizado com as instituições civis portuguesas, ocupou vários cargos no governo da vila de São Paulo.[56] Em 1580, ele deixou São Paulo e seguiu o Rio Tietê em direção à jusante por cerca de sete léguas a oeste (aproximadamente 40 km), chegando a uma cachoeira chamada pelos indígenas de "paranaiba".[57] Presume-se que ele estava procurando terras que pudesse tomar e cultivar, pois solicitou ao governador de São Vicente uma concessão de terras na região montanhosa ao redor do rio. Manoel faleceu alguns anos depois; entretanto, sua esposa

56 Leme, *Genealogia paulistana*, v.7, p.224.

57 A palavra tupi-guarani para água é *parana*, que originou *paranaiba*, a qual se refere a água – e, possivelmente, a cachoeira.

posteriormente recebeu uma sesmaria nessa área, a qual deu origem ao núcleo de um novo povoado, chamado Santana de Parnaíba.[58]

As características dessa família sugerem algumas estratégias de sobrevivência utilizadas pela população de São Paulo no final do século XVI. Manoel casou-se com uma mameluca, Suzana. Como o planalto não produzia um solo adequado para a plantação de cana, ele não tentou estabelecer uma *plantation* como seus compatriotas fizeram em Pernambuco e na Bahia. Na verdade, ele desejava terras em matas virgens onde pudesse criar uma fazenda na qual a mão de obra seria composta por indígenas escravizados. Assim, ele partiu pelo interior em busca de novas terras, adentrando a zona-tampão entre o desconhecido sertão do Brasil e a já conhecida vila portuguesa de São Paulo. Desse modo, Manoel começava novamente o processo de colonização, anexando uma nova área ao mundo colonial português.

Não está claro quando exatamente a família cultivou as terras, mas, em 1597, descobriu-se ouro nos arredores de São Paulo, incluindo em um local chamado de Voturuna, em Parnaíba.[59] Em 1597, essa área certamente era bem conhecida na vila de São Paulo. Espaços de mineração foram logo demarcados, o que deve ter dado início a uma espécie de povoamento. Suzana Dias e seu filho construíram uma pequena capela, dedicada a Santa Ana, próxima à cachoeira chamada de "paranaiba". Então, o povoado ficou conhecido como Santa Anna de Paranaiba, que, com o passar dos anos, tornou-se Santa Anna de Parnaíba, Sant'anna de Parnahyba e, atualmente, Santana de Parnaíba. Apesar da grande esperança da mineração aurífera, os depósitos aluviais nunca foram de grande porte. No entanto, a região floresceu com a produção agrícola local, utilizando como mão de obra os indígenas da aldeia próxima de Barueri, que fora fundada pelos jesuítas no início do século XVII e tinha uma população de quinhentos a seiscentos guaranis por volta de 1612.[60] Em 1625, o povoado de Santana de Parnaíba se

---

58 "Informações das minas de São Paulo e dos sertões na sua capitania desde o ano de 1597 até o presente de 1772 com relação cronológica dellas". Papéis do Brasil, C16 E147 P6, Códice 3, ff. 2-4, ATT.

59 Atualmente, a demarcação de terra original não existe ou não foi encontrada. Porém, no inventário de Suzana Dias, duas sesmarias são listadas como parte da propriedade. Inventário e testamento de Suzana Dias, 1634, *Inventários e testamentos* v.33, p.17.

60 Petrone, *Os aldeamentos paulistas e sua função na valorização da região paulista: estudo de geografia histórica.*

tornou grande o bastante para se transformar em vila, dando aos povoadores o direito de criar sua própria câmara municipal e comandar o governo local.[61]

Três anos depois, em 1628, Suzana Dias ditou seu testamento. A partir dele, podemos perceber como a colonização portuguesa avançara e progredira durante o século XVI. Suzana, cristã devota, identificava-se com a sociedade portuguesa, embora sua mãe fosse indígena e a sua etnicidade fosse mameluca. Sabemos também pelo seu testamento que tinha o hábito de vestir roupas, que vivia numa casa, que se confessava a um padre e que casou numa cerimônia cristã. Podemos inferir, a partir dos nomes de seus filhos, que eles foram batizados por um padre e, a partir das observações feitas por Suzana sobre os dotes das suas filhas, que estas também se casaram de acordo com a doutrina cristã. Ciente de sua responsabilidade como mulher cristã no sertão do Brasil, ela fundou uma capela. Porém, em outros aspectos de sua vida, ela pode ter mantido costumes indígenas. Sem dúvida, Suzana era falante de tupi, a língua comum do planalto. Ela possivelmente dormia em uma rede, pois, apesar do seu testamento começar com a expressão "acamada", camas eram escassas e caras.[62] Sua dieta muito provavelmente seguia mais os modos de alimentação indígena do que a tradição portuguesa. No seu catolicismo também é provável que houvesse vestígios das crenças indígenas de sua mãe.

Suzana Dias, portanto, assim como seu tio João Ramalho, viveu entre dois mundos: o indígena e o português. Carregando essa herança dupla, ela, juntamente com seu marido português, trilhou o seu caminho para se inserir no sertão do Brasil. Ao fazê-lo, iniciou a colonização na região imediatamente a oeste de São Paulo.

Embora os historiadores usem frequentemente Pernambuco e Bahia como exemplos clássicos do método português de colonização no Novo Mundo, é importante lembrar que nem todo o Brasil vivenciou o mesmo processo. Como os mais importantes e ricos centros da colonização portuguesa, Pernambuco e Bahia dominavam a atenção da Coroa. No entanto, em comparação com a vastidão do Brasil, essas duas capitanias eram, de certa forma, mais como ilhas rodeadas por uma colônia muito menos

61 Camargo, *História de Santana de Parnaíba*, p.19-43; Leme, *Genealogia paulistana*, v.7, p.224-58; Monteiro, *São Paulo in the Seventeenth Century: Economy and Society*, p.87-90.

62 Machado, *Vida e morte do bandeirante*, p.69-76.

desenvolvida e mais fronteiriça. A colonização em outras regiões do Brasil, como São Vicente, era diferente. Fora das áreas de agricultura no sistema de *plantation*, a colonização dependia de uma interação fluida entre a vila e o sertão. As famílias compensavam a impossibilidade de produzir açúcar com a exploração do vasto sertão. Essas ações, por sua vez, fomentaram o povoamento do oeste nos séculos XVII, XVIII e XIX.

Cinquenta anos depois de Martim Afonso de Sousa ter fundado a primeira colônia europeia no Brasil, Manoel Fernandes Ramos e Suzana Dias colocaram a região que viria a ser Santana de Parnaíba na órbita do mundo colonial português. Naquela época, o pequeno povoado ficava nos limites do sertão. Nos duzentos anos seguintes, à medida que a vila crescia, os descendentes de Suzana e Manoel, assim como seus pais, avós e bisavós, deslocaram-se cada vez mais para o oeste. A experiência de Santana de Parnaíba revela pistas importantes sobre como a fronteira se estabeleceu. No próximo capítulo, veremos mais detalhadamente o papel de uma vila fronteiriça na conquista do sertão brasileiro.

Capítulo 2
Vila, reino e sertão

Desde os primeiros dias da colonização, os colonos portugueses e mamelucos de Santana de Parnaíba viveram em três mundos: a vila, o reino e o sertão. Cada um desses três mundos afetava intensamente a vida familiar. A forma como as famílias interagiam nessas áreas definiu em grande parte sua riqueza e posição social futuras. Além disso, a maneira como algumas famílias de Santana de Parnaíba dominaram esses três universos durante os séculos XVII e XVIII explica como as classes sociais surgiram e se perpetuaram naquele lugar.

Todos em Santana de Parnaíba pertenciam à vila, uma comunidade legalmente estabelecida no império português na América. De acordo com o dicionário de Raphael Bluteau, a vila era um povoado maior que a aldeia e menor que a cidade, possuindo juiz, senado, câmara e pelourinho.[1] No século seguinte, Antônio de Moraes Silva também define a vila com o mesmo grau de tamanho.[2] A cultura que se desenvolveu na vila inspirou-se nas tradições tanto do velho como do novo mundo. As leis portuguesas, o catolicismo europeu e as instituições municipais ibéricas moldaram a vida na vila, ao mesmo tempo que a alimentação, a língua e os métodos agrícolas dos indígenas também faziam parte do seu cotidiano. Em Santana de Parnaíba havia todos os atributos de uma vila portuguesa – a igreja matriz, a câmara, a ordenança e o rossio – e os oficiais que representavam a sociedade portuguesa – padres, vereadores, capitães da ordenança e notários. Porém, como estava inserida no Brasil colonial, uma vila como Santana de Parnaíba

1 Bluteau, *Vocabulario Portuguez e Latino*, v.8, p.489. (N. T.)

2 Moraes, *Diccionario da lingua portuguesa*. (N. T.)

tinha muitos atributos do sertão, como florestas preservadas e uma grande população de indígenas. Em muitos sentidos, a vila tornou-se uma síntese do reino e do sertão, porque formou-se nela, no século XVII, uma cultura fronteiriça mameluca híbrida. Uma vila no Brasil não reproduzia completamente uma vila portuguesa, mas somente algumas de suas características. Ela se tornara um mundo novo e diferente.

A palavra "reino", quando utilizada no Brasil colonial, referia-se a Portugal.[3] De Portugal veio o ímpeto de colonização, as políticas que estruturavam o império colonial e seus valores culturais dominantes. O reino representava o centro da civilização portuguesa – o lugar onde se encontrava a autoridade das questões materiais e espirituais. Era a fonte do poder político, das leis que governavam a colônia, das instituições religiosas e das tradições que moldavam a família e a vida da comunidade no Brasil.

Nem todos na vila compreendiam o significado e a importância do reino. Apenas um pequeno grupo de residentes em Santana de Parnaíba conhecia Portugal. Contudo, para uma pequena minoria que entendia a relação da vila com o reino, este último se tornou uma fonte de poder. Aqueles que defendiam a soberania do reino em relação à vila e que comercializavam os produtos agrícolas de Santana de Parnaíba para Portugal reconheciam que suas ligações com o reino aumentaram sua autoridade e *status* na vila.

A palavra "sertão", como foi utilizada no Brasil colonial, designava o desconhecido, o vasto interior, a região ainda não colonizada.[4] Nos mapas, o termo "sertão" designava o interior do Brasil, os territórios sob controle dos indígenas e as matas virgens que porventura ainda existissem em torno dos povoados portugueses e entre eles. Se o reino representava um polo no contínuo que ia do Velho Mundo ao Novo Mundo, o sertão representava o oposto – a América em seu estado natural. Florestas altas e densas apenas esparsamente habitadas por populações indígenas cobriam a maior parte

---

3 Para Bluteau, o termo "reino" poderia também significar província. E a sua definição era a de "Estados que obedecem a um rei"; ver Bluteau, *Vocabulario Portuguez e Latino*, v.7, p.212-3. De acordo com Moraes, *Diccionario da lingua portugueza*, v.2, p.588, "reino" era "Estado de um rei ou soberano". (N. T.)

4 Para Bluteau, esse termo significava "região apartada do mar e por todas as partes metidas entre terras". Ele ainda acrescentava que era o "lugar em que faz maior calma"; cf. Bluteau, *Vocabulario Portuguez e Latino*, v.7, p.613. De acordo com Moraes, o sertão era "o interior, o coração das terras", opondo-se ao mar e à costa; ; cf. *Diccionario da lingua portugueza*, v.2, p.693. (N. T.)

do sertão. Rios que nasciam em cadeias de montanhas, serpenteavam pelas florestas e por fim desaguavam no Oceano Atlântico forneciam as únicas entradas confiáveis para o sertão. Praticamente todos em Parnaíba nos séculos XVII e XVIII tiveram alguma experiência direta com o sertão. Para a população indígena, tratava-se de um mundo familiar. Os mamelucos transitavam facilmente entre o sertão e a vila. Contudo, para aqueles que tinham acabado de chegar de Portugal, o sertão parecia incompreensível. Para os lusitanos, essa região implorava para ser colonizada, explorada e transformada.

Por 250 anos, a história da vila de Santana de Parnaíba se desenrolou em relação ao fluxo conflitante da influência do reino e do sertão. No século XVI, o sertão a oeste da vila de São Paulo incluía o que posteriormente se tornaria Santana de Parnaíba. À medida que a vila cresceu, no século XVII, os valores do reino fincaram raízes. No século XVIII, Parnaíba havia perdido sua identidade fronteiriça, e cada vez mais famílias imitavam os traços e os comportamentos portugueses. Depois da independência, em 1822, passou a assemelhar-se a uma pequena vila portuguesa, habitada majoritariamente por pequenos produtores agrícolas que vendiam alimentos na cidade de São Paulo. Todavia, apesar da gradual evolução das características do sertão para as do reino, esse processo não se configurou como uma metamorfose completa. Parnaíba nunca chegou a reproduzir totalmente as características de uma vila portuguesa porque não compartilhava o mesmo passado histórico. Na verdade, os colonos transplantaram certas instituições culturais portuguesas para essa vila (e para muitas outras) do Brasil colonial.

Em 1625, Santana de Parnaíba tornou-se formalmente uma vila. Um pequeno centro começava a tomar forma ao longo das margens do Rio Tietê. Na íngreme praça central, trabalhadores indígenas começaram a construir a igreja matriz na década de 1640. Utilizando grandes blocos de terra prensada, a taipa de pilão, eles construíram um santuário térreo. Em um dos lados, ergue-se uma torre que mais tarde abrigou os três sinos que anunciavam as missas. Dentro da fria e escura igreja encontrava-se o altar principal, outros cinco altares menores nas laterais do santuário e uma pia batismal feita de madeira.[5] Em frente à igreja matriz ficavam as salas nas

5 A descrição dessa igreja foi reconstruída a partir de uma descrição do final do XVIII ou começo do século XIX escrita pelo então padre da paróquia. A igreja foi parcialmente

quais os membros da câmara municipal se encontravam. Essas duas instituições, uma representando a herança religiosa dos fundadores da vila e a outra, as tradições civis do governo local português, simbolizavam a identidade e as aspirações dos primeiros colonos.

Entretanto, além do minúsculo núcleo urbano encontrava-se uma vasta região florestal. Aqui e ali, famílias derrubavam as matas e construíam sítios em pequenos pedaços de terra. As grandes distâncias praticamente impediam os vereadores de fazer cumprir os decretos do reino, especialmente aqueles impopulares. O padre da igreja matriz tinha dificuldade de convocar para as missas a enorme população rural. A maioria dos habitantes falava tupi. Assim, durante os primeiros anos, o sertão acabava por eclipsar a influência do reino em Santana de Parnaíba.[6]

O sertão não somente dominava a vida em Santana de Parnaíba no início do século XVII: toda a economia da vila girava em torno de sua exploração. Os colonos dependiam das terras e da mão de obra gratuitas encontradas no sertão para criar e possibilitar o crescimento e a prosperidade da vila.

Desde os primeiros tempos do povoamento em Santana de Parnaíba, os homens dessa vila entraram em confrontos com os grupos indígenas do sertão, escravizando os que eram capturados. Foram os indígenas escravizados no sertão que geraram a riqueza que sustentou a primeira geração de colonos.[7] Bandos de homens adentravam o sertão para atacar grupos indígenas em guerra com os portugueses, as missões jesuíticas ao sul e a oeste e tribos individuais.[8] Como as primeiras conquistas espanholas no Caribe,

---

reconstruída em 1812 e uma igreja completamente nova foi finalizada na década de 1870. Livro de Tombo 524-121, p.3-6, ACDJ.

6 Para uma análise do caráter híbrido (indígena/português) da vida no Planalto de Piratininga durante o século XVII, ver Holanda, "A língua-geral em São Paulo", in: *Raízes do Brasil*, p.88-96.

7 Holanda discute este ponto no seu ensaio "A língua-geral em São Paulo", ibid., p.95.

8 Existe uma vasta literatura sobre esses homens conhecidos como bandeirantes. Enquanto as primeiras histórias (geralmente escritas por jesuítas) enfatizavam a crueldade de suas empreitadas, gerações posteriores de historiadores, sobretudo na década de 1920, exaltavam suas atividades. Ver Taunay, *História geral das bandeiras paulistas*. A interessante história social de Alcântara Machado analisa os testamentos e inventários do século XVII; ver Machado, *Vida e morte do bandeirante*. Richard Morse coletou e traduziu muitos documentos sobre os bandeirantes, bem como exemplos da literatura sobre eles, em *The Bandeirantes: The Historical Role of Brazilian Pathfinders*. Gerações recentes de historiadores têm novamente criticado os bandeirantes; ver os capítulos sobre o tema em Hemming, *Red Gold: The Conquest of*

México e Peru, essas expedições militares atacavam grupos de indígenas, saqueando as suas aldeias e capturando homens, mulheres e crianças como butim de guerra e os transformando em seus cativos pessoais.[9] Assim como os conquistadores espanhóis arriscaram suas vidas e seus escassos recursos em tais expedições com a expectativa de serem recompensados com uma doação de aldeias de indígenas concedida numa *encomienda* ou com os espólios da conquista, os homens de São Vicente também procuravam indígenas para trabalharem nas suas propriedades no Planalto de Piratininga.[10]

Os homens das antigas famílias mamelucas do Planalto de Piratininga organizavam as bandeiras, grandes companhias de colonos e guerreiros indígenas armados.[11] Saindo de São Paulo e Santana de Parnaíba, a maioria das bandeiras marchava para o sul atrás dos indígenas guaranis. Os bandeirantes procuravam os guaranis, conhecidos em São Vicente como "domésticos" e "civilizados", por causa de sua habilidade como agricultores.

A partir do final do século XVI, as expedições deixaram o planalto e partiram em direção ao sudoeste, para a região conhecida como Guairá (atualmente o estado do Paraná), local em que viviam os guaranis. Nessa região, os jesuítas tinham iniciado uma grande campanha de evangelização, idealizada inicialmente por Nóbrega. Lá, os jesuítas congregaram os guaranis em grandes missões agrícolas. Os soldados das bandeiras, ou bandeirantes, cobiçavam os indígenas que viviam nessas missões prósperas, porém mal defendidas. Na década de 1620, os bandeirantes iniciaram os ataques

---

the Brazilian Indians, e também Monteiro, "From Indian to Slave: Forced Native Labor and Colonial Society in São Paulo During the Seventeenth Century".

9 Mario Gongora aponta as semelhanças entre as bandeiras e as primeiras conquistas dos conquistadores espanhóis no ensaio "Algunos puntos de vista comparativos", in: *Los grupos de conquistadores en Tierra Firme (1509-1530): fisionomía histórico-social de un tipo de conquista.*

10 Algumas das primeiras bandeiras não eram expressamente expedições com o objetivo de escravizar, mas sim entradas financiadas pela Coroa portuguesa em busca de ouro e minerais preciosos. Organizadas a partir da vila de São Paulo no início da década de 1590, as expedições rumaram para o norte em busca da lendária Serra da Prata, na cabeceira do Rio São Francisco. Embora não tenham encontrado ouro ou prata, os participantes das entradas voltaram do sertão com índios cativos. Essas expedições abriram um precedente para as posteriores, cujo objetivo principal era a captura de índios, embora disfarçada de busca de metais preciosos. Ver Monteiro, *São Paulo in the Seventeenth Century*, p.176-9.

11 Muriel Nazzari enfatiza o caráter familiar das bandeiras e cita exemplos de homens de uma mesma família ou grupo parental que participaram da mesma bandeira. Ver "Women, the Family and Property: The Decline of the Dowry in São Paulo (1600-1870)", p.38-44.

contra as missões, escravizando os indígenas recém-convertidos. Na década seguinte, ofensivas constantes destruíram treze missões jesuítas em Guairá.

O saque das missões de Guairá e a incapacidade dos jesuítas de impedir os ataques dos bandeirantes convenceram os jesuítas a realocarem as missões. Em 1631, os indígenas e os padres jesuítas de duas missões sobreviventes de Guairá se mudaram. Navegando pelo Rio Paraná, eles passaram pelas cachoeiras de Guairá e restabeleceram suas missões na região que atualmente corresponde ao Rio Grande do Sul, à província de Misiones (na Argentina) e ao sul do Paraguai. Os jesuítas reconstruíram algumas missões bem mais ao norte do Rio Paraguai, no Itatim, atualmente parte do Mato Grosso do Sul.[12]

Essas migrações davam um pouco mais de tempo aos jesuítas, mas os bandeirantes escravizadores seguiam os jesuítas e os indígenas até suas novas localizações. As bandeiras voltadas para a escravização aventuravam-se na província do Tape (Rio Grande do Sul) em meados da década de 1630, destruindo três missões. Esses ataques motivaram uma contraofensiva dos jesuítas, que finalmente receberam permissão dos seus superiores para armar os indígenas. Posteriormente, as bandeiras que iam a Tape encontraram resistência armada, e, em 1641, os indígenas da missão resistiram a uma expedição de trezentos colonos e seiscentos aliados dos tupis.[13] A derrota dessa e de outras bandeiras no Tape pôs fim às grandes bandeiras organizadas que tentavam escravizar os guaranis e que tinham como alvo as missões jesuíticas.

Os homens de Santana de Parnaíba organizavam muitas dessas bandeiras ou participavam delas. André, Domingos e Baltazar Fernandes Ramos, os filhos mamelucos de Manoel Fernandes Ramos e Suzana Dias, participaram de pilhagens a muitas missões dos guaranis. Dos três, os jesuítas viam André como um caçador de indígenas particularmente feroz e brutal. Os indígenas que faziam parte do butim dos três irmãos tornaram-se a base do patrimônio que eles construíram em Parnaíba e na região que inicialmente pertencia a Parnaíba e que posteriormente se transformou nas vilas de Itu e Sorocaba, mais a oeste.[14] Pedro Vaz de Barros, também de Parnaíba, comandou uma das companhias da bandeira liderada pelo veterano bandeirante escravizador Antônio Raposo Tavares, que partiu de São Paulo em 1628 e retornou

12 Hemming, *Red Gold*, p.259-60.

13 Ibid., p.268-71.

14 Leme, *Genealogia paulistana*, v.7, p.225-6, 248.

com muitos indígenas. A propriedade de Pedro Vaz de Barros tornou-se o núcleo de uma das paróquias de Parnaíba, a de São Roque.[15] Outros dois bandeirantes vindos de Parnaíba, Pascoal Leite Pais e Fernão Dias Pais, criaram os alicerces de suas fazendas na região depois de participar de bandeiras e liderá-las.[16]

Para os indígenas do sertão, a vida nas vilas do planalto era sinônimo de escravidão. A maioria ia trabalhar nas plantações de trigo em São Paulo e Parnaíba.[17] Contudo, os colonos não os consideravam escravizados: eles os chamavam de "servos" ou de "peças forras". Não obstante, esses indígenas claramente viviam em um regime análogo à escravidão. Colonos em Parnaíba, assim como em outros pontos do planalto, sujeitavam os indígenas a uma espécie de regime de trabalho conhecido como "obrigação". Em troca de serem alimentados, vestidos e catequizados, os indígenas eram "obrigados" a fornecer sua força de trabalho aos senhores. Na perspectiva dos colonos, isso representava serviço, não escravidão. De qualquer modo, os colonos descreviam os indígenas como bens em seus testamentos, dividindo-os entre seus herdeiros como herança.[18] Entretanto, diferentemente da escravidão em outras regiões do Brasil, os colonos em São Vicente raramente vendiam seus escravizados nem forneciam indígenas escravizados a outras regiões do Brasil.[19]

Os ataques dos bandeirantes às missões jesuíticas criaram um estado de guerra entre estes e os colonos. Em jogo estava o controle da população indígena. Enquanto os colonos buscavam a mão de obra indígena, os jesuítas queriam salvar as almas deles. Letrados, instruídos e articulados, os

---

15 Hemming, *Red Gold*, p.256.

16 Ibid., p.268; Taunay, *A grande vida de Fernão Dias Pais*.

17 Os testamentos e inventários do século XVII em Parnaíba demonstram claramente que os indígenas capturados no sertão se tornaram a principal força de trabalho para as propriedades agrícolas da vila, o que inclusive foi afirmado pelos membros da câmara em uma carta escrita ao papa Urbano VIII na década de 1640. Ver Leite, *História da Companhia de Jesus no Brasil*, v.6, p.264-7.

18 John Monteiro afirma que os trabalhadores indígenas de São Vicente no século XVII formavam uma classe de escravizados que possibilitou o rápido desenvolvimento da atividade agrícola nesse mesmo período em São Paulo. Ver Monteiro, "From Indian to Slave"; e id., "Celeiro do Brasil: escravidão indígena em São Paulo e a agricultura paulista no século XVII".

19 Apesar de os historiadores brasileiros afirmarem que esse era o caso, nos inventários e testamentos de Parnaíba raramente se menciona a venda de indígenas, os quais geralmente não eram valorados. Monteiro minimiza a importância do comércio de escravizados indígenas oriundo de São Vicente e afirma que a grande maioria dos indígenas se destinava ao trabalho nas propriedades de São Vicente; ver *São Paulo in the Seventeenth Century, passim*. Stuart Schwartz é da mesma opinião; ver "Plantations and Peripheries, *c.* 1580-1750", p.469-70.

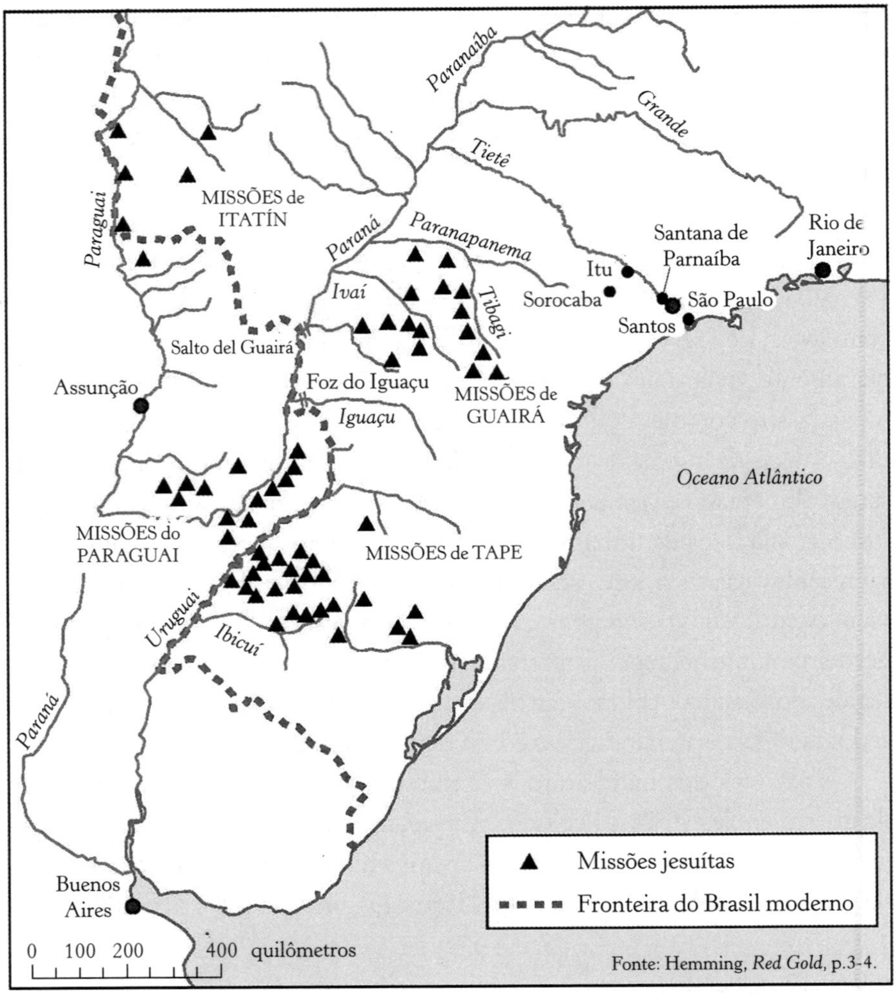

Mapa 2. São Vicente na era das bandeiras

jesuítas queixavam-se veementemente ao rei e ao papa sobre a escravização *de facto* dos indígenas, que era ilegal de acordo com a lei portuguesa.

Esse estado de guerra atingiu seu ápice em 1639, quando os jesuítas persuadiram o papa a emitir um breve pontifício reiterando a liberdade dos indígenas e penalizando com excomunhão aqueles que mantinham indígenas em regime de servidão.[20] Em resposta, a câmara de São Paulo

20 Para o breve do papa Urbano VIII, de 1639, que foi publicado em São Paulo em 1640, ver Leite, *História da Companhia de Jesus*, v.6, p.569-70.

formalmente expulsou os jesuítas de São Vicente em 1640.[21] Em uma petição ao papa, a câmara expressou o posicionamento dos colonos do planalto. Eles defendiam que os indígenas do sertão que serviam aos colonos não eram escravizados, mas sim homens livres. Além disso, afirmavam que, quando os indígenas viviam com os colonos, estes poderiam zelar pela educação religiosa cristã e pela cura de suas doenças. Se ficassem livres, os indígenas poderiam se rebelar. Portanto, segundo a petição, o breve pontifício deveria ser revogado "por ficar sendo contra o bem comum e espiritual e temporal".[22]

O breve do papa Urbano VIII coincidiu com o fim das bandeiras, uma vez que, depois de 1640, raras eram as expedições grandes que partiam de São Paulo ou Santana de Parnaíba. Todavia, o período de caça aos indígenas ainda não havia terminado. Os homens das vilas do planalto continuaram a procurar indígenas no sertão, nas direções norte e nordeste, mas dessa vez em grupos menores. Essas expedições, comumente chamadas de "armações",[23] eram menores, mais compactas e mais frequentes que as bandeiras. Com financiamento das vilas, os indígenas aprisionados pelas armações iam para as propriedades dos que investiram na expedição, conhecidos como armadores, ou para as fazendas dos homens que participaram da iniciativa. Por exemplo, Antônio Gomes Borba, de Parnaíba, ditou em seu testamento:

> Declaro que vim a esta viagem donde de presente me acho com uma armação de Francisco de Alvarenga Ribeiro com o partido que das peças que eu levar deste sertão escolherei de todas elas duas peças e as mais partiremos juntamente para o que me deu três negros e uma negra com o mais aviamento necessário.[24]

---

21 Hemming, *Red Gold*, p.279. Os Jesuítas regressaram a São Vicente em 1653, mas nunca recuperaram totalmente a sua influência.

22 Carta da câmara da vila de São Paulo ao papa Urbano VIII, *c.* 1645. In: Leite, *História da Companhia de Jesus*, v.6, p.264-7.

23 Ver a definição de "armação" dada por Alcântara Machado em *Vida e morte do bandeirante* (p.235), em que o autor sugere que o nome se origina da palavra "armador", o líder da expedição, o qual fornecia suprimentos em troca de metade dos cativos. Monteiro tem uma interpretação similar; ver *São Paulo in the Seventeenth Century*, p.228-31.

24 Inv. 1645, *Inventários e testamentos*, v.14, p.347-67. Ver também o testamento de Antônio Castanho da Silva, 1648, *Inventários e testamentos*, v.36, p.105-57. "Negros" neste contexto refere-se aos indígenas cativos. Sobre esse assunto, ver o trabalho de Monteiro, *Negros da terra: índios e bandeirantes nas origens de São Paulo*.

A Coroa portuguesa passara leis para regulamentar as armações. Uma lei de 1570 determinava que tais expedições deveriam ser licenciadas pelos governadores. Exigia também a presença de dois ou três jesuítas, que deveriam acompanhar a expedição para persuadir os indígenas a se integrarem voluntariamente na sociedade colonial, na qual os colonos lhes pagariam pelo seu trabalho. Além disso, se os indígenas fossem divididos, os funcionários reais deveriam estar presentes para garantir que eles não seriam forçados a servir os colonos contra a sua vontade.[25]

Os inventários e testamentos de Parnaíba refletiam o fato de que as armações se assemelhavam mais a empreendimentos econômicos e expedições militares de conquistas do que a expedições pacíficas para "persuadir" os indígenas a descer às vilas do planalto. Em pequenas companhias lideradas por um capitão, as armações avançavam pelo sertão. Os colonos, juntamente com seus guias indígenas e carregadores, viviam do que obtinham da terra e da farinha de mandioca que carregavam consigo. Também levavam pólvora, munição e longas correntes utilizadas para dominar os indígenas que não queriam ser levados às vilas portuguesas. Nas armações, a vida era difícil tanto para os indígenas quanto para os colonos. Com mapas rústicos, os homens avançavam seguindo o curso dos rios e de trilhas indígenas guiados sobretudo pela memória. Algumas expedições desapareciam sem deixar vestígios. Os homens morriam de doenças e fome. Quando isso acontecia, seus companheiros o enterravam no sertão e leiloavam suas posses entre eles. Antônio Gomes Borba, um residente de Parnaíba, morreu no sertão em 1645, e seu capitão ficou encarregado de inventariar seus bens. Antônio levava consigo uma rede, um cobertor, um gibão de armas, duas camisas, ceroulas, meias grossas, uma carapuça, um travesseiro, alguns pedaços de pano, uma faca e uma arma de fogo. No sertão, o capitão atribui um alto valor monetário a esses bens, e os companheiros de Antônio pagaram de bom grado os altos preços.[26]

Os indígenas do sertão, caçados, capturados e sujeitados a uma vida de servidão, forneciam a mão de obra que construiu a vila de Santana de Parnaíba e sua economia agrícola do século XVII. Apesar de conhecerem muito

---

25 Ley de 1570. In: Leite, *História da Companhia de Jesus no Brasil*, v.2, p.211.

26 Inventário de Antônio Gomes Borba, 1645, *Inventários e testamentos*, v.14, p.347-67. Quando a armação retornou, a viúva de Antônio não podia vender o restante dos bens pelos preços declarados no inventário feito no sertão; eles precisavam ser reavaliados para serem vendidos em Parnaíba, o que ressalta como eram muito mais valiosos no sertão.

bem o sertão, os indígenas não partilhavam da riqueza que ele provia à vila. Em vez disso, os colonos de Parnaíba transformaram os indígenas do sertão em posses.

Outro recurso aparentemente ilimitado do sertão que também esteve na base do crescimento e da prosperidade da vila de Santana de Parnaíba era a terra. Os colonos facilmente obtinham terras no século XVII. Os donatários de São Vicente distribuíam as sesmarias, com uma área de geralmente uma légua quadrada, ou 43,56 km^2, para aqueles que tinham condições de cultivar a terra. O recebimento de uma sesmaria trazia poucas obrigações para o colono além de cultivar a terra e pagar o dízimo, um imposto de 10% sobre a produção agrícola dado à Igreja. Como os indígenas que antes usavam as terras ao redor de Parnaíba para caçar, pescar e plantar pequenas roças haviam sido dizimados por doenças, pela escravidão e pela conquista, havia poucos (ou nenhum) grupos de indígenas que pudessem contestar as doações de sesmarias. Além disso, a política da Coroa portuguesa em relação à população indígena consistia em reuni-la em aldeias, dando a cada aldeia uma concessão de terra. Isso dava aos indígenas acesso a terras, mas liberava o restante das terras para o processo de colonização.[27] Dessa maneira, os colonos rapidamente tornaram-se os proprietários de grandes extensões de terra em Santana de Parnaíba.

As sesmarias transformaram as florestas do sertão em "posses" de indivíduos, de acordo com a legislação portuguesa. Algumas dessas sesmarias passaram aos filhos e filhas dos fundadores de Santana de Parnaíba – Vicência, Benta, André, Domingos e Baltazar Fernandes –, porém outras passaram a alguns dos primeiros colonizadores, que não tinham nenhuma relação de parentesco com os fundadores.[28] Para receber uma sesmaria, fazia-se uma petição ao donatário. Como motivos pelos quais mereciam a terra, os solicitantes frequentemente citavam que viviam na capitania havia muito tempo, seus laços familiares com os primeiros povoadores, suas habilidades agrícolas e a necessidade de possuir terras para o seu próprio sustento.[29]

27 Para uma excelente análise da história das aldeias próximas de São Paulo, ver Petrone, *Os aldeamentos paulistas e a sua função na valorização da região paulistana: estudo de geografia histórica.*

28 John Monteiro lista as terras distribuídas em Santana de Parnaíba entre 1600 e 1645, em *São Paulo in the Seventeenth Century*, p.398-415.

29 Apesp, *Sesmarias*, 3 vols. São Paulo: Apesp, 1921, I, *passim.*

Por exemplo, em sua petição, João Missel Gigante declarou que era filho e neto de povoadores e conquistadores da capitania, que tinha esposa e filhos para sustentar e que ainda não tinha recebido nenhuma terra. Ele pedia especificamente duas porções de terra em Parnaíba: uma área entre as terras de Jeronimo de Brito e Jorge Fernandes de uma légua (6,6 km) e outra que consistia no habitual terreno de uma légua quadrada. A petição teve sucesso e Gigante recebeu "as terras que pede [...] para ele e para sua mulher e filhos herdeiros ascendentes e descendentes [...] de hoje para todo sempre" com a única obrigação de pagar o dízimo.[30]

Os colonos que não recebiam terras também participaram da transformação do sertão. A maioria dos residentes de Parnaíba simplesmente ocupava as terras da maneira indígena, isto é, possuindo os frutos de seu trabalho em vez de a terra em si. Essas famílias derrubavam árvores e plantavam em terras ainda não doadas em sesmarias ou desocupadas.

Quando as terras do sertão começaram a ser reivindicadas pelos colonos e passaram a pertencer a eles, surgiram novas formas de posse da terra, mais semelhantes às práticas portuguesas. Por exemplo, a igreja matriz e as pequenas capelas da vila possuíam terras, deixadas em perpetuidade pelos seus fundadores; essas terras eram arrendadas por valores baixos aos moradores locais.[31] Ademais, as terras também podiam ser compradas, herdadas e recebidas como presentes ou dotes de casamento. Essas transações tornaram-se cada vez mais comuns à medida que a segunda e a terceira gerações de colonos de Santana de Parnaíba buscavam terras.

Com o trabalho dos indígenas capturados no sertão e as terras ao longo do Rio Tietê, os povoadores de Parnaíba criaram sua vila. No século XVII, as famílias viviam de maneira simples, com poucos bens materiais. Um dos primeiros inventários feito na vila demonstra a fragilidade das primeiras

30 "Traslado de uma data de João Micel [Missel] Gigante", 1638, *Sesmarias*, 1, p.264-6.

31 Cada vila tinha seu rossio, ou terras comuns, que a câmara arrendava aos residentes. Os indivíduos arrendavam essas terras por longos períodos e até mesmo as deixavam a seus herdeiros. Tais terras ainda eram arrendadas no século XVIII em Parnaíba. Ver Foros de terrenos, Livros de Parnaíba, 6060-18.89, Apesp. Capelas, tais como aquela fundada por Suzana Dias e seu filho André, também tinham terras. André doou à capela um terreno do sertão de 440 metros por meia légua, e Suzana doou um de 968 m². O dinheiro coletado pelo arrendamento dessas terras foi utilizado para manter a capela e rezar missas pela alma de seus benfeitores. Ver "Igreja Matriz, Freguesia de Sant'anna de Parnayba", Arquivo Aguirra. Museu Paulista; e "Patrimônio da Igreja de Santa Anna de Parnaíba", Livro de Tombo de Santana de Parnaíba, liv.254, p.1, ACDJ.

propriedades agrícolas inteiramente rodeadas pelo sertão. Nesse inventário, datado de 1627, foram listadas uma casa coberta de palha, uma roça de algodão e outra de mandioca, 34 servos indígenas, bacias para lavagem de ouro, pólvora e munição e bens para o escambo com os indígenas.[32] Vinte anos mais tarde, na década de 1640, os inventários refletiam o crescimento de uma comunidade agrícola. Na época de seu falecimento, em 1642, por exemplo, Ambrósio Mendes tinha feijão, milho e trigo em seu paiol. Vinte indígenas trabalhavam na fazenda dele, cultivando outros alimentos, além de trigo e algodão, e criando porcos e galinhas.[33] No entanto, a vida nessas fazendas era simples, como fica claro no inventário de Manuel de Lara, de 1637. Manuel não possuía quase nenhum mobiliário doméstico. Dormia numa rede com um cobertor (costume aprendido com os indígenas) e na sua casa só encontraram alguns baús grandes que poderiam ser usados tanto para guardar coisas quanto como mesas.[34]

As maiores propriedades do século XVII possuíam casas maiores e muitos trabalhadores indígenas e produziam grandes safras de trigo, que eram comercializadas no porto de Santos em troca de produtos que não eram produzidos em São Vicente. Apenas essas famílias podiam comprar tecidos de lã, seda, tafetá, algodão fino, fios, botões, aviamentos, chapéus, sabão, vinho, papel, sal, pólvora, correntes de ferro e chumbo, todos importados de Portugal. As contas entre Antônio Castanho da Silva, morador de Parnaíba, e Diogo Rodrigues, comerciante de Santos, ilustram os altos custos dessas mercadorias. As compras de Antônio somaram aproximadamente 30.000 réis, o que chegou a 66% do valor total de seus bens quando foram inventariados após sua morte, em 1648.[35]

Enquanto os recursos do sertão, terras e indígenas, eram os dois principais alicerces da economia de Santana de Parnaíba no século XVII, os inventários dos bens dos colonos raramente refletiam os seus valores verdadeiros. Terras e indígenas invariavelmente recebiam valores menores nas avaliações nos inventários do primeiro século de colonização.[36]

---

32 Inventário de Manuel Pinto Suniga, 1627, *Inventários e testamentos*, v.7, p.331-57.

33 Inventário de Ambrósio Mendes, 1642, *Inventários e testamentos*, v.13, p.477-510.

34 Inventário de Manuel Lara, 1637, *Inventários e testamentos*, v.10, p.461-91.

35 Inventário de Antônio Castanho da Silva, 1648, *Inventários e testamentos*, v.36, p.105-57.

36 Nazzari chega a uma conclusão similar baseada na sua análise dos inventários seiscentistas de São Vicente. Ela aponta a dificuldade de comparar a riqueza dos paulistas com a dos colonos

Geralmente não era atribuído nenhum valor às sesmarias nos inventários.[37] Eram avaliadas apenas as terras com benfeitorias, ou seja, terrenos onde as árvores haviam sido derrubadas e existiam cultivos. Por exemplo, as duas roças de algodão de Antônio Furtado de Vasconcelos foram avaliadas, em 1628, em 5.000 e 2.000 réis, respectivamente, enquanto as suas duas sesmarias, que mediam 43,56 km^2 cada, não receberam nenhum valor monetário no inventário.[38] Apenas as terras produtivas, sobretudo plantações como trigo, tinham algum valor nos inventários do início do século XVII.

No final do século XVII, à medida que Santana de Parnaíba deixava de ser um posto avançado de fronteira, as terras começaram a ganhar valor nos inventários. Em 1664, avaliadores estimaram o valor da propriedade de Pascoal Leite Pais, que consistia em sua casa e uma légua quadrada de terra, em 150.000 réis.[39] No ano seguinte, as terras de Maria de Oliveira, muito semelhantes às de Pascoal Leite Pais e descritas como uma légua quadrada de terras, com roças de algodão, um engenho de açúcar, e as casas de sua moradia, foram avaliadas em 100.000 réis.[40] Assim, o valor da terra cresceu na segunda metade do século XVII, principalmente nas áreas mais povoadas da vila, à medida que a população de Parnaíba crescia e aumentava a concorrência por terras.

Os avaliadores também negligenciavam os valores monetários dos indígenas, cujo trabalho possibilitava o crescimento da vila. Assim como as

---

nas regiões açucareiras do nordeste do Brasil, uma vez que terras e indígenas eram tão subestimados nos inventários. É possível que, embora "pobres" no papel, os paulistas não fossem tão pobres quanto os historiadores supuseram, pois legalmente era possível atribuir um valor monetário a apenas parte do seu patrimônio nos inventários. Ver Nazzari, *Women, Family and Property*, p.60-2.

37 Embora não se costumasse atribuir muito valor à terra nos inventários, estes registraram claramente a posse de terra. Desse modo, a elite claramente reforçava seu direito às propriedades fundiárias, mesmo quando ela não estava sendo cultivada. Por exemplo, no inventário de Ana da Costa foram descritas três propriedades, mesmo que não tenha sido atribuído um valor a nenhuma delas. Uma posse de uma légua quadrada foi dada como sesmaria à paróquia de Itu. A segunda, também recebida como sesmaria, tinha duas léguas de terra. A terceira estava localizada na jusante do Rio Tietê, próxima ao banco de areia de Moixy e a montante do ribeirinho Moixy até a bacia hidrográfica. À época de seu falecimento, em 1650, Ana e seu marido Domingos Fernandes, filho de Suzana Dias, provavelmente não tinham modificado nada nessas terras, mas continuaram a possuí-las, apesar de serem improdutivas. Inventário de Ana da Costa, 1650, *Inventários e testamentos*, v.40, p.35-46.

38 Inventário de Antônio Furtado de Vasconcelos, 1628, *Inventários e testamentos*, v.7, p.5-38.

39 Inventário de Pascoal Leite Pais, 1664, *Inventários e testamentos*, v.27, p.123-45.

40 Inventário de Maria de Oliveira, 1665, *Inventários e testamentos*, v.17, p.5-24.

sesmarias, os colonos viam os indígenas como parte de seus bens, mas um tipo de propriedade que não podia ser medida de acordo com critérios monetários. Essa prática derivava do costume no Planalto de Piratininga de chamar os indígenas de "servos", e não de "escravizados".[41] Como os indígenas não podiam ser legalmente escravizados, os avaliadores não podiam atribuir um valor a eles nos inventários, pois comprovaria a ilegalidade da posse. Em vez disso, os indígenas apareciam nos inventários como "servos" que trabalhavam "de livre e espontânea vontade" para várias gerações. Os avaliadores simplesmente nomeavam cada indígena nos inventários e, posteriormente, os juízes de sucessões os dividiam entre os herdeiros.

O costume de tratar os indígenas como propriedade, mas sem os avaliar como escravizados, pode ser visto no testamento e inventário de Antônio Bicudo. Em seu testamento, ele ditou ao notário: "Tenho algumas peças do gentio da terra as quais são forros e como tais lhes peço que pelo bom trato que sempre lhes dei queiram também servir a meus herdeiros [...] e assim peço aos meus herdeiros [...] lhe deem todo o bom tratamento".[42] Esses indígenas foram distribuídos entre os herdeiros após seu falecimento. Esse fato indica que Antônio sabia que os indígenas não eram escravizados, mas esperava que seus herdeiros se beneficiassem do trabalho deles depois de sua morte, como ele mesmo se beneficiara. Desse modo, os colonos perpetuavam o costume da escravidão indígena *de facto* em Parnaíba.

Contudo, na segunda metade do século XVII, os avaliadores passaram a atribuir valores aos indígenas, especialmente quando os falecidos tinham grandes dívidas. Nesses casos, os herdeiros vendiam os indígenas para pagar seus credores, apesar das determinações da legislação real. Em uma situação ocorrida em 1697, o valor médio do "servo" indígena era de 16.000 réis. O mais alto valor foi atribuído a um tecelão indígena (22.000 réis), enquanto o mais baixo foi atribuído a um indígena doente (10.000 réis).[43]

Em comparação com as terras e os indígenas, os bens provenientes do reino recebiam avaliações muito mais altas nos inventários. Os avaliadores atribuíram ao vestido preto de seda de Pascoa Leite, por exemplo, o valor

41 Em Moraes, "servo(a)" é definido como "criado", "escravo"; cf. *Diccionario da lingua portugueza*, v.2, p.695.

42 Inventário de Antônio Bicudo, 1648, *Inventários e testamentos*, v.15, p.25-48.

43 Inventário de Salvador Moreira, 1697, *Inventários e testamentos*, v.24, p.79-114.

de 21.000 réis, ou seja, quase a mesma importância de um tecelão indígena. Também avaliaram seu xale de tafetá em 6.000 réis e sua anágua de serafina vermelha em 3.000 réis. Contudo, os avaliadores decidiam que seu sítio, com três casas e terras que abrangiam um quilômetro e meio na estrada e dois quilômetros e meio no sertão, valia apenas 16.000 réis, isto é, menos que o seu vestido preto de seda.[44] Em outro inventário da época, os avaliadores descreveram uma cama, pertencente a Pascoal Leite Pais, como "uma cama de tafetá azul, cortinas, e sobrecéu com franja de retrós", e dois colchões, e a roupa de cama como "um cobertor de seda com duas franjas de ouro", e "quatro lençóes de linho". A cama e a roupa de cama foram avaliadas em 67.000 réis, o que equivalia a quase metade do valor do seu sítio, cuja área era de aproximadamente 43,56 km^2 e onde trabalhavam mais de duzentos indígenas.[45]

Assim, segundo os inventários, roupas finas de vestir e roupas de cama eram alguns dos bens mais preciosos que um indivíduo poderia ter, valendo mais do que terras, casas e criados indígenas. Os valores atribuídos aos bens mostram como os colonos percebiam os bens materiais no século XVII. Os bens obtidos no sertão, que eram abundantes, eram considerados menos valiosos e talvez menos "possuíveis" do que aqueles que vinham do reino. Essa era uma visão comum entre os residentes de Santana de Parnaíba, embora os indígenas e as terras adquiridas no sertão fossem a base produtiva de sua economia.

Certamente essas atitudes refletiam a disponibilidade de bens numa vila na periferia do império português. Produtos provenientes de Portugal, transportados por grandes distâncias e com altos custos, devem ter sido valorizados precisamente pelo fato de serem raros. Terras e indígenas, no entanto, existiam em abundância, e até superabundância, segundo a perspectiva dos primeiros colonos. Embora os recursos originários do sertão fornecessem o meio de sobrevivência das primeiras famílias de Parnaíba, elas não os percebiam assim, pelo menos não nos seus inventários.

O altíssimo valor atribuído aos bens oriundos de Portugal demonstra como o reino era importante para os primeiros colonos de Santana de Parnaíba. Embora os colonos rejeitassem algumas leis do reino – como aquelas que proibiam a escravização de indígenas –, alguns deles, entretanto,

44 Inventário de Pascoa Leite, 1667, *Inventários e testamentos*, v.17, p.161-75.

45 Inventário de Pascoal Leite Pais, 1664, *Inventários e testamentos*, v.27, p.123-45.

procuravam adquirir artigos portugueses, como vestuário e mobiliário, a um alto custo. Esses itens simbolizavam as relações entre a vila e o reino. Quem tinha condições comprava tais artefatos luxuosos a fim de reforçar sua ascendência portuguesa.

Entretanto, a maioria da população no século XVII não buscava identificar-se com o reino. Eles não tinham recursos para adquirir os artefatos caros de Portugal (ou do seu império), como a seda e as roupas finas de cama, que marcavam o *status* daqueles que afirmavam ser descendentes de portugueses. Contudo, como as elites, os mais pobres dependiam dos recursos gratuitos do sertão. Aventurar-se nesse mundo era a estratégia-chave de sobrevivência das famílias que moravam em Santana de Parnaíba no século XVII.

Durante os cem primeiros anos, as ligações de Parnaíba com o sertão e o mundo colonial criaram os dois eixos sobre os quais girava a vida na vila. Relações comerciais com outras vilas e cidades no império português criavam mercados para os principais produtos de Parnaíba, que em troca recebia artigos de luxo e ferramentas e artefatos. O sertão propiciou os indígenas e as terras que produziam os meios de sobrevivência na vila. Assim, Parnaíba estava voltada tanto para dentro, para o sertão, quanto para fora, para o reino. Ambos os movimentos eram essenciais para a sobrevivência da vila.

No final do século XVII, os colonos haviam recebido a maioria das terras da vila e, além disso, o número de indígenas que vivia no local começou a cair rapidamente. Os indígenas capturados pelas expedições no sertão voltadas à escravização dessa população sofriam não apenas as mazelas do regime de escravidão ao qual eram submetidos, mas também pelas doenças e pela perda de suas heranças culturais. O ciclo de contato entre europeus e indígenas que ocorreu em praticamente todas as partes do Brasil colonial nas quais os portugueses estiveram presentes também ocorreu em Santana de Parnaíba. A conquista vinha logo depois do contato e, por sua vez, era sucedida pela escravidão, que, por conseguinte, engendrava doenças, perdas culturais e mortandade.[46]

A alarmante taxa de mortalidade dos indígenas em Parnaíba pode ser vislumbrada no inventário de Isabel de Barcelos. Como ela morreu enquanto o marido estava no sertão, o juiz de órfãos fez o inventário na ausência do

46 Dean, "Indigenous Population of the Rio de Janeiro Coast: Trade, Aldeamento, Slavery and Extinction".

cônjuge, em dezembro de 1648, entregando os bens à mãe de Isabel até o retorno do viúvo. Quando o marido de Isabel voltou do sertão, sete meses depois, sete indígenas haviam morrido. Um recibo anexado ao inventário declarava sem rodeios as perdas decorrentes dessas mortes:

> Afonso é morto que coube da parte do órfão [herdeiro] Manuel Favacho, a criança desse é morta, uma moça por nome Aniceta é morta que coube ao mesmo órfão, também é morta Maria que coube ao mesmo órfão, a negra Luiza é morta, dos novos duas são mortos e outra duas são vivos.[47]

Em suma, a vila era uma sentença de morte para os indígenas vindos do sertão.

Com a reivindicação de terras do sertão e o declínio da população indígena, supor-se-ia que a estratégia tradicional de saquear o sertão em benefício da vila esgotar-se-ia, mas não foi o caso. Na última década do século XVII, as primeiras descobertas de ouro no sertão do Brasil impactaram profundamente toda a capitania de São Vicente, especificamente as vilas do planalto, como Santana de Parnaíba. Essa nova fonte de riqueza revitalizou a vida econômica da vila, pois os homens partiram para o sertão em busca de ouro e metais preciosos.

A corrida do ouro no Brasil ocorreu em três momentos. As primeiras descobertas de ouro se deram em Minas Gerais, com as maiores lavras em Sabará, Vila Rica e São João del Rei. Homens de São Paulo, Parnaíba e outras vilas próximas prosperaram na região até perderem suas parcelas de terra e veios d'água para exploração de minérios no conflito conhecido como Guerra dos Emboabas, em 1708.[48] A segunda fase da corrida do ouro ocorreu no Mato Grosso, onde os garimpeiros encontraram ouro ao longo do Rio Cuiabá, em 1718, e do Rio Guaporé, em 1734. Essas regiões eram muito longínquas e os caminhos que levavam a elas, muito perigosos. O terceiro

---

47 Inventário de Isabel de Barcelos, 1648, *Inventários e testamentos*, v.36, p.219-59. Ver também a pesquisa de John Monteiro sobre a alta mortalidade indígena na região de São Paulo: *São Paulo in the Seventeenth Century*, p.258-64.

48 Na Guerra dos Emboabas participaram aqueles de São Vicente, que haviam descoberto as minas de ouro, e os recém-chegados de outras regiões. Os paulistas perderam seu espaço, e muitos mudaram-se de Minas Gerais para Mato Grosso e Goiás. Ver Boxer, *The Golden Age of Brazil, 1695-1750. Growing Pains of a Colonial Society*, p.61-83.

momento da corrida do ouro se deu em Goiás, nas montanhas ao norte e a oeste de Minas Gerais. Bartolomeu Bueno da Silva, originário de Parnaíba, encontrou ouro nessa região em 1722. Essas três etapas prolongaram corrida do ouro, pois, tão logo a mineração começava a diminuir em uma área, encontrava-se ouro em outra região. Indivíduos e famílias de Parnaíba prosperaram nessas três regiões.[49]

Parnaíba, como outras vilas do Planalto de Piratininga, facilmente se beneficiou da corrida do ouro no século XVIII, devido à sua ligação histórica com o interior. Os homens de Parnaíba que participaram das armações ou das bandeiras prontamente fizeram a transição de caçadores de indígenas para garimpeiros e mercadores. De Parnaíba, Bartolomeu Bueno da Silva e seus dois companheiros pediram autorização à Coroa em 1720, antes de partirem em sua famosa busca de ouro em Goiás. Eles argumentaram que sua experiência como bandeirantes os havia preparado para realizar a expedição e, por isso, gostariam de receber antecipadamente certos favores da Coroa. Eles declararam que "têm cultivado e andado parte do sertão da América em várias entradas" e que "o sertão se acha povoado de várias nações de gentio bárbaro em aldeias e reinos" e que "primeiro se andem conquistar para efeito de os suplicantes poderem descobrir minas de ouro e prata". Os homens pediram ao rei que lhes concedesse o direito de controlar a passagem pelos rios e de cobrar taxas daqueles que adentrassem a região, assim como "as honras e prêmios que V. Majestade for servido então fazer lhes em remuneração".[50] Convencida de que aqueles homens realmente conheciam o sertão, a Coroa lhes deu permissão para a expedição e o direito de cobrar taxas para si e para seus herdeiros.[51] Fernão Dias Pais, outro bandeirante de Parnaíba bem conhecido que se tornou garimpeiro, passou os últimos anos de sua vida em uma quixotesca procura por ouro e esmeraldas no sertão.[52]

A descoberta de ouro no interior levou novas gerações de homens de Parnaíba para o sertão. Devido à proximidade com as três rotas principais

---

49 Ibid., p.30-83, 254-70.

50 Requerimento de Bartolomeu Bueno da Silva, João da Silva Ortis e Domingues Rodrigues do Prado, 8 janeiro 1720, São Paulo 148, AHU.

51 Regimento 30 julho 1722, São Paulo 148, AHU.

52 Ver Taunay, *A grande vida de Fernão Dias Pais*.

das regiões mineradoras – a rota fluvial ao Mato Grosso,[53] os caminhos para Goiás e a estrada antiga de São Paulo a Minas Gerais –, Parnaíba funcionava como porta de entrada para o interior durante a corrida do ouro no Brasil. Os homens de Parnaíba se tornaram mercadores, vendendo tabaco, cachaça, escravizados, cavalos, gado e outros produtos para as regiões mineradoras. Famílias ricas estabeleciam fazendas no Rio Grande – próximo ao local onde seus pais e avós haviam capturado guaranis – para criar gado, cavalos e mulas para as vilas mineradoras. Outros colocavam estacas em torno de áreas que mineravam para reivindicar sua posse, além de manter seus sítios em Parnaíba. Os mais ricos emprestavam dinheiro aos garimpeiros e cobravam juros. A época do ouro também levou ao desenvolvimento de mercados para os produtos oriundos das grandes fazendas de Parnaíba. Famílias na vila começaram a plantar cana-de-açúcar, construir engenhos e destilar aguardente para vender nas regiões mineradoras.[54]

Santana de Parnaíba continuava sendo a base de moradia de muitas famílias. Em vez de se mudarem para as regiões mineradoras, os homens das famílias periodicamente deixavam a vila para negociar no interior. Como seus pais e avós, esses homens passavam muitos anos de suas vidas fora de Parnaíba. Quando Francisco Bueno de Camargo escreveu seu testamento, em 1736, ele declarou que havia enviado seu filho para as minas de Quirizas (Crixás?) com dezoito escravizados. O filho de Domingos Rodrigues de Fonseca Leme também estava em Goiás com 27 escravizados quando seu pai faleceu, em 1738. Luís Pedroso de Barros aludiu em seu testamento ao fato de seu filho ter retornado de Cuiabá devendo 5 kg de ouro. Para quitar a dívida, ele o enviou novamente para Goiás para vender cabeças de gado.[55]

---

53 Em *Monções*, Sérgio Buarque de Holanda descreve as longas jornadas épicas ao longo dos rios no sertão em direção às regiões mineradoras do Mato Grosso. Em certo sentido, essas viagens assemelhavam-se às expedições dos comerciantes de pele franceses na América do Norte, que também atravessaram grandes distâncias em canoas.

54 Testamentos e inventários da primeira metade do século XVIII são novamente uma excelente fonte de informação para compreender essas mudanças. As referências a expedições voltadas para a escravização praticamente desapareceram desses documentos, ao passo que alusões a ouro, comércio, transações de crédito, criação de gado e produção de açúcar aumentaram. Os inventários do século XVIII de Parnaíba estão em duas coleções: Inventários e testamentos e Inventários do Primeiro Ofício, Apesp.

55 Inventário de Francisco Bueno de Camargo, 1736, Inventários do Primeiro Ofício, n.14.568, lata 690-78, Apesp; Inventário de Domingo Rodrigues de Fonseca Leme, 1738, Inventários

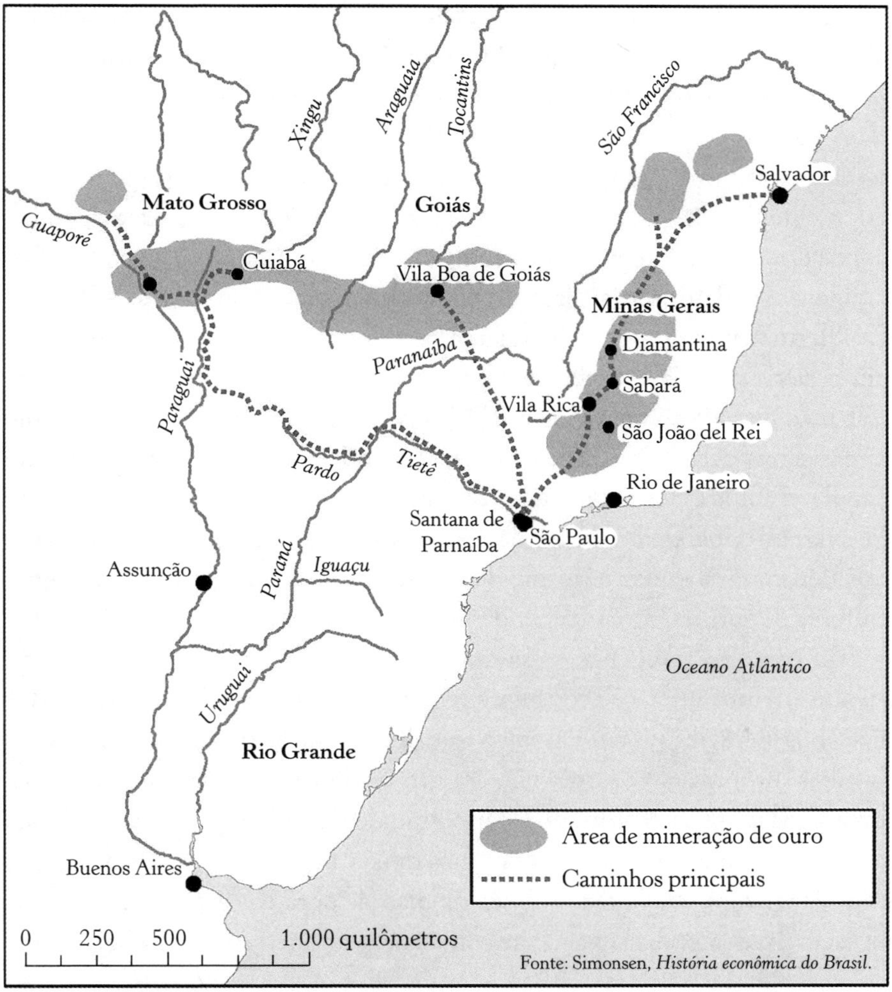

Mapa 3. São Paulo na era do ouro

Assim como a elite havia financiado as armações no sertão no século XVII, ela também financiou as expedições mineradoras. O rico padre Guilherme Pompeu de Almeida, que morava em Parnaíba, atuou como financiador. Conforme seus detalhados livros contábeis, em um único ano chegou a receber 90 kg de ouro enviados por mais de vinte homens da região

do Primeiro Ofício n.15.085, lata 740-128, Apesp; Inventário de Luís Pedroso de Barros, 1731, no Inventário de Agostinha Rodrigues, 1752, Inventários e testamentos, lata 534-57, Apesp.

mineradora.[56] Domingues Rodrigues de Fonseca Leme também emprestava dinheiro a muitos homens que buscaram fazer fortuna como garimpeiros, comerciantes e exploradores nas minas.[57]

A entrada do ouro em Santana de Parnaíba, o terceiro maior recurso do sertão, afetou profundamente a vila. O declínio da população indígena fez que a elite tivesse que procurar novas fontes de mão de obra, e a disponibilidade do ouro lhe possibilitou a compra de africanos, que, ao contrário dos indígenas, podiam ser legalmente possuídos como escravizados.[58] O padre Guilherme enviou a um comerciante na Bahia cinco remessas de ouro em um período de dois anos para a compra de escravizados africanos.[59] Assim, essa mão de obra começou a substituir a força de trabalho indígena durante as primeiras décadas do século XVIII. Os indígenas continuaram vivendo na vila, muitos deles como "administrados" dos colonos. Nessa condição, eles viviam debaixo da tutela e nas casas dos colonos, onde trabalhavam em troca de comida e instrução religiosa. Outros indígenas se tornaram agricultores de subsistência independentes.

Tal como os indígenas escravizados antes deles, os africanos também viviam em uma interação constante com a vila e com o sertão. A maioria dos africanos escravizados em Parnaíba trabalhava na vila, nos grandes sítios das famílias mais ricas. O sertão não era um território familiar para eles, mas em alguns casos lhes propiciava certo grau de riqueza e autonomia. Alguns deles acompanhavam seus senhores nas minas, onde trabalhavam nas lavras ou garimpavam. Devido à escassez de mão de obra nas áreas mineradoras, os escravizados podiam negociar com seus senhores para controlar alguns

---

56 Cordeiro, "Documentação sobre o 'Capitão Mor Guilherme Pompeo de Almeida, morador que foi da vila de Parnaíba'", *Revista do Instituto Histórico e Geográfico de São Paulo*, v.58, p.525-6; ver também Camargo, *História de Santana de Parnaíba*, p.193-206, e Boxer, *The Golden Age of Brazil*, p.58.

57 Inventário de Domingos Rodrigues de Fonseca Leme, 1738, Inventários do Primeiro Ofício n.15.085, lata 740-128, Apesp.

58 Apesar de a Igreja e a Coroa proibirem a escravização de indígenas, as mesmas restrições não se aplicavam aos africanos. Elas argumentavam que os indígenas eram "puros", ou seja, que nunca haviam sido expostos à Cristandade, ao passo que os africanos já o haviam sido e tinham rejeitado a fé cristã. Para uma abordagem mais completa dessa lógica contraditória e suas consequências para os africanos, ver Rout, *The African Experience in Spanish America: 1502 to the Present Day*, p.3-36.

59 Cordeiro, "Documentação sobre o 'Capitão Mor Guilherme Pompeu de Almeida...'", p.547-8.

aspectos das suas vidas. Podiam acumular ouro, por exemplo, para comprar sua alforria.[60] Na região mais ao sul, os escravizados africanos trabalhavam nas fazendas, cuidando do gado e dos cavalos das famílias ricas de Parnaíba. Os escravizados que fugiam buscavam refúgio nas florestas do sertão. De modo geral, porém, embora os escravizados africanos pudessem ter mais autonomia e independência no sertão do que na vila, as riquezas do sertão raramente eram usadas em benefício deles.

A procura por ouro e os novos empreendimentos econômicos inspirados pela mineração diminuíram a importância da agricultura para as famílias da elite parnaibana. Elas abandonaram as grandes plantações de trigo dos seus antepassados, que demandavam muita mão de obra em favor de plantações menores com menos trabalhadores, produzindo alimentos básicos para a subsistência (milho, feijão e mandioca) e cana para a produção de aguardente. Os maiores senhores de escravizados do século XVIII tinham menos escravizados africanos do que os senhores de escravizados indígenas do século XVII. O tamanho de suas terras também diminuiu, à medida que as famílias dividiam suas terras entre os herdeiros a cada geração. Todavia, a extensão das sesmarias originais impedia que faltassem terras, pois os herdeiros simplesmente cultivavam uma parcela maior dos terrenos. O testamento de Domingos Rodrigues de Fonseca Leme mostra essas mudanças na base de produção das famílias de elite. No documento, ele atestou que possuía três partes de uma sesmaria: a primeira lhe havia sido concedida por herança; a segunda pertencera ao seu irmão e havia sido adquirida por Domingos em troca de cinco escravizados; e a terceira fora herdada por outro irmão seu e vendida a Domingos por 1,4 kg de ouro. Em sua fazenda, Domingos tinha gado e cavalos e plantava cana. Contudo, a maioria do seu capital foi investido em aproximadamente uma centena de escravizados africanos e nas lavras de ouro em Minas Gerais e Goiás, para onde mandou seus escravizados, emprestou dinheiro e financiou o comércio.[61]

As famílias ricas de Parnaíba tornaram-se mais abertas e mais integradas à economia colonial portuguesa no século XVIII. Elas acumularam mais

60 Higgins, *The Slave Society in Eighteenth-Century Sabará. A Community Study in Colonial Brazil.*

61 Inventário de Domingos Rodrigues de Fonseca Leme, 1738, Inventários do Primeiro Ofício n.15.085, lata 740-128, Apesp.

propriedades que seus avós no século XVII. O que no século XVII seria considerado muito luxuoso acabou por tornar-se a norma no século seguinte. As casas dos moradores de Parnaíba perderam a antiga simplicidade da região de fronteira. Uma típica casa de uma família rica, como aquela de José Madeira Salvadores – que de forma alguma era o homem mais rico da vila –, demonstrava os recém-descobertos confortos da vida na vila. Quando faleceu, em 1733, sua propriedade era composta de uma légua de terras (provavelmente uma légua quadrada, ou 43,56 km²), quinze escravizados e todos os utensílios e ferramentas agrícolas necessários. Em sua casa, podiam ser encontrados livros (entre eles dois livros de sermão do padre Vieira,) um aparador de madeira pintado, dois baús de couro, alguns baús de madeira com fechaduras, dois catres, bancos de madeira, oito pratos de estanho, três toalhas de mesa com guardanapos, três pares de meias de seda e um casaco preto de lã.[62] No início do século XVIII, as famílias da elite de Santana de Parnaíba haviam se aproximado do reino, adotando cada vez mais um modo de vida europeu. A influência indígena em seu cotidiano desaparecera.

Por sua vez, as famílias pobres de Parnaíba continuaram ligadas a um mundo mais próximo daquele do século XVII. Nos arredores da vila, onde ainda existiam matas densas, os pobres derrubavam árvores para plantar pequenas roças, vivendo em casas simples construídas de taipa de mão. Essa população tinha pouco contato com os negócios da vila ou do reino. O capitão da ordenança de Parnaíba tentou explicar o modo de vida dessa população pobre em uma carta em resposta a uma ordem para preparar seus homens para uma campanha militar em 1736. Segundo ele,

> os moradores deste meu chamado Regimento [...] a maior parte dele se compõem de bastardos oriundos do gentio da terra [...] desertam suas charnecas em que vivem, que com mulher e famílias se metem pelos matos [...] e por nenhum estilo os posso ter a todos prontos para qualquer ocasião do Real Serviço.

Ele completou afirmando que os moradores não viviam em apenas um lugar, "mas são divididos cada um em seu lugar entre matas tão espessas [...] se fogem ainda antes de serem chamados".[63]

62 Inventário de José Madeira Salvadores, 1733, Inventários e testamentos, lata 514-37, Apesp.
63 Carta de Joseph Moreira da Silva, 1736, Ordens Régias, 45-1-83, Apesp.

Portanto, enquanto a elite tornava-se cada vez mais integrada ao mundo colonial português no século XVIII – participando ativamente das oportunidades econômicas que ele oferecia –, os pobres mantinham-se isolados e distantes. Viviam como os primeiros povoadores de Parnaíba haviam vivido, em um mundo mameluco em que as influências do sertão sobrepujavam as do reino. Contudo, uma coisa era comum tanto para ricos como para pobres: a abundância do sertão ainda sustentava os colonos de Santana de Parnaíba no século XVIII.

Durante o século XVIII, a antiga capitania de São Vicente passou das mãos de seu donatário para as da Coroa. Renomeada "São Paulo e Minas de Ouro", a capitania agora incluía não apenas o antigo território de São Vicente, mas também as novas regiões mineradoras. A capitania continuou voltada para o oeste, para o sertão. Com o passar do tempo, porém, a Coroa gradualmente separou as regiões mineradoras de São Paulo, dividindo a vasta região em duas capitanias separadas para facilitar a coleta dos impostos sobre o ouro, os quintos reais. São Paulo se tornou um mero apêndice ao sul da capitania do Rio de Janeiro em 1748.[64] Esses fatos privaram de São Paulo seu vasto sertão. Muitos historiadores veem essa época como um período de declínio e decadência em São Paulo. Sem as regiões mineradoras do interior e até mesmo seu governador-geral, eles argumentam que São Paulo se tornou uma pobre e distante província do império português.[65] Todavia, como demonstra claramente a historiadora Maria Luiza Marcílio, o século XVIII foi um período de crescimento na capitania de São Paulo. Não apenas a população aumentou, mas as vilas da região continuaram a lançar as bases para uma modesta prosperidade. Esse certamente foi o caso de Santana de Parnaíba.[66]

Em 1765, a Coroa restaurou a capitania de São Paulo e começou a encorajar o desenvolvimento econômico da região como uma maneira de proteger a fronteira sul do Brasil dos planos territoriais da Espanha. As ações da Coroa, sobretudo aquelas de uma série de governadores-gerais, intensificaram o ritmo da integração da região no império português. Dom Luís Antônio

---

64 Minas Gerais tornou-se uma capitania separada em 1720; Goiás e Mato Grosso vieram na sequência, em 1748. Ver Bellotto, *Autoridade e conflito no Brasil colonial: o governo de Morgado de Mateus em São Paulo (1765-1775)*, p.28-36.

65 Ver, entre outros, Canabrava, "Uma economia de decadência: os níveis de riqueza na Capitania de São Paulo, 1765/67".

66 Marcílio, *Crescimento demográfico e evolução agrária paulista, 1700-1836*.

de Souza, conhecido como o Morgado de Mateus, chegou a São Paulo como o novo governador-geral em 1765. Ele imediatamente viu a tensão entre o sertão e o reino. A vastidão do Brasil e o isolamento em que vivia a população lhe chamou a atenção. Do seu ponto de vista, as pequenas vilas em São Paulo eram apenas frágeis barreiras contra o poder de um vasto sertão que ameaçava obstruir o desenvolvimento de São Paulo. Em 1766, seu segundo ano na região, escreveu:

> As Freguesias desta Capitania são trinta e oito; destas há algumas que tem doze, vinte, e mais léguas de comprido, e outro tanto de largo, e nesta distancia estão dispersos os seus Fregueses. As Igrejas muitas delas são de pau a pique e cobertas de palhas; a Missa raríssimo é o que a ouve, nem eles podem vir a ela das distancias em que vivem; até a mesma desobriga da Quaresma cuido que não cumprem muito, e os rapazes batizam-se adultos, tudo pela impossibilidade das distancias em que vivem.[67]

Para o governador-geral, que procurou transformar São Paulo em uma próspera província fortemente entremeada com o império português, o sertão representava atraso e selvageria, não o caminho para a riqueza. Comentou: "porque vivendo os homens fora de povoado, metidos pelo mato se não pode esperar deles utilidade alguma, nem para o Reino do Céu nem para o de Sua Majestade".[68]

A visão do governador para o futuro de São Paulo priorizava a criação de uma forte economia agrícola comercial. Ordenou que plantassem novos produtos, como algodão e índigo, e demandou que cada vila produzisse um excedente para alimentar o exército e abastecer as expedições territoriais. Ele esperava criar uma infraestrutura comercial – estradas, armazéns e um porto – que permitiria a São Paulo exportar açúcar, algodão, índigo e couros e peles para Portugal. O governador também tinha em mente a defesa dos territórios portugueses ao sul. Ele organizou uma nova linha do estado, os chamados auxiliares, e fortaleceu as ordenanças em cada vila.[69]

---

67 Carta de Luís Antônio de Souza, o Morgado de Mateus, ao Conde de Oyeras, 23 dez. 1766, *Documentos interessantes*, v.23, p.1-10, trecho citado p.4-5.

68 Ibid., p.2.

69 Bellotto, *Autoridade e conflito*, p.87-264; Leonzo, *Defesa militar e controle social na Capitania de São Paulo: as milícias*.

Estimulado pelas reformas do governo, o foco da economia de São Paulo no final do século XVIII passou a ser a produção agrícola destinada à exportação. No final do século, navios ancoravam regularmente no porto de Santos para escoar a produção da região. Açúcar, cachaça, arroz, couros e peles, café, canela, madeira, mel e terebintina foram os produtos que um único navio, o Mercúrio, levou ao zarpar de Santos em 1791.[70]

Apesar da percepção do governador de São Paulo de que o sertão atrapalhava o desenvolvimento, a rápida expansão da economia açucareira nas últimas décadas do século XVIII se baseou no antigo padrão de exploração do sertão. Em vez de procurar indígenas ou ouro no sertão, as famílias de Parnaíba criavam seus filhos homens para colonizar novas regiões nas quais a economia açucareira iria se expandir nas gerações futuras. Os filhos deixavam Parnaíba e partiam para as vilas de Itu, Sorocaba e Campinas, uma região que se tornou o coração da economia açucareira de São Paulo.[71] Os filhos e as filhas das famílias pobres também se mudavam para o oeste, onde reivindicavam matas para estabelecer seus próprios sítios. Estes produziam safras de subsistência com um excedente para ser vendido em mercados locais.

Embora as famílias de Parnaíba continuassem a depender do sertão para prosperar, no final do século XVIII elas não viviam mais nesse universo fronteiriço. A elite havia adotado os modos de vestir europeus. Os homens usavam camisas inglesas com babados, casacos, meias de seda e calções. As mulheres, por sua vez, continuaram a se vestir de forma simples, com vestidos longos e xales, mas as casas, antes simples e frugais, passaram a ter camas, armários com pratos de porcelana, talheres de estanho, objetos de cristal, mesas, cadeiras, lâminas de barbear, espelhos e outros utensílios.[72] Mesmo os pobres foram gradualmente acumulando bens domésticos, como mesas simples, bancos, catres e baús.[73] Poucos falavam tupi ou se identificavam com os costumes indígenas.

---

70 Cargo do Mercúrio, 1791, São Paulo, 3, 307, AHU.

71 Os homens de Parnaíba migravam para Itu, Porto Feliz, Campinas e Sorocaba, as maiores vilas produtoras de açúcar na São Paulo dos séculos XVIII e XIX.

72 Inventário de Antônio Correa de Lemos Leite, 1782, Inventários e testamentos, lata 556-79, Apesp.

73 Inventário de Ana Leme do Prado, 1771, Inventários do Primeiro Ofício, n.14.751, lata 709-97, Apesp.

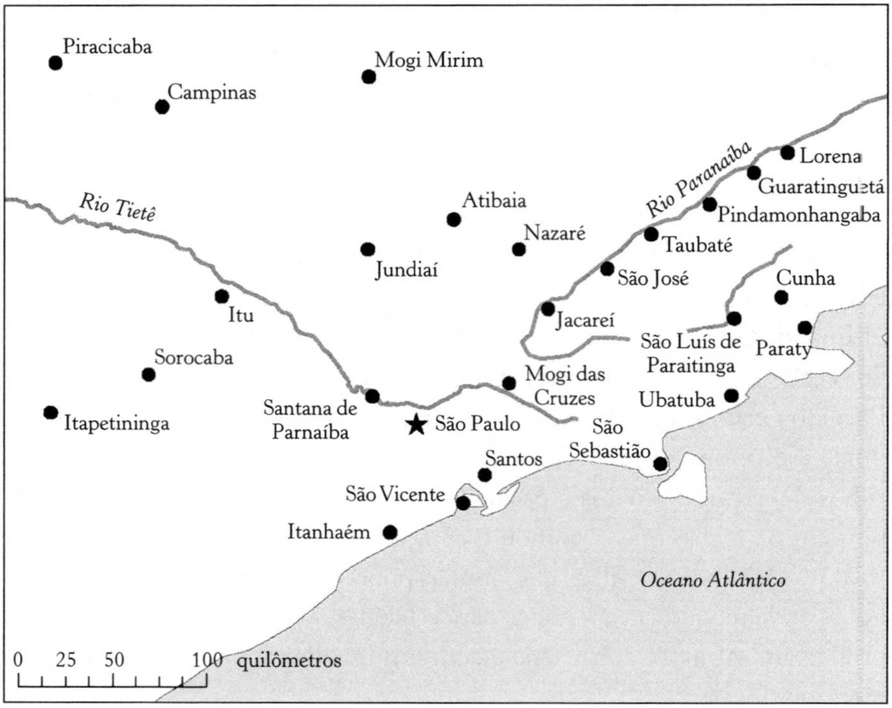

Mapa 4. Vilas do estado de São Paulo no período colonial

No início do século XIX, a maior parte das terras da vila já estava sendo cultivada e os vastos recursos do sertão, que garantiram a prosperidade do local, haviam desaparecido. Os moradores de Parnaíba refletiam sobre sua "pobreza", em comparação com o passado.[74] As famílias mais abastadas conseguiram evitar a ruína por meio do cultivo de um novo produto: café. Em 1820, quase não se produzia café em Parnaíba, mas em 1836 a vila tornou-se o quarto maior produtor, com 812 mil kg, ou 9% de toda a produção de café da província de São Paulo.[75]

Na segunda metade do século XIX, Parnaíba, dentro da região cafeeira, finalmente perdeu sua ligação com o sertão. Pela primeira vez em sua história, as famílias da vila não podiam mais explorar o sertão. Os que ficaram em

74 O pároco responsável pela paróquia de Parnaíba no início do século XIX, João Gonçalves Lima, comentou, no livro contábil: "est[á] hoje em decadência esta vila". Livro de Tombo. Igreja de Santana de Parnaíba, liv., 524, p.125, ACDJ.

75 Müller, *Ensaio d'um quadro estético na Província de São Paulo*, p.126.

Parnaíba viram seus recursos minguarem a cada geração. As terras foram subdivididas entre seus muitos descendentes. No final do século XIX, Parnaíba ficou à sombra da pujante cidade de São Paulo. No entanto, embora a economia cafeeira estivesse crescendo, os velhos padrões do período colonial não desapareceram. O sucesso dessa economia no estado de São Paulo dependia da velha fórmula de saquear o sertão (que agora consistia nas terras virgens do extremo oeste) em benefício do reino (que agora era o Brasil independente). Sem florestas virgens ou um centro comercial e financeiro vital, Parnaíba não podia participar dessa economia do século XIX. Contudo, a cidade de São Paulo, tão semelhante a Santana de Parnaíba nos séculos XVII e XVIII, continuou a prosperar com a exploração do sertão.

A história de Santana de Parnaíba no período colonial mostra de que modo a maneira como as famílias se relacionavam com o reino e com o sertão influenciava fortemente o desenvolvimento da vila. As famílias mais bem-sucedidas souberam usar cada um desses mundos a seu favor. Fosse explorando os recursos do sertão, fosse controlando as instituições do governo local, fosse tornando-se representantes do reino, as famílias de elite entendiam a importância de cada uma dessas esferas para sua sobrevivência em Santana de Parnaíba. As famílias pobres também tiraram proveito do sertão. Entretanto, uma vez que algumas famílias desenvolveram com sucesso estratégias que combinavam os três mundos (vila, reino e sertão), ao passo que outras não, ocorreu uma divisão desigual de poder e recursos na cidade, que lançou as bases para o surgimento das classes sociais.

Capítulo 3
As origens das classes sociais

Desde o início, a vida na vila de Santana de Parnaíba diferenciava-se da vida no reino de Portugal porque o sertão ao norte, a oeste e ao sul oferecia aos colonizadores uma interminável fonte de valiosos recursos. Contudo, a vila de Parnaíba nunca se tornou uma comunidade igualitária. Um grande número de pessoas vivia na escravidão e uma minoria monopolizava os recursos do sertão e os utilizava como uma forma de acumular riqueza e poder. Essa desigualdade advinha da maneira como os primeiros colonos percebiam o sertão e o exploravam. Os portugueses e mamelucos que viviam em Parnaíba no século XVII acreditavam que o remédio para a pobreza era reivindicar para si os recursos do sertão, transformando terras em propriedades privadas e os indígenas em escravizados que lhes pertencessem. Esses atos atravessaram o século XVII, formando a base de uma ordem social hierárquica em Santana de Parnaíba.

A escravidão de indígenas no Planalto de Piratininga criou a primeira divisão de classes na vila. Como Thomé Fernandes, neto de Suzana Dias, disse ao notário, "entre sua mulher e ele possuirão alguns serviços forros, os quais disse que deixava a sua mulher e filhos, como e uso e costume fazê-lo".[1] O costume da escravidão, legal ou não, distanciava radicalmente a vida dos escravizados daquela dos seus senhores.

Os colonos reforçavam a distância entre senhores e escravizados, classificando os últimos como "negros" e os primeiros como "brancos". Pascoa Leite, como muitos outros em Parnaíba, referia-se aos seus escravizados

1 Inventário de Thomé Fernandes, 1648, *Inventários e testamentos*, v.38, p.57-94.

indígenas como "negros" ou "gentio da terra".[2] Antônio Nunes precisava apenas dizer ao notário que lhe foi vendida "uma negra por nome Luzia" para que este, os juízes e as pessoas da vila soubesse que Luiza era sua escravizada.[3] Para os senhores, ser "branco" significava ser livre. Ambrósio Mendes fez questão de registrar em seu testamento que a jovem mameluca que o servia em sua casa era livre "por ser branca". Domingos Fernandes também declarou em testamento: "em minha casa deixo um moço branco por nome Ignacio, filho de uma moça de meu serviço por nome Susana [...] livre e forro por ser branco".[4]

Apesar de os colonos equipararem "negro" a escravidão e "branco" a liberdade, na realidade o mundo era mais complexo. Nem todos os indígenas na vila eram escravizados e nem todos os "brancos" possuíam escravizados indígenas. Ademais, a maioria daqueles que se consideravam "brancos" tinha pais, avós ou outros parentes indígenas; alguns, inclusive, tinham parentes que viviam como escravizados. Antônio Nunes, senhor de vinte escravizados, por exemplo, libertou seu tio, o irmão de sua mãe, em testamento, pelos "bons serviços que me tem feito".[5] Como poucas mulheres portuguesas emigravam para o Brasil, os portugueses e mamelucos em São Vicente escolhiam esposas mamelucas e indígenas. Na Santana de Parnaíba do século XVII, os senhores de escravizados indígenas eram na verdade mamelucos.

Independentemente de sua cor ou etnia, os mamelucos que se identificavam com a cultura portuguesa da forma como ela estava presente em São Vicente viam-se e eram vistos pelos outros como "brancos". Maria Bicudo revelou exatamente essa perspectiva em seu testamento, declarando que

> tenho duas negras da terra de meu serviço as quais tem alguns bastardos que dizem serem de brancos; mando a meus herdeiros que aparecendo-lhe pais lh'os entreguem, pagando-lhe sua criação, e quando lhe não aparecem peço pelo amor de Deus [meus herdeiros] os tratem como brancos e lhes deem o ensino necessário.[6]

---

2 Inventário de Pascoa Leite, 1667, *Inventários e testamentos*, v.17, p.161-75.

3 Inventário de Antônio Nunes, 1643, *Inventários e testamentos*, v.38, p.15.

4 Inventário de Ambrósio Mendes, 1642, *Inventários e testamentos*, v.13, p.477-510; inventário de Domingos Fernandes, 1652, *Inventários e testamentos*, v.27, p.69-119.

5 Inventário de Antônio Nunes, 1643, *Inventários e testamentos*, v.38, p.15.

6 Inventário de Maria Bicudo, 1660, *Inventários e testamentos*, v.16, p.66-156; ver uma declaração semelhante no testamento de Maria Oliveira, 1627, *Inventários e testamentos*, v.13, p.149-70.

Os colonos viam os mamelucos como "brancos", classificando-os como livres, mesmo que suas mães tivessem sido escravizadas.

Os portugueses e mamelucos senhores de indígenas escravizados formavam um grande e variado grupo no século XVII. Havia algumas poucas famílias extremamente ricas que enriqueceram explorando o sertão. Os homens dessas famílias eram bandeirantes como Pascoal Leite Pais e André Fernandes. Além dos indígenas capturados no sertão, recebiam também sesmarias. Essas famílias construíam fazendas nas quais criavam gado e plantavam produtos alimentícios, como o trigo, para consumo e revenda. No entanto, a população muito pobre também tinha criados indígenas, como Pedro Fernandes, que ao morrer deixou para seu filho apenas uma casaca de sarja preta, uma espingarda, espada e adaga com seus cintos e tiracolo e "três almas do gentio Guaianases".[7] Homens como Pedro participavam de expedições no sertão com fins de capturar indígenas, mas nunca se tornaram ricos com isso. Não obstante, eles se identificavam com os senhores e atuavam como seus aliados.

As terras e os indígenas não eram distribuídos igualmente entre os colonos portugueses e mamelucos em Parnaíba. Esses dois recursos, fundamentais para a produção agrícola para mercados mais amplos, acabavam concentrados nas mãos de alguns. Essa desigualdade pode ser vista nas propriedades descritas nos inventários, os quais retratam os mamelucos proprietários de escravizados no século XVII. Os inventários revelam que os maiores patrimônios tinham dezenas de indígenas. O bandeirante Francisco Pedroso Xavier, que liderou um ataque às missões jesuíticas de Itatim e do Paraguai pouco antes de sua morte, em 1680, acumulou 112 escravizados indígenas.[8] Outro bandeirante, Pascoal Leite Pais, possuía 229 cativos indígenas quando faleceu, em 1664.[9] Diogo Coutinho de Mello estimava possuir "mais ou menos" 150 indígenas quando seu testamento foi escrito em 1654.[10] A análise de outros inventários, contudo, revela que possuir um grande número de cativos indígenas não era a norma. Quando Pedro Fernandes morreu, em

7 Inventário de Pedro Fernandes, 1649, *Inventários e testamentos*, v.40, p.149-70.

8 Inventário de Francisco Pedroso Xavier, 1674, *Inventários e testamentos*, v.20, p.291-315; Leme, *Genealogia paulistana*, v.7, p.148.

9 Inventário de Pascoal Leite Pais, 1664, *Inventários e testamentos*, v.2, p.123-60.

10 Inventário de Diogo Coutinho de Mello, 1654, *Inventários e testamentos*, v.15, p.365-405.

1649, seu inventário listava três indígenas; quando Domingos Alves faleceu, em 1650, seu inventário contabilizava apenas seis.[11]

De acordo com o historiador John Monteiro, os indígenas escravizados nunca foram distribuídos igualmente entre os moradores das vilas de São Paulo e Parnaíba no século XVII. As fazendas com cem ou mais indígenas representavam 27% de todos os cativos. Os 10% mais ricos da população controlavam 41% de todos os indígenas escravizados durante o período de 1630 até 1700.[12]

De forma semelhante, as informações contidas nos inventários indicam que algumas famílias recebiam várias sesmarias e outras, nenhuma. Domingos Fernandes, filho de Suzana Dias, listou cinco sesmarias em seu testamento; Clemente Alves declarou que havia recebido três sesmarias e comprado outra;[13] no entanto, João Gomes Camacho, como a maioria dos moradores de Parnaíba, não recebeu nenhuma sesmaria.[14] Alguns dos primeiros colonos talvez nunca tenham visto a necessidade de pedir sesmarias, pois as terras pareciam infinitas. Contudo, com o crescimento da vila, a competição por terras acirrou-se. Esse processo dava àqueles que recebiam terras uma clara vantagem, inevitavelmente forçando os que não tinham títulos legais a buscar terras menos desejáveis ou até mesmo a deixar a vila. A origem da classe de proprietários agrícolas, portanto, pode ser vista na concentração da posse de terras e de escravizados nas mãos de poucas famílias no século XVII.

Uma grande variedade de grupos capturados no sertão pelas bandeiras formava a classe dos escravizados. Os povos indígenas escravizados superavam em muito o número de senhores portugueses e mamelucos. Um morador espanhol da vila de São Paulo, em meados do século XVII, estimou a população de várias vilas de São Vicente em 1676. Juan de Mongelos calculou a população indígena de São Vicente em 20 mil indivíduos. Calculou que havia quase 1.500

11 Inventário de Pedro Fernandes, 1646, *Inventários e testamentos*, v.40, p.9-22; inventário de Domingos Alves, 1650, *Inventários e testamentos*, v.40, p.125-8.

12 Monteiro, "Distribuição da riqueza e as origens da pobreza rural em São Paulo (século XVIII)", p.117-8.

13 Inventário de Domingos Fernandes, 1652, *Inventários e testamentos*, v.27, p.69-119; inventário de Clemente Alves, 1641, *Inventários e testamentos*, v.14, p.93-195.

14 Inventário de João Gomes Camacho, 1650, *Inventários e testamentos*, v.40, p.113-20. Normalmente, eram os grandes proprietários de escravizados indígenas que pediam e recebiam sesmarias, mas isso não impedia os pequenos proprietários de fazerem o mesmo.

domicílios na capitania. Se partirmos do princípio de que havia cinco pessoas livres por domicílio, o tamanho da população livre chegava apenas a aproximadamente 7.500 pessoas (ver Tabela 3.1). Não é de surpreender que em São Paulo e Parnaíba estivesse concentrada a maior parte dos indígenas, pois foi nessas vilas que se organizavam expedições em busca de cativos.[15]

Tabela 3.1. População das principais vilas de São Vicente, 1676

Vilas	Domicílios livres	Indígenas escravizados	Indígenas por domicílio
São Paulo	800	15.000	19
Parnaíba	180	3.000	17
Sorocaba	75	500	7
Itu	40	500	13
Jundiaí	50	250	5
Mogi	50	200	4
Santos	250	500	2
São Sebastião	40	100	3
Total	1.485	20.050	14

Fonte: Estimativas feitas por Juan de Mongelos, 1676. In: Prefeitura do Município de São Paulo, *Bandeirantes no Paraguai*, p.112.

Os indígenas capturados nas expedições ficavam a serviço dos senhores portugueses e mamelucos, vivendo nas fazendas de seus mestres em unidades familiares. As mulheres escravizadas trabalhavam nos serviços domésticos e nas lavouras, enquanto os homens atuavam como carregadores, artesãos e guerreiros nas expedições ao sertão.[16]

Os indígenas das aldeias, contudo, não eram escravizados. Eles haviam sido congregados nessas comunidades organizadas pelos jesuítas e por oficiais da Coroa. Cada aldeia possuía uma sesmaria para as suas lavouras.

---

15 As estimativas de Juan de Mongelos se encontram em "Acuerdo del Cavildo Justica y Regimento de esta Ciudad de Asumpción...". In: Prefeitura do Município de São Paulo, *Bandeirantes no Paraguai*, p.112. Ver a discussão de John Monteiro sobre Mongelos e outras estimativas da população de São Vicente no século XVII em *São Paulo in the Seventeenth Century: Economy and Society*, p.332-4.

16 Monteiro aponta que a maioria dos escravizados indígenas eram mulheres, enquanto os homens serviam nas bandeiras e armações no sertão. Ver "Celeiro do Brasil: escravidão indígena e a agricultura paulista no século XVII", p.1-12.

Os colonos podiam contratar os indígenas dessas comunidades para trabalhar em suas propriedades, um privilégio do qual muitos abusaram para, na prática, escravizar *de facto* esses povos. Entretanto, os colonos distinguiam entre os "índios de obrigação" (indígenas escravizados) e os "índios das aldeias" (indígenas livres). Estes últimos eram considerados livres e, portanto, não eram partilhados entre os herdeiros. A esposa de Antônio Furtado de Vasconcelos, por exemplo, declarou que eles possuíam dezenove indígenas e afirmou que "não tinha mais gente de obrigação que quando tenha mais alguma são indígenas adquiridos da aldeia que em sua consciência os não pode deixar em inventário".[17]

Um grupo intermediário entre senhores e escravizados começou a surgir lentamente ao longo do século XVII. Dele surgiu a classe de pobres livres. Indígenas livres e mamelucos pobres, geralmente os filhos "bastardos" de homens de famílias estabelecidas, se viam nesse espaço social. Considerados "livres" da servidão, os pobres livres podiam ir e vir e viver onde quisessem, mas não pertenciam ao grupo restrito dos "homens bons", homens de prestígio na vila, que votavam para eleger os vereadores da câmara.

A maneira como a legislação portuguesa tratava os filhos ilegítimos contribuiu para a emergência da classe de pessoas pobres e livres. A lei distinguia filhos nascidos no casamento e aqueles nascidos fora dele; entretanto, entre filhos de pais não casados, os chamados filhos "naturais" tinham mais *status* que os filhos "espúrios". Os filhos "naturais", de acordo com a lei, eram filhos de pais não casados mas para os quais não havia nada que impedisse o casamento no futuro. Geralmente, eram filhos de homens solteiros ou viúvos com suas amantes. Já os filhos "espúrios" haviam sido concebidos em pecado, sendo filhos de pais que nunca teriam podido se casar. Eles eram frutos de relacionamentos adúlteros, incestuosos ou envolvendo clérigos.[18]

Ao que tudo indica, os filhos naturais eram aceitos nas famílias e criados como membros próximos. Isabel de Barcelos chamava a filha natural do seu esposo de "enteada" e, em seu testamento, deixou como presente um

---

17 Inventário de Antônio Furtado de Vasconcelos, 1628, *Inventários e testamentos*, v.7, p.5-38. Ver Petrone, *Os aldeamentos paulistas e a sua função na valorização da região paulistana: estudo de geografia histórica*; e Hemming, *Red Gold*, sobre o uso dos indígenas como lavradores para os paulistas.

18 Ver Almeida, *Código Philippino ou Ordenações e leis do reino de Portugal*, Liv. 4, Títulos XCII e XCIII, esp. n.1, p.994.

casal de indígenas escravizados, "pelos bons serviços [...] que recebi dela".[19] Antônio Bicudo afirmou em seu testamento: "tenho um filho natural por nome de Bernardo Bicudo e seus irmãos os tratem como irmão".[20]

De acordo com a lei portuguesa, os filhos naturais tinham o mesmo direito à herança que os filhos legítimos (com exceção das famílias com títulos de nobreza), mas os filhos "espúrios" não tinham esse mesmo direito.[21] Poucas famílias parnaibanas podiam se considerar membros da nobreza; portanto, seus filhos naturais tinham os mesmos direitos de sucessão que os filhos legítimos. Os testamentos de Parnaíba revelam que os direitos dos filhos naturais eram geralmente respeitados. Domingos Fernandes declarou em seu testamento: "deixo uma filha mais menina de 7 ou 8 meses que houve de uma índia livre depois de eu enviuvar a qual também é herdeira da minha fazenda como os mais filhos".[22] Do mesmo modo, Bernardo Bicudo declarou que, após a sua morte, a sua filha natural, Luzia Nunes, teria direito à mesma parcela da herança que as suas filhas legítimas.[23] Também, Thomé Fernandes declarou que Maria "era sua filha natural e que com as mais suas filhas era herdeira em sua fazenda e que a houvera antes de ser casado com a [...] sua mulher".[24] Contudo, nem todos os homens de Parnaíba desejavam que os seus filhos naturais participassem da partilha dos bens. Ambrósio Mendes afirmou explicitamente que seu filho natural não receberia a herança da mesma forma que seus filhos legítimos, embora tenha deixado a ele uma pequena parte do seu patrimônio.[25] Os filhos espúrios eram ainda mais prejudicados do que os filhos naturais em matéria de herança. Só podiam esperar herdar bens se os seus pais escrevessem testamentos em que lhes destinassem doações. Essas doações não podiam ser contestadas pelos filhos legítimos.[26] Aleixo Leme de Alvarenga, por exemplo, declarou em seu testa-

19 Inventário de Isabel de Barcelos, 1648, *Inventários e testamentos*, v.36, p.219-59.

20 Inventário de Antônio Bicudo, 1648, *Inventários e testamentos*, v.15, p.25-48.

21 Almeida, *Código Philippino ou Ordenações*, Liv. 4, Título XCIII, p.939-47.

22 Inventário de Domingos Fernandes, 1653, *Inventários e testamentos*, v.27, p.69-119.

23 Inventário de Bernardo Bicudo, 1649, *Inventários e testamentos*, v.15, p.173-89.

24 Inventário de Thomé Fernandes, 1648, *Inventários e testamentos*, v.38, p.57-94.

25 Essas heranças seriam provenientes da terça parte do patrimônio (chamado "a terça"). Ver Capítulo 4 para uma discussão maior sobre as partilhas nos inventários em Santana de Parnaíba. Inventário de Ambrósio Mendes, 1642, *Inventários e testamentos*, v.13, p.477-510.

26 Essa herança provinha da terça, e como essa terça parte podia ser deixada a quem o indivíduo desejasse, os seus filhos legítimos herdeiros não poderiam contestá-la.

mento que tinha cinco filhos bastardos (espúrios) com uma indígena escravizada, os quais não herdariam o mesmo que sua filha legítima. Contudo, declarou que gostaria que sua filha bastarda Paula recebesse dois indígenas, assim como sua própria mãe, depois que ele falecesse.[27] Também indicou que seu filho bastardo José deveria poder ficar com aquilo que trouxera de uma viagem ao sertão, pois havia partido sem apoio financeiro do pai.[28]

Esses artigos da legislação portuguesa claramente pretendiam que os filhos naturais fossem aceitos nas famílias, recebessem heranças iguais e, como se pode presumir, tivessem o mesmo *status* social da família. Para os filhos naturais de Parnaíba que eram reconhecidos pelos seus pais, isso algumas vezes realmente ocorria. Porém, no caso dos filhos espúrios, assim como para muitos filhos naturais, o futuro era bem mais lúgubre. Esses filhos herdavam uma posição social ambígua, entre as famílias senhoriais e seus escravizados. Embora os filhos espúrios pudessem receber doações dos patrimônios paternos, eles não participavam na divisão igualitária dos bens com os filhos legítimos. Eles herdavam alguns recursos, mas não muitos. Em suma, eram livres, mas pobres.

Os indígenas se tornavam parte dessa população livre, porém pobre, quando os senhores os libertavam. Ambrósio Mendes alforriou vários indígenas em seu testamento, afirmando que "se vão do dia de meu falecimento por diante onde muito gosto levarem e quiseram ir e estar sem que nenhuma pessoa lh'o impedia pois são livres e eu por lhes pagar seus serviços e companhia que me fizeram".[29] Outros senhores também libertaram escravizados indígenas como forma de reconhecimento pelos bons serviços prestados, e esses indígenas também passaram a fazer parte da população livre. Essas pessoas transformaram-se gradualmente numa classe de pessoas livres e pobres que viviam da agricultura de subsistência em pequenos lotes de terra.

As relações entre esses grupos podem ser parcialmente reconstruídas a partir de fontes do século XVII. A perspectiva dos proprietários de escravizados emerge de forma muito clara a partir da análise dos seus testamentos.

---

27 O fato de que uma filha fosse "dona" de sua própria mãe não era completamente inédito durante os séculos XVII e XVIII em Parnaíba. É possível que Aleixo tenha doado sua amante escravizada indígena para sua filha Paula com o intuito de que esta cuidasse da mãe ou talvez para impedir que a amante escravizada fosse herdada pela sua outra filha, uma filha legítima.

28 Inventário de Aleixo Leme de Alvarenga, 1675, *Inventários e testamentos*, v.19, p.5-39.

29 Inventário de Ambrósio Mendes, 1642, *Inventários e testamentos*, v.13, p.477-510.

Essa parcela da população via a relação entre senhores e escravizados como uma relação de obrigações recíprocas. No que dizia respeito aos indígenas, acreditavam que os indígenas "selvagens" ofereciam sua força de trabalho e recebiam em troca a "civilização" e a salvação. Isabel de Barcelos assim o descreveu ao afirmar em seu testamento que "entre ela e seu marido possuíam alguns serviços forros os quais disse deixava a seu marido e filhos como é uso e costume, dando-lhe o trato que até agora lhe dávamos, pagando-lhes o serviço vestindo-os para que pudessem entrar na igreja ao ouvir missa sem vergonha e ensinar-lhes a doutrina cristã".[30] Antônio Castanho da Silva foi ainda mais claro: "Declaro que tenho alguma gente da terra de quem me sirvo", escreveu. "Peço a meus herdeiros se sirvam deles como forros que são, dando-lhes o trato como tais [e] dando-lhes a doutrina necessária para sua salvação [e] vestindo-os em pago de seu serviço de modo que haja neles o vestido para ouvirem missa".[31] Do ponto de vista de Isabel e Antônio, havia um acordo entre senhor e escravizado: em troca de um bom tratamento, instrução religiosa e pagamento (que para ambos parecia ser roupas e provavelmente também comida e abrigo), os cativos prestavam "livremente" serviços aos seus senhores.[32]

É mais difícil reconstruir o ponto de vista da população indígena escravizada, mas existem evidências que indicam que ela raramente via a escravidão em que vivia como uma relação de obrigações recíprocas. De fato, as poucas e raras referências a atos de independência dos indígenas escravizados sugerem o oposto, que eles não forneciam livremente sua força de trabalho aos seus senhores e que, se tivessem escolha, agiriam de maneira bem diferente. Um episódio ocorreu durante a vida de Benta Dias, filha de Suzana Dias. Depois da morte de seu segundo esposo, ela deixou muitos indígenas encarregados de sua propriedade em Birachoiassava. Contudo, sem seu conhecimento ou permissão, os indígenas destruíram a propriedade e venderam o milho, o gado e outros alimentos a homens que rumavam para o sertão.[33] Nesse caso, os indígenas não pareciam se ver em uma relação de reciprocidade com Benta e, em vez disso, tiraram proveito de sua ausência

30 Inventário de Isabel de Barcelos, 1648, *Inventários e testamentos*, v.36, p.219-59.

31 Inventário de Antônio Castanho da Silva, 1648, *Inventários e testamentos*, v.36, p.105-57.

32 Monteiro encontra muitas semelhanças nos testamentos. Ver o debate sobre a relação entre senhor/escravizado em *São Paulo in the Seventeenth Century*, p.252-325.

33 Inventário de Antônio Furtado de Vasconcelos, 1628, *Inventários e testamentos*, v.7, p.5-38.

para devastar a propriedade. Em outro episódio, depois de Isabel de Barcelos falecer, o juiz de órfãos decidiu entregar a propriedade à mãe da falecida até que seu marido voltasse do sertão. A justificativa do juiz foi a de que a propriedade estaria mais segura se os indígenas – chamados "o gentio" – não fossem "perturbados" e se permanecessem "quietos e pacíficos". Na opinião do juiz, seria mais fácil atingir esse objetivo se a mãe de Isabel morasse na propriedade até o marido desta retornar.[34] Essas duas referências parecem indicar que, se não fossem adequadamente supervisionados, os indígenas descumpririam com suas "obrigações". Da perspectiva dos indígenas, isso significava que eles trabalhavam somente porque eram forçados a fazê-lo.

Os escravizados indígenas resistiam ao trabalho quando podiam. Ana de Proença, em desespero, vendeu vários indígenas porque "a não quererem servir nem lhe fazer nada".[35] Vários inventários registram a forma mais simples de resistência: a fuga. A viúva de Simão Minho afirmou que, após a morte do marido, quatro "negros foram ao sertão fugidos".[36] Existe uma história de alguns indígenas escravizados que se rebelaram contra seu senhor no sertão. Luís Castanho, um bandeirante veterano de Parnaíba, entrou no sertão em 1671 pela última vez com seus quatro filhos. Levaram consigo um grupo de guaranis. Cansados da privação e da miséria, os guaranis se rebelaram e atiraram em Luís com uma flecha. Ele morreu, mas seus filhos sobreviveram e mal conseguiram voltar a Parnaíba com os ossos do pai.[37] Rebeliões, fugas e escravização forçada desmentem a ideia de servidão "livre" propagada pela elite.

As percepções que a população livre e pobre tinha de si mesma, bem como do mundo em que vivia, são muito difíceis de reconstruir. Os filhos naturais criados nas famílias ricas aprenderam desde cedo como raça e etnia dividiam a população livre daqueles com a "obrigação" de servir, mesmo dentro de uma mesma família. Após a morte de seu pai, Maria, uma filha natural, foi viver com sua avó. A mãe de Maria, uma mulher indígena, também vivia com a mesma família. Todavia, quando a avó de Maria ditou

34 Inventário de Isabel de Barcelos, 1648, *Inventários e testamentos*, v.36, p.219-59.

35 Inventário de Aleixo Leme de Alvarenga, 1675, *Inventários e testamentos*, v.19, p.5-39.

36 Inventário de Simão Minho, 1649, *Inventários e testamentos*, v.40, p.49-55. Um dos escravizados de Aleixo Leme de Alvarenga também havia fugido na época de sua morte, em 1675, ver *Inventários e testamentos*, v.19, p.5-39.

37 Leme, *Genealogia paulistana*, v.4, p.542.

seu testamento, ela precisou declarar claramente que desejava que a mãe de Maria ficasse com a filha e que a mãe era "isenta de servidão nem sujeição".[38] Do contrário, a mãe de Maria seria considerada cativa e seria dada a um dos herdeiros. Apesar de Maria ser considerada "branca", e consequentemente livre de "servidão" e "sujeição", sua mãe não o era. Além disso, Maria não podia ajudar a mãe. Ela, como a mãe, continuava dependente da boa vontade e dos favores que poderia receber da família do seu pai.

Os filhos naturais que viviam com a família dos seus pais ofereciam companhia e serviços pessoais aos membros da família. Na família de Felipe de Campos, Felícia, sua filha bastarda – termo utilizado no documento, sendo, portanto, impossível saber se ela era filha "natural" ou "espúria" –, vivia com o pai. Depois da morte dele, este esperava que ela servisse aos seus herdeiros. Felipe ainda solicitou que seus dois filhos bastardos, Feliciano e Gervásio, vivessem com a família e servissem na casa depois da sua morte. Em troca, pediu a seus herdeiros que garantissem o acesso dos dois a educação.[39] Um caso semelhante foi o da filha natural de Antônio Castanho da Silva, que vivia com a mãe. No testamento, ele pediu que a sua filha continuasse com a mãe e, após a morte dela, servisse à viúva e aos filhos dele.[40]

Como os filhos naturais e espúrios podiam herdar bens dos pais, sob a forma de simples doações ou como herdeiros reconhecidos, e devido ao fato de que filhos naturais participavam das bandeiras e armações, muitos se tornaram proprietários. Agostinha Dias, filha natural de um padre – supostamente antes de ele ser ordenado – e uma indígena, casou-se duas vezes e faleceu em 1648. No momento de sua morte, ela e o esposo possuíam dezoito escravizados indígenas, uma roça e algumas ferramentas agrícolas. Um de seus bens mais valorosos era um xale de seda, que ela sem dúvida usava para ir à missa. Apesar de ser filha "natural" no nascimento, Agostinha obteve o *status* de uma respeitável mulher branca livre durante a sua vida. Esperar-se-ia, portanto, que ela se identificasse com os colonos da vila, aqueles que exploravam o sertão para o benefício da comunidade e do reino.[41]

---

38 Inventário de Ana da Costa, 1650, *Inventários e testamentos*, v.40, p.35-46.

39 Inventário de Felipe de Campos, 1682, *Inventários e testamentos*, v.21, p.227-52.

40 Inventário de Antônio Castanho da Silva, 1700, *Inventários e testamentos*, v.25, p.155-65.

41 Inventário de Agostinha Dias, 1648, *Inventários e testamentos*, v.36, p.9-21. As filhas naturais parecem ter sido mais prontamente aceitas e favorecidas nas famílias, visto que os inventários

As raízes de uma sociedade de classes surgiram em Santana de Parnaíba ao longo do século XVII. Um grupo diferenciado de portugueses e mamelucos obteve do sertão terras e cativos indígenas e tornou-se uma classe de proprietários agrícolas, enquanto os servos indígenas, a maioria da população, trabalhavam para eles como escravizados. Entre esses dois grupos, um outro conjunto amorfo, que se relacionava com ambos, ia se formando: a classe dos pobres livres.

No século XVIII, a economia da vila de Parnaíba e o crescimento da sua população foram estimulados primeiro pela descoberta do ouro e depois pela disseminação da agricultura comercial. Essas oportunidades no sertão mais uma vez trouxeram uma perspectiva de riqueza e mobilidade social. Porém, o sucesso na mineração ou no comércio (ou, posteriormente, na produção açucareira) requeria investimentos de capital em suprimentos, escravizados, mercadorias e propriedades agrícolas. Aqueles que possuíam tais recursos ou que poderiam obtê-los graças a empréstimos, parcerias e contatos familiares tinham melhores condições para se beneficiar. E, como não era nenhuma surpresa, a riqueza advinda da mineração, do comércio e da agricultura comercial não era distribuída de forma igualitária entre as famílias de Parnaíba.

Na primeira metade do século XVIII, durante o crescimento da mineração, a estrutura social de Parnaíba continuou a evoluir a partir dos alicerces construídos no século XVII. A sociedade continuava dividida entre proprietários agrícolas, escravizados e um grupo intermediário de pobres livres. A escravidão prevaleceu como parte inquestionável da vida, assim como a distribuição desigual de recursos entre os colonos. Contudo, muitas mudanças importantes ocorreram no século XVIII. A escravização de indígenas foi gradualmente substituída pela de africanos. O trabalho forçado indígena foi desaparecendo e a população pobre livre cresceu rapidamente.

A influência dos indígenas na vila começou a diminuir nas primeiras décadas desse século, à medida que os primeiros africanos começaram a chegar a Parnaíba. Em parte, a presença cada vez menor de indígenas decorria do alto índice de mortalidade que os acometia na vila, assim como do fim das bandeiras e armações. Conforme os homens em Parnaíba passaram a

e testamentos sugerem que os pais estavam mais propensos a favorecer as filhas naturais do que os filhos naturais.

se dedicar às atividades mineradoras e comerciais, eles deixaram de lado as práticas de escravização de indígenas e, por isso, muito menos indígenas se estabeleceram na região.

Contudo, o trabalho forçado indígena continuou durante a primeira metade do século XVIII, em relações conhecidas como "administração". Essa era a solução da Coroa para o problema da escravização de indígenas em São Paulo. De acordo com a carta régia de 1696, os colonos que haviam trazido indígenas do sertão tinham o direito de administrá-los. Esse direito era passado aos descendentes, mas a lei estabelecia restrições: os indígenas deveriam viver nas aldeias estabelecidas pelos jesuítas ou pela Coroa e deveriam ser pagos, e as crianças e as mulheres deveriam ser isentas do serviço.[42] Essa ordem real parecia legitimar o serviço dos indígenas, mas a sua legalidade continuava a ser debatida. Em 1725, os vereadores da câmara de São Paulo falaram para todos os colonos do planalto, argumentando para a Coroa que, sem os indígenas, os colonos não poderiam realizar novas descobertas de ouro no sertão ou "destruir" os "bárbaros" indígenas que "infestavam" as áreas mineradoras. As "pessoas pardas", continuaram os vereadores, falando dos indígenas, "sabiam como cortar trilhas no sertão e subir e descer nos rios; eles sabiam como procurar alimentos, tanto dos rios quanto das florestas". Sem eles, concluiu a petição, não haveria ninguém para acompanhar os colonos no sertão.[43] Respondendo à petição, o rei escreveu ao seu governador em São Paulo que ele deveria inviolavelmente manter as ordens reais acerca da liberdade dos indígenas. Em certas ocasiões, no entanto, o governador podia dar licenças aos colonos para utilizarem o serviço dos indígenas na condição de que fossem bem tratados e recebessem salários, como estabeleciam as cartas régias, pois "só assim os indígenas aceitariam fazer tais serviços voluntariamente".[44]

Enquanto transcorria o debate sobre a moralidade e a legalidade do serviço indígena, os colonos em São Paulo continuavam a utilizar a mão de obra dos indígenas administrados em seus domicílios. Uma petição de uma

---

42 Carta Régia, 19 de fevereiro de 1696, *Revista do Arquivo Municipal*, v.10, (1935), p.70-4. Como Pasquale Petrone aponta, tais decretos, mesmo aqueles destinados a melhorar uma prática já existente por meio da regulamentação, reforçavam a visão dos colonos de que tinham o direito de utilizar os indígenas como servos. Ver Petrone, *Os aldeamentos paulistas*.

43 Câmara de São Paulo ao Rei, 1725, SP 750, AHU.

44 Carta do rei para Rodrigo Cézar de Menezes, 1726, SP 750, AHU.

família indígena ao governador de São Paulo em 1733 refletia claramente a sua crença de que a administração era uma forma de escravidão. Os querelantes afirmaram ao notário que eles eram descendentes de indígenas de São Paulo e, portanto, livres do cativeiro,[45] entretanto viviam praticamente em escravidão ao estarem sob a administração, "que era diferente da escravidão apenas na nomenclatura, mas não na realidade". Acusavam os seus administradores de "lhes darem o tratamento severo comumente dado aos escravizados". Os solicitantes pediram para serem retirados da casa do seu administrador e transferidos para uma aldeia indígena.[46]

Em 1733, o governador-geral de São Paulo e Minas ordenou a todos os moradores que entregassem os indígenas administrados às aldeias. Os administradores só poderiam manter indígenas administrados em suas casas com uma licença especial do governador-geral e com a condição de devolver os indígenas às aldeias quando fosse requerido pela Coroa. Os administradores enviaram muitas petições ao governador em São Paulo, como no caso de José Bernadinho de Souza, que pediu permissão para manter sob sua administração um indígena bororó que havia vivido com ele desde a infância. José declarou que havia batizado o indígena, ensinado-lhe a doutrina cristã, cuidado dele quando ficou doente e casado-o de acordo com as leis da Igreja. O governador concordou com o pedido de José desde que este devolvesse o indígena a uma aldeia se a Coroa assim o pedisse.[47]

Muitos colonos recebiam permissão para manter seus indígenas administrados. Um exemplo disso em Parnaíba foi José Madeira Salvadores, que possuía dois administrados em sua residência em 1733.[48] No ano seguinte, Ana Vieira declarou em seu testamento que "possuo um negro da minha administração por nome Gonçalo, para me servir dele em quanto minha vida, e por minha morte se dará comprimento ao que sobre o dito dispor em seu testamento a defunta Ana Fernandes".[49] João Marques de Araújo mantinha cinco indígenas da etnia guarani sob sua administração quando faleceu, em

45 Com essa afirmação, os querelantes queriam dizer que os indígenas de São Paulo deveriam viver como súditos da Coroa livres nas aldeias sob a jurisdição dos jesuítas ou da Coroa. Os indígenas originários das conquistas do sertão estavam sujeitos à escravidão.

46 Petição ao governador de São Paulo, *Boletim*, v.7, p.37-8.

47 Petição ao governador de São Paulo, 1733, *Boletim*, v.7, p.19-20.

48 Inventário de José Madeira Salvadores, 1733, Inventários e testamentos, lata 514-37, Apesp.

49 Inventário de Ana Vieira, 1735, Inventários do Primeiro Ofício, n.15.784, lata 785-173, Apesp.

1736. Em seu testamento, declarou que esses administrados "seguirão as ordens de Sua Majestade".[50] Os colonos de Parnaíba continuaram a chamar os indígenas sob sua administração de "negros", a deixá-los aos seus herdeiros em testamento e a se aproveitar livremente dos seus serviços.[51]

A partir do registro de sepultamentos feitos pelo pároco de Araçariguama na década de 1720, é possível perceber a estrutura social de Parnaíba no início do século XVIII. O pároco utilizou três categorias em seu livro de óbitos: indígenas administrados, africanos escravizados e pobres. Outro grupo, que ele não nomeou, era composto pelos moradores livres de sua freguesia, cujos bens pagavam facilmente as taxas de sepultamento. O registro dá-nos uma visão muito aproximada dos grupos sociais da vila: 66% dos falecidos da freguesia tinham sido administrados indígenas ou africanos escravizados. Os administrados representavam 46% de todos os enterrados na paróquia durante a década de 1720, ao passo que 20% dos falecidos foram identificados como escravizados de origem africana.

Os indígenas e africanos que faleceram pertenciam a 43 senhores diferentes, alguns com grandes patrimônios. Bartolomeu Bueno da Silva, descobridor de ouro em Goiás, enterrou nove indígenas administrados em um período de dez anos. Já Fernão Bicudo de Andrade enterrou seis escravizados e dois indígenas administrados. Outros domicílios eram menores, tais como o de Domingos Lopes, que enterrou apenas um escravizado em dez anos, ou o de Izabel Lara, que enterrou um indígena.

Segundo o relato do pároco, 34% de todos os falecidos na década não eram escravizados ou administrados, mas sim colonos de Parnaíba, a população livre. Entre essas pessoas livres estavam senhores de indígenas e africanos, bem como aqueles que o pároco denominou "notoriamente pobres", referindo-se à população pobre livre que continuava a crescer durante o século XVIII.

---

50 Inventário de João Marques de Araújo, 1736, Inventários e testamentos, lata 514-37, Apesp.

51 Ver também os inventários e testamentos de Violanta da Costa Gil, 1734, Inventários e testamentos, lata 516-39, Apesp; Francisco Bueno de Camargo, 1736, Inventários e testamentos, lata 514-37, Apesp; Maria de Siqueira, 1736, Inventários do Primeiro Ofício, n.15.1733, lata 748-136, Apesp; Albano de Goes Leme, 1739, Inventários do Primeiro Ofício, n.15.034, lata 735-123, Apesp; Manoel Correa Penteado, 1745, Inventários do Primeiro Ofício, n.14.406, lata 676-64, Apesp; Ana Maria Furquim, 1748, Inventários do Primeiro Ofício, n.15.614, lata 744-162, Apesp; Lourenço Franco da Rocha, 1750, Inventários do Primeiro Ofício, n.15.095, lata 742-130, Apesp.

Não é possível reconstituir nem a população da paróquia nem as taxas de mortalidade dos grupos sociais a partir do registro, visto que, sem saber a dimensão da população total, é impossível calcular uma taxa de mortalidade para cada grupo social. Da mesma forma, como os africanos e os indígenas tinham muito provavelmente taxas de mortalidade mais elevadas do que a população livre, os óbitos por si só não são uma medida precisa da proporção de cada grupo social na população total. No entanto, os registros permitem ter uma ideia dos grupos que compunham a estrutura social de Parnaíba no início do século XVIII (ver Tabela 3.2).

Tabela 3.2. Mortes por grupos sociais, paróquia de Araçariguama, 1720-1731

	N	%
Livres	40	21
Pobres livres	25	13
Indígenas administrados	87	46
Escravizados africanos	38	20
Total	190	100

Fonte: Livro paroquial de Araçariguama, Livros de Parnaíba, v.104, lata 6069-21, Apesp.

A servidão indígena continuou até 1758, quando a Coroa aboliu completamente todas as formas de administração indígena. As leis portuguesas também proibiram o uso da palavra "negro" para se referir aos indígenas.[52] Depois disso, os colonos raramente mencionavam indígenas administrados em seus testamentos. Na segunda metade do século XVIII, os indígenas parecem desaparecer de todas as paróquias da vila, com exceção da aldeia de Barueri.

Muitos dos indígenas tornaram-se parte do grupo de pobres livres que crescia rapidamente na vila de Santana de Parnaíba no século XVIII. Essa parcela da população não tinha condições de pagar o preço cada vez mais alto de escravizados africanos devido ao alto custo e, por isso, recorriam à força de trabalho de familiares, vizinhos e ocasionalmente criados. Eles viviam nos distritos rurais da vila, onde plantavam em terras devolutas. Alguns compartilhavam terras e casas em vez de dividi-las a cada nova geração. João da Cunha, por exemplo, possuía metade da casa de sua família no centro da vila

52 Petrone, *Os aldeamentos paulistas*.

e parte das terras da família no outro lado do Rio Tietê. Já Luiza Gonçalves herdou um quarto do sítio e da casa na vila de sua família. Ao não dividir a terra, os herdeiros mantinham a fazenda intacta e aumentavam o número de membros da família que trabalhavam nela.[53]

Outros possuíam terras com títulos definitivos. Por exemplo, Gabriela Ortiz de Camargo e seu esposo possuíam um pedaço de terra considerável que se estendia por 220 metros ao longo de um caminho e cuja parte de trás era voltada para sertão, e João da Cunha era proprietário de um terreno de 660 metros ao longo de outro caminho e que se estendia por meia légua em direção ao sertão.[54] Todavia, essas famílias que possuíam patrimônio suficiente para justificar um inventário indubitavelmente eram as mais abastadas entre os pobres livres. Como o inventário de Luiza Gonçalves deixa claro, eles viviam relativamente bem. Ela possuía três redes, três almofadinhas, dois baús de madeira com fechaduras, dois pratos de estanho, dois pares de óculos, uma bacia de estanho, uma tambuladeira de prata, roupa de cama e mesa e uma medalha de ouro. No sítio, possuía dois tachos de cobre, uma enxada, uma serra e duas gamelas.[55]

Os indivíduos desse grupo tinham plena ciência do seu *status*. Domingas de Godoy Bicudo deixou isso bem claro no seu testamento, ao declarar que havia nascido em Parnaíba, filha "natural" de Baltazar de Godoy Bicudo e uma indígena chamada Úrsula. Ela declarou que queria "ser enterrada nesta Matriz de Parnaíba debaixo da Pia de Águas Bentas amortalhada em um lençol, e me levarão dois negros em uma rede na dita Matriz, e então se chamará o Reverendo Pároco para me recomendar, a quem se dará suas velas, e se lhe pagará a sua recomendação". Esses pedidos para o enterro de Domingas nos contam muito sobre ela e sobre o mundo ao qual pertencia. Levava o nome do seu pai e pediu à irmã dele, sua tia, que atuasse como testamenteira de seu patrimônio. Ela sentia que pertencia ao mundo dos brancos e desejava ser enterrada como eles, na igreja. Via-se como superior aos negros, ordenando que estes transportassem seu corpo para a igreja. O que sobrasse de seus bens depois de pagar o

53 Inventário de João da Cunha, 1737, Inventários do Primeiro Ofício, n.14.600, lata 693-81, Apesp; inventário de Luiza Gonçalves, 1735, Inventários e testamentos, lata 513-36, Apesp.

54 Inventário de Gabriela Ortiz de Camargo, 1736, Inventários do Primeiro Ofício, n.14.617, lata 695-83-83, Apesp; inventário de João dos Santos, 1738, Inventários do Primeiro Ofício, n.13.802, lata 619-7, Apesp.

55 Inventário de Luiza Gonçalves, 1735, Inventários e testamentos, lata 513-36, Apesp.

enterro ficaria para Ana Maria de Godoy, uma órfã abandonada que estrava sendo criada pela sua tia, alguém não muito diferente dela mesma.[56]

O sucesso da economia agrícola comercial, centrada na produção açucareira na segunda metade do século XVIII, trouxe lugares como Parnaíba para uma órbita mais ampla. Suas populações começaram a crescer, e novas oportunidades surgiram nos centros das vilas para os artesãos e lojistas. Contudo, a expansão dessa economia intensificou a competição por recursos em Parnaíba, e, mais uma vez, apenas uma minoria beneficiou-se da distribuição desses recursos.

Os recenseamentos iniciados pelo governador de São Paulo são documentos notáveis que permitem ver com clareza as quatro freguesias de Santana de Parnaíba no final do século XVIII. Esses levantamentos listam todos os indivíduos da vila e descrevem o que cada domicílio produziu. Retratam um pequeno centro urbano, habitado por artesãos, lojistas, clérigos e indigentes, cercado por bairros rurais habitados por lavradores. Os escravizados trabalhavam nos sítios dos proprietários agrícolas, produzindo açúcar, cachaça e algodão para a venda, além de milho, feijão e arroz para o consumo doméstico. A população pobre livre não possuía escravizados e colhia o suficiente apenas para alimentar o domicílio, com um pequeno excedente para troca.

A posse de pessoas escravizadas era o maior e mais caro investimento que um agricultor poderia fazer[57] e representava ser dono da mão de obra, sempre um recurso fundamental em Parnaíba, ainda mais importante do que terras. No final do século XVIII, as pessoas escravizadas propiciavam aos proprietários agrícolas os meios para produzir mais-valia. Quanto mais escravizados um proprietário agrícola tivesse, maior era a probabilidade de cultivar açúcar para um mercado atlântico maior. No entanto, os pobres livres, que não tinham escravizados, produziam para o seu próprio sustento e para o mercado local. Milho, feijão e banha de porco constituíam a maior parte da sua produção agrícola (ver Tabela 3.3).

---

56 Testamento de Domingas de Godoy Bicudo, 1731, Inventários do Primeiro Ofício, n.14.684, lata 702-90, Apesp. Ver também o testamento de Maria José de Godoy, sua tia, que nos conta mais sobre sua família, 1739, Inventários do Primeiro Ofício, n.14.368, lata 673-61, Apesp.

57 A análise de todos os inventários sobreviventes da Parnaíba do século XVIII revela que os escravizados representavam mais de 50% do total dos bens dos proprietários de escravizados, enquanto as terras representavam menos de 10%. Ver o Capítulo 4 para mais informações sobre os bens dos proprietários de escravizados.

Tabela 3.3. Duas economias agrícolas: renda das safras por classe de agricultor, 1798

	Pobres livres (N = 716)		*Proprietários agrícolas (N = 263)*	
	Renda média por domicílio (réis)	*Porcentagem de renda total*	*Renda média por domicílio (réis)*	*Porcentagem de renda total*
Safra de alimentos[a]	1.760	85%	11.980	10%
Safra comercial[b]	320	15%	110.910	90%
Total	2.080	100%	122.890	100%

[a] Milho, feijão, banha de porco

[b] Algodão, cachaça, açúcar

Fonte: Mapas de população, 1798, Parnaíba.

A posse de terra também diferenciava os proprietários agrícolas, os quais possuíam escravizados, da população pobre livre, que não os possuía. Não é de surpreender que os proprietários agrícolas tivessem mais estabilidade no acesso à terra. De acordo com o censo de 1775, 64% dos proprietários agrícolas possuíam terras, e o número era ainda maior entre aqueles que tinham mais de dez escravizados (91%). Por outro lado, a maioria da população pobre livre não possuía terras. Eles plantavam "a favor", ou seja, livremente em terras não reclamadas ou em terras não cultivadas que pertenciam a terceiros. Contanto que ninguém lhes impedisse ou que tivessem permissão, os pobres livres plantavam onde queriam (ver Tabela 3.4).

Tabela 3.4. Posse de terra por classe de agricultor, 1775

	Pobres livres		*Proprietários agrícolas*	
	N	%	N	%
Possui terra	111	31	99	64
Possui conjuntamente ou aluga terras	52	14	28	18
Planta "a favor"	196	55	27	18
Total	359	100	154	100

Qui-quadrado = 64,3; graus de liberdade = 2; probabilidade = 0,000.

Fonte: Mapas de população, 1775, Parnaíba.

Três classes agrícolas são claramente visíveis nos recenseamentos do final do século XVIII: proprietários agrícolas, pobres livres e escravizados. Cada classe tinha uma relação muito diferente com recursos fundamentais como terras e força de trabalho. Por meio da escravatura, os proprietários agrícolas concentravam muitos trabalhadores em seu poder e tinham um amplo controle sobre seus escravizados, obrigando-os a trabalhar quando e onde desejassem. Eles possuíam terras, nas quais cultivavam alimentos como milho e feijão para o sustento de seus grandes domicílios, mas também realizavam cultivos comerciais, como de cana para produzir açúcar ou destilar cachaça. Os proprietários agrícolas podem ser subdivididos em dois grupos: os grandes, que possuíam mais de dez escravizados, e os pequenos, que possuíam menos de dez escravizados. Embora os pequenos proprietários agrícolas produzissem menos, possuíssem menos bens e vivessem de forma mais simples, muitos tinham ligações estreitas com os grandes proprietários agrícolas por meio de relações de parentesco. Outros simplesmente se identificavam com os grandes proprietários agrícolas.

A população pobre livre dependia de uma mão de obra composta por parentes próximos, vizinhos, família e empregados domésticos que residiam com os empregadores. Os pobres livres não possuíam os seus próprios trabalhadores e dependiam mais de cooperação do que de força para cultivar a terra. Menos de metade dos que compunham essa classe possuía terras legalmente ou tinha acordos para as arrendar, o que significa que a maioria não tinha acesso estável a terra. Em vez disso, eram posseiros, plantando onde conseguiam, e produziam majoritariamente para o consumo doméstico, vendendo o excedente em mercados locais.

A terceira classe agrícola era a dos escravizados, que tinham o acesso mais limitado a mão de obra, visto que sua força de trabalho pertencia quase que completamente aos seus proprietários. Somente nos poucos dias de folga os escravizados podiam trabalhar para si. Eles tampouco possuíam terras. Alguns escravizados provavelmente faziam hortas nas propriedades dos seus senhores e os alimentos que cultivavam suplementavam a dieta fornecida pelos senhores. É possível até que tenham vendido ou trocado o excedente dessa produção. Não obstante, a diferença entre a população pobre livre e os escravizados era clara: o cativeiro. Enquanto os escravizados não se beneficiavam do próprio trabalho, a população pobre livre o fazia.

De acordo com os dados do recenseamento, 73% dos domicílios de Parnaíba no final do século XVIII eram de agricultores que não possuíam escravizados e pertenciam à classe dos pobres livres. Os escravizados formavam a segunda maior classe social. No final do século, viviam na vila 1.688 pessoas escravizadas (27% da população). Os proprietários agrícolas donos de escravizados formavam a menor classe social: 27% dos domicílios possuíam escravizados no final do século, mas apenas 5% possuíam mais de dez cativos, e só uma família possuía mais de cinquenta escravizados.[58]

Mas onde os indígenas se enquadravam nessa hierarquia social? Antes da abolição dos aldeamentos indígenas pela Coroa, em 1803, o último censo de Barueri pode oferecer alguns indícios. Em 1803, o oficial encarregado da comunidade contabilizou uma população de 1.581 indivíduos vivendo em 133 domicílios. Um terço das famílias era de agricultores, outro terço de trabalhadores e o último terço de artesãos. As famílias que sobreviviam da agricultura plantavam mandioca, milho e feijão para a sua própria subsistência; algumas plantavam algodão e cana-de-açúcar e criavam gado. No entanto, nenhuma dessas famílias possuía escravizados. As famílias artesãs sobreviviam da tecelagem e da produção de cerâmica. Aqueles que trabalhavam por uma remuneração diária o faziam porque não tinham terras onde plantar. Cinquenta e nove jovens haviam deixado a comunidade e ido para São Paulo, para o centro de Parnaíba ou para vilas próximas como Itu e Sorocaba. O oficial responsável pela comunidade indígena escreveu que "a maior parte desta Aldeia tem desertado porque os brancos vizinhos têm tomado todas as suas situações e posses: metendo éguas e tropas nas terras lavradias dos indígenas, e por esta causa estão sem poderem ter plantas".[59]

Na Parnaíba do século XVIII, os indígenas eram um "povo que estava desaparecendo". Apesar de sua extrema importância para a sobrevivência de Parnaíba no século XVII, seu papel na vila se reduziu conforme eles diminuíam em número, à medida que os colonos adquiriam escravizados africanos e a fronteira avançava em direção ao oeste. Os descendentes dos indígenas continuaram a viver na vila, mas gradualmente desapareceram dos registros históricos. No século XIX, os que restaram das etnias guarani, guaianá, bororó e de outros grupos que no passado haviam constituído a maioria da população da vila podiam ser encontrados entre aqueles classificados como "pardos" no censo. Os indígenas em Parnaíba haviam claramente se tornado parte da classe de pobres livres.

58 Mapas de população, 1798, Parnaíba, lata 127-127, Apesp.

59 Mapas de população, 1804, Barueri, 2-8-14, 228-2, Apesp. Esse censo foi publicado no *Boletim*, v.8.

No final do Setecentos, a extensa área da vila de Parnaíba – lembramos que o termo histórico "vila" se parecia mais com um município de hoje em dia – tinha um pequeno centro, localizado na paróquia de Santana. Esse centro tinha crescido de tal modo que se assemelhava a uma pequena comunidade urbana. Esse centro também tinha uma estrutura social, que se assemelhava àquela dos distritos rurais. O centro e as áreas rurais tinham muitos pontos em comum. A maioria dos proprietários agrícolas possuía casas no centro da vila (além de um sítio), e alguns dos que viviam a maior parte do tempo na vila, como os mercadores e os clérigos, também possuíam sítios. Outros grupos urbanos também estavam começando a surgir, como artesãos, lojistas, taberneiros, funcionários públicos e indigentes.

Cada um dos principais grupos do centro urbano pode ser associado a uma classe da área rural. Os mercadores, os funcionários públicos e os clérigos se identificavam com os proprietários agrícolas, pois possuíam pessoas escravizadas. Os lojistas, artesãos e tropeiros em alguns casos possuíam pessoas escravizadas, mas isso não era verdade para a maioria deles. Tratava-se de um grupo intermediário, entre os pequenos proprietários agrícolas e a população pobre livre. Os pobres livres no centro da vila trabalhavam em serviços domésticos e como trabalhadores braçais. Eles correspondiam aos pobres livres que plantavam "a favor", em terras arrendadas ou em pequenas roças nas áreas rurais. A existência da escravidão no centro urbano também é semelhante àquela das regiões rurais, mas os escravizados geralmente tinham mais oportunidades do centro da vila. Havia um cativo que até possuía sua própria loja.[60] Comparado com as regiões rurais, o centro da vila oferecia uma gama mais ampla de empregos. Para alguns, isso significava uma ascensão social. Tornar-se um artesão, um pequeno lojista ou mesmo um escravizado do pároco era um avanço em relação à vida na região rural como pobre livre ou escravizado agrícola. Porém, no centro da vila, também existiam indigentes "pedindo esmolas" e domicílios pobres vivendo "de suas agências" (ver Tabela 3.5).

A partir de um registro mantido pelo carcereiro da vila, é possível vislumbrar as diferenças entre as três classes sociais que viviam em Parnaíba no final do século XVIII. Isso porque o carcereiro fez uma descrição de cada prisioneiro antes de o prender. Os proprietários agrícolas exibiam gostos, maneiras e modas de Lisboa. O carcereiro descreveu João da Costa

---

60 Esse era João, escravizado do pároco. Ver Livros de Parnaíba, liv.111, p.92, lata 6069-21, Apesp.

Tabela 3.5. O centro da vila em 1798

	Domicílios		*Escravizados que se possuía*	
	N	%	N	%
Clérigos/comerciantes/ funcionários públicos	39	18	105	78
Artesãos/tropeiros/lojistas	93	42	22	16
Trabalhadores domésticos/pobres	86	39	7	5
Escravizados independentes	3	1	0	–
Total	221	100	134	99

Fonte: Mapas de população, 1798, Parnaíba.

Silva, um pequeno proprietário agrícola nascido em Portugal, assim: "de estatura mediana os cabelos compridos que tinha amarrados bastantemente alvo da cor, os olhos pardos, a barba preta o nariz não muito grande o rosto redondo". Ele vestia uma camisa de bretanha com renda nos punhos, calças vermelhas, meias brancas, um colete de baeta azul com bordados amarelos e um casaco azul escuro com botões de prata e adornos cor de pêssego. As indumentárias da população pobre livre, em contrapartida, revelavam que tanto os homens quanto as mulheres vestiam-se de maneira simples e utilitária. Manuel Neves, um pobre livre da paróquia rural de São Roque, vestia-se como vários outros homens: camisa e calças de algodão e um colete azul. Ao ser presa em 1817, Maria Gertrudes de Borba vestia uma camisa, uma saia de algodão púrpura, sandálias de couro e um casaco azul. Os escravizados de Parnaíba no século XVIII, segundo as descrições do carcereiro, vestiam-se de maneira parecida com a população pobre livre, mas poucos usavam sapatos. A escravizada Margarida vestia uma camisa de linho, uma saia azul de algodão simples, um casaco verde e não usava sapatos quando entrou na cadeia em 1764. Por sua vez, Bartolomeu usava uma camisa de algodão e calças compridas e largas. Já Manoel, escravizado fugido encaminhado ao carcereiro em 1790, foi descrito como "embrulhado em uma rede velha sem mais vestimenta alguma".[61]

Percepções de raça e cor também reforçavam a hierarquia social. Assim como no século XVII, os proprietários agrícolas se viam e eram vistos como brancos, e os escravizados africanos como negros ou mulatos. A negritude,

61 Rol dos culpados, Livros de Parnaíba, liv.48, p.14-53, lata 6060-12, Apesp.

na concepção de muitos moradores da vila, carregava a conotação da escravidão. Em 1779, João Leite Pais testemunhou que "e bem público nesta freguesia de Parnaíba ser eu branco e liberto de minha natureza". João e sua família foram aprisionados e forçados a trabalharem para o rico e poderoso fazendeiro Policarpo Joaquim de Oliveira. João declarou que "este procedimento é tão público e manifesto por todo este povo do que me sucedeu a mim sendo homem branco, e os da minha família, que suposto estes não são brancos, com tudo são libertos, livres de escravidão".[62]

Ser "branco" em Parnaíba também implicava certo *status* social. Em 1787, José Branco Ribeiro, procurador da câmara municipal, solicitou a anulação da eleição de José Inácio Gonçalves para vereador porque "vários disseram que ele não era branco e que outro deveria ser nomeado em seu lugar". Os membros da câmara concordaram e impediram José Inácio de assumir o cargo.[63]

O quanto a cor reforçava a estrutura de classes em Santana de Parnaíba pode ser visto claramente no censo de 1820. Nele, 97% dos proprietários agrícolas apareciam como "brancos" e 80% dos escravizados como "negros". Entre esses dois grupos, os "pardos" representavam 33% da população: 46% deles pertenciam à classe de pobres livres, 21% à classe dos escravizados e 3% à classe dos proprietários agrícolas (ver Tabela 3.6).

Tabela 3.6. Raça e classe em Parnaíba, 1820

	Proprietários agrícolas		*Pobres livres*		*Escravizados*	
	N	%	N	%	N	%
Brancos	1010	97	2104	51	1	0
Pardos	29	3	1921	46	386	20
Pretos	3	0	126	3	1500	80
Total	1042	100	4151	100	1887	100

Qui-quadrado = 5704,1; graus de liberdade = 4; probabilidade = 0,000.

Fonte: Mapas de população, 1820, Parnaíba.

No século XVIII, assim como no século XVII, as percepções sobre a cor eram fluidas em Parnaíba. João Leite Pais, que testemunhou à Coroa na devassa contra Policarpo Joaquim de Oliveira que ele era "branco"

62 Devassa sobre Policarpo Joaquim de Oliveira, 1779, *Ordens régias*, lata 282-45, Apesp.
63 Ata da Câmara, 1787, *Livros de Parnaíba*, liv.5, p.33, lata 6050-2, Apesp.

e, portanto, "livre por sua natureza", apareceu no censo de 1775 como agregado na fazenda de Araçariguama, que pertencera anteriormente aos jesuítas. Agregados eram os descendentes dos indígenas administrados e de africanos libertos que trabalhavam na fazenda. José Inácio Gonçalves [Pais], o mesmo que foi impedido de assumir o cargo de vereador "porque não era branco" aos olhos dos membros da câmara, foi considerado "branco" pelos recenseadores em 1798, visto que eles só registravam a cor daqueles considerados "pardos" ou "negros" e José Inácio não foi descrito como nenhum deles. Posteriormente, no censo de 1820, que registrou a categoria de raça para todos os indivíduos, ele e sua família aparecem como "brancos".

A Tabela 3.6 demonstra claramente como raça e classe eram categorias inexoravelmente entrelaçadas. Apenas três pessoas classificadas como "negras" possuíam escravizados em 1820 e podem ser consideradas parte da classe de proprietários agrícolas. Somente um "branco" aparecia como escravizado, uma garota de seis anos listada no censo como "crioula", possivelmente designada incorretamente como branca. Só a classe de pobres livres era racialmente integrada, mas mesmo entre eles apenas 3% apareciam como "negros". Muitos pobres livres classificados como "pardos" no censo eram, sem dúvida, mulatos, porém o fato de eles se considerarem e terem sido considerados como pardos e não negros evidenciava o quanto aqueles que eram livres desejavam se dissociar do termo "negro", que durante dois séculos havia sido sinônimo de escravidão na vila.

De um pequeno povoado no sertão na década de 1580 até a vila racialmente estratificada com mais de 7 mil habitantes em 1820, Parnaíba passou por mudanças radicais. Contudo, embora a vila de 1820 parecesse muito diferente daquele primeiro povoado fronteiriço, as origens de sua estrutura social estavam profundamente enraizadas no passado. O modo como os primeiros povoadores exploraram o sertão, estabeleceram a escravidão como modo de vida e plantaram as sementes para o crescimento da classe de pobres livres ao longo do século XVII constituiu as bases da vila de Santana de Parnaíba como a que observamos em 1820. Às vésperas da independência do Brasil de Portugal, Parnaíba era uma sociedade caracterizada por três classes: proprietários agrícolas, pobres livres e escravizados. Como veremos nos próximos capítulos, a vida familiar diferia para cada classe e contribuiu para a formação das classes sociais na cidade.

Capítulo 4
Famílias de proprietários agrícolas

Quem eram as famílias da classe de proprietários agrícolas de Santana de Parnaíba e como viviam? No final do Setecentos, os censos iniciados pelos governadores-gerais de São Paulo retratavam, em pinceladas rápidas e largas, um quadro vívido dessas famílias. O primeiro domicílio listado nesses censos era sempre o do capitão-mor, comandante da ordenança local. Em 1775, Antônio Correa de Lemos Leite atuava como capitão-mor de Parnaíba.[1] A descrição do seu domicílio no censo indica que ele era natural da cidade de São Paulo e casado com Mariana Dias – descendente dos fundadores da vila de Santana de Parnaíba.[2] Antônio, Mariana e sete de seus filhos dividiam o tempo entre um sítio e uma casa no centro da vila. No sítio, possuíam quinze escravizados e produziam milho, feijão e cana para aguardente, além de criar cavalos. Os dois filhos mais velhos e o genro aventuravam-se periodicamente no sertão a fim de comercializar cavalos e gado.[3]

---

1 Em São Paulo, as forças militares estavam divididas em três linhas para defesa: a primeira, composta da tropa real remunerada, alocada em Santos; a segunda, denominada auxiliares, consistiam em companhias compostas por homens fisicamente aptos que não faziam parte da tropa real; e a terceira, as ordenanças compostas por homens que viviam nas vilas e que serviam sem remuneração; as companhias das ordenanças tinham a responsabilidade de manter a ordem local. O capitão-mor chefiava a primeira companhia da ordenança. Selecionado pelo governador-geral e escolhido entre as famílias da elite, ele implementava as diretrizes do governador, mantinha a ordem e resolvia conflitos que surgiam nas vilas. Ver Leonzo, "As Companhias de Ordenanças na Capitania de São Paulo: das origens ao governo do Morgado de Matheus", e Id., *Defesa militar e controle social na capitania de São Paulo: as milícias*. Sobre a influência das ordenanças na sociedade, ver Kuznesof, "Clans, the Militia and Territorial Government: the Articulation of Kinship with Polity in Eighteenth-Century São Paulo".

2 Antônio era de uma velha família de São Paulo; ver Leme, *Genealogia paulistana*, v.4, p.521.

3 Domicílio do Capitão Major Antônio Correa de Lemos Leite, 1775. Censo de Parnaíba, Mapas de população, lata 125-125, Apesp.

A posse de bens separava a família de Antônio da maioria dos homens e mulheres da vila. As terras e os escravizados que possuía, os empreendimentos comerciais de que participava e o capital que controlava permitiam a sua família viver de forma muito diferente das famílias da população de pobres livres e dos escravizados. Os proprietários agrícolas de Parnaíba viviam num mundo à parte, um mundo que era muito mais consequência de suas próprias ações do que aquele em que viviam os pobres livres e os escravizados.

A vida familiar dos proprietários agrícolas se desenrolava entre os mundos separados, porém interligados, do centro urbano e da área rural. As famílias possuíam sítios na zona rural de Parnaíba e casas no centro da vila. Nos sítios, moravam em casas simples, mas de estrutura sólida, feitas com materiais locais. A técnica de construção mais comum no século XVIII era a taipa de pilão, um processo em que lama era prensada em grandes moldes para produzir blocos de terra. Quando argamassados juntos, formavam paredes grossas; depois, quando rebocados e caiados, criavam interiores escuros e frescos. As vigas suportavam telhados com telhas de barro vermelho. Cada casa tinha vários lances conectados por um corredor (que podia ser aberto ou fechado), e algumas tinham varandas em uma das faces. No exterior da casa do sítio, havia um terraço utilizado para diversos fins, as senzalas de palha ou de taipa de mão, o engenho de açúcar, onde ficava uma moenda e um alambique, uma cozinha externa e currais para os animais. Fora da casa havia as terras. No final do século XVIII, grande parte da floresta que ficava próxima aos sítios que já haviam sido derrubados. Os terrenos onde não se plantava cana ou outros produtos era deixado para a regeneração ou utilizado como pasto para o gado.

Dentro da casa fresca, escura e úmida do sítio, as famílias de proprietários agrícolas viviam sem luxos, assim como seus ancestrais. Os cômodos eram simples, com pouco mobiliário. Mesas, assentos, bancos, grandes baús, guarda-roupas e aparadores de madeira simples ficavam encostados na parede para maximizar o espaço. O único toque decorativo e artístico desses cômodos austeros eram os altares domésticos. Fabricados com madeira e pintados com cores vibrantes, neles ficavam as imagens preciosas de santos, da Virgem e de Cristo. De noite, usavam-se candeias a óleo feitas de metal e pregadas na parede como uma fonte fraca de iluminação.

Embora os proprietários agrícolas de Parnaíba vivessem bem em comparação com seus escravizados ou seus vizinhos pobres livres, eles não viviam uma vida de luxo, nem mesmo pelos padrões do Brasil colonial. No final do século XVIII, no entanto, suas casas começaram a ficar mais elegantes e confortáveis. As famílias adquiriram camas com colchões, substituindo os catres feitos de galhos. As camas passaram a ser cobertas com colchas de seda, damasco e algodão. Na mesa, passaram a ser usados pratos de porcelana ou de estanho em vez de louça de barro, além de garfos e colheres (em vez de se comer com as mãos). Algumas casas acrescentaram obras sobre direito, domínio militar ou etiqueta da nobreza à pequena coleção de livros de caráter religioso.

Além da casa no sítio, cada família de proprietário agrícola possuía também uma casa no centro de Parnaíba, e os mais ricos ainda tinham uma terceira casa na cidade de São Paulo. Essas casas de dois andares também eram construídas de taipa de pilão e, na parte externa, havia um estreito quintal murado, no qual plantavam árvores frutíferas e seus jardins. As famílias passavam tempo nas duas casas, mas o domicílio do sítio era sua residência principal. As casas na vila lhes proporcionavam fácil acesso à igreja, à câmara municipal e às festas religiosas.

A vida familiar preparava as gerações mais jovens para os seus futuros papéis de proprietários de escravizados, administradores de grandes sítios e líderes na vila. As crianças familiarizavam-se com o mundo isolado e agrário do sítio, bem como com o universo mais animado e público da vila. Desde cedo, aprendiam que eram os senhores dos escravizados no sítio da família e que os homens e as mulheres da vila respeitavam seus pais. No sítio, observavam o ritmo simples da passagem das estações, com o qual os escravizados pertencentes à família coordenavam o plantio e a colheita das culturas e a moagem do açúcar. Na vila, participavam de festas que marcavam o calendário religioso.

Os pais educavam os filhos e as filhas de maneira diferente, de acordo com os papéis que desempenhariam quando adultos. As meninas aprendiam a coser, bordar e fazer rendas, mas não a ler. Viviam recolhidas, aparecendo em público apenas para ir à missa. Protegidas do mundo exterior e não sendo informadas sobre os negócios da família, não se esperava que elas soubessem muito sobre os assuntos familiares. No entanto, rodeadas de familiares e empregados domésticos, as mulheres conseguiam acompanhar os acontecimentos do mundo isolado, mas não muito privado, do sítio. Na vila, escondidas dos olhares dos outros atrás de janelas com pesadas persianas, as jovens entreouviam as conversas entre os empregados que saíam de casa para buscar água ou lavar a roupa nas encostas do rio. Aparentando ser muito recatadas e corretas, as moças dessa classe sabiam mais sobre a vida da vila e os assuntos da família do que deixavam transparecer.

A maneira como os pais educavam as suas filhas pode ser inferida a partir da análise de diversas fontes, incluindo as investigações realizadas pelo juiz de órfãos junto aos tutores – guardiões de crianças órfãs. No Brasil colonial, a legislação considerava órfã qualquer criança que havia perdido um dos pais; portanto, tais investigações eram práticas comuns. Geralmente, o pai ou a mãe dessa criança tornava-se seu guardião ou tutor, e o juiz de órfãos assegurava o cumprimento das obrigações com a criança, educando-a corretamente de acordo com as condições do momento. A partir das questões feitas a Inácio Diniz Caldeira, por exemplo, aprendemos que "as filhas todas sabiam costurar e os filhos todos sabem ler e escrever".[4] Essa declaração sugere que geralmente as filhas não aprendiam a ler e a escrever. De fato, poucas mulheres sabiam assinar o nome quando lhes era exigido que o fizessem em documentos legais. Normalmente, elas simplesmente faziam um X próximo ao local no documento onde o notário escrevera que aquela se tratava da "cruz de" tal pessoa.[5] Um documento muito invulgar dá-nos mais uma informação interessante sobre a vida das jovens. Ele data do final do século XVIII e diz respeito a uma mulher em Parnaíba acusada de ser bruxa. Os homens que testemunharam contra ela descreveram como, ao entrar na igreja, ela fez as moças honradas da vila, que viviam recolhidas, caírem em transe, ficarem histéricas e falarem "coisas que não podiam saber". A partir desses testemunhos, pode-se deduzir que as jovens dessa classe viviam a maior parte do tempo reclusas, exceto para irem à missa. No entanto, elas sabiam muito mais do que os homens pensavam que sabiam, porque, quando se sentiam incomodadas pela presença de uma suposta bruxa, diziam coisas que elas supostamente não deveriam saber.[6]

Chegada a hora de uma filha se casar, os pais procuravam um marido adequado. Como as filhas haviam sido educadas para respeitar e serem

---

4 Inventário de Escolástica Cordeira Borba, 1756, *Inventários e testamentos*, lata 533-56, Apesp.

5 Foi encontrada apenas uma mulher que de fato assinou seu nome, a esposa de Domingues Rodrigues de Fonseca Leme; ver seu inventário, 1738, Inventários do Primeiro Ofício, n.15.085, 740-128, Apesp.

6 Querela de João Francisco de Paiva e Maria da Costa Correia, 1772, Livros de Parnaíba, v.97, p.23-32, lata 6068-20, Apesp.

submissas aos pais, a maioria aceitava o pretendente que ele escolhesse. Uma evidência da pouca influência das filhas na escolha dos seus maridos encontra-se em um dos raros casos de divórcio de Parnaíba, que correu na corte eclesiástica de São Paulo. A autora da ação, Francisca de Paula de Oliveira, declarou que nunca quis se casar com seu esposo e que "só o fez por obrigação e respeito ao pai". Essa afirmação sugere que as filhas suprimiam sua própria opinião e seguiam o desejo do pai e da mãe, especialmente do pai.[7]

Com o seu futuro genro, o pai discutia sobre questões dos negócios da família e a natureza do dote que daria pelo casamento da sua filha. Geralmente, o dote incluía terras, escravizados e necessidades domésticas do casal, com o intuito de auxiliar no estabelecimento de um novo domicílio. Em seguida, o padre da paróquia realizava as proclamas do matrimônio. Se não houvesse impedimentos ao casamento, o pároco o realizava na igreja, de acordo com a legislação canônica. Depois do casamento, os recém-casados usualmente se estabeleciam próximos à família da noiva. A jovem esposa ainda permanecia ligada à sua família, principalmente nos primeiros anos de casada. Seu pai certificava-se de que seu esposo a tratava bem e não abusava do dote recebido. Por exemplo, no caso de divórcio citado anteriormente, o pai de Francisca não hesitou em tirá-la da casa de seu esposo quando achou que ele a maltratava. O esposo de Francisca disse em testamento que viveu com ela durante apenas oito meses, quando seu sogro veio e a tirou "de seu poder".[8] Parece, portanto, que os pais tinham uma autoridade considerável sobre seus genros, especialmente nos anos iniciais do casamento.

Com o passar dos anos e o amadurecimento da relação, a mulher tornava-se uma pessoa mais visível na vila e um membro importante da família. De acordo com a legislação, ela possuía metade dos bens comuns ao casal, que o marido, enquanto chefe da família, administrava com o seu consentimento. O marido não podia gastar, emprestar ou alienar a parte dela sem a

7 Caso de divórcio de José Vieira Falcão Pedroso e Francisca de Paula Oliveira, 1810, Divórcios 15-5-73, ACMSP. Embora fossem raros, os divórcios eram ocasionalmente concedidos pelas cortes eclesiásticas por razões como adultério (cometido por qualquer um dos cônjuges) ou maus-tratos. Em toda a capitania de São Paulo, cerca de 220 pedidos de divórcio foram realizados nos séculos XVIII e início do XIX, na maioria das vezes por mulheres. Ver Silva, *Sistema de casamento no Brasil colonial*, p.210-52.

8 Testamento de José Vieira Falcão Pedroso, 1810. Livro de Registros e Testamentos, lata 571-94, Apesp.

sua autorização.[9] Se tivesse filhos, ela educava-os da mesma forma que havia sido criada, com a ajuda de suas familiares e das empregadas domésticas. As mulheres tornavam-se figuras ainda mais poderosas nas suas famílias se os seus maridos morressem antes delas. Então, como viúvas, assumiam as responsabilidades que antes ficavam a cargo dos maridos. As viúvas tornavam-se chefes de família e administravam o patrimônio familiar, mas sempre com o apoio de outros parentes homens.[10]

As mulheres que não se casavam continuavam a viver com os seus pais. Elas ficavam responsáveis por cuidar dos pais e dos familiares mais velhos. Mais tarde, poderiam tornar-se chefes de família e gerir sozinhas os seus próprios bens. É o caso de Ana Caetana de Jesus, que nunca se casou e sempre viveu em casa. O seu pai declarou em testamento que ela o "serviu" durante toda a vida. Após a morte dele, ela continuou a cuidar da mãe. Em 1798, o recenseamento registrou o seu domicílio, composto pela mãe, de 82 anos, a própria Ana e alguns escravizados. Após a morte da mãe, Ana administrou sozinha o sítio. No entanto, essa não era uma tarefa simples para uma mulher solteira. Em 1816, ela apresentou uma petição formal a um oficial da província de São Paulo, pedindo que interviesse porque seu vizinho havia entrado "violentamente" em suas terras à força, por ela ser mulher, e isso foi feito com o conhecimento do capitão-mor. Não sabemos qual foi o resultado da petição, mas Ana continuou a viver no seu sítio em Parnaíba, pois seu nome apareceu no censo de 1820.[11]

Os filhos homens dos proprietários agrícolas aprendiam a ler, a escrever e a fazer contas. Quando jovens, tornavam-se membros da ordenança. A essa altura, seus pais começavam a lhes dar responsabilidades sérias. Muitos aprendiam a comercializar gado, cavalos e mulas das fazendas do

---

9 Os esposos não podiam vender ou alienar os bens pertencentes à mulher sem a expressa permissão delas, que deveriam oficializar seu consentimento por escrito, o que estava claro na legislação portuguesa. Ver Livro 4, Título XLVIII, *Ordenações*, p.837-40.

10 A legislação portuguesa estipulava que as viúvas podiam se tornar chefes de família depois que seus esposos falecessem. Contudo, para proteger o patrimônio que elas administravam para seus filhos, elas precisavam apresentar um fiador, ficando este responsável por qualquer perda que ocorresse. A maioria dos fiadores selecionados pelas viúvas eram homens de sua família. Ver Livro 4, Título XCV, *Ordenações*, p.949-54.

11 Inventário de Luiz Mendes Vieira, 1793, *Inventários e testamentos*, lata 565-88, Apesp; domicílio de Inês Barbosa, 1798, Mapas de população, lata 127-127, Apesp; Requerimento de Ana Caetana de Jesus, 1816, A: 3-15, lata 342-93, Apesp; domicílio de Ana Caetana, 1820, Mapas de população, lata 133-133, Apesp.

sul de São Paulo para Minas Gerais e Goiás. Todavia, os filhos eram considerados menores de idade até se casarem ou completarem 25 anos. Antes disso, considerava-se que eram "filhos-família" ou que estavam "debaixo do pátrio poder", ou seja, viviam sob a autoridade paterna.[12] Só quando os filhos se casavam ou eram "emancipados" do poder paternal por um juiz – ou seja, declarados maiores de idade – é que eram reconhecidos como adultos independentes na vila. Mesmo que não fosse o caso, como se ausentavam de casa durante muito tempo para trabalhar como comerciantes, tomavam muitas decisões sobre os negócios da família. Quando seus pais faleciam, os homens recebiam a sua parcela do patrimônio e podiam então pensar em se casar. Como não recebiam a sua parte da herança antes disso, muitos se casavam tarde, bem mais tarde do que as mulheres. Em 1775, por exemplo, os homens eram em média 10,7 anos mais velhos do que as suas esposas.[13] Isso significa que os homens da classe de proprietários agrícolas permaneciam solteiros por mais tempo, e, quando casavam, geralmente escolhiam mulheres alguns anos mais jovens.

Como esposos, os homens representavam seus domicílios na vila. Esperava-se que os homens da classe de proprietários agrícolas servissem nas ordenanças e votassem nas eleições para a câmara municipal. Eles podiam eventualmente atuar como vereadores ou, se fossem especialmente hábeis, como juízes de órfãos. Os homens casados participavam de irmandades, como a Irmandade do Santo Sacramento, a mais importante de Parnaíba, que mantinha os altares da igreja, patrocinava festivais e emprestava pequenas quantias de dinheiro aos moradores da vila. Como chefe de família, senhor de seus escravizados e um líder na vila, poucos contestariam a sua autoridade ou o seu julgamento, seja o que ele fizesse. Se a esposa morresse antes, ele poderia ou não se casar novamente. Caso continuasse viúvo, seguia administrando os negócios da família até morrer. Poderoso nos âmbitos

12 Ver a legislação referente a filhos-famílias no Livro IV, Título LXXXI, número 3, *Ordenações*, 909, Livro IV, Título XCVII, n.19, *Ordenações*, p.979-80. Uma vez casados, os filhos eram considerados emancipados e fora da autoridade paterna; ver Livro LXXXVIII, n.6, *Ordenações*, p.209. Os pais tinham direito aos rendimentos oriundos das atividades comerciais dos filhos até estes atingirem a maioridade. No entanto, a legislação previa algumas exceções em que os filhos tinham direito aos rendimentos enquanto ainda eram menores. Esses direitos podem ser vistos nos números 17, 18 e 19 do Livro IV, Título XCVII das *Ordenações*, p.979-80.

13 Censo de 1775, Mapas de população, lata 125-125, Apesp.

familiar e comunitário, o homem casado da classe de proprietários agrícolas reinava tranquilo até o seu falecimento.

Assim, uma das características mais importantes e inquestionáveis da vida familiar dessa classe social era o seu carácter patriarcal. Os indivíduos que a ela pertenciam cresciam em domicílios grandes e desiguais. As mulheres obedeciam aos homens, e os jovens, aos mais velhos. Escravizados e empregados sabiam que eram subordinados nessa estrutura. Em muitos aspectos, a vida familiar dos proprietários agrícolas refletia um microcosmo das hierarquias da vila.

Dividindo seu tempo entre o sítio e a casa no centro da vila, os indivíduos da classe de proprietários agrícolas casavam-se, formavam famílias, educavam seus filhos e transferiam suas propriedades para as gerações futuras. Entretanto, devido à importância histórica do sertão na história de Parnaíba, os interesses das famílias dessa classe não se restringiam à vila. Durante os séculos XVII e XVIII, os sertões ao norte, a oeste e ao sul de Parnaíba apresentavam potencial para a acumulação de mão de obra e capital, e as famílias dedicavam um tempo considerável para investir na região. Os homens faziam parcerias para angariar fundos e suprimentos para expedições ao interior em busca de cativos e minérios. No século XVIII, os filhos e genros das famílias de proprietários agrícolas passavam pelos distritos de mineração vendendo mulas, farinha de trigo, farinha de milho e aguardente. Outros se tornavam soldados, ficando alocados no sul ou em postos militares na fronteira. Outros ainda iam para o sul para cuidar das fazendas que forneciam gado e cavalos que as famílias de proprietários agrícolas vendiam nas regiões mineradoras.

Enquanto o sertão atraiu homens – pais, filhos e genros – para caçar indígenas, administrar lavagens de ouro, atuar como soldados profissionais ou fazer comércio, as mulheres ficaram para trás, na vila. As mulheres das famílias de proprietários agrícolas geralmente se mudavam para o interior somente depois de novas vilas terem sido fundadas, sítios terem sido construídos ou datas mineradoras valiosas terem sido obtidas. Depois disso, as mulheres, geralmente recém-casadas, acompanhavam os maridos ao interior. Isso significava que em Parnaíba com frequência havia mais mulheres que homens. Os domicílios dos proprietários agrícolas refletiam a presença das mulheres e a ausência dos homens, como no caso do domicílio do capitão-mor em 1775. Naquele ano, o censo revelou que, no seu domicílio, havia sete mulheres e apenas três homens – ele, seu filho e seu genro.

As famílias proprietárias de terras de Parnaíba também mantinham relações com outras regiões do império colonial português. Na prática, isso implicava o desenvolvimento de laços econômicos e políticos com as manifestações mais próximas do poder e da autoridade colonial, geralmente na cidade de São Paulo.[14] Algumas famílias mantinham casas em São Paulo, onde residiam durante uma temporada. Os homens viajavam frequentemente a São Paulo e ao porto de Santos, onde realizavam negócios. As famílias também mantinham contato com instituições religiosas da cidade de São Paulo, como a Santa Casa da Misericórdia, além de irmandades religiosas ou ordens monásticas. Por isso, era comum que os homens abastados deixassem uma herança para essas instituições em seus testamentos.

As famílias dessa classe procuravam homens da cidade, principalmente os nascidos em São Paulo ou imigrantes portugueses, para que suas filhas se casassem. Alguns genros, como Antônio Correa de Lemos Leite, vinham de famílias com boas relações na cidade de São Paulo, as quais poderiam exercer sua influência para obter cargos militares para seus filhos em vilas menores, como Parnaíba. Também eram considerados acréscimos vantajosos à família os genros que vinham de famílias menos abastadas mas eram imigrantes portugueses, uma vez que, mesmo que não trouxessem bens que acrescentassem para o patrimônio familiar, traziam uma familiaridade com um mundo maior, mais urbano e comercial.[15]

Assim, as famílias de proprietários agrícolas interagiam em três esferas distintas de vila, reino e sertão. Os costumes familiares mantiveram essas interações à medida que os homens seguiam os passos dos pais rumo ao interior, que os genros se casavam com as filhas de famílias de Parnaíba e que

---

14 As relações com as cidades de São Paulo, Santos e Rio de Janeiro podem ser vistas nos testamentos do século XVII de Manuel de Alvarenga, 1639, *Inventários e testamentos*, v.14, p.15-49; Domingos Fernandes Coxo, 1648, *Inventários e testamentos*, v.36, p.179-216; Antônio Castanho da Silva, 1648, *Inventários e testamentos*, v.36, p.105-57; Felipe de Campos, 1681, *Inventários e testamentos*, v.21, p.227-52; Antônio Bicudo de Brito, 1687, *Inventários e testamentos*, v.26, p.186-225, e nos testamentos do século XVIII de Luís Pedroso de Barros, 1731, no inventário de Ana Agostinha Rodrigues, *Inventários e testamentos*, lata 737-757, Apesp; Manuel da Costa Homem, 1740, Inventários do Primeiro Ofício, n.15.152, lata 747-135, Apesp; Baltazar Rodrigues Fam, 1758, *Inventários e testamentos*, lata 536-559, Apesp; e Domingos Teixeira da Cruz, 1767, Testamentos, v.1, p.12-8, lata 455-1, Apesp.

15 Ver meu artigo "Fathers and Sons: The Politics of Inheritance in a Colonial Brazilian Township".

as filhas continuavam a morar na vila. Cada uma dessas esferas contribuiu para a manutenção da riqueza e do *status* de famílias de proprietários agrícolas em Parnaíba pelas próximas gerações.

Os proprietários agrícolas, no final do século XVIII, sobreviviam do mesmo modo que as gerações anteriores. Como seus antepassados, eles possuíam escravizados e sítios e interagiam com o sertão. Como sua riqueza havia sido preservada por gerações, essas famílias conseguiram dominar importantes instituições políticas e militares da vila. Um excelente exemplo desse fato era o caso do capitão-mor, o mais importante oficial local de Parnaíba em 1775, que se casara com uma descendente direta dos fundadores da vila.

Como as famílias proprietárias de terras mantiveram o seu poder de geração em geração? A resposta a essa pergunta tem muito a ver com a forma como elas planejavam sua sobrevivência, de maneira consciente e até inconsciente. Ela também está relacionada com os costumes da vida familiar, característicos dessa classe, que mantiveram os proprietários agrícolas de Parnaíba no poder ao longo do tempo.

A sobrevivência dos proprietários agrícolas de Parnaíba estava intimamente relacionada com o que eles faziam com suas propriedades. Eventos familiares cotidianos, tais como nascimentos, casamentos e mortes, tinham uma importância velada, pois eventualmente afetariam o destino de todos.[16] Tais eventos nunca poderiam ser ignorados ou deixados nas mãos do acaso, pois tinham muitas implicações para o patrimônio familiar. Não era de surpreender que os proprietários agrícolas gradualmente começaram a adquirir costumes que regulavam a vida familiar e que, por conseguinte, protegiam

---

16 Os historiadores da família na Europa e na América pré-industriais exploram como as famílias desenvolveram costumes, formas de organização, comportamentos e valores que desempenhavam um papel em sua sobrevivência. Cada vez mais, os historiadores acreditam que muitos padrões da vida familiar não eram fortuitos, mas advinham de estratégias que as famílias criavam para proteger seus recursos (geralmente terras e mão de obra). Bons exemplos dessa historiografia podem ser vistos em: Berkner, "The Stem Family and the Developmental Cycle of the Peasant Household: An Eighteenth-Century Austrian Example"; Goody; Thirsk; Thompson (Orgs.), *Family and Inheritance: Rural Society in Western Europe, 1200-1800*; Greven Jr., *Four Generations: Population, Land and Family in Colonial Andover, Massachusetts*; Henretta, "Family and Farms: Mentalité in Pre-Industrial America"; Searle, "Seigneurial Control of Women's Marriage: The Antecedents and Function of Merchet in England"; Trumbach, *The Rise of the Egalitarian Family: Aristocratic Kinship and Domestic Relations in Eighteenth-Century England*; e Wheaton, "Family and Kinship in Western Europe. The Problem of the Joint Family Household".

o patrimônio familiar. A transmissão de patrimônio de uma geração para outra era fundamental para a capacidade dos proprietários agrícolas de se manterem como a classe dominante. Isso se dava de forma que a família, ou pelo menos parte dela, mantinha-se parte da classe dos proprietários agrícolas, tendo em seu poder posses significativas, como terras e escravizados.

A divisão dos bens nas famílias dos proprietários agrícolas tinha enormes consequências para cada indivíduo. Uma vez que o prestígio e o poder advinham da posse de recursos, a herança determinava quem teria poder na família e na vila durante a geração seguinte. As famílias dessa classe começavam a dividir os bens quando as filhas casavam, pois era nesse momento que os pais lhes davam os seus dotes. Outras divisões ocorriam após a morte de cada um dos pais, quando os filhos e as filhas herdavam os bens deles. Embora a lei portuguesa estabelecesse as diretrizes gerais de transmissão de bens quando do casamento (por dote) e da morte (por herança), os costumes locais modificavam o impacto total dessas leis.[17]

A legislação que regulamentava a herança no império português, codificada nas *Ordenações filipinas*, baseava-se no princípio de que o patrimônio pertencia à família, e não ao indivíduo. Os indivíduos tinham direito à propriedade durante a vida, mas ela retornava aos seus familiares após seu falecimento. Um indivíduo, por exemplo, não poderia dispor livremente dos seus bens como desejasse. Segundo a legislação, o patrimônio deveria ser dividido entre os familiares por um juiz de órfãos local, de acordo com regras específicas. Essas regras estabeleciam a linhagem da herança, colocando os filhos em primeiro lugar e os netos em segundo. Se os falecidos não tivessem filhos ou netos, então os pais ou, na ausência destes, os avós herdavam a propriedade. Se não tivesse filhos, netos, pais ou avós, os irmãos e irmãs vinham em seguida. Caso não tivesse irmãos, a propriedade passava para

---

17 Nosso conhecimento sobre os costumes relativos a heranças no Brasil e em Portugal do passado e do presente ainda é muito rudimentar. Para análises de diferentes costumes de herança em Portugal, ver Brettell, "Family Legacies: An Analysis of the *Livros dos Testamentos* in a Portuguese Village, 1750-1860"; id., *Men Who Migrate, Women Who Wait: Population and History in a Portuguese Parish*; Kertzer; Brettell, "Advances in Italian and Iberian Family History"; O'Neill, "Dying and Inheriting in Rural Trás-os-Montes"; e Rowland, "Family and Marriage in Portugal (16th-20thCenturies: A Comparative Sketch". Sobre esses costumes no Brasil, ver Nazzari, "Women, the Family and Property: The Decline of the Dowry in São Paulo, Brazil (1600-1870)"; Moura, *Os herdeiros da terra: parentesco e herança numa área rural*; Samara, *As mulheres, o poder e a família: São Paulo, Século XIX*; e Metcalf, "Fathers and Sons".

tios, tias, sobrinhos, sobrinhas e primos. Apenas se o falecido não tivesse nenhum parente descendente, ascendente ou lateral é que a esposa ou esposo poderia herdar os bens.[18]

Mesmo que um indivíduo fizesse um testamento, ele não poderia alterar de forma significativa o que aconteceria com os bens da família. Um indivíduo não podia fazer um testamento que deserdasse um filho ou filha a menos que ele ou ela tivesse cometido uma transgressão reconhecida pelas *Ordenações*. Essas transgressões incluíam a perda da virgindade de uma filha antes do casamento, feitiçaria, heresia, incesto ou negligência com os pais idosos.[19] Fazer um testamento apenas dava ao indivíduo o direito de dispor livremente de um terço dos seus bens. O restante passava diretamente para os herdeiros, de acordo com a linha de sucessão descrita nas *Ordenações*.

A intenção dessas leis era clara: o patrimônio provinha da família de sangue e deveria retornar a ela. A legislação deixava claro que os direitos individuais estavam subordinados àqueles da família. Ela garantia que a família sustentasse todos os seus membros, reduzindo a possibilidade de alguns indivíduos serem abandonados ou deixados na miséria. Por outro lado, também assegurava que um indivíduo não desperdiçasse os recursos que sustentavam a família. No seu conjunto, as leis davam aos indivíduos pouco controle sobre quem herdaria seus bens.

É importante notar que a evolução do direito sucessório português reflete a posição de destaque da aristocracia na sociedade lusitana. As leis sucessórias conferiam aos nobres direitos que as pessoas comuns não tinham. Por exemplo, os membros da nobreza podiam colocar alguns dos seus bens em propriedades vinculadas, conhecidas como morgados, que não podiam ser divididas. O morgado protegia o nome e o *status* da família, assegurando que o patrimônio seria transferido sem divisões para o filho mais velho de cada geração.[20] A lei explicitava claramente a lógica por trás disso:

> E porque a tenção dos Grandes e Fidalgos, e pessoas nobres de nossas Reinos e Senhorios, que instituem Morgados de seus bens, e os vinculam para andarem

18 A lei de sucessão pode ser encontrada em Livro IV, Título XCVI, *Ordenações*, p.954-6, Livro IV, Título XCI, *Ordenações*, p.936, Livro IV, Título XCIV, *Ordenações*, p.947-8.

19 Ver Livro IV, Título LXXXVIII, *Ordenações*, p.927-34.

20 Livro IV, Título C, Ordenações, p.990-3.

> em seus filhos e descendentes, conforme as cláusulas das instituições, que fazem e ordenam, é para conservação e memória de seu nome e acrescentamento de seus estados, casas e nobreza, e para que em todo o tempo se saiba a antiga linhagem, donde procedem, e os bons serviços, que fizeram aos Reis nossos predecessores.[21]

A legislação sucessória portuguesa não estendia esse privilégio à população comum, da qual não se esperava que adquirisse propriedades ou que contestasse o domínio da nobreza. De acordo com a lei, a população comum tinha que dividir o patrimônio igualmente entre todos os seus filhos. Isso significava que a nobreza podia utilizar a lei para garantir que um herdeiro ficasse com o patrimônio e a posição social da família. A população comum, no entanto, não podia utilizar-se da legislação sucessória para manter sua propriedade intacta, pois a lei os obrigava a dividir o patrimônio a cada geração.[22]

A lei portuguesa permitia que os casamentos fossem regidos por princípios diferentes, o que reforçava ainda mais as distinções entre nobres e plebeus. No casamento comum, a lei considerava o marido e a mulher como coproprietários dos bens do casal: metade deles pertencia ao marido e a outra metade à mulher. Contudo, a lei também reconhecia uma segunda forma de casamento, selada por um contrato de dote e arras. Nessas uniões, os futuros noivos assinavam contratos que estipulavam a separação dos seus bens. A noiva levava um dote para o casamento, e o noivo oferecia à noiva uma prenda matrimonial, as arras, que a sustentariam caso ele falecesse. A troca de dote e de arras substituía a posse conjunta dos bens do casal que estava presente nos casamentos convencionais. Essa prática provavelmente foi muito utilizada pela nobreza para proteger a integridade de grandes patrimônios.[23]

---

21 Livro IV, Título C, número 5, *Ordenações*, p.991.

22 A legislação sucessória para propriedades não vinculadas, que valia para todas as posses tanto de plebeus quanto da nobreza com exceção dos morgados, está descrita no Livro IV, Título XCVI, e Livro IV, Título XCVII, *Ordenações*, p.954-83. Na Europa, eram comuns leis sucessórias que distinguiam entre a aristocracia e a população comum; ver Goody; Thirsk; Thompson (Orgs.), *Family and Inheritance*.

23 As leis para esses dois tipos de casamento podem ser encontradas no Livro IV, Título XLVI, e Livro IV, Título XLVII, *Ordenações*, p.832-7. As leis para o casamento por "carta de ametade" eram bastante claras, ao passo que aquelas para o casamento por um contrato de dote e arras eram menos evidentes. A partir do código isoladamente, é difícil determinar como o contrato de casamento pode ter sido usado. Contudo, mais evidências podem ajudar a entender tal prática. As formas usadas pelos notários para redigir as minutas desses casamentos, por

No entanto, as leis sucessórias portuguesas davam aos plebeus certa margem de manobra na divisão dos bens da família, permitindo que um indivíduo dispusesse livremente de um terço de seus bens. A lei reservava essa terça, que podia ser livremente legada a quem o indivíduo desejasse. Todavia, esse desejo tinha de ser estipulado num testamento, que era devidamente feito e assinado na presença do notário. Isso significava que, se um indivíduo escrevesse um testamento e desse uma terça de seus bens, os herdeiros legais ficariam apenas com os dois terços restantes dos bens. Esses dois terços seriam então divididos em partes iguais entre todos os herdeiros, ficando cada um deles com a sua legítima, que era a parcela igual dos bens (ver Figura 4.1).[24]

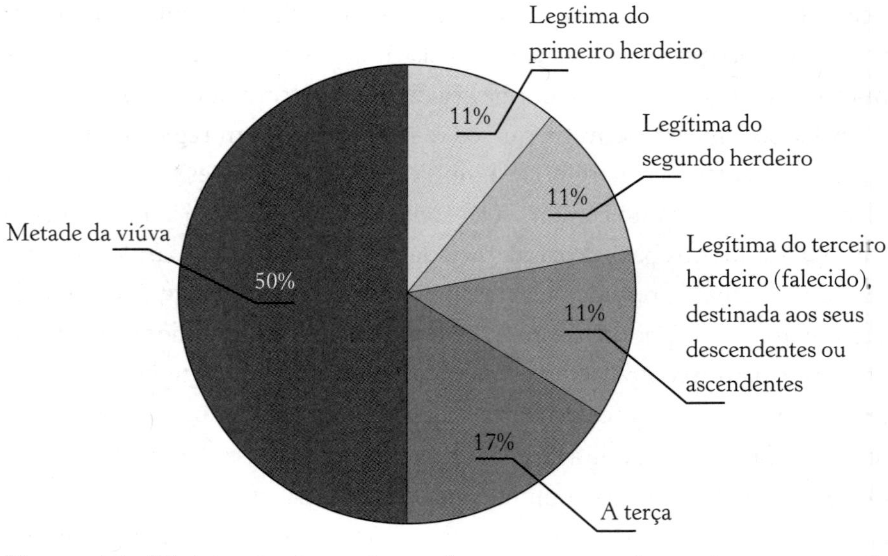

Figura 4.1. Divisão dos bens do casal após a morte de um homem casado com três filhos

exemplo, deixam claro que não haveria posse compartilhada dos bens familiares nesses casamentos e que a mulher não tinha direito aos bens do marido e tampouco aos de seus filhos caso o esposo viesse a falecer antes dela. O homem era obrigado a pagar um valor mensal para sustentar a esposa (arras) e, depois de seu falecimento, os seus herdeiros deveriam continuar realizando esses pagamentos até a viúva falecer. De acordo com Maria Beatriz Nizza da Silva, que reproduz o modelo de contrato utilizado pelos notários em *Sistema de casamento no Brasil colonial* (ver p.98-9), o contrato de dote e arras caracterizava o matrimônio nobiliárquico, pois era utilizado para proteger a propriedade e impedir a sua divisão. Os plebeus, não obstante, tentavam ajuntar bens para criar uma base viável para uma nova família.

24 Livro IV, Título LXXXII, *Ordenações*, p.911-5, e Livro IV, Título XCI, *Ordenações*, p.990-3.

Uma segunda maneira de favorecer um filho em detrimento de outro era por meio do dote. Os plebeus podiam presentear as filhas com dotes quando estas se casavam. Os recém-casados utilizavam o dote para se estabelecerem e formarem um domicílio independente. Mais tarde, quando os pais falecessem, o casal poderia ficar com o dote e não receber a herança ou devolver o dote e receber uma parte da herança igual à dos outros herdeiros. Como a decisão cabia ao casal, eles poderiam optar por ficar com o dote caso ele fosse maior do que a herança, o que lhes permitiria possuir mais bens do que a legítima. Já no caso de o valor do dote ser menor do que a legítima, o casal poderia devolvê-lo e ficar com a herança. Contudo, a legislação limitava o tamanho dos dotes, estipulando que eles não poderiam ser maiores do que a legítima da herdeira mais a terça do pai ou da mãe (Figura 2).[25]

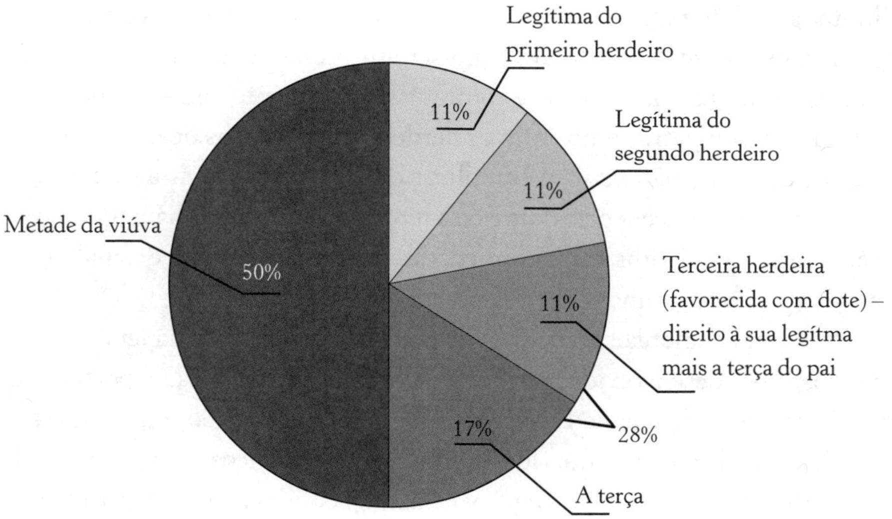

Figura 4.2. Divisão dos bens do casal após a morte de um homem casado com um herdeiro favorecido

A legislação portuguesa estabelecia direitos diferentes aos filhos, dependendo da classe social em que haviam nascido. Os direitos aos bens da família dos filhos da nobreza eram determinados em razão de seu sexo e ordem de nascimento. O filho primogênito herdava o morgado se a família tivesse

25 Livro IV, Título XCVII, *Ordenações*, p.968-83; sobretudo n.1, 3, 4, 5, 6, 14, 15.

um. Caso não houvesse filhos homens vivos, uma filha poderia herdá-lo.[26] Os filhos e filhas mais novos dessas famílias nobres poderiam herdar outros bens que não fizessem parte do morgado. Já os filhos naturais não tinham direito nenhum ao patrimônio pertencente aos pais e mães nobres.[27]

Os filhos das famílias que faziam parte da população comum, contudo, tinham direitos iguais sobre o patrimônio dos pais. O filho mais velho não tinha nenhum privilégio especial em relação aos seus irmãos e recebia a mesma parcela dos bens familiares que seus irmãos e irmãs mais novos. Os filhos naturais também tinham direito aos bens da família e podiam receber heranças iguais às dos outros filhos legítimos.[28]

Essa complicada legislação sucessória estabelecia procedimentos claros para a divisão dos bens familiares. Além disso, facilitava para que a nobreza se mantivesse como uma classe distinta dos plebeus, pois os nobres podiam limitar a divisão patrimonial. Por meio dos morgados, famílias da nobreza garantiam que seu *status* e prestígio seriam preservados em um ramo da família a cada geração. O uso de contratos do casamento também podia evitar a divisão do patrimônio entre os herdeiros. As pessoas de outras classes sociais, contudo, não podiam se utilizar da lei para prevenir a divisão dos bens familiares. Exceto pelo dote e pela terça, sob os quais tinham jurisdição, elas tinham que dividir suas propriedades conforme a lei, isto é, igualmente entre todos os seus filhos.

As leis matrimoniais e sucessórias portuguesas derivam da lei romana e dos costumes desenvolvidos em Portugal.[29] A codificação da lei portuguesa nas *Ordenações filipinas* de 1603 se aplicava ao Brasil, mesmo com as diferenças no modo de vida nos dois locais. Por exemplo, poucos nobres de grande *status* e fortuna deixaram Portugal para fazer suas vidas no Brasil. Em contrapartida, nobres com menos recursos, pequenos proprietários, comerciantes, artesãos e pobres – todos em busca de mobilidade social – vieram ao Novo Mundo. Desse modo, a vasta maioria da população no Brasil se enquadrava

---

26 Livro IV, Título C, *Ordenações*, p.990-3.

27 Os filhos naturais eram aqueles que nasciam em uma situação natural e diferiam dos filhos espúrios, os quais não possuíam nenhum direito a herança. Ver a discussão no Capítulo 3, além de Livro IV, Título XCIII, n.1, *Ordenações*, p.942-3.

28 Livro IV, Título XCIII, *Ordenações*, p.939-43.

29 Eu exploro a herança legal em Roma e como a lei e os costumes afetaram as propriedades e as mulheres no Brasil no artigo "Women and Means: Women and Family Property in Colonial Brazil".

na categoria das "pessoas comuns". Mesmo os ricos proprietários agrícolas não podiam afirmar ser membros da nobreza. Ademais, poucos morgados foram estabelecidos no Brasil.[30] A vasta maioria dos casamentos realizados no país ocorria de acordo com as regras aplicadas às pessoas comuns. Com exceção dos muito ricos, apenas alguns dos quais viviam em uma vila como Parnaíba, os homens e mulheres que se casaram no Brasil compartilhavam seus bens.[31] Assim, as leis sucessórias que eram aplicadas no Brasil estabeleciam a divisão equitativa de todos os bens, não havendo nenhum privilégio especial aos proprietários agrícolas.

As leis sucessórias portuguesas colocavam os proprietários agrícolas, de vilas como Santana de Parnaíba, cientes do seu *status* social, em um dilema. Nenhuma dessas famílias, com exceção de uma ou outra, poderia reivindicar um título de nobreza. Nenhuma tinha um morgado. Poucas, ou nenhuma, assinaram contratos de casamento. Muitas tinham filhos naturais. De acordo com a legislação, elas tinham que dividir os seus bens como as pessoas comuns de Portugal o faziam, isto é, de forma igual entre todos os seus filhos. Embora a divisão igualitária dos bens entre todos os filhos fosse sem dúvida justa e humana, ela ao mesmo tempo assombrava as famílias com a diminuição dos recursos familiares e o inevitável declínio do *status* social das gerações seguintes que disso resultaria.[32] Como, então, essas famílias de proprietários agrícolas parnaibanas se mantiveram no decorrer do tempo?

As famílias de proprietários agrícolas contornaram o efeito das leis sucessórias desenvolvendo uma estratégia que encorajava a manutenção

---

30 Enquanto os morgados eram comuns entre a nobreza do México colonial, eles parecem ter sido raros no Brasil; ver Schwartz, *Sugar Plantations and the Formation of Brazilian Society: Bahia, 1550-1835*, p.292. Um exemplo de morgado estabelecido no Brasil era o Engenho de Sergipe do Conde, com suas terras e escravizados. Esse morgado foi formalizado pelo primeiro governador-geral do país, Mem de Sá, de acordo com seu testamento, que data de 1569. Ver Instituto do Açúcar e do Álcool, *Documentos para a história do açúcar*, p.6-8.

31 Eu não encontrei contratos de casamento entre casais em Parnaíba. Silva, em *Sistema de casamento* (p.98), declara que os casamentos por contrato eram extremamente raros em São Paulo, e também parecem ter sido bastante raros em outras partes do Brasil. Um exemplo de um casamento regido por contrato foi aquele entre a filha do governador-geral Mem de Sá, que herdou o morgado do Engenho do Sergipe do Conde, e seu marido; ver "O contrato de dote e arras de D. Felipe de Sá com Fernando de Noronha", 1573, in Instituto do Açúcar e do Álcool, *Documentos para a história do açúcar*, p.311-21.

32 Schwartz retrata que os senhores de engenhos da Bahia e de Pernambuco tinham problemas similares, pois também eles precisavam dividir seu patrimônio igualmente entre seus filhos. Ver *Sugar Plantations*, p.287-94.

de grandes patrimônios que tivessem terras e mão de obra. Quatro práticas comuns foram fundamentais para essa estratégia familiar. Em primeiro lugar, as famílias tiravam partido de trechos da legislação, como o uso do dote ou da terça, que lhes permitia favorecer alguns filhos em detrimento de outros. Isso lhes possibilitava deixar uma parte maior dos bens a um ou dois herdeiros, desencorajando a fragmentação do patrimônio. Em segundo lugar, os homens da classe de proprietários agrícolas não permitiam automaticamente que seus filhos naturais fossem nomeados herdeiros e tivessem, portanto, direito a uma parcela igual do patrimônio familiar, o que efetivamente limitava o número de possíveis herdeiros. Em terceiro lugar, as famílias asseguraram que os recursos não fossem finitos, e sim que estivessem sempre em expansão. Esse desejo subjazia sua busca agressiva por novos recursos do sertão a cada geração. Por fim, em quarto lugar, essas famílias incentivavam a migração para a fronteira, a fim de limitar o número de descendentes que precisavam ser sustentados pelos recursos familiares em Parnaíba. A presença de um vasto sertão e seu uso por sucessivas gerações significava que mais descendentes poderiam se sustentar do que se uma família estivesse limitada apenas aos seus recursos em Parnaíba. Combinadas, essas práticas garantiram a manutenção da posição social das famílias de proprietários agrícolas ao longo do tempo.

Embora a lei estabelecesse que os filhos naturais de um peão ou soldado de infantaria (ou seja, um plebeu) pudessem herdar os bens dos pais, mas que os filhos naturais de cavaleiros, escudeiros ou de outras pessoas que andavam a cavalo (ou seja, da nobreza) não tivessem esse privilégio, nos séculos XVII e XVIII em Parnaíba o próprio pai de um filho natural decidia se ele receberia ou não uma herança igual à de seus filhos legítimos. Enquanto no século XVII a decisão variava para cada homem,[33] no século seguinte poucos pais respeitavam os direitos dos seus filhos naturais de serem nomeados como herdeiros legais, tendo direito a receber uma parte igual (a legítima) dos bens paternos. Salvador Garcia Pontes Lumbria declarou, no seu testamento de 1747, que não tinha "nenhum filho legítimo mais que um natural" e, contrariando o direito sucessório, nomeou sua mulher e seu filho natural como seus herdeiros. Além disso, estipulou que o seu filho era obrigado a viver com a sua madrasta e que, se não o fizesse, perderia toda a herança. Todavia,

33 Ver meu debate sobre os filhos naturais no Capítulo 3.

de acordo com a lei, o filho natural deveria ter herdado todos os bens de Salvador. A esposa só poderia receber os bens na ausência de parentes de sangue descendentes, ascendentes ou laterais.[34] Em vez de receberem sua parte da herança, os filhos naturais no Setecentos em Parnaíba geralmente acabavam recebendo pequenos legados que constavam nos testamentos do pai. Isso evitava que eles competissem com os filhos legítimos por heranças maiores. Em seu testamento de 1742, José Pereira Rara nomeou um filho natural, mas não o qualificou como herdeiro igual aos demais filhos legítimos, deixando-lhe apenas uma pequena doação, oriunda da terça.[35] Os pais solteiros que não tinham outros filhos, por sua vez, nomeavam os filhos naturais como seus herdeiros. O padre Inácio de Almeida Lara, que tinha três filhos naturais, designou-os como seus herdeiros legais.[36] Da mesma forma, Daniel Rocha Franco nunca se casou e, em seu testamento, declarou que seu filho natural era seu único herdeiro.[37] Assim, no século XVIII, como no século anterior, o costume em Parnaíba era que um homem poderia decidir se um filho natural herdaria de seu patrimônio.

O fato de os homens da classe dos proprietários agrícolas, em particular os que tinham filhos legítimos, geralmente não permitirem que os seus filhos naturais recebessem uma parte igual dos bens da família mostra a existência de uma estratégia familiar para modificar as determinações da lei em favor da manutenção do patrimônio. Esses homens negavam aos seus filhos naturais os seus direitos legais para preservar o patrimônio familiar para os seus filhos legítimos. Quanto menos filhos nomeados como herdeiros, maior seria a parcela da herança que cada um receberia.

As famílias de proprietários agrícolas reconheciam os direitos sucessórios que permitiam a todos os filhos e filhas frutos do casamento legal receber uma parte igual do patrimônio familiar. No entanto, nesse caso também se desenvolveram em Parnaíba costumes que privilegiavam alguns filhos em detrimento de outros a cada geração. As famílias faziam isso com a intenção de evitar a fragmentação natural do patrimônio que

---

34 Inventário de Salvador Garcia Pontes Lumbria, 1747, Inventários do Primeiro Ofício, n.14.519, lata 685-73, Apesp.

35 Inventário de José Pereira Rara, 1742, Inventários do Primeiro Ofício, n.14.728, lata 707-95, Apesp.

36 Inventário do padre Inácio de Almeida Lara, 1755, *Inventários e testamentos*, lata 532-55, Apesp.

37 Inventário de Daniel Rocha Franco, 1784, *Inventários e testamentos*, lata 557-80, Apesp.

resultaria da divisão igualitária dos bens. Um dos costumes mais comuns de favorecimento de um herdeiro em detrimento de outro se dava por meio do dote. Em Parnaíba, o dote era composto por um enxoval – roupa de cama e mesa e roupas – e bens de produção, como terras, escravizados, casas, ouro e prata. A filha geralmente recebia sua parte dos bens da família quando se casava, por meio do dote, em vez de esperar a partilha normal, que se daria após a morte dos pais. Com o casamento, o dote passava a fazer parte dos bens do casal, compartilhados entre a esposa e o marido e que este geria com o consentimento daquela. Visto que administrava os bens do casal, era conhecido como o "cabeça de casal" e havia recebido o dote diretamente do pai de sua mulher, o marido referia-se muitas vezes ao dote como sendo sua propriedade, embora tecnicamente pertencesse à sua esposa. Os direitos da mulher ao seu dote eram protegidos por lei. Por exemplo, o marido não deveria emprestá-lo ou vendê-lo sem o consentimento dela.[38]

A partir do século XVII, as famílias de proprietários agrícolas de Parnaíba utilizaram a prática do dote para atrair maridos adequados para suas filhas. O historiador do século XVIII, frei Gaspar da Madre de Deus, ao escrever sobre os primórdios da história de São Vicente, resumiu a lógica por trás dessa prática:

> Eles [os paulistas] podiam dar em dote às suas filhas muitas terras, índios e pretos, com que vivessem abastados; por isso, na escolha de maridos para elas, mais atendiam ao nascimento, do que ao cabedal daqueles que haviam de ser seus genros; ordinariamente as desposavam com seus patrícios e parentes, ou com estranhos de nobreza conhecida; em chegando da Europa ou de outras capitanias brasílicas, algum sujeito desta qualidade, certo tinha um bom casamento, ainda que fosse muito pobre.[39]

A concessão de grandes dotes aos futuros genros tornou-se um costume local em São Vicente. Na Parnaíba do século XVII, o processo de partilha da herança indica que o herdeiro que recebeu um dote tinha o direito de devolvê-lo e receber uma parte da herança ou ficar com o dote inteiro, por maior

---

38 Livro IV, Título XLVIII, *Ordenações*, p.837-40. Ver a extensa análise de Nazzari sobre o dote em São Paulo, nos séculos XVII, XVIII e XIX, em "Women, the Family and Property".

39 Madre de Deus, *Memórias para a história da Capitania de São Vicente*, p.83.

que fosse. Os pais tomavam a liberdade de favorecer as filhas e os genros, e os filhos e as filhas menos favorecidos pouco podiam fazer a esse respeito. Essa prática contrariava a verdadeira intenção das leis, pois elas limitavam o tamanho do dote ao valor de uma parte da herança (a legítima) mais as terças dos pais.[40] Muriel Nazzari, que estudou a concessão de dotes em São Paulo, também mostra que os dotes concedidos na cidade comumente ultrapassavam a sua parte da herança.[41]

Os inventários e testamentos das famílias de proprietários agrícolas da Parnaíba do século XVII revelam que ali, assim como na cidade de São Paulo e em muitos outros sistemas sucessórios,[42] o dote era uma importante forma de transferência de patrimônio para as novas gerações. Nas partilhas, os juízes de órfãos do século XVII não ajustavam o tamanho do dote para proteger os direitos de outros herdeiros menos favorecidos. Por exemplo, quando os bens de Izabel da Cunha foram partilhados em 1650, o juiz de órfãos de Parnaíba "mandou citar a Claudio Furquim se queria entrar a meação com o dote que lhe deram para herdar nesta fazenda com os outros herdeiros e ele dito Claudio Furquim disse que não queria nada da dita herança".[43] Cláudio simplesmente optou por ficar com o dote, e o juiz de órfãos considerou esse valor como sendo a sua parte da herança, embora, de acordo com as leis, o juiz tivesse que garantir que o valor do dote não ultrapassasse o valor de uma legítima mais a terça de Izabel. Caso esse montante fosse ultrapassado, Cláudio tinha de devolver o excedente.

---

40 Livro IV, Título XCVII, n.3, *Ordenações*, p.972.

41 Nazzari, "Women, the Family and Property", p.68-76.

42 Estudos que examinam o uso do dote como forma de transmissão da propriedade familiar são poucos e raros. Para um debate teórico sobre o dote e uma análise comparativa de seu uso, ver Goody, "Bridewealth and Dowry in Africa and Eurasia". O trabalho de Jean Yver ilustra o papel histórico do dote na França e como ele era utilizado em favor de um herdeiro em detrimento dos outros. Ver *Egalité entre héritiers et exculsión des enfants dotés*. Estudos frutíferos sobre o uso de dotes em diferentes contextos podem ser vistos em Chojnacki, "Dowries and Kinsmen in Early Renaissance Venice"; Lavrin; Couturier, "Dowries and Wills: A View of Women's Socioeconomic Roles in Colonial Guadalajara and Puebla"; Korth; Flushe, "Dowry and Inheritance in Colonial Spanish America: Peninsular Law and Chilean Practice"; e Samara, "O dote na sociedade paulista do século XIX: legislação e evidências".

43 Inventário de Izabel da Cunha, 1650, Inventários e testamentos, v.40, p.159-75. Ver também o inventário de Manuel Pacheco Gato, 1715, Inventários e testamentos, v.26, p.445-531, no qual seu herdeiro dotado resolveu ficar com o dote, que valia cerca de 200.000 réis mais quatro escravizados, em vez de entrar na partilha dos bens familiares, ao passo que os outros herdeiros receberam uma legítima, que valia 81.168 réis cada.

Os inventários do século XVII também deixam claro que as famílias entendiam o dote como algo essencial para sua sobrevivência. Poucos eram os filhos que questionavam a "justiça" dos grandes dotes pagos aos seus cunhados. Ao contrário, os irmãos se certificaram que suas irmãs recebessem seus dotes, mesmo que isso significasse abdicar de suas próprias heranças. Essa atitude pode ser vista na partilha dos bens de Izabel Mendes, pois seus filhos homens abdicaram de suas heranças para proporcionar os dotes de suas irmãs. Além disso, encontra-se nesse inventário a afirmação de que

> e com esta condição lhe largaram os filhos a sua parte que direito lhe vinha nos móveis e nas peças que de direito herdaram para casarem suas irmãs e por assim serem todos contentes se obrigam a nunca em nenhum tempo irem contra o teor deste concerto e houveram as ditas partilhas por feitas e acabadas neste dia para sempre.[44]

Assim, cinco homens concordaram em abdicar de suas heranças para que duas mulheres pudessem ter dotes de casamento.

Embora os juízes de órfãos do século XVII tivessem a obrigação de fazer cumprir as leis sucessórias, eles não interferiam na distribuição dos bens familiares entre os herdeiros. Em vez disso, supervisionavam a avaliação do patrimônio da família e certificavam-se de que todas as dívidas pendentes seriam pagas. Depois, desde que a viúva ou o viúvo concordasse em pagar as dívidas, os juízes de órfãos lhes entregavam os bens e não supervisionavam a divisão do patrimônio entre os filhos. Isso dava à viúva ou ao viúvo uma liberdade considerável para distribuir os bens. Consequentemente, quando as pessoas escreviam os seus próprios testamentos, queixavam-se frequentemente de que ainda não tinham recebido sua herança.[45] O fato de os juízes de órfãos não parecerem ter grandes poderes no processo sucessório favorecia as famílias que desejavam favorecer alguns herdeiros em detrimento de outros.

---

44 Inventário de Izabel Mendes, 1633, Inventários e testamentos, v.9, p.23-32.

45 Anastácio da Costa reclamou que nunca recebera nada da propriedade de seu sogro ou sogra; ver seu testamento de 1640, in *Inventários e testamentos*, v.13, p.19-36. Ursolo Collaço fez uma reclamação semelhante no seu testamento de 1644; ver *Inventários e testamentos*, v.39, p.39-136. Ver também os inventários de Asenço Luís Grou, 1648, *Inventários e testamentos*, v.36, p.161-76; Izabel de Barcelos, 1648, *Inventários e testamentos*, v.36, p.219-59; Pascoal Delgado, 1650, *Inventários e testamentos*, v.40, p.141-56; Felipe de Campos, 1682, *Inventários e testamentos*, v.21, p.227-52; e Izabel Velha, 1699, *Inventários e testamentos*, v.26, p.252-62, em que o juiz dos órfãos passou os bens para o viúvo ou a viúva, que se comprometeu a pagar as dívidas.

No século XVIII, porém, o direito dos herdeiros com dotes começou a diminuir, e os juízes de órfãos passaram a ser indivíduos com mais poder, intimamente envolvidos no processo de distribuição de bens. Os juízes selecionavam os bens que fariam parte de cada legítima e ordenavam aos genros a devolução de parte do dote já recebido caso este fosse superior à parte que lhes cabia. Por fim, eles estabeleciam o limite do tamanho do dote, cuidando para que não ultrapassasse o valor da legítima mais a terça. Um juiz visitante deixou instruções claras para os juízes de órfãos em Parnaíba: eles só poderiam permitir que um dote por família fosse maior que uma legítima mais a terça. Assim, o herdeiro dotado poderia ficar com o dote se este não excedesse a legítima de sua mulher *mais* duas terças – uma da mãe e outra do pai. Se o dote excedesse essa fórmula, o genro tinha de devolver o excedente. Essa alteração protegia os outros herdeiros dos direitos dos genros dotados, estabelecendo um teto para a parcela do patrimônio que podia ser dada em dotes. Contudo, essa mudança protegia os direitos dos pais de favorecer pelo menos um herdeiro.[46]

Esses controles reduziram o antigo costume de estabelecer grandes dotes em Parnaíba, mas não o erradicaram. As famílias de proprietários agrícolas continuaram a privilegiar os genros, uma vez que os juízes de órfãos permitiam que um dote fosse tão grande quanto as duas legítimas da filha (uma do pai e outra da mãe) mais as terças do pai e da mãe. O favorecimento de genros com grandes dotes pode ser visto na família de Mariana Pais, descendente dos fundadores de Parnaíba. Seu filho e seu segundo marido prometeram dotes exorbitantes aos noivos de suas filhas. Esses dotes excediam em muito as legítimas que as filhas receberiam quando da morte do pai e da mãe. Nesse caso, os dotes em si nunca foram pagos em sua totalidade; entretanto, mesmo assim, os cunhados receberam uma considerável parcela dos bens ao se casarem e só tiveram de pagar o excedente anos mais tarde, quando Mariana Pais morreu.

---

46 Essas instruções, escritas por um juiz visitante em 1722, afirmavam claramente que a terça deveria ser destinada ao primeiro dote quando excedesse a herança da filha. Outros dotes não eram protegidos pela terça. Isso sugere que os juízes de órfãos recebiam ordens dos juízes visitantes para limitar o quanto os pais podiam favorecer os genros por meio do dote. Ver "Treslado dos capítulos da Conceição do Desembargador Antônio Luís Pelleja ao ouvidor geral desta comarca, 1722", Livros de Parnaíba, v.89, p.1-8, lata 6066-18, Apesp. Nazzari aponta que o tamanho do dote começou a diminuir no século XVIII em São Paulo até se aproximar do valor real da legítima; ver "Women, the Family and Property", p.196-224.

A partilha dos bens de Mariana Pais demonstra que os dotes ainda eram uma prática que favorecia alguns herdeiros em detrimento de outros durante o século XVIII. Ao reconstruir seu patrimônio, descobrimos que ela prometeu a André Pinto da Fonseca Coutinho um dote equivalente a uma arroba de ouro quando ele casou com a sua filha Antônia. No entanto, ele na verdade recebeu cerca de 11 kg, um montante ainda expressivo. A um segundo pretendente, Pero Vaz de Campos, ela prometeu 4 milhões e 800 mil réis em ouro mais a legítima paterna da noiva (400.000 réis). A outro genro, Caetano Alves Rodrigues, foi prometido um dote de 4 milhões e 800 mil réis, quinze escravizados e o sítio da família, em Parnaíba. Quando Mariana morreu, em 1740, André Pinto da Fonseca Coutinho e a sua mulher, Antônia, que receberam o primeiro dote, declararam ao juiz de órfãos que não tinham de devolver o dote por serem o primeiro casal dotado. O juiz de órfãos concordou que, como primeiro casal dotado, eles tinham direito à terça de Mariana, mas determinou que eles deveriam devolver a parte do dote que excedesse a legítima de Antônia mais a terça de Mariana. Os genros Pedro Vaz de Campos e Caetano Alves Rodrigues disseram que ainda não tinham recebido a totalidade dos valores prometidos para os seus dotes. Contudo, como o que já haviam recebido ultrapassava o valor das legítimas de suas esposas, o juiz determinou que eles devolvessem o excedente. Quando o juiz dividiu os bens entre cada herdeiro, estipulou que aqueles que não receberam dotes ou cujos dotes tinham valor inferior às suas legítimas receberiam pagamentos dos três genros, já beneficiados com dotes avultados. Assim, pelo menos no papel, os herdeiros menos favorecidos foram compensados "pelas mãos" dos herdeiros mais favorecidos (ver Tabela 4.1). No entanto, pelo inventário não é possível saber quando e se essas transações ocorreram. Se não foram pagas, essas dívidas configurariam uma desigualdade *de facto* entre os herdeiros, apesar de, no papel, todos terem recebido uma herança igual.[47]

Durante o século XVIII, as famílias dos proprietários agrícolas favoreciam as filhas e os genros, assegurando-lhes dotes que excedessem a

47 Inventário de Mariana Pais, 1740, Inventários do Primeiro Ofício, n.14.912, lata 724-112, Apesp. O filho de Mariana de fato negociou com os cunhados, colocando os interesses de suas irmãs acima dos seus próprios. Outros exemplos em que os juízes de órfãos usaram um procedimento semelhante para dar ao primeiro casal dotado a terça e compensar os outros herdeiros por meio de pagamentos feitos pelos genros dotados encontra-se no inventário de Escolástica Cordeira Borba, 1756, *Inventários e testamentos*, lata 533-56, Apesp.

Tabela 4.1. Divisão dos bens de Mariana Pais, 1740

Herdeiros	Dotes e dádivas	Heranças	Excedente
André e Antônia	3.840.000	378.178[a]	991.622
Caetano e Francisca	7.500.000	0	5.029.800
Pedro e Escolástica	3.835.240	0	1.365.040
Bárbara	1.910.000	560.200[b]	
Maria	1.920.000	550.200[c]	
Maximiano	–	2.470.200[d]	
Bento	877.900 (dívida)	1.557.700[e]	
Francisco	140.000 (doação)	2.330.200[f]	

[a] 100% da terça da Mariana
[b] 76% pago pelos genros
[c] 100% pago pelos genros
[d] 100% pago pelos genros
[e] 98% pago pelos genros
[f] 69% pago pelos genros

Fonte: Inventário de Mariana Pais, 1740, Inventários do Primeiro Ofício, n.14.912, lata 724-112, Apesp.

verdadeira parcela dos bens da família que cabia às filhas. Essas desigualdades permaneciam até a morte dos pais, quando os genros tinham de devolver o patrimônio excedente recebido anteriormente. Isso de fato dava à filha favorecida e ao seu cônjuge um acesso aos bens da família que os outros irmãos e as irmãs mais novas não tinham durante muitos anos. Tal prática estabelecia uma separação gradual entre os herdeiros favorecidos pelos pais e os desfavorecidos. Com o tempo, a desigualdade entre irmãos da mesma geração tornou-se um fato estabelecido, que não podia ser alterado mesmo com a devolução de parte de um grande dote após a morte de cada um dos pais.

Como, em teoria, todos os herdeiros recebiam heranças iguais, a desigualdade entre irmãos só pode ser percebida a partir de uma reconstrução cuidadosa do que aconteceu com os bens da família ao longo do tempo. Dois tipos diferentes de fontes primárias, os inventários do patrimônio da família e os censos de Parnaíba, fornecem um registro dos bens da família. Os inventários descrevem em detalhes o que a família possuía e o que cada filho herdou. Os censos listam os escravizados que pertenciam aos herdeiros que permaneceram em Parnaíba. Assim, dos inventários e os censos contam duas histórias que, quando conectadas, fornecem um relato completo da disposição dos bens da família.

Tabela 4.2. Composição do patrimônio das famílias de proprietários agrícolas, século XVIII

Bens	Pequenos[1] N=127	Grandes[2] N=67	Os maiores[3] N=5
Escravizados	59%	56%	43%
Terras	10%	10%	1%
Outros[4]	31%	34%	56%
Total	100%	100%	100%

[1] 1-9 escravizados

[2] 10 ou mais escravizados

[3] 50 ou mais escravizados

[4] Inclui casas, animais, ferramentas, mobiliário doméstico, vestuário, créditos (empréstimos pendentes), ouro e prata.

Fonte: Inventários de Parnaíba no século XVIII, Apesp.

Encontram-se nos inventários de homens e mulheres da classe de proprietários agrícolas no século XVIII listas detalhadas dos tipos de propriedade que eles possuíam em Parnaíba. Esses documentos evidenciam que, após a transição da escravização de indígenas para africanos, os escravizados africanos eram os bens mais valiosos dessas famílias. Os escravizados geralmente respondiam por mais de 50% do valor dos bens familiares no século XVIII, eclipsando o valor das terras. Em média, a terra equivalia a 10% da riqueza familiar, enquanto outros bens, como casas, mobílias, animais, ouro e prata, respondiam por 30% do total (ver Tabela 4.2).[48] Para os grandes proprietários de escravizados, a porcentagem da terra em relação ao total do patrimônio era ainda menor.

A partilha de escravizados via herança afetava sem dúvida o futuro dos herdeiros que os recebiam. A distribuição de cativos fornece também evidências que os historiadores podem utilizar para determinar o quão igualmente os proprietários agrícolas dividiam os seus bens entre os filhos.

É possível reconstituir a posse de escravizados entre membros de duas gerações de várias famílias de proprietários agrícolas residentes em Parnaíba. O patrimônio dessas famílias era dividido entre os filhos após o falecimento

48 Stanley Stein encontra uma proporção semelhante de terra e escravizados em Vassouras no século XIX. Os fazendeiros de café tinham mais da metade de seu patrimônio investido em escravizados, aproximadamente 12% em terras e 10% em pés de café; ver *Vassouras: A Brazilian Coffee County, 1850-1890*, p.226.

dos pais, de acordo com a lei. Censos posteriores, que listam os domicílios de muitos dos filhos que permaneceram em Parnaíba, revelam o número de escravizados que eles tinham. Comparando o número de escravizados que cada um possuía, é possível avaliar até que ponto as famílias privilegiavam alguns de seus descendentes em detrimento de outros.

A família de Manuel Rodrigues Fam serve como um estudo de caso ilustrativo de como a concessão de um grande dote a uma filha a diferenciou de seus irmãos e irmãs. Quando casou sua filha Maria, Manuel escolheu cuidadosamente um genro e presenteou-o com um belo dote. Por conta desse dote, Maria tinha uma base econômica melhor do que todos os seus irmãos. Quando Manuel morreu, em 1757, seu patrimônio era composto por 45 escravizados, vários terrenos em Parnaíba, seu sítio e suas casas na vila. Em seu testamento, ele declarou que havia dado ao genro, como dote de Maria, três escravizados, um conto de réis, um cavalo e bens domésticos. Quando ele faleceu, o valor do dote representava 8% do patrimônio compartilhado por Manuel e sua mulher. Esse valor era três vezes maior do que o dote que Manuel daria à sua segunda filha. Quando ele morreu, Maria apresentou seu dote ao juiz de órfãos, como mandava a lei, e metade dele foi considerado como sua herança paterna. Uma vez que a metade do dote de Maria excedia a parte que caberia a cada herdeiro, ela deveria ter devolvido o excedente. Entretanto, como era a primeira filha dotada, parte da terça de Manuel cobriu automaticamente a defasagem.

O censo de 1775, realizado dezoito anos após a morte de Manuel Rodrigues Fam, revela uma desigualdade considerável entre seus herdeiros. Em 1775, a viúva de Manuel e oito de seus filhos ainda viviam em Parnaíba. A viúva ainda possuía a sua parcela dos bens do casal, que em 1775 era composta por 26 escravizados, além de outros bens. Entre os filhos do casal que permaneceram em Parnaíba, Maria (a primeira dotada) e seu segundo marido, Inácio José da Silva, tinham o maior número de escravizados (catorze), enquanto seu irmão José tinha sete, Manuel, seis, Baltazar, três, Inácio, dois, João, um, e Pedro e Ana, nenhum.[49]

---

49 Esse caso é reconstruído a partir dos inventários de Manuel Rodrigues Fam, 1757, Inventários do Primeiro Ofício, n.14.712a, lata 706-94, Apesp; Guilherme Antônio de Ataíde, 1746, Inventários do Primeiro Ofício, n.14.619, lata 695-83, Apesp; Maria Marques de Carvalho, 1779, Inventários do Primeiro Ofício, n.14.712b, lata 706-94, Apesp; e José Rodrigues Fam,

Quando a viúva faleceu, em 1779, a desigualdade entre os irmãos e as irmãs tornou-se ainda mais explícita. O patrimônio dela somava 3.006.522 réis. A metade do dote de Maria representava 21% desse total. A legítima de cada herdeiro valia apenas 185.167 réis, mas a metade do dote de Maria era de 625.080 réis. Toda a terça da viúva foi destinada a cobrir o dote da filha, mas o valor não foi suficiente. Foi só então que o juiz finalmente ordenou a Maria que devolvesse à partilha o excedente.[50]

Reconstruindo o processo sucessório após a morte de Manuel, em 1757, e de sua esposa, em 1779, existem evidências inquestionáveis de que o dote de Maria era muito maior do que a herança recebida por qualquer um dos outros herdeiros. O dote de Maria, calculado em 1.254.160 réis em 1757, excedia em 515.084 réis as legítimas paterna e materna recebidas por cada um dos seus irmãos e irmãs. Somente em 1779, quase trinta anos depois de Maria ter recebido o dote, o juiz de órfãos tomou parte do montante. Mesmo assim, apenas 10% do dote original foi restituído ao patrimônio total. Portanto, quando Maria e seu esposo se casaram, eles imediatamente passaram a ter uma grande soma de capital. Em contrapartida, os irmãos de Maria receberam heranças menores muito depois da irmã e em etapas, após o falecimento do pai e depois da mãe. Tais fatos fizeram de Maria e seus descendentes os herdeiros privilegiados do tenente Manuel Rodrigues Fam.

A desigualdade na divisão do patrimônio familiar às vezes relegava os herdeiros menos favorecidos a uma posição social muito dependente na vila. Alguns descendentes de Miguel Bicudo de Brito se tornaram lavradores sem escravizados uma ou duas gerações depois, enquanto outros permaneceram membros da classe de proprietários agrícolas. Miguel Bicudo de Brito e sua esposa, Ana, tinham treze filhos quando o patriarca faleceu, em 1746. Nesse momento, os bens do casal consistiam em um sítio e 23 escravizados. No censo de 1775, 26 anos após a morte de Miguel Bicudo de Brito, havia uma desigualdade substancial entre seus herdeiros. Uma filha e seu esposo possuíam mais escravizados do que qualquer um dos outros herdeiros, e alguns destes não tinham nenhum cativo. Escolástica e seu esposo, João Martins

1787, *Inventários e testamentos*, lata 559-82, Apesp; e 35 domicílios nos censos de 1775, 1798 e 1820, Mapas de população, latas 125-125, 127-127, e 133-133, Apesp.

50 Na verdade, os herdeiros de Maria (seus filhos) foram obrigados a devolver o excedente do patrimônio da mãe para as partilhas, visto que Maria havia falecido. Inventário de Maria Marques de Carvalho, 1779, Inventários do Primeiro Ofício, n.14.712b, lata 706-94, Apesp.

da Cruz, possuíam 21 pessoas escravizadas, enquanto sua irmã Gertrudes possuía sete, Izabel sete, Rita duas e Francisco nenhuma. A sobrinha de Escolástica possuía um cativo, mas os filhos de sua irmã mais velha não possuíam nenhum. Três herdeiros tinham deixado Parnaíba, um falecera e outros dois morreram ou tinham se mudado, pois não aparecem no censo. Nessa grande família, Escolástica, que era a décima filha do casal, e seu esposo herdaram a posição social deixada por seus pais na vila. Seu esposo tornou-se figura conhecida em Parnaíba, atuando como vereador na câmara e um influente juiz de órfãos. Com o passar do tempo, outros herdeiros, ainda que recebessem legítimas no momento da partilha, tinham menos posses e menos *status* na vila.[51]

A desigualdade entre irmãos, como aquela entre os filhos de Manuel Rodrigues Fam ou Miguel Bicudo de Brito, muitas vezes resultava das escolhas feitas pelos pais quando reservaram um dote muito grande para uma filha. Em algumas famílias, porém, os irmãos consentiam com uma divisão desigual dos bens. Por exemplo, na divisão do patrimônio de Antônio Francisco de Andrade, os herdeiros concordaram em desistir do inventário dos bens e aceitar uma "composição amigável". Isso significa que os herdeiros concordavam em fazer um acordo extrajudicial e renunciar seus direitos a uma divisão igualitária do patrimônio da família. Os bens, inventariados em 1780, incluíam 91 escravizados, várias fazendas de gado e uma plantação de cana em Parnaíba. Os herdeiros desistiram do inventário em 1784. Em censos subsequentes, cinco filhos permaneceram em Parnaíba e dois haviam rumado para o oeste, estabelecendo-se na vila de Campinas. Dos cinco que ficaram em Parnaíba, dois possuíam consideravelmente mais escravizados do que os outros. Senhorinha e seu marido possuíam trinta cativos; Francisco, morador da freguesia de São Roque, a oeste, tinha 22; Antônio, o mais velho, tinha sete; Mariana tinha oito; Ana, seis. Depois de 1798, o filho mais velho, Antônio, mudou-se para Campinas, onde apareceu no censo de 1816 com seis escravizados, enquanto seu irmão mais novo,

51 A divisão dos bens dessa família foi reconstruída por meio de: Leme, *Genealogia paulistana*, v.6, p.339-46; inventários de Miguel Bicudo de Brito, 1749, Inventários do Primeiro Ofício, n.14.317, lata 669-57, Apesp; Antônio Barbosa Fagundes, 1777, Inventários do Primeiro Ofício, n.14.486, lata 682-70, Apesp; e João Martins da Cruz, 1788, Inventários do Primeiro Ofício, n.14.301, 668-56, Apesp; e dezoito domicílios nos censos de 1775, 1798 e 1820, Mapas de população, latas 125-127 e 133-133, Apesp.

que havia se mudado para lá antes, possuía 41 cativos no mesmo ano. Nessa família, três irmãos ficaram com muito mais escravizados do que os outros. Em Parnaíba, Senhorinha e Francisco tinham mais escravizados que seus irmãos. Em Campinas, João tornou-se um líder, mas seu irmão mais velho não teve o mesmo sucesso. Ao concordar em desistir do inventário e aceitar uma "composição amigável", os outros herdeiros renunciaram a seu direito a heranças iguais. Isso impediu que o patrimônio fosse dividido de acordo com a lei. Embora não saibamos como os bens foram divididos nessa família, por falta de registros, todos os herdeiros deram sua aprovação tácita à forma como o patrimônio da família foi dividido. Os resultados dessa divisão podem ser observados nos censos subsequentes.[52]

Em outras famílias, a venda de partes da herança entre membros da família permitia que um herdeiro se consolidasse como dono do sítio da família em Parnaíba. Embora cada herdeiro normalmente recebesse uma parte igual do sítio, alguns optavam por vender ou trocar sua parte com outro herdeiro. Nessas transações, um herdeiro geralmente se tornava o proprietário do sítio. Mais tarde, esse herdeiro poderia se tornar o líder da família em Parnaíba. Esse foi o caso da família de Cosme Ferreira de Meireles após o seu falecimento, em 1760. Naquele momento, o patrimônio do casal era composto por um sítio com dez escravizados, casas na vila, mobiliário, ouro e prata. Sua viúva recebeu metade do sítio e metade dos outros bens familiares, e cada um dos filhos recebeu uma parte igual da outra metade, exceto os dois mais velhos, que anteriormente haviam recebido dádivas (uma filha recebeu um dote e um filho um patrimônio para entrar no seminário e se tornar padre), as quais constituíam toda a sua herança. Depois da partilha, alguns herdeiros continuaram morando no sítio. Uma delas, Ana Maria, havia se casado e morava no sítio com o marido e os filhos, mas em uma casa separada. Em 1790, a viúva de Cosme vendeu sua parte do sítio – que naquela época consistia em metade do sítio original mais duas partes que ela havia comprado de duas de suas filhas – para o marido de Ana Maria, José Pedroso Navarro. Esse ato consolidou a posição de José e Ana no sítio. Trinta anos após a morte

52 A reconstrução desse caso é feita a partir de: Leme, *Genealogia paulistana*, v.6, p.187-199; inventários de Antônio Francisco de Andrade, 1780; Inventários do Primeiro Ofício, n.14.341, lata 671-59, Apesp; e João Francisco da Cunha, 1786, Inventários do Primeiro Ofício, n.14.160, lata 655-43, Apesp; e oito domicílios nos censos de 1775, 1798 1820, Mapas de população, latas 125-125, 127-127, e 133-133, Apesp.

de Cosme, Ana e José possuíam cinco sétimos do sítio original e dez pessoas escravizadas, além de outro sítio, dois engenhos de açúcar, 42 cavalos e dezessete cabeças de gado. Quando José morreu, quatro anos depois, seu inventário declarava que sua irmã e seu cunhado ainda eram donos de parte do sítio, mas essa parcela era de apenas 21.428 réis. Nessa família, a venda de partes do sítio permitiu a um membro da família herdar a posição social dos pais, além de impedir a divisão desse patrimônio.[53]

A reconstrução da história do patrimônio familiar em Parnaíba nos mostra o que aconteceu com os descendentes das famílias de proprietários agrícolas que permaneceram na vila. Todavia, como as famílias de Parnaíba expandiram seus recursos conscientemente ao enviar seus filhos homens para o interior, é possível que os filhos migrantes tenham conseguido continuar a fazer parte da classe dos proprietários agrícolas, porém em uma vila mais a oeste. Esse foi o caso do filho de Antônio Francisco de Andrade, João, que se mudou para Campinas, onde possuía 41 escravizados, mais do que qualquer um de seus irmãos tinha em Parnaíba. Esse movimento constante de descendentes masculinos para fora de Parnaíba sugere que eles também viam a mudança para a fronteira como uma possibilidade de ascensão social. Assim como seus pais, que nasceram em outros locais e se mudaram para Parnaíba, os filhos homens nascidos em Parnaíba também saíram para se casar, buscar fortuna e construir uma nova vida.

Como um costume familiar profundamente enraizado nas famílias de proprietários agrícolas desde os primórdios da colonização, a migração dos filhos homens ajudava a resolver o problema da inevitável diminuição do patrimônio familiar conforme ele era dividido entre cada vez mais descendentes a cada geração. A migração desses filhos para o interior, tradição iniciada com as bandeiras e mantida com a descoberta do ouro, continuava fazendo parte da vida em Parnaíba no final do século XVIII tanto quanto o fizera no século anterior. A preponderância dessa tradição pode ser corroborada pela proporção entre os sexos: em 1775, havia 84 homens para cada cem mulheres entre os proprietários agrícolas em Parnaíba.[54]

53 Inventário de Cosme Ferreira de Meireles, 1780, Inventários do Primeiro Ofício, n.14.789, lata 711-99, Apesp; Venda de terras, 1790, Livros de Parnaíba, v.56, p.45-46, lata 6061-13, Apesp; inventário de José Pedroso Navarro, 1794, Inventários do Primeiro Ofício, n.14.726, lata 707-95, Apesp; e seis domicílios dos censos de 1767, 1775, 1798 e 1820, Mapas de população, latas 125-125, 127-127 e 133-133, Apesp.

54 Censo de 1775, Mapas de população, lata 125-125, Apesp.

A migração dos homens se disseminou e persistiu geração após geração. O efeito cumulativo dessa prática tão arraigada foi duplo: o povoamento das vilas e regiões a oeste e a recriação, nesses locais, da estrutura social característica de Parnaíba. O nível de migração, mesmo nos primórdios da vila de Parnaíba, pode ser visto nas famílias mais antigas da região, incluindo a de seus fundadores, Manuel Fernandes Ramos e Suzana Dias. Em apenas três gerações, a maioria de seus descendentes vivia a oeste de Parnaíba, e não na própria vila. De seus filhos e filhas traçados na genealogia de Luís Gonzaga da Silva Leme, metade permaneceu em Parnaíba. De seus 26 netos e netas na genealogia, onze ainda moravam em Parnaíba, enquanto dez moravam mais a oeste e outros cinco moravam a leste da vila. Mais da metade de seus 45 bisnetos e bisnetas que aparecem na genealogia vivia a oeste de Parnaíba, em São Paulo, Minas Gerais e Goiás. Além disso, a maioria dos descendentes que vivia em Parnaíba eram mulheres, não homens. Apenas cinco bisnetos de Suzana Dias e Manuel Fernandes Ramos continuaram a viver em Parnaíba, em comparação com dez bisnetas que fizeram o mesmo (ver Tabela 4.3). Esses padrões de povoamento emergiram à medida que homens interagiam com o interior e, posteriormente, lá se estabeleciam com suas mulheres. Esse constante fluxo de homens e mulheres para o oeste significava que os recursos familiares em Parnaíba teriam que sustentar apenas uma parcela dos descendentes.

O padrão de migração dos descendentes de Suzana Dias e Manuel Fernandes no século XVIII ilustra o mesmo fenômeno. Seus descendentes continuaram a deixar Parnaíba e ir para a fronteira, reduzindo, assim, a pressão sobre recursos finitos, como a terra, em Parnaíba. Um desses descendentes era sua tataraneta, Mariana Pais, que viveu em Parnaíba e teve nove filhos. Desses, apenas quatro permaneceram na vila. Os quatro tiveram treze filhos, todos nascidos em Parnaíba, dos quais apenas três permaneceram no local. Os outros netos de Mariana deixaram a vila, tendo a maioria ido para o oeste. Assim, muitos dos filhos de Mariana saíram de Parnaíba, com destino sobretudo a Minas Gerais e Goiás, assim como seus netos, que foram para as vilas do oeste de São Paulo (ver Tabela 4.4).

É evidente que os proprietários agrícolas davam tanta importância ao sertão quanto às suas bases em Parnaíba. O pai mandava os filhos homens para o sertão para planejar o futuro e recrutava os genros para proteger o que a família já tinha em Parnaíba. Essa atitude pode ser vista na maneira como

Tabela 4.3. Padrões de povoamento dos descendentes dos fundadores de Parnaíba

	Gerações					
	Primeira		Segunda		Terceira	
	N	%	N	%	N	%
Parnaíba	4	50	11	42	15	33
Oeste	2	25	10	38	25	56
Leste	2	25	5	19	5	11
Desconhecido	(2)		(10)		(20)	
Total	8	100	26	99	45	100

Fonte: Leme, *Genealogia paulistana*, v.7, p.224-58.

Tabela 4.4. Padrões de povoamento dos descendentes de Mariana Pais, tataraneta dos fundadores de Parnaíba

	Gerações					
	Primeira		Segunda		Terceira	
	N	%	N	%	N	%
Parnaíba	3	43	4	14	15	22
Oeste	4	57	24	83	52	76
Leste	0	0	1	3	1	1
Desconhecido	(1)		(4)		(26)	
Total	7	100	29	100	68	99

Fonte: Leme, *Genealogia paulistana*, v.4, p.331-79

o pai via seus filhos e filhas. Os filhos eram vistos como independentes, engenhosos e capazes de cuidar de si mesmos, enquanto as filhas eram tidas como vulneráveis e necessitadas de proteção. Como Bento Pais de Oliveira observou no seu testamento: "tenho sete filhos [...] e como os filhos têm meios mais naturais de tratarem de sua vida ainda que o amor que a todos tenho é igual com tudo a piedade me obriga a lembrar-me mais das fêmeas e assim as instituo por herdeiros dos remanescentes da minha terça".[55]

55 Testamento de Bento Pais de Oliveira, 1753, Inventários do Primeiro Ofício, n.14.745, lata 708-96, Apesp. A vasta maioria dos legados oriundos da terça era destinada a mulheres (frequentemente membros da parentela), para dotes. Nazzari encontra o mesmo padrão em seu trabalho sobre os séculos XVII e XVIII em São Paulo; ver *Women, the Family and Property*. Em Portugal, Caroline Brettell também descobre que legados derivados da terça tendiam a

Esse costume familiar de enviar os filhos ao sertão tinha ainda outra função: reduzir os potenciais conflitos entre pais e filhos e entre filhos e genros. Antropólogos observam que, nas famílias patriarcais, o pai frequentemente odiava ceder o controle sobre a propriedade familiar aos filhos; contudo, estes últimos, especialmente os mais velhos, irritavam-se sob a autoridade paterna. Tais conflitos podiam ser resolvidos com a migração dos filhos mais velhos ou por padrões de partilha de herança em favor do filho mais novo, pois, quando um filho mais novo tem idade suficiente para administrar os negócios da família, o pai já se encontra pronto para se aposentar.[56] No caso de Parnaíba, foi o cunhado que teve esse papel. Recrutado pelo sogro, ele tornava-se um sócio júnior, ciente de que seu futuro dependia do sogro. Em contrapartida, os filhos poderiam ser ativos e independentes na fronteira.[57]

Aqueles filhos ressentidos com os seus papéis nessa estratégia familiar tinham poucas alternativas. Criados em famílias patriarcais, os rapazes obedeciam a seus pais. Enquanto o pai estava vivo, seus filhos tinham poucas opções. Possivelmente, foi um conflito entre pai e filho que levou Antônio, filho de Manuel Rodrigues Fam, a sair de casa sem permissão, levando consigo alguns dos escravizados de seu pai, bem como alguns de seus melhores cavalos.[58] Somente após a morte do pai é que os filhos homens herdavam qualquer propriedade da família, pois o pai continuava a ser o chefe da família mesmo quando a esposa morria antes dele. Assim, enquanto o pai vivesse, os filhos homens não poderiam se estabelecer como proprietários independentes em Parnaíba. Nesse cenário, esses filhos certamente viam a migração ou o casamento com uma mulher de uma família no interior – na qual poderiam se tornar genros favorecidos – como um caminho viável, às vezes até atraente.

Poucos filhos conseguiam tirar o controle do sítio da família em Parnaíba das mãos de seus cunhados, e os que conseguiam só podiam fazê-lo após a

---

favorecer mulheres, mas, nesse caso, era uma maneira de recompensar aquelas que cuidaram dos pais em idade avançada. Ver Brettell, *Men Who Migrate, Women Who Wait.*

56 O tema do conflito entre pais e filhos no mundo patriarcal na Nova Inglaterra colonial é desenvolvido por Philip Greven em *Four Generations* e por Nancy Folbre em "The Wealth of Patriarchs: Deerfield, Massachusetts, 1760-1840".

57 Essa prática era muito comum na América Latina. Ver Brading, *Miners and Merchants in Bourbon Mexico, 1763-1810*; Socolow, *The Merchants of Buenos Aires, 1778-1810: Family and Commerce*; e Flory; Smith, "Bahian Merchants in the Seventeenth and Early Eighteenth Centuries".

58 Testamento de Manuel Rodrigues Fam, 1757, Inventários do Primeiro Ofício, n.14.712a, lata 706-94, Apesp.

morte de seu pai. Um dos poucos exemplos de inversão dessa estratégia familiar comum ocorreu na família de Baltazar Rodrigues Fam, irmão de Manuel Rodrigues Fam. O quarto filho de Baltazar e sua mulher Izabel da Rocha Canto, Policarpo Joaquim de Oliveira, conseguiu se tornar o líder da família na geração seguinte, mas isso só aconteceu após a morte de Baltazar. Policarpo convenceu a sua mãe, que recebera metade do sítio da família, como era seu direito, a vendê-lo a ele por menos do que o valor avaliado. Com essa negociação, completamente legal, ele conseguiu ter a posse do sítio no lugar de seus irmãos ou cunhados. Em 1775, Policarpo tinha quinze escravizados, enquanto sua irmã e genro possuíam dez. Posteriormente, ele alugou a propriedade dos jesuítas em Araçariguama (confiscada pela Coroa após a expulsão da ordem em 1759), o que lhe deu acesso ao trabalho de mais pessoas escravizadas. No final do século XVIII, ele havia consolidado uma grande quantidade de terras sob seu controle por meio de atos de intimidação contra seus vizinhos. Como coronel do Regimento de Cavalaria dos Dragões de São Paulo, era um dos homens mais poderosos de Parnaíba.

Policarpo Joaquim de Oliveira tornou-se o herdeiro privilegiado ao convencer sua mãe a lhe entregar partes significativas dos bens da família, em uma estratégia semelhante à que um pai poderia usar para negociar com um futuro genro. Policarpo não questionou a desigualdade subjacente das estratégias familiares; em vez disso, ele as manipulou a seu favor. Por causa de seu comportamento impiedoso e despótico em Parnaíba, Policarpo tornou-se uma figura impopular. O governador de São Paulo começou uma investigação sem precedentes sobre seu comportamento em 1779, depois de queixas de muitos cidadãos. Na investigação, os moradores de Parnaíba testemunharam sobre seu comportamento sádico, abusivo e imoral.[59] Será que Policarpo foi destacado dessa forma porque o povo de Parnaíba o considerava diferente dos filhos dos proprietários agrícolas que rumaram a oeste? Ou será que Policarpo estava simplesmente agindo de acordo com o lado violento de uma ordem social altamente estratificada e patriarcal? Nunca saberemos com certeza. Sua agitada história de vida, no entanto, não deve obscurecer o fato de que muitos filhos aceitavam o favorecimento

59 Como resultado da investigação, Policarpo ficou em prisão domiciliar em Santos, mas conseguiu obter sua soltura e voltar a Parnaíba antes de morrer. Devassa contra Policarpo Joaquim de Oliveira, Ordens Régias, 1: 100, lata 282-45, Apesp.

de seus cunhados e os benefícios que receberiam ao deixar Parnaíba e se estabelecer na fronteira.

O papel das mulheres nas famílias de proprietários agrícolas levanta algumas questões importantes referentes à influência que as mulheres tinham sobre o patrimônio. Essas mulheres tinham direitos e eram favorecidas estrategicamente. As esposas tinham que coautorizar transações relativas às propriedades. As viúvas tornavam-se administradoras ativas do patrimônio familiar depois da morte do marido. Com direito a uma herança igualitária e a metade dos bens do casal, as mulheres ainda recebiam frequentemente a maior parte do patrimônio familiar em seu dote. As terras tendiam a serem herdadas por uma linhagem feminina, ao contrário da tradição patrilinear europeia. Desse modo, eram as mulheres – e não os homens – que viviam nas casas e nas terras dos seus ancestrais. Observa-se, assim, que as mulheres herdavam uma forte posição na família e na vida da vila.[60]

Todavia, as mulheres não detinham nenhum poder político de fato na vila. Elas não podiam atuar na câmara nem nas ordenanças. A lei não lhes permitia usar seus bens para garantir empréstimos, transações comuns no Brasil colonial.[61] Embora algumas tenham entrado em irmandades religiosas e patrocinado festivais religiosos, sua influência permanecia limitada principalmente à esfera doméstica. Mesmo dentro de casa, não está claro o grau de autoridade que as mulheres tinham. Quanto controle elas tinham sobre a escolha dos genros? Ou sobre a administração do patrimônio da família? A posição das mulheres na família pode ter sido mais simbólica do que real. Em momentos específicos de suas vidas, como no casamento, eram realizadas grandes transações relativas à propriedade que afetavam não apenas elas, mas toda a família. Da mesma forma, como viúvas, as mulheres herdavam grandes responsabilidades. Elas claramente eram cruciais para a reprodução da ordem social em Parnaíba. Entretanto, isso não significa que pudessem exercer o poder como indivíduos. Em vez disso, as mulheres desempenhavam um papel fundamental na estratégia familiar: o de servir como condutoras do manto de poder e autoridade à medida que ele passava de geração em geração entre os homens.

---

60 Ver meu texto "Women and Means", no qual analiso com mais detalhes as mulheres e a propriedade no Brasil colonial.

61 Livro IV, Título CII, número 3, *Ordenações*, p.999.

As estratégias familiares desenvolvidas pelos proprietários agrícolas de Parnaíba eram adaptações ambientais que, com o tempo, deixaram sua marca também naquela sociedade. As atitudes aceitas em relação a homens e mulheres, casamento, herança, migração e genros afetavam não apenas os indivíduos, mas também as gerações de descendentes. As desigualdades entre irmãos podem ser vistas em praticamente todas as famílias dessa classe social no século XVIII em Parnaíba, apesar da divisão equitativa do patrimônio familiar entre todos os herdeiros no momento da partilha. O favorecimento de um filho com uma parcela maior dos bens incentivou alguns dos filhos menos favorecidos a deixar Parnaíba e buscar fazer fortuna em outros lugares. Essa prática também condenava os que permaneciam em Parnaíba a viver uma existência dependente e marginal.

As famílias dos proprietários agrícolas preparavam seus genros para assumir a liderança da família em Parnaíba. Na maioria das famílias, fica claro que os genros estavam em uma posição muito mais segura do que os filhos homens para herdar a administração do sítio na geração seguinte. Em Parnaíba, a terra tendia a ser passada pelas filhas, o que permitia aos genros assumirem o controle após a morte de seus sogros. Por exemplo, Antônio Correa de Lemos Leite, capitão-mor de Parnaíba no final do século XVIII, foi o genro favorecido por excelência. Nascido na cidade de São Paulo, ele se casara com a filha da família mais antiga de Parnaíba e se tornara o chefe da família. Os filhos homens, no entanto, tendiam a deixar a vila, primeiro temporariamente, como jovens trabalhando para o pai e, mais tarde, de forma permanente, quando se casavam e se estabeleciam no interior, como aconteceu com os filhos do próprio Antônio. Os filhos que não migravam, assim como as filhas que não conseguiam casamentos vantajosos, tornavam-se parte do subgrupo menos rico e mais dependente de proprietários agrícolas pobres. Alguns foram reduzidos a pobres livres sem escravizados em uma geração.

As estratégias familiares usadas pelos proprietários agrícolas para proteger seus recursos e sua posição social nas gerações seguintes mantiveram os contornos básicos da estrutura de classe de Parnaíba. Os censos do final do século XVIII mostram que o número de famílias de proprietários agrícolas com muitos escravizados permaneceu pequeno entre 1775 e 1820. O número de proprietários agrícolas com dez ou mais pessoas escravizadas praticamente não sofreu alterações. Apenas o número de proprietários agrícolas pobres, ou seja, com menos de dez pessoas escravizadas, aumentou entre 1775 e 1820. Isso sugere que os padrões de herança dos proprietários agrícolas preservaram os recursos familiares nas mãos de poucos e criaram gradualmente um subgrupo de proprietários agrícolas pobres e dependentes (ver Tabela 4.5).

Tabela 4.5. Os proprietários agrícolas de Parnaíba

Domicílios	1775		1820	
	N	%	N	%
Proprietários agrícolas pequenos (1-9 escravizados)	150	81	232	84
Proprietários agrícolas médios (10+ escravizados)	34	18	41	15
Maiores proprietários agrícolas (50+ escravizados)	2	1	3	1
Total	186	100	276	100

Fonte: Censos de 1775 e 1820, Mapas de população, Parnaíba.

Outros historiadores, como Maria Thereza Schörer Petrone, notam a proliferação de proprietários agrícolas pobres na sociedade rural brasileira, mas tendem a compreender esse fenômeno como um exemplo da fraqueza inerente de uma economia agrícola comercial.[62] Enquanto as flutuações da economia agrícola comercial e os altos custos em termos de capital da mão de obra escravizada sem dúvida afetavam negativamente muitas famílias, o mais provável é que o aumento no número de proprietários agrícolas pobres resultava de escolhas conscientes por parte das famílias de deserdar alguns descendentes para prover para outros. Como indica Stuart Schwartz, muitos dos lavradores no nordeste eram parentes dos grandes senhores de engenho.[63] Assim, as estratégias familiares da elite de proprietários agrícolas espalhados pelo Brasil provavelmente contribuíram para a formação de um substrato dessa classe: os que possuíam escravizados e terras mas não tinham grandes riquezas.

As famílias da classe de proprietários agrícolas de Parnaíba agiam contra a lei que determinava a divisão igualitária dos bens da família entre todos os

62 Petrone, *A lavoura canavieira em São Paulo: expansão e declínio (1765-1851)*, p.65-6.
63 Schwartz, *Sugar Plantations*, p.304.

filhos. Elas proviam para todos os seus filhos, mas reservavam uma parte significativa dos recursos familiares para os herdeiros favorecidos. Como ilustra a Tabela 4.5, essas estratégias mantiveram intacta a estrutura social básica de Parnaíba durante o final do século XVIII e início do século XIX. Os censos desse período revelam que quase nada mudou na composição dessa classe social. Uma divisão mais igualitária dos bens de família tenderia a nivelar as diferenças entre pequenos e grandes proprietários agrícolas. Em vez disso, o favorecimento de poucos herdeiros, a migração de outros e o declínio econômico e social de alguns deles em cada geração fizeram que a composição dessa classe permanecesse praticamente inalterada em um período de 45 anos.

No final do século XVIII, morreu o capitão-mor de Parnaíba, Antônio Correa de Lemos Leite, natural da cidade de São Paulo e que havia se mudado para se casar com uma descendente direta dos fundadores da vila. Após sua morte, seus herdeiros entraram em conflito pelo fato de Antônio ter libertado vários escravizados, o que os irritou por diminuir suas heranças. Todavia, os herdeiros não brigaram pelo fato de que o genro de Antônio, casado com sua irmã, parecia destinado a herdar o sítio da família e a posição de Antônio na vila. Talvez isso parecesse comum e lógico para os herdeiros, talvez parecesse destinado a ser assim. No entanto, seja qual for o motivo, com a morte de Antônio, seu genro, José Medeiros de Souza, tornou-se o líder da família e atuou como executor do patrimônio de Antônio. Por causa do dote que havia recebido, ele imediatamente passou a ter um terço do sítio da família. Vinte anos após a morte de Antônio, um documento registrado no cartório da cidade fez referência ao sítio de José, que foi descrito como "o mesmo que havia pertencido anteriormente a Antônio Correa de Lemos Leite". José tornou-se sargento-mor, e era conhecido em Parnaíba como senhor de engenho. Enquanto isso, nenhum dos filhos de Antônio permaneceu em Parnaíba. Várias de suas filhas também deixaram a cidade e se estabeleceram em Campinas e na vizinha Jundiaí. Uma filha, Ana Esméria, e seu marido continuaram a viver em Parnaíba, mas possuíam apenas uma pessoa escravizada.[64] E, assim, a história se repetia nessa família. O genro

64 A reconstrução do que ocorreu com o patrimônio de Antônio Correa de Lemos Leite foi realizada a partir dos seguintes documentos: inventário de Antônio Correa de Lemos Leite, 1782, *Inventários e testamentos*, lata 556-79, Apesp; Venda de terras, 1802, Livros de Parnaíba, v.85, lata 6065-17, Apesp; e dois domicílios do censo de 1798, Mapas de população, lata 127-127, Apesp.

seguinte assumiu a liderança em Parnaíba, os filhos se mudaram, e os outros irmãos e irmãs se acostumaram à vida mais simples. Os recursos familiares foram distribuídos para a próxima geração, e a posição da família como parte da classe de proprietários agrícolas permaneceu intacta. Os membros da família de Antônio podem ter agido inconscientemente e sem perceber o resultado de suas ações. Porém, propositalmente ou não, os eventos nessa família reproduziram os contornos básicos da estratégia familiar dos proprietários agrícolas em mais uma geração de descendentes em Santana de Parnaíba.

Capela de Nossa Senhora da Conceição, século XVII. Vuturuna, Santana de Parnaíba. Foto da autora.

Igreja feita de pau a pique, Areias (São Paulo), século XVII. Lápis aquarelado de Thomas Ender, 1817, com a inscrição "Kirche der Stadt dos Areas 44 ML von Rio de Janeiro". Permissão para reprodução gentilmente concedida pela coleção gráfica da Academia de Belas-Artes de Viena.

Indígenas capturados no sertão. Litografia de Jean-Baptiste Debret, início do século XIX. "Sauvages civilisés soldats indiens de la province de la Coritiba, ramenant de sauvages prisonniéres." In: Debret, *Voyage pittoresque et historique au Brésil; ou Séjour d'un artiste français au Brésil, depuis 1816 jusqu'en 1831 inclusivement*. Paris, Firmin Didot Freres, 1834-39, v.1, pr. 20. Domínio público.

Fazendo guerra contra os indígenas do sertão. Debret, início do século XIX. "Sauvages civilisés, soldats indiens de Mugi das Cruzas (Province de St. Paul) combattant des Botocoudos." In: ibid., pr. 21. Domínio público.

Mulheres guaranis indo à missa. Debret, início do século XIX. "Femmes Gouaranis civilisées allant à la messe le Dimanche." In: ibid., pr. 24. Domínio público.

Interior simples da casa de uma família rica na cidade de São Paulo. Lápis aquarelado de Thomas Ender, 1817, com a inscrição "Ein Wobnzimmer zu So Paul". Permissão para reprodução gentilmente concedida pela coleção gráfica da Academia de Belas-Artes de Viena.

Casas de taipa de pilão, século XVIII, Santana de Parnaíba. Foto da autora.

Queimando a floresta virgem, meados do século XIX, São Paulo. "Incendie dans la forêt vierge." In: Biard, *Deux années au Brésil. Ouvrage illustré de 180 vignettes dessinées par E. Riou d'après les croquis de M. Biard.* Paris: L. Hachette et Cie., 1862, p.205. Domínio público.

Mulheres pobres: fiandeiras e costureiras. Lápis aquarelado de Thomas Ender, 1817, com a inscrição "Das innere eines Hauses bey Nossa Senhora Apparacida". Permissão para reprodução gentilmente concedida pela coleção gráfica da Academia de Belas-Artes de Viena.

Casamento de escravizados em um domicílio rico. Debret, início do século XIX. "Mariage de nègres d'une maison riche." In: Debret, *Voyage pittoresque et historique au Brésil; ou Séjour d'un artiste français au Brésil, depuis 1816 jusqu'en 1831*. Paris, Firmin Didot Frères, 1834-39, v.1, pr. 15. Domínio público.

Escravizados castigados nos troncos. Debret, início do século XIX. "Nègres ào Tronco." In: ibid., pr. 45. Domínio público.

Capítulo 5
Famílias da população pobre livre

No censo de 1767, quando Antônio Correa de Lemos Leite encabeçava as listas como capitão-mor da primeira de Parnaíba, o domicílio de Bento Cardoso Correa aparecia na terceira companhia de ordenança. Com a mesma idade que Antônio (42 anos), Bento vivia com a esposa Maria (39 anos) e cinco filhos, que tinham entre 4 e 18 anos. Constava no censo que Antônio vivia "de suas lavouras e mineração" e que tinha 400.000 réis, enquanto Bento, que também vivia de lavoura, "não possuía nada".[1] Tirando o fato de Antônio e sua esposa terem oito filhos e Bento e a esposa terem apenas cinco, as duas famílias pareciam bastante similares. Ambas eram famílias nucleares grandes que sobreviviam predominantemente da lavoura.

Todavia, o censo de 1767 não continha informações sobre a posse de escravizados, ocultando a diferença fundamental de classe entre a família de Antônio e a de Bento. Mais tarde, no censo de 1775, contudo, vê-se que, enquanto Antônio possuía quinze cativos, Bento não tinha nenhum. Antônio tinha então a garantia de uma considerável força de trabalho que poderia utilizar para produzir não apenas os gêneros alimentícios para o sustento da sua família, mas também outros produtos para o comércio, como a cana-de-açúcar. Bento e Maria, em contrapartida, contavam somente com os membros de sua família para trabalhar na roça. Qualquer mudança na composição familiar, portanto, afetaria a quantidade de alimentos de que necessitavam e o quanto poderiam produzir. Assim, embora a estrutura familiar de Bento e Antônio parecesse similar no censo de 1767, suas vidas na realidade eram muito diferentes. As famílias sem escravizados, como a de Bento, faziam

---

1 Censo de 1767 de Parnaíba, Mapas de população, lata 125-125, Apesp.

parte da população rural pobre livre, enquanto famílias de proprietários de escravizados, como a de Antônio, formava a rica classe de proprietários agrícolas. Essa distinção tornava-se ainda mais evidente à medida que a agricultura comercial se tornou o cerne da economia de São Paulo na segunda metade do século XVIII.

Quando a agricultura comercial começou a se espalhar pelas vilas mais antigas de São Paulo, essa nova orientação econômica, reforçada por novas políticas reais, transfigurou o estilo de vida tradicional dos pobres livres. Em Parnaíba, essa população se viu cada vez mais pressionada a ceder suas terras ao proprietários agrícolas que produziam cana-de-açúcar. Ao mesmo tempo, acirrava-se a competição por terras fronteiriças próximas, o que forçou os pobres livres a buscarem terras ainda mais a oeste. No final do século XVIII, uma crise afetou dramaticamente a vida familiar. Presas entre os problemas de uma economia agrícola comercial em expansão, por um lado, e o recuo da fronteira, por outro, as famílias dos pobres livres tiveram cada vez mais dificuldade para sobreviver na vila.[2]

Além disso, essa parcela da população continuou a crescer em Parnaíba, devido ao aumento natural e pela migração para a vila. Diante das oportunidades limitadas de manter seu estilo de vida tradicional, muitos se mudaram para a fronteira, mais a oeste – onde se restabeleceram no sertão –, ou para os centros urbanos em crescimento, especialmente a cidade de São Paulo. Os que permaneceram em Parnaíba trocaram seu estilo de vida tradicional por um novo, mais sedentário. Alguns se tornaram artesãos, trabalhadores braçais ou tropeiros e gradualmente trocaram as áreas rurais pelo centro da vila. Aqueles que continuaram a cultivar passaram a plantar em roças menores e finitas que sustentavam domicílios reduzidos. Assim, à medida que a vila de Santana de Parnaíba, que antes ficava à beira do sertão, tornava-se cada vez mais ligada ao reino na segunda metade do século XVIII, as famílias da elite adotavam essas mudanças econômicas e

2 A população pobre livre que descrevo neste capítulo é a predecessora da população caipira da São Paulo atual. Sobre os caipiras modernos de São Paulo, ver o trabalho clássico de Antonio Candido, *Os parceiros do Rio Bonito: estudo sobre o caipira paulista e a transformação dos seus meios de vida*; assim como Fukui, *Sertão e bairro rural: parentesco e família entre sitiantes tradicionais*. Para o desenvolvimento histórico da população pobre livre de São Paulo, ver Marcílio, *Caiçara: terra e população. Estudos de demografia histórica e da história social de Ubatuba*, p.62-71; e Franco, *Homens livres na ordem escravocrata*.

lucravam com elas, porém o mesmo não era verdade para a população pobre livre. Em vez de se beneficiarem do crescimento econômico ao seu redor, eles se viram cada vez mais em risco e vulneráveis na vila.

O estilo de vida tradicional dos pobres livres no século XVIII centrava-se na presença do sertão e na disponibilidade de terras livres. As suas vidas refletiam a síntese dos modos de vida dos indígenas e dos portugueses, característicos dos primeiros anos de colonização em São Vicente. Mesmo durante o século XVIII, a vida da população pobre livre ainda se assemelhava àquela dos primeiros povoadores da região, cem anos antes. Viviam em pequenas roças familiares, dispersos na mata, possuindo pouco além das ferramentas necessárias para a lavoura, para a produção de alimentos e para a construção de abrigos.

O ciclo agrícola anual que ditava a vida da população pobre livre girava em torno do trabalho necessário para a derrubada da floresta e a queima das árvores cortadas, para o plantio e a colheita e para o processamento dos alimentos. A limpeza da terra era o trabalho mais difícil e perigoso. O morgado de Mateus descreveu a técnica utilizada em São Paulo:

> As roças fazem-se com muita facilidade, não é mais que picar nos morros as árvores todas de uma parte e derrubar do alto as primeiras; estas precipitadas levam diante de si as vizinhas, e uma depois das outras e fica tudo raso. Secas em poucos dias, ataca-se-lhe o fogo e nas cinzas planta-se.[3]

O morgado de Mateus escreveu ainda que não havia necessidade de mais nada até a colheita, que era tarefa fácil, quando os roceiros simplesmente "colhem para si o que lhes basta mais nada sobeja".[4]

Os pobres livres aprenderam esse método, conhecido como "queimada", com os indígenas. Ele se aproveitava da fertilidade da terra das florestas, rica em matéria orgânica, e do carvão oriundo da madeira queimada. Depois de alguns anos, entretanto, as chuvas haviam eliminado a matéria orgânica, e a produtividade da terra era menor. Mais uma vez, os pobres livres aprenderam com os indígenas: eles se mudava para outros pontos da floresta nos

---

3 O Morgado de Mateus ao Conde de Oeyras, 23 dez. 1766, *Documentos interessantes*, v.23, p.1-20.

4 Ibid.

quais poderiam abrir novas roças. Essa prática era conhecida como "sítios volantes", pois os lavradores realocavam suas roças de tempos em tempos, diferentemente do que faziam os camponeses europeus, que cultivavam continuamente as mesmas terras.[5]

Em São Paulo, como em todo o Brasil, os lavradores cultivavam a terra quase inteiramente com as mãos, ao contrário dos camponeses europeus, que usavam animais domesticados e o arado para melhorar suas colheitas.[6] No entanto, os lavradores brasileiros não realizavam seu cultivo seguindo apenas a maneira como faziam os povos originários, pois desenvolveram suas próprias técnicas híbridas, combinando os métodos europeu e indígena. As ferramentas eram feitas de ferro,[7] como machados, facões, enxadas, foices e facas e de origem europeia, ao passo que o uso de encostas, a prática das queimadas e o abandono dos campos vieram dos indígenas.

As temperaturas moderadas do Planalto de Piratininga, a abundância da floresta e as técnicas agrícolas desenvolvidas pela população pobre livre possibilitaram o plantio de uma grande variedade de produtos com um mínimo de trabalho. As famílias plantavam milho, a base de sua dieta, na primavera – em agosto, setembro e outubro – e o colhiam seis a sete meses depois. Outros produtos, como arroz, mandioca, algodão e amendoim, também eram plantados de agosto a outubro e colhidos de fevereiro a maio. O feijão podia ser plantado e colhido duas vezes ao ano – o primeiro plantio ocorria de janeiro a março, com colheita em abril, maio ou junho; o segundo, em agosto, com colheita de novembro a janeiro. A cana-de-açúcar, geralmente plantada de novembro a abril, podia ser colhida um ano e meio depois do plantio.[8]

---

5 Ver Canabrava, "Uma economia de decadência: os níveis de riqueza na Capitania de São Paulo, 1765/67", p.103-4, para um debate sobre os sítios volantes. Os jesuítas observaram esse modo de produção agrícola no século XVI: ver Leite, *Novas páginas de história do Brasil*, p.26.

6 Em todos os inventários de Parnaíba dos séculos XVII e XVIII que consultamos, aparece apenas uma referência a arado, em um inventário do início do século XVII. O Morgado de Mateus constantemente incentivava os paulistas a adotarem esse sistema. Ver suas cartas ao capitão-mor de Parnaíba, 30/12/1776, *Documentos interessantes*, v.67, p.37-8. Sobre as técnicas agrícolas utilizadas pelos camponeses na Europa, ver Braudel, *Civilization and Capitalism, 15th-18th Century*, v.1.

7 As casas de fundição de ferro em São Vicente eram muito antigas. Em 1584, três ferreiros trabalhavam na vila de São Paulo. A primeira casa de fundição foi aberta na vila de São Vicente em 1607. Ver Holanda, *Caminhos e fronteiras*.

8 Müller, *Ensaio d'um quadro estatístico da Província de São Paulo: ordenado pelas leis provinciais de 11 de abril de 1836 e 10 de março de 1837*, p.31-2.

A base da dieta era proveniente de produtos das Américas: milho, feijão e mandioca. Os tupis já cultivavam esses alimentos em São Paulo muito antes da chegada dos europeus e ensinaram aos primeiros colonizadores como plantá-los e prepará-los, pois eram alimentos desconhecidos na Europa. Cada um deles tinha uma alta taxa de produtividade por hectare plantado. Daniel Pedro Müller, estatístico do século XIX, estimou que a relação entre semente e colheita era de 1 para 100 para o milho, 1 para 20 para o feijão e 1 para 50 para o arroz em São Paulo no início do século XIX.[9] Em Parnaíba, as referências às colheitas no censo de 1798 sugerem que a taxa de produtividade era consideravelmente mais baixa do que as calculadas por Müller: 1 para 39 no caso do milho, 1 para 11 no caso do feijão e 1 para 18 no caso do arroz.[10] Mesmo assim, considerando que o maior rendimento médio de cereais (trigo, centeio, cevada e aveia) na Europa no mesmo período foi de 1 para 10,6,[11] os agricultores de São Paulo colheram mais por semente plantada do que os europeus. As roças dos pobres livres de São Paulo podem não ter sido tão sofisticadas, mas os alimentos com os quais eles subsistiam, todos nativos das Américas, eram plantados com muito mais facilidade e colhidos com mais eficiência do que aqueles cultivados na Europa.[12] Ironicamente, os pobres livres de São Paulo não precisavam trabalhar tanto para alimentar suas famílias quanto os camponeses portugueses. Talvez essa fosse uma das razões pelas quais a "indolência" dos lavradores de São Paulo constantemente surpreendia Morgado de Mateus.[13]

Após o plantio e a colheita, as famílias criavam métodos simples para processar e armazenar seus alimentos básicos. Moinhos e prensas simples feitos à mão adornavam os terraços de terra batida em torno de suas pequenas casas de pau a pique. Ali, eles faziam farinha de milho e mandioca. Para

---

9 Ibid., p.27.

10 Essas médias foram calculadas a partir de várias referências ao plantio e à colheita no censo de 1798; ver Mapas de população, lata 125-125, Apesp.

11 Braudel, *The Structures of Everyday Life*, p.123.

12 Ibid., p.104-82, especialmente p.120, 151, 161. Para outra discussão igualmente incitante sobre os alimentos do "Novo Mundo" e do "Velho Mundo", ver Crosby, *The Columbian Exchange: Biological and Cultural Consequences of 1492*, p.165-207.

13 A "indolência" dos ameríndios, principalmente aqueles que viviam em tribos, constantemente impressionava os europeus. O geógrafo Carl O. Sauer, em sua discussão sobre os aruaques do Caribe, mostra o quanto os indígenas adaptavam-se bem ao meio ambiente. Ver Sauer, *The Early Spanish Main*, p.45-69.

fazer fubá, as mulheres usavam um pilão de madeira ou um monjolo, sendo que o primeiro exigia mais trabalho, pois era preciso triturar o milho seco até ele se transformar em uma farinha. O monjolo, uma invenção europeia, empregava mecanismos simples para substituir o exaustivo trabalho de triturar o milho seco.[14] Parecido com uma grande gangorra, o monjolo consistia em uma grande viga de madeira com uma cavidade em uma extremidade, formando uma espécie de calha, e uma cabeça de madeira densa na outra. Equilibrado em um fulcro, o lado com a cabeça de madeira era mais pesado e se apoiava em um cocho de milho. Contudo, quando a água enchia a calha, esse lado da viga ficava mais pesado e baixava até o chão. Isso fazia que a água transbordasse, levando a cabeça de madeira a despencar sobre o cocho cheio de grãos de milho. À medida que a água enchia a calha e transbordava, a cabeça subia e descia. Rangendo e batendo o tempo todo, o monjolo acabava produzindo fubá com o mínimo de esforço humano.

A mandioca tem um rendimento calórico extremamente alto por hectare e demora para estragar.[15] Por ser barata e resistente, as famílias tinham nela uma de suas principais fontes de carboidrato. Os tupis ensinaram os primeiros colonizadores como cultivar e cozinhar a mandioca. Em várias cartas, o padre jesuíta José de Anchieta descreveu como os indígenas preparavam a mandioca: "certas raízes que se plantam (a que chamam mandioca), as quais, se se comerem cruas, assadas ou cozidas, matam; é preciso serem deixadas na água até que apodreçam; apodrecidas porém que sejas, convertem-se em farinha, que se come, depois de torrada em vasos um tanto grandes, feitos de barro".[16] As famílias livres pobres modificaram a técnica indígena original com adições europeias que facilitaram o processo de transformar a venenosa mandioca crua numa farinha comestível e duradoura. Assim como o inhame e a batata, a mandioca cresce como um tubérculo. Seu cultivo exige

---

14 Segundo Holanda, o monjolo existia na Península Ibérica, assim como na Ásia; ver *Caminhos e fronteiras*, p.215-44. Para informações sobre o cultivo de milho e suas técnicas no Brasil, ver também Schmidt, *O milho e o monjolo: aspectos da civilização do milho: técnicas, utensílios e maquinarias tradicionais*.

15 De acordo com Müller, um pedaço de terra de 110 por 55 metros em São Paulo produzia 100 alqueires de farinha de mandioca (3.627 litros). A mandioca tem uma das mais altas taxas de calorias por hectare plantado: 9,9 milhões, frente a 7,3 no caso do milho e do arroz e 4,2 milhões no caso do trigo. Ver Crosby, *The Columbian Exchange*, p.175.

16 "Quadrimestre de maio a setembro de 1554, de Piratininga", in Anchieta, *Cartas, informações, fragmentos históricos e sermões*, p.53.

um trabalho mínimo até o amadurecimento, quando as mulheres apenas o desenterravam. Em seguida, elas levavam o tubérculo para seu terraço ou para o de um vizinho que possuía uma roda e prensa para mandioca. Lá, as mulheres descascavam a mandioca, enquanto os homens a ralavam usando uma roda manual. Uma pessoa girava a roda maior, presa por uma correia a outra roda menor, enquanto outra inseria a mandioca descascada em uma série de dentes que rolavam rapidamente e triturava os tubérculos brancos. A mandioca ralada caía em gamelas de madeira e, quando havia uma quantidade suficiente, era inserida em uma prensa ligada a uma pesada vida, que empurrava o líquido venenoso para uma vasilha, extraindo-o por orifícios no fundo dela. Por fim, eles torravam a mandioca em um fogão aberto para produzir a farinha.

Milho, feijão e mandioca ocupavam a maior parte do tempo de trabalho agrícola e das terras aráveis dos pobres livres, mas outras culturas, como arroz, algodão e cana-de-açúcar, também eram cultivadas. O arroz era cultivado em locais sem irrigação e, depois de colhido, era descascado pelas mulheres, que o batiam em um pilão. Em seguida, elas o peneiravam, jogando-o para cima e para baixo em uma cesta achatada até que o vento levasse embora os resíduos mais leves.

Algumas famílias cultivavam cana-de-açúcar e destilavam cachaça usando métodos primitivos característicos dos primeiros anos da produção de açúcar no Brasil. Pequenas quantidades de cachaça para consumo doméstico, grupos de trabalhadores ou para troca e venda podiam ser produzidas sem que fosse necessário investir muito capital. Depois que os homens cortavam a cana com facões ou facas, levavam-na para serem moídas em um pequeno moinho. Depois, ferviam a garapa em grandes barris de cobre. Quando atingia o ponto, era derramada em moldes para cristalizar, e o melaço pingava do fundo. A partir desse melado, destilava-se a cachaça usando um alambique.

Além de cultivar esses alimentos, os pobres livres suplementavam sua dieta com carnes obtidas a partir da caça e da pesca nas matas próximas à vila. Eles também criavam animais domésticos, especialmente porcos, como fonte de carne e gordura. Muitas famílias cultivavam algodão, que era fiado e tecido pelas mulheres para a produção de panos e das redes em que dormiam. Homens e mulheres coletavam argila da beira dos córregos para produzirem potes, pratos, jarros e moringas de cerâmica.

As famílias dos pobres livres dependiam das terras do sertão para sua sobrevivência. A maioria as ocupava como posseiros, ou seja, plantando desde que ninguém contestasse a ocupação. De certa forma, sua visão da posse da terra era mais próxima da prática indígena de possuir os frutos da terra, mas não a terra em si.[17] Aqueles que queriam possuir terras como propriedade privada, no sentido europeu, tinham de garantir um título legal, para o qual era necessário receber a terra por meio de uma herança conduzida pelo juiz local, ou por meio da compra de terras e o registro da venda no cartório, ou pelo recebimento de uma sesmaria. Todos esses processos discriminavam as famílias dos pobres livres, que viviam à margem da sociedade colonial. Poucos tinham os contatos ou os recursos necessários para obter títulos legais para as terras. Portanto, não é de surpreender que os pobres livres só ocasionalmente tivessem o título legal de suas terras.

Durante os séculos XVII e XVIII, porém, a presença do sertão significava que a terra ainda não era um recurso escasso em São Paulo. O fato de não possuírem o título legal sobre as terras não impedia as famílias de as cultivarem. As leis de Portugal protegiam seus direitos de forma não intencional. As terras cedidas como sesmarias, por exemplo, eram doadas "sem prejuízo de terceiro ou do direito que alguma pessoa tenha a eles".[18] Essa determinação se estendia àqueles que "possuíam" terras por as terem "ocupado". Quando Ana Maria Xavier Pinto da Silva solicitou uma sesmaria em uma zona de mata fechada entre Parnaíba e a vila vizinha de Jundiaí, seu pedido foi primeiramente negado porque nove famílias já viviam na terra. Embora essas famílias fossem muito pobres, elas ainda pagavam o dízimo anual à Igreja. Quando a Coroa finalmente lhe concedeu a sesmaria, ela reconheceu que essas nove famílias tinham direito às suas roças.[19] Portanto, enquanto

17 Essa atividade estava profundamente enraizada em São Paulo, como pode ser visto nos inventários do século XVII que trazem avaliações de plantações de milho, algodão e trigo, mas não da terra em si. Ver Capítulo 2.

18 Sesmaria de Pascoal Fernandes de Sampaio, 1783, Patentes e sesmarias, n.22, p.56v-57v., Apesp. Ver também "Cópia do parágrafo respeito às sesmarias", 4 nov. 1799, Ofícios diversos, 1770-1799, lata 355-105, Apesp, que reforça o direito dos primeiros povoadores sobre as terras que cultivaram, independentemente de sesmarias subsequentes que pudessem incluí-las.

19 Requerimento de Ana Maria Xavier Pinto da Silva, 1786, Requerimento para sesmarias, 82-4-30, lata 326, Apesp. Ver também o debate de Marcílio sobre os direitos dos posseiros em *Caiçara*, p.62-1.

houvesse terra em abundância, as famílias dos pobres livres não tinham dificuldade para encontrar lugares para cultivar.

No modo de vida tradicional dos pobres livres, um indivíduo não podia sobreviver sem sua família. Os membros da família trabalhavam juntos para cultivar os alimentos de que todos precisavam para sobreviver. Enquanto a propriedade e a distribuição de bens desempenhavam um papel fundamental no processo de unir as famílias de elite, um ciclo de trabalho interminável ligava as famílias dos pobres livres. Cada membro da família contribuía para a economia doméstica, e era o trabalho de todos que possibilitava a sobrevivência da família como um grupo.

Diferentemente das famílias dos proprietários agrícolas, as famílias dos pobres livres eram caracterizadas pela igualdade entre os indivíduos. Eles viviam em domicílios raramente diferenciados por raça, uma vez que os membros do domicílio geralmente vinham da mesma família. Tanto homens quanto mulheres trabalhavam nas roças e na preparação dos alimentos, de modo que maridos e esposas, irmãos e irmãs tinham tarefas similares e responsabilidades equivalentes.[20] Como poucos aprendiam a ler e escrever, tanto os homens quanto as mulheres eram analfabetos e nenhum deles atuava nas instituições da comunidade.

Até as crianças desempenhavam um papel importante nas famílias dos pobres livres, pois trabalhavam com seus pais desde cedo e aumentavam consideravelmente a capacidade produtiva do domicílio.[21] Por esse motivo, as mulheres tinham muitos filhos, e havia poucos incentivos para limitar o número de membros da família. Pelo mesmo motivo, as famílias desencorajavam seus filhos a se casarem jovens. Eles permaneciam em casa trabalhando para os pais até se casarem, o que geralmente acontecia quando tinham em torno de vinte anos. Só então formavam seus próprios lares.

---

20 Pesquisas de sociólogos modernos sobre a população sitiante em São Paulo no século XX também enfatizam a relativa igualdade entre homens e mulheres. Em *Sertão e bairro rural*, p.151, Fukui escreve que em Laranjeiras em 1964, "de uma maneira geral, em relação ao trabalho da roça, não há uma distinção muito nítida de tarefas entre marido e mulher. Ambos trabalham lado a lado, com os mesmos instrumentos, com o mesmo ritmo e a mesma intensidade. É voz geral no bairro que as mulheres podem trabalhar tanto quanto os homens e 'entendem de lavoura tanto quanto eles'".

21 Novamente, pesquisadores contemporâneos destacam a importância das crianças nas famílias de sitiantes na atualidade. Em Laranjeiras, "a infância tem uma duração muito breve e não ultrapassa a idade de seis ou sete anos, idade em que meninos e meninas se tornam responsáveis pelas tarefas de que são encarregados" (Fukui, *Sertão e bairro rural*, p.153).

As famílias dos pobres livres ampliavam sua força de trabalho incorporando empregados ou agregados em suas casas. As famílias, sobretudo as mais abastadas, geralmente tinham agregados que moravam com elas. Eles podiam ser parentes, órfãos ou pessoas bem pobres, e todos eles trabalhavam nas roças, preparando alimentos e como empregados domésticos em troca de comida e alojamento. Uma família poderia buscar empregados em momentos específicos de sua vida, como quando seus filhos eram pequenos ou depois que eles saíam de casa. Dessa forma, conseguiam expandir a base produtiva da família.[22]

No tempo da colheita ou durante o preparo das roças, os pobres livres dependiam da ajuda de seus vizinhos. Grupos de trabalho, chamados de ajuntamentos, eram um importante meio de expandir da força de trabalho da família. José Arouche de Toledo Rendon descreve essa prática em 1788:

> O que pretende fazer a sua roçada ou derrubada de mato convoca os seus vizinhos para certo dia em que, depois de comer muito e beber melhor, pegam nos machados e nas foices, mais animados do espírito da caninha do que do amor do trabalho. Acabada aquela função convocam-se para outras, e este vem a ser unicamente o tempo em que trabalham, com interpolação de dias.[23]

Esses ajuntamentos eram recíprocos, ou seja, esperava-se que quem recebesse devolvesse o favor posteriormente.[24]

---

22 Ver o relato fascinante de Berkner sobre o emprego de servos em famílias camponesas austríacas do Setecentos em "The Stem Family and the Developmental Cycle of the Peasant Household: An Eighteenth-Century Austrian Example".

23 Rendon, "Reflexões sobre o estado em que se acha a agricultura na Capitania de São Paulo", *Documentos interessantes*, v.44, p.195-213. Outras alusões a esses dias de trabalho às vezes aparecem em documentos que descrevem o cotidiano da população pobre livre. Por exemplo, em 1816 uma investigação realizada pelo juiz de paz referente ao açoitamento de Francisco da Penha revela que Antônio de Gois Leme estava a caminho de Itu no intuito de comprar um pouco de melaço e cachaça para o ajuntamento que capinaria sua roça quando testemunhou um crime (Livros de Parnaíba, v.98, p.33-4, lata 6068-20, Apesp). Outra investigação de um crime cometido em 1790 revela o trabalho de parentes nas roças uns dos outros. Quando o juiz de paz investigou a agressão a José Leme, descobriu que este estava trabalhando com seu cunhado na roça dele quando três homens chegaram, atacaram-no e roubaram os medalhões que usava no pescoço (Livros de Parnaíba, v.152, p.3-5, lata 6077-29, Apesp).

24 Essa prática de mutirão entre os sitiantes brasileiros modernos é discutida por sociólogos e antropólogos. Ver Fukui, *Sertão e bairro rural*, p.166; e Candido, *Os parceiros do Rio Bonito*, p.29-40.

Os próprios ajuntamentos podiam ter sua origem entre os indígenas. O jesuíta José de Anchieta observou esse costume no século XVI em São Vicente, narrando que os indígenas, chamando os vizinhos, bebiam cauim feito pelas mulheres para o trabalho coletivo na terra durante o dia, e às vezes até a noite.[25] Esse relato tem muito em comum não apenas com a descrição de José Arouche de Toledo Rendon, mas também com o panorama traçado por Lia Freitas Garcia Fukui de um dia de trabalho coletivo, chamado ajutório, em 1964:

> No primeiro ajutório, o dono da casa convocou os moradores do bairro num dia de reza na capela, quando pediu, em voz alta, que os presentes comparecessem ao seu sítio para efetuar o trabalho. No dia combinado, dez pessoas – parentes, vizinhos e compadres – atenderam o pedido. Iniciaram o trabalho pela manhã, interromperam-no apenas para almoçar e no fim da tarde, quando foi servido o jantar, as paredes da casa estavam terminadas. A bebida foi servida abundantemente o dia todo.[26]

A vida privada das famílias dos pobres livres deixava ainda menos espaço para privacidade ou expressão individual do que a vida dos indivíduos da classe de proprietários agrícolas. As primeiras viviam em casebres construídos de pau a pique ou palha. Todos dormiam muito próximos, em redes, em esteiras no chão ou em catres simples feitos de videiras tecidas. Os poucos bens da família, como utensílios de cozinha, móveis, roupas e ferramentas, geralmente tinham um valor tão baixo que mesmo combinados não atingiam o valor mínimo requerido para justificar a realização de um inventário quando alguém morria. Assim, a herança formal, um evento de suma importância para as famílias de proprietários agrícolas por causa das transferências de bens envolvidas, tinham menos relevância para as famílias dos pobres livres. Devido ao fato de estas últimas terem pouco para dividir entre seus filhos, elas não desenvolviam estratégias elaboradas para modificar o impacto das leis sucessórias.

Os censos iniciados pelo morgado de Mateus fornecem aos historiadores excelentes fontes para reconstruir a vida dos pobres livres no final do século

25 Dominian, *Apostle of Brazil: The Biography of Padre José de Anchieta, S. J.*, p.88.

26 Fukui, *Sertão e bairro rural*, p.166. Ver também as descrições sobre o século XIX em Candido, *Os parceiros do Rio Bonito*, p.67; e Franco, *Homens livres*, p.29-40.

XVIII. Ao comparar o primeiro censo a registar dados sobre a propriedade, tanto de pessoas escravizadas como de terras – o recenseamento de 1775 –, com o censo realizado 45 anos mais tarde – o recenseamento de 1820 –, é possível ver os pobres livres em dois momentos diferentes. Em 1775, a economia açucareira havia se enraizado em Parnaíba, mas o modo de vida tradicional dos pobres livres continuava em evidência, embora o cultivo de cana estivesse começando a mudar a vida de todos os proprietários agrícolas, tanto aqueles que começaram a plantar cana-de-açúcar como os que continuaram cultivando alimentos para subsistência. Em 1820, a economia açucareira havia transformado radicalmente os espaços agrícolas da cidade e a vida dos pobres livres.

Viver em Parnaíba em 1775 como parte da classe pobre livre significava aceitar o comando do capitão-mor, servir na ordenança, ter seu domicílio listado no censo e estar sujeito às requisições provinciais para homens (para servir como soldados) e alimentos (para alimentar os soldados). Neste ano, cada domicílio de Parnaíba teve produção e suas propriedades agrícolas calculadas. Por exemplo, Bento Cardoso Correa possuía um pequeno sítio, seis cavalos e uma porca. Plantou 25 alqueires de milho e dois de feijão. Sua saúde e a aptidão física de seus filhos também mereceram ser avaliadas. O recenseador notou que Bento estava seriamente doente por sete meses, que seu filho Antônio foi "rendido dos pistos", e que seu filho Francisco manifestou um inchaço no pescoço.[27] O censo fornecia informações importantes sobre cada domicílio da vila para os governadores-gerais. Essas informações podiam ser usadas para recrutar soldados ou famílias para projetos de assentamento, bem como para requisitar alimentos e suprimentos e para estimar a receita tributária.

Apesar dessas mudanças, o censo de 1775 retrata muitas das estratégias tradicionais utilizadas pelas famílias de pobres livres para sobreviverem. Essas famílias continuavam vivendo como sempre o fizeram, como agricultores de subsistência. A maioria vivia afastada do centro da vila, fora do alcance das instituições locais. Plantavam nos "sítios volantes" que o morgado de Mateus tanto desprezava. Para esses homens, mulheres e crianças, a

27 O morgado de Mateus enfrentou vários problemas ao recrutar homens para seus diversos objetivos militares. Os paulistas não gostavam de se alistar nas tropas reais e constantemente impediam suas tentativas de formar essas companhias. Talvez as enfermidades dos homens adultos de Parnaíba sejam outros exemplos de estratagemas para evitar o serviço militar.

sobrevivência dependia da possibilidade de plantarem livremente em terras devolutas. Eles contavam com as suas famílias para o trabalho nas roças e evitavam os agentes e instituições de controle social tanto quanto possível. Contudo, o censo também mostra um segundo grupo de pobres livres, que tinham uma vida mais sedentária. Eles possuíam pequenos sítios e sobreviviam de maneira diferente, integrando-se à comunidade e se relacionando com as famílias mais poderosas da vila. Além disso, procuravam limitar a divisão de suas terras entre os seus herdeiros.

De acordo com o censo de 1775, 39% dos lavradores que não possuíam escravizados plantavam "a favor" (ver Tabela 5.1).[28] Plantar "a favor" parece significar plantar livremente onde as famílias encontrassem terras disponíveis. As poucas referências ao termo sugerem que os pobres livres plantavam em terras não reivindicadas ou devolutas, ou ainda com a permissão dos proprietários. Quando as famílias tinham permissão para plantar nas terras de outras pessoas, tais permissões podem ter envolvido algum tipo de troca, seja em termos de renda ou de colheita. Todavia, o significado de "a favor" sugere que as famílias recebiam as terras livremente, pois esse recurso era abundante e ninguém se opunha à sua presença. Embora as evidências sejam escassas, tal interpretação é confirmada por um documento deixado por João Ribeiro Fernandes, Paulo Pereira, Antônia Paes de Oliveira e Mateus Rodrigues com a câmara de Parnaíba em 1784. Em 17 de abril, os quatro apareceram na câmara para registrar suas relações. João declarou ao notário que "era sua vontade [...] que [...] Paulo Pereira ficasse arranchado nos seus cultivados e juntamente ficasse com um capãozinho que está no meio dos ditos cultivados sem obrigação [de] pagar coisa alguma o que foi aceito pelo dito Paulo Pereira".[29] João afirmou que desejava que Mateus Rodrigues continuasse com o resto de sua roça "sem pagar coisa alguma" e que igualmente Antônia Paes de Oliveira continuasse sem obrigação, exceto que deveria construir uma cerca. Esse contrato, assinado "por evitar contendas" entre as quatro famílias, em um primeiro momento parecia refletir relações "a favor"

28 Encontrei poucas referências ao termo "a favor" na bibliografia histórica. Maria Thereza Schörer Petrone observa que o termo se refere a lavradores que plantavam livremente, sem um título legal. Ela também nota que a prática era mais comum entre aqueles que plantavam alimentos. Ver Petrone, *A lavoura canavieira em São Paulo: expansão e declínio (1765-1851)*, p.55-6.

29 João Ribeiro et al., 1784, Ofícios diversos, Tempo Colonial-1784, lata 355-105, Apesp.

entre João e os outros. Pesquisando esses domicílios no censo de 1775, descobre-se que João Ribeiro Fernandes vivia na paróquia de São Roque, onde possuía um sítio, plantava milho e criava gado, porcos e cavalos. Mateus Rodrigues, sua esposa e seus cinco filhos viviam no mesmo bairro e plantavam "a favor". Os domicílios de Antônia e Paulo não aparecem no censo, mas, a partir dos domicílios de João e Mateus, a relação descrita no documento firmado na câmara da vila fica clara. Mateus plantava "a favor" nas terras que João reivindicava como suas.

Tabela 5.1. Padrões de uso da terra pelos pobres livres, 1775

Domicílios	N	%
Planta "a favor"	194	39
Possui terras	163	32
Arrendatário	60	12
Sem terras	86	17
Total	503	100

Fonte: Censo de 1775, Parnaíba.

Do ponto de vista do pobre livre, o cultivo de terras sem disputa implicava a sua posse, independentemente de qualquer reivindicação legal. Assim, uma família que plantava na mesma terra "a favor" durante muitos anos acabava entendendo que aquelas terras lhe pertenciam. Por exemplo, no censo de 1775 encontra-se a informação de que João Leite de Lima, sua esposa e quatro filhos plantavam "a favor". Quinze anos depois, um contrato de venda apareceu nos livros do cartório. No documento, a propriedade consistia em meia légua de terras, duas roças de milho, uma de algodão, árvores frutíferas e pinheiros, uma casa de pau a pique coberta de palha e um chiqueiro. João e sua esposa declararam que o sítio pertencera a seus pais e avós, estando sob a "posse" deles por mais de sessenta anos. Com o tempo, então, a ocupação não contestada se transformava na base da posse legal da terra.[30]

Como é impossível definir claramente o significado do termo "a favor" no censo de 1775, é difícil saber exatamente que espécie de relações a maioria

30 Censo de 1775, Mapas de população, lata 125-125, Apesp; Venda de terras 1796, Livros de Parnaíba, v.57, p.83-4, lata 6061-13, Apesp. Um censo de proprietários de terra de São Paulo

das famílias de pobres livres tinha com a terra. Entretanto, dada a clareza de outras relações, é possível dizer o que não significava o termo "a favor". Como os censos deixavam claro quando lavradores possuíam terras, "a favor" não se referia à posse em si. Tampouco significava arrendar terras, pois essas famílias eram conhecidas como "foreiros". Da mesma forma, "a favor" não era o mesmo que camponês arrendatário, uma vez que, em Parnaíba, os que viviam de modo semelhante aos camponeses arrendatários no sentido europeu eram chamados de agregados ou administrados. "A favor" também não significava que esses domicílios não cultivavam a terra, visto que quase todos que viviam desse modo produziam gêneros alimentícios. Então, com base nos poucos indícios encontrados em outras fontes e pelo que podemos deduzir que "a favor" seguramente não era, parece que o termo significava cultivar livremente em terras devolutas ou plantar em terras particulares com a permissão dos donos.

Um segundo significado de "a favor" que aparece na documentação sugere um tipo diferente de posse de terras. As famílias que tinham terras às vezes concediam permissões aos outros, geralmente um parente direto, para plantar em suas terras. De acordo com o censo, João Rodrigues, sua esposa e dois filhos viviam "a favor" de seus pais. Diferentemente das famílias que viviam simplesmente "a favor", João e sua família dependiam das terras dos parentes. Em vez de procurar por terras livres na fronteira, eles plantavam suas roças em terras que já haviam sido reivindicadas. Esse significado de "a favor" representava uma maneira muito distinta de uso da terra – na qual as famílias a dividiam. Dessa forma, incluí esses exemplos na categoria "Possui terras" na Tabela 5.1.

Em 1775, havia 163 domicílios de pobres livres que possuíam terras; ou que viviam "a favor" nas terras de um parente próximo; ou que cultivavam terras cuja posse era compartilhada com outros; ou que pagavam um foro para ter um acesso mais estável a terras. Embora possam ter adquirido terras simplesmente sendo posseiros, quando deixavam essas terras para seus herdeiros por meio de testamentos ou inventários legalmente reconhecidos,

---

feito no início do século XIX – os Bens Rústicos – também demonstra a importância da posse como forma legal de obter o título da terra. Infelizmente, os Bens Rústicos de Santana de Parnaíba se perderam, bem como os da cidade de São Paulo. O que restou do censo encontra-se no Arquivo Público do Estado de São Paulo. Para uma análise dele, ver Canabrava, "A repartição da terra na Capitania de São Paulo, 1818".

estabeleciam uma reivindicação legal que seria aceita pelos juízes locais.[31] Essa prática funcionava como uma estratégia importante utilizada pelos pobres livres mais estabelecidos para legalizar suas terras.

As famílias usavam diversas estratégias para criar e manter pequenas propriedades rurais. Alguns juntavam terrenos para formar um sítio de fato. Francisco Xavier de Oliveira e sua esposa, por exemplo, criaram seu sítio combinando um pedaço de terra herdado e outras terras que compraram de um sobrinho.[32] Outra estratégia visava impedir a divisão das terras por meio da herança. Em vez de dividir as terras da família, os oito filhos de Ana Leme do Prado decidiram viver juntos e compartilhar a propriedade.[33] Algumas famílias alugavam terras das instituições locais, tais como a Igreja, a câmara ou a comunidade indígena de Barueri. Essas terras frequentemente permaneciam nas mãos das famílias por muitas gerações, representando um acesso estável à terra. As instituições locais que possuíam essas terras coletavam anualmente um aluguel, e os arrendatários podiam vender os seus direitos e transmiti-las a seus herdeiros.[34]

Em 1775, sessenta famílias viviam como arrendatários nas propriedades religiosas da vila de Parnaíba, tendo, portanto, obrigações para com seus senhorios. A propriedade jesuítica confiscada de Araçariguama tinha 39 domicílios ligados a ela em 1775, cujos membros foram descritos pelos recenseadores como "forros" e "libertos". Tratava-se de indígenas que haviam vivido como administrados, bem como escravizados libertos. Tradicionalmente, essa população trabalhava três dias por semana para os jesuítas e, em troca, recebia suas terras e casebres.[35] Depois do confisco da propriedade jesuítica em 1759, aqueles que alugavam a fazenda (agora pertencente à Coroa) talvez esperassem que os arrendatários trabalhassem da mesma

31 Ver, por exemplo, o caso de João Leite de Lima.

32 Censo de 1775, Mapas de população, lata 125-125, Apesp.

33 Inventário de Ana Leme do Prado, 1771, Inventários do Primeiro Ofício, n.14.751, lata 709-97, Apesp. Os herdeiros de Sipriana Gil tomaram uma decisão similar; ver seu inventário de 1770, Inventários do Primeiro Ofício, n.14.794, lata 712-100, Apesp.

34 Os registros sobre o arrendamento de terras da igreja matriz encontram-se no Livro de Lançamento da Fábrica da Igreja, Livros de Parnaíba, v.72, lata 6063-15, Apesp. Aqueles relativos ao arrendamento por parte da câmara são encontrados no livro Foros de Terrenos, 1724-1828, Livros de Parnaíba, v.89, p.40-87, lata 6066-18, Apesp. Embora apareçam nos inventários referências a terras arrendadas pela Aldeia de Barueri, não encontramos essa documentação.

35 "Relação dos bens apreendidos e confiscados aos padres jesuítas", 13 dez. 1762, *Documentos interessantes*, 44, p.339-78.

forma. O Mosteiro de São Bento, uma pequena propriedade beneditina em Parnaíba, mantinha oito domicílios descritos como "agregados" no censo de 1775. Segundo os dados do censo, esses arrendatários eram mulatos e indígenas. Na propriedade da Capela de Santo Antônio, na paróquia de São Roque, o censo listava treze domicílios de arrendatários, referindo-se a eles como indígenas administrados, mesmo que a prática de administração tenha sido formalmente abolida em 1750. Em cada uma dessas propriedades, os arrendatários provavelmente eram antigos administrados, os quais continuavam vivendo no local depois do fim da administração, trocando sua força de trabalho ou parte do seu ganho pelo direito de fazer suas roças.[36]

A maioria dos pobres livres vivia em famílias nucleares em 1775. A família nuclear, composta pelo casal e seus filhos, era essencial para a sobrevivência dos sítios dessa parcela da população, pois possibilitava a melhor proporção entre número de trabalhadores e terra. Analisando a idade dos chefes de domicílio em relação ao tipo do domicílio, é possível ver um ciclo familiar comum no qual a família nuclear predominava.[37] Esse ciclo se iniciava com o casamento e a formação de um domicílio pelo casal. O ciclo continuava quando o casal tinha filhos e formava uma família nuclear. A estrutura desse domicílio permanecia até o chefe da família atingir a meia-idade, quando começavam a surgir domicílios monoparentais e complexos, à medida que os cônjuges faleciam ou as famílias cresciam, tornando-se extensas com a entrada de parentes dependentes. Viúvas chefiavam muitos dos domicílios monoparentais, enquanto homens casados e viúvos tendiam a chefiar os domicílios complexos. Com o casamento dos filhos, o ciclo recomeçava.

Os contornos desse ciclo familiar comum podem ser vistos no caso de Bento Cardoso Correa. Em 1767, aos 42 anos, ele vivia com a esposa e cinco filhos em uma família nuclear. O censo de 1775 revela que o domicílio ainda era uma família nuclear, sendo a única diferença o fato de que nasceram mais dois filhos, José e Bento. Em 1798, 23 anos depois, o domicílio havia

36 Mosteiro de São Bento, Capela de Santo Antônio. Censo de 1775, Mapas de população, lata 125-125, Apesp.

37 Os historiadores e sociólogos utilizam o termo "ciclo familiar" para se referir às mudanças ocorridas na vida familiar no decorrer do tempo. Esses ciclos são afetados pelos costumes familiares e pela estrutura demográfica. Os pesquisadores acreditam que as famílias de regiões, classes e etnias similares possuem ciclos familiares em comum; ver Hareven, "The Family as Process: The Historical Study of the Family Cycle".

mudado. A esposa, Maria, havia falecido, e Bento, agora com 77 anos, vivia com três filhos: Francisco (35 anos), Joana (40 anos) e Rosa (37 anos).[38]

O censo de 1775 pinta um quadro desse ciclo para toda a população e, como demonstra a Figura 5.1, a maioria dos chefes de domicílio nas faixas etárias dos 20, 30 e 40 anos comandava famílias nucleares. Domicílios monoparentais e complexos, no entanto, aparecem mais nas faixas etárias mais velhas, à medida que as famílias nucleares se transformavam em famílias monoparentais ou extensas. Além disso, como a terra continuava abundante na vila em 1775, as complexas estruturas familiares frequentes entre os camponeses europeus para regular o uso e a transferência de terra entre os membros da família não surgiram em Parnaíba. Na Europa, essas estruturas familiares complexas incluíam domicílios criados por filhos casados morando com seus pais, domicílios formados por irmãos e irmãs casados e famílias extensas compostas por famílias nucleares com o acréscimo de netos, avós ou outros parentes. Esse tipo de domicílio complexo era comum na Europa devido à escassez de terras. Contudo, eles raramente apareciam em Parnaíba porque era mais fácil para as novas gerações encontrarem suas próprias terras no sertão.[39]

O censo de 1775 demonstra como os filhos eram fundamentais para a sobrevivência das famílias dos pobres livres. As famílias nucleares tinham em média 3,3 filhos vivendo em casa em 1775. As mulheres costumavam dar à luz muitos filhos, porém nem todos viviam no domicílio ao mesmo tempo. As altas taxas de natalidade garantiam um fluxo constante de mão de obra para o domicílio. Por exemplo, em 1767, Antônio Leal das Neves e a esposa, Luzia Pinta, tinham cinco filhos vivendo com eles. Em 1775, esse número se mantinha, porém não eram os mesmos filhos. Ana, que tinha 8 anos em 1767, não aparece no censo de 1775, quando teria 14 anos. Talvez ela tenha se casado ou deixado o domicílio para trabalhar como doméstica para outra família. Enquanto isso, tinha nascido o jovem Inácio. Em 1798, Antônio e Luzia viviam com três filhos, dois dos quais não apareceram no censo

38 Censo de 1767, 1775 e 1798, Mapas de População, latas 125-125 e 127-127, Apesp.

39 Lutz Berkner observa que, onde havia terra disponível, as famílias nucleares costumavam ser predominantes, mas, em lugares com terras limitadas, os domicílios complexos eram mais comuns. Ver Berkner, "Inheritance, Land Tenure and Peasant Family Structure. A German Regional Comparison". Ver também a análise de Robert Wheaton sobre as junções de famílias em "Family and Kinship in Western Europe: The Problem of the Joint Family Household".

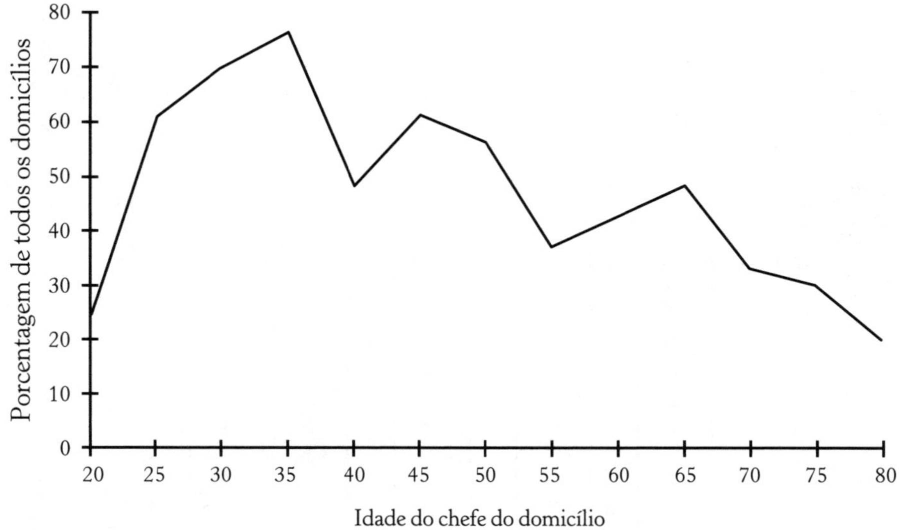

Fonte: Censo de 1775, Parnaíba.

Figura 5.1. Famílias nucleares em relação a todos os domicílios dos pobres livres ao longo do ciclo familiar, 1775

anterior. Dessa maneira, apesar de Antônio e Luzia terem tido ao menos oito filhos, em nenhum dos censos aparecem todos ao mesmo tempo. Da mesma forma, Domingos de Souza e sua esposa, Maria da Conceição, tiveram pelo menos 11 filhos, embora os censos de 1767, 1775 e 1798 tenham listado apenas seis, cinco e três deles, respectivamente.[40]

A família nuclear oferecia aos pobres livres uma estrutura familiar estável ao longo do tempo, mas os membros desse tipo de família sempre mudavam. Do ponto de vista dos pais, essa estrutura era vantajosa porque significava que, quando os filhos mais velhos casassem ou deixassem a casa, os mais novos poderiam substituí-los no trabalho na roça. As mulheres ficavam em idade fértil por longos anos, o que explicava o fato de a família nuclear perdurar no ciclo familiar. O nascimento constante de crianças reabastecia a fonte de mão de obra nas roças, o que dava às famílias dos pobres livres uma estabilidade de longo prazo.

As famílias nucleares perduraram não apenas por razões demográficas, mas também porque davam aos pobres livres uma estrutura domiciliar

40 Censo de 1767, 1775 e 1798, Mapas de população, latas 125-125 e 127-127, Apesp.

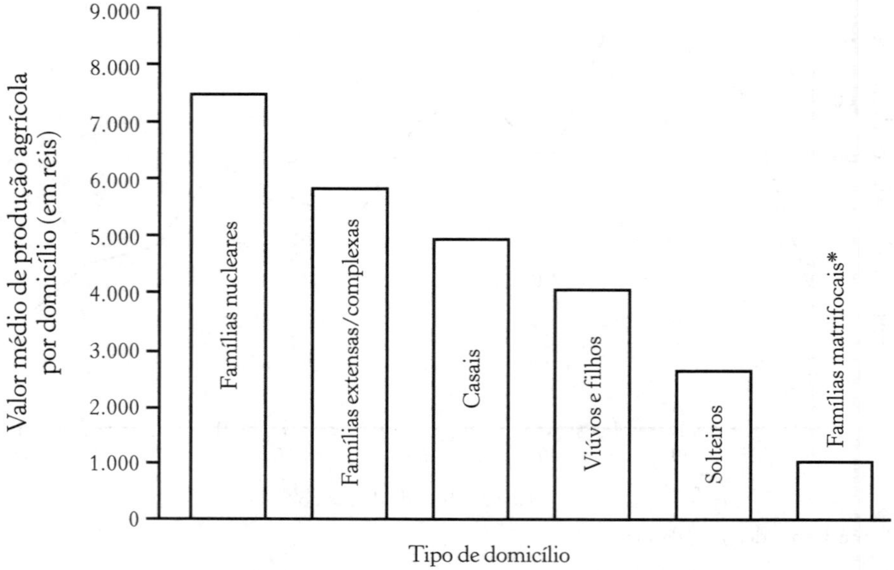

* Domicílios liderados por mulheres solteiras (que nunca se casaram)

Figura 5.2. Produção agrícola dos pobres livres por tipo de domicílio, 1775

viável capaz de atender as necessidades da família. Tratava-se de unidades de trabalho bem-sucedidas que produziam um excedente maior do que domicílios compostos por um adulto e filhos, famílias extensas ou famílias sem filhos (Figura 5.2).

Não é de surpreender que os filhos sejam associados positivamente ao valor total da produção agrícola do domicílio (coeficiente de correlação de Pearson: r = 0,24). As famílias nucleares produziam mais que os outros tipos de domicílios, e a produção aumentava ou diminuía conforme o ciclo de vida da família nuclear. O valor da produção agrícola – em média 6.700 réis quando os chefes de domicílio tinham entre 20 e 25 anos – aumentava para 7.700 réis quando tinham entre 30 e 35 anos e atingiam o pico de 11.000 réis quando tinham entre 45 e 50 anos. Depois disso, o valor médio da produção agrícola por domicílio começava a cair vagarosamente (Figura 5.3).

Como o censo de 1775 deixa claro, as famílias compensavam mudanças na estrutura familiar que pudessem afetar a produção agrícola obtendo trabalhadores extras ou agregados. A presença destes expandia as opções de mão de obra da família. Em 1775, 104 domicílios tinham agregados. Por exemplo, no domicílio de Antônio José da Silva viviam sua esposa, Isabel,

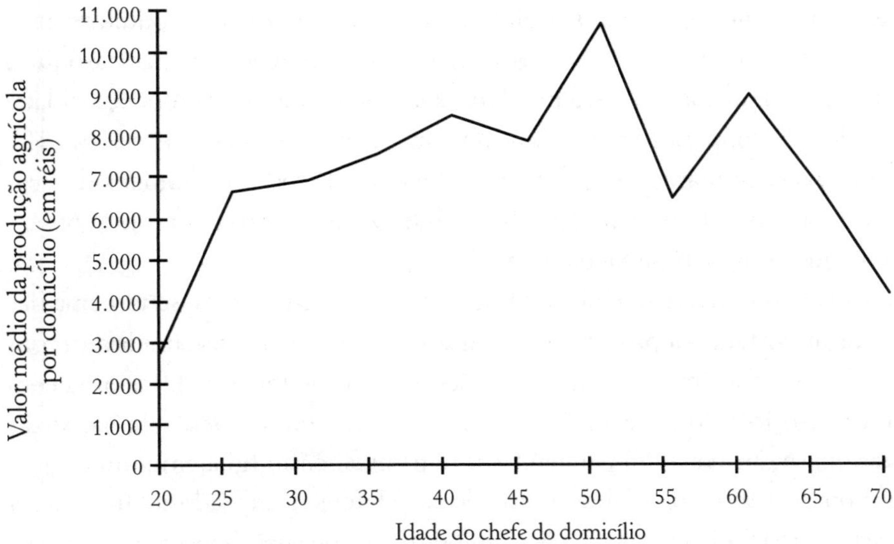

Figura 5.3. Produção agrícola das famílias nucleares dos pobres livres, 1775

cinco filhos com idades entre 6 meses e 15 anos e uma jovem mulata chamada Antônia, listada pelo censo como uma agregada. O papel de Antônia na família pode ser apenas inferido, mas ela provavelmente trabalhava para a família como uma empregada que morava no local. Como o domicílio tinha gado, porcos e cavalos, além das plantações de arroz e milho, seu trabalho, fosse na roça ou na casa, era importante para aumentar a capacidade produtiva. Os agregados, assim como os filhos, associavam-se de forma positiva com o valor total da produção agrícola da família nuclear em 1775 (coeficiente de correlação de Pearson: r = 0,29).

O censo de 1775 retrata a mobilidade das famílias dos pobres livres e a facilidade com que eles juntavam seus pertences e saíam da vila. Mudar-se para a fronteira era tão comum quanto fácil. Essa população cruzava as fronteiras entre paróquias e vilas à procura de terras livres. Às vezes eles simplesmente realocavam as roças, mas, em outros casos, pegavam seus pertences e partiam. Em 1775, o capitão-mor de Parnaíba notou que 54 famílias (ou seja, 8% do total) tinham deixado a vila naquele ano. Em sua maioria, eram famílias de pobres livres, como Salvador Ricardo, sua esposa e seus seis filhos, que se mudaram para a vila vizinha de Jundiaí. Estevão Pais, sua esposa e seus sete filhos se mudaram mais para oeste, para Piracicaba. Outras famílias também migraram para o oeste, para vilas como Itu, Sorocaba, Mogi

Mirim e Lages. Algumas simplesmente se realocaram da paróquia de Santana (mais desenvolvida) para regiões menos povoadas, como as paróquias de Araçariguama e São Roque. Homens solteiros migravam para a cidade de São Paulo, para Minas Gerais ou para vilas mais a oeste. Em 1775, 101 homens se mudaram, o que representava 6% de todos os homens da vila. Muitos pobres livres simplesmente desapareceram, e o capitão-mor observou que "ninguém sabia para onde".[41]

Os pobres livres se mudavam pelas mais variadas razões, sendo uma das mais importantes a procura por terras. Contudo, também se mudavam para fugir do serviço militar e de obrigações de trabalho forçado. De acordo com o capitão João Martins da Cruz, Fernando de Morais e sua família deixaram Parnaíba em 1775 para evitar serem enviados ao Iguatemi, um projeto de povoamento colonial do morgado de Mateus, localizado na fronteira a oeste.[42] Inácio Rodrigues e Luís Gomes, junto de suas respectivas famílias, deixaram Parnaíba pela mesma razão. Aqueles que permaneciam na vila estavam sujeitos a serem incorporados às forças regulares alocadas em Santos, como aconteceu em 1775, quando 77 homens de Parnaíba foram enviados ao local.[43] Às famílias de Parnaíba foram requisitados alimentos e outros suprimentos utilizados para abastecer a guarnição de Santos ou as tropas e os colonos alocados em postos avançados na fronteira.[44] Os filhos homens também podiam ser enviados para trabalhar na reconstrução do caminho entre Santos e a cidade de São Paulo. Assim, para muitos da população pobre livre, deixar a vila era uma estratégia eficaz que os livrou de inúmeras obrigações e

---

41 Ibid.

42 Iguatemi era um posto avançado e forte construído pelo morgado de Mateus para proteger a fronteira oeste do Brasil em nome de Portugal. Localizada no antigo território das missões dos jesuítas de Guairá, a região do Iguatemi era deliberadamente próxima de povoamentos espanhóis no Paraguai, tornando-se objeto de disputa entre Portugal e Espanha. O morgado, determinado a manter o Iguatemi como um assentamento viável para que Portugal pudesse reivindicar a região de acordo com o princípio de *uti possidetis*, constantemente demandava suprimentos para os capitães-mores de São Paulo, assim como demandava homens para o forte e famílias para colonizar a vila. Ver Alden, *Royal Government in Colonial Brazil: With Special Reference to the Administration of the Marquis of Lavradio, Viceroy, 1769-1779*, p.462-71; e Higgins, "Iguatemi: A Brazilian Frontier Community, 1767-1777".

43 Censo de 1775, Mapas de população, lata 125-125, Apesp.

44 O morgado regularmente demandava que os capitães-mores de vilas como Parnaíba enviassem alimentos; ver suas cartas para Parnaíba e Barueri demandando alimentos, homens e casais para colonizar o Iguatemi em *Documentos interessantes*, v.5, p.25, 55, 104; v.6, p.68, 91, 117, 178; e v.8, p.7, 96, 149.

lhes permitiu que continuassem a viver a vida fronteiriça que estava cada vez mais ameaçada nas vilas mais antigas, como Santana de Parnaíba.

As famílias pobres livres que saíram de Parnaíba levaram consigo suas estratégias tradicionais de sobrevivência, procurando terras devolutas na periferia das vilas ou mesmo no sertão. Lá, continuavam a viver em famílias nucleares e deram pouca atenção às autoridades e instituições locais.

Não obstante, as famílias que permaneciam em Parnaíba percebiam as mudanças ocorridas na região. Como o sertão havia praticamente desaparecido da vila, as famílias não podiam mais contar com terras livres para seus filhos. Os poucos testamentos e inventários dos pobres livres do século XVIII demonstram que, quando possuíam terras, eles tentavam limitar a divisão dos bens entre os herdeiros. Francisco de Oliveira Gago possuía um pequeno sítio, um escravizado, gado e ferramentas agrícolas. Quando faleceu, em 1755, sua propriedade permaneceu relativamente intacta (exceto pelo escravizado, que foi vendido ou faleceu) sob a administração de sua esposa. Quando ela faleceu, em 1771, os filhos decidiram não passar por um processo formal de partilha, que teria dividido os bens igualmente entre eles. Argumentaram que um inventário e a divisão dos bens conduzida pelo juiz de órfãos consumiriam uma parcela muito grande da propriedade. Em vez disso, desejavam viver juntos e utilizar o patrimônio familiar para o benefício de todos. Os sete herdeiros aparecem no censo de 1775 vivendo juntos no mesmo domicílio. Nenhum deles havia se casado, embora a mais velha (Ana) já tivesse 50 anos. Juntos, eles lavravam a terra e plantavam milho, arroz e amendoim.[45] Assim, ao compartilhar a terra, essa família evitou a divisão da propriedade conforme exigido por lei. Todavia, ao fazer isso, os herdeiros desistiram de seus direitos individuais, o que significava que eles teriam dificuldade para se casar e formar suas próprias famílias.

Em outros casos, o próprio juiz de órfãos se negou a dividir os bens, citando o fato de que o valor do patrimônio em questão era menor do que o custo de dividi-lo legalmente. De fato, quase metade de todos os inventários dos pobres livres levados ao juiz de órfãos (10 de 26) nunca foi finalizada. Seja por petição dos herdeiros, pelo desejo do juiz de não gastar todo o patrimônio em custas jurídicas ou por causa do excesso de dívidas pendentes deixadas

45 Inventário de Francisco de Oliveira Gago, 1755, e inventário de Ana Leme do Prado, 1771, ambos em Inventários do Primeiro Ofício, n.14.751, lata 709-97, Apesp.

pelo falecido, essas propriedades nunca foram divididas conforme exigido por lei. Isso reforça o fato de que os pobres livres possuíam pouco e tentavam passar seus bens para os herdeiros fora do processo formal de herança.

As famílias que permaneceram em Parnaíba procuraram a patronagem e a proteção da classe de proprietários agrícolas. Essas conexões deram às famílias pobres livres patronos poderosos que poderiam defendê-las perante as instituições da comunidade. Embora essas relações reconhecessem implicitamente uma dependência ou subordinação às famílias dos proprietários de terras, elas davam certas vantagens aos pobres livres. A maneira mais comum de alimentar tais vínculos era por meio do apadrinhamento. No nascimento, os pais escolhiam um padrinho e uma madrinha para seus filhos. Caso escolhessem padrinhos que fossem proprietários agrícolas, eles criavam uma ligação entre seus filhos e a classe dominante. Entre 1774 e 1776, o pároco batizou setenta bebês na paróquia de Santana. Quase todos os bebês para os quais foi possível identificar o *status* social dos pais e padrinhos eram afilhados de proprietários agrícolas. Apenas 17% tinham padrinhos da classe dos pobres livres, em comparação com 83% que tinham padrinhos da classe dos proprietários agrícolas (Tabela 5.2). Além disso, era muito comum reforçar o vínculo de compadrio pedindo a outro membro da mesma família (marido e mulher, ou irmão e irmã) que também apadrinhasse a criança. Dessa forma, os pobres livres ligavam seus filhos duplamente a poderosas famílias de proprietários agrícolas.[46]

Os padrinhos serviam como poderosos patronos para famílias pobres na comunidade e às vezes defendiam seus afilhados junto às instituições locais. Por exemplo, quando Maurício da Rocha Campos processou Francisco José de Paula, um soldado mulato acusado de raptar sua filha Rosa de casa, o padrinho da moça auxiliou-a. Maurício acusou Francisco de entrar em sua casa e forçar Rosa a acompanhá-lo até a cidade de São Paulo, onde o soldado a manteve contra a vontade dela. O padrinho de Rosa, um senhor de engenho conhecido na vila, testemunhou perante o juiz local, afirmando que a casa de Maurício sempre fora "uma das graves". O cunhado do padrinho de Rosa testemunhou que Francisco era uma pessoa de pouco *status* e não igual a Rosa, pois vivenciavam "muita desigualdade". Essas declarações

46 Registros de Batismo, 1775, Livros Paroquiais de Santana de Parnaíba, ACDJ.

Tabela 5.2. Padrinhos e madrinhas de crianças de famílias pobres livres

	1774-1776		1819-1821	
	N	%	N	%
Grandes proprietários agrícolas	37	53	18	20
Pequenos proprietários agrícolas	21	30	33	38
Pobres livres	12	17	37	42
Total	70	100	88	100

Fonte: Livros de batismos, paróquia de Santana, ACDJ.

certamente fortaleceram o caso de Maurício, mas o juiz acabou decidindo que não ficou provado que Francisco havia levado a moça contra a vontade dela.[47]

O crescimento de uma economia agrícola comercial baseada no açúcar acabou com a existência independente das famílias pobres livres em São Paulo. Com o declínio das regiões mineradoras em meados do século, os proprietários agrícolas começaram a recapitalizar suas terras em Parnaíba para produzir uma safra para exportação. À medida que a economia açucareira se tornava lucrativa e se espalhava, as famílias dos pobres livres que não tinham títulos de terras começaram a ser expulsas das terras em que tradicionalmente plantavam. Outras, que possuíam documentos que comprovavam a posse das terras, viram-se sob crescente pressão para vendê-las aos proprietários agrícolas.

A política real reforçava a expansão da agricultura comercial de várias maneiras, todas contra os pobres livres. Na segunda metade do século XVIII, oficiais como o morgado de Mateus questionavam o estilo de vida tradicional dos pobres livres porque o viam como um obstáculo ao desenvolvimento de uma economia agrícola comercial em São Paulo. O morgado de Mateus temia que os roceiros que viviam na nebulosa região entre a vila e o sertão retornassem aos modos de vida dos indígenas. Escreveu: "Os homens atrás do mato virgem cada vez se vão alongando mais da sociedade civil, os mesmos que já foram civilizados pouco a pouco hão de perder a doutrina que aprenderão, e se hão de ir assemelhando outra vez ao gentilismo que deixarão".[48]

47 Querela de Maurício da Rocha Campos contra Francisco José de Paula, 1780, Livros de Parnaíba, v.97, p.36-41, lata 6068, Apesp, e domicílios dos censos de 1775, Mapas de população, lata 125-125, Apesp.

48 Do morgado de Mateus ao conde de Oeyras, 23 dez. 1766, *Documentos interessantes*, v.23, p.1-10.

Para o morgado, esses homens e mulheres eram elementos indesejáveis por conta de sua "preguiça" e do potencial de retornarem a modos "bárbaros" e também porque não participavam da economia de mercado. Eles produziam apenas um pouco além do que era necessário aos seus domicílios e não contribuíam para o desenvolvimento econômico da província.

Como parte do seu plano de desenvolvimento de São Paulo, o morgado de Mateus reforçou o poder das elites dos proprietários agrícolas locais com o intuito de obter um controle social e político mais rigoroso sobre os pobres livres. Para isso, era fundamental a criação de companhias de ordenanças – as companhias de ordenanças – sob o comando de homens das famílias dos proprietários agrícolas.[49] Os pobres livres serviam nas ordenanças, recebendo ordens de oficiais, os quais, sem exceções, pertenciam a famílias de proprietários agrícolas. Embora estes últimos inicialmente tenham resistido à crescente influência da Coroa em Parnaíba, à medida que a agricultura comercial se estabeleceu firmemente, eles aceitaram a nova presença real e a utilizaram para reforçar sua hegemonia local e limitar os direitos dos pobres livres às terras. As políticas dos governadores-gerais beneficiaram a população de São Paulo de modo desigual, pois favoreciam os proprietários agrícolas que plantavam para exportação.

Uma das primeiras medidas tomadas pelo morgado foi colocar os homens que viviam nas regiões de fronteira sob a autoridade dos capitães de ordenança. O morgado ordenou que os capitães preparassem uma lista detalhada de seus distritos com "os nomes das cabeças de casais, e sua idade, os nomes de suas mulheres, o valor de seus bens, distinguindo seus filhos cada um pelo seu nome e idade".[50] Essas listas forneciam ao capitão-mor e ao governador informações importantes a respeito da população e da riqueza de cada vila, podendo ser usadas para o recrutamento militar e a taxação. Posteriormente, no mesmo ano (1765), o morgado ordenou a todos os residentes da província que registrassem seus títulos de terras no gabinete do governador. Ele tomou essa medida pois, em sua visão, "os moradores de toda esta Capitania estão situados por diversas partes

---

49 O morgado expandia a ordenança local, criando as tropas auxiliares. Ver Capítulo 4, nota 1.

50 Do morgado de Mateus ao capitão-mor de Itu, Parnaíba, Sorocaba, Jundiaí, Mogi, Taubaté, Jacareí, Guaratinguetá, Iguape, São Sebastião, Ubatuba e São Paulo, 3 jul. 1765. *Documentos interessantes*, v.72, p.27-8.

da mesma cultivando quantidades de terras, que por título nem um lhes pertencem [...] do que tudo se originam contínuas discórdias, demandas, e muitas vezes homicídios".[51]

Um ano depois, em 1766, o próprio rei, em resposta a pedidos enviados pelo morgado, decretou o fim da prática de sítios volantes e lavouras na mata virgem, ordenando que

> todos os homens que nos ditos sertões se acharem vagabundos ou em sítios volantes, sejam logo obrigados a escolherem lugares acomodados para viverem juntos em povoações civis, que pelo menos tenham de cinquenta fogos [domicílios] para cima com Juiz Ordinário, Vereadores, e Procurador do Conselho, repartindo-se entre eles com justa proporção as terras adjacentes.[52]

O rei ainda afirmou que aqueles que se recusassem a aparecer e se submeter a uma residência permanente na sociedade civil "ser[iam] tratados como salteadores de caminhos, e inimigos comuns, e como tais punidos com a severidade das leis".[53] Essa lei, assim como os recém-implementados censos, refletia um novo ideal projetado para São Paulo: uma província povoada e sedentária na qual famílias viviam em vilas reconhecidas sob a autoridade da elite dos proprietários agrícolas, que, por sua vez, serviam ao governador-geral.

Essas políticas reais não afetaram imediatamente o estilo de vida dos pobres livres de São Paulo. Como fica claro no censo de 1775, as famílias continuavam a viver "a favor" e se realocavam livremente, entrando e saindo de vilas como Parnaíba. Entretanto, gradualmente, essas políticas implementadas pelo morgado de Mateus e reforçadas por seus sucessores mudaram o caráter da vida rural em Santana de Parnaíba.

Entre 1775 e 1820, as mudanças econômicas e políticas em Parnaíba modificaram drasticamente o espaço em que os pobres livres viviam, bem como o caráter de suas vidas. Em 1775, toda a vila de Parnaíba produziu apenas 676 litros de cachaça, no valor de 352.806 réis. Em 1798, a vila produziu o dobro de cachaça, além de 70 toneladas de açúcar e outros produtos

---

51 Ordem do morgado de Mateus, 6 nov. 1765, ibid.

52 Do rei ao morgado de Mateus, 22 jun. 1766, Avisos e cartas régias, 1765-1767, 145, lata 426-62, Apesp.

53 Ibid.

derivados da cana. A renda total gerada na vila com o cultivo de cana foi de 7.247.981 réis.

Os pobres livres estavam cientes das grandes mudanças que aconteciam. Eles percebiam a sua crescente vulnerabilidade em relação àqueles que, aliados ao governador-geral, tinham aumentado seu poder e autoridade na comunidade. Para os pobres livres, um indivíduo simbolizava sua crescente impotência: o coronel Policarpo Joaquim de Oliveira. Policarpo tornou-se oficial no regimento criado pelo morgado de Mateus e usou a sua nova autoridade para aumentar o seu poder e a sua riqueza pessoal. Ele encarcerou as mães e irmãs daqueles que se recusavam a se alistar na nova ordenança.[54] Ele forçou os pobres de Parnaíba a construírem uma varanda em seu sítio e um caminho que ia das suas plantações de cana ao seu engenho. Aqueles que fizeram o trabalho, frequentemente acorrentados, não receberam nenhum pagamento por isso e trabalharam sob os olhares de soldados. João Leite Pais, um desses homens, narrou que "de poder absoluto me mandou prender [...] tendo me preso em sua casa, em ferros, e tronco, fazendo-me trabalhar em todo o serviço como se eu fosse seu escravizado, ou como aquele que pelas suas culpas são justiçados pelas Justiças de S[ua] M[ajestade] para trabalharem em umas galés, assim andei em por tempo de quatro meses".[55] Ademais, a esposa de João também foi feita prisioneira, forçada a trabalhar, a passar fome e a sofrer cruéis punições, bem como sua filha, obrigada por Policarpo a fiar algodão dia e noite. João contou como, com lágrimas nos olhos, suplicava a Deus por justiça, mas que "no tempo do governo de Sr. Dom Luís [António de Souza, o Morgado de Mateus] não havia justiça para este homem".[56]

Com a expansão da economia açucareira, os conflitos por terra aumentaram muito. Os livros de escrituras mantidos pelos notários revelam que os pobres livres começaram a vender suas terras por pequenas quantias aos proprietários agrícolas do ramo açucareiro. Policarpo Joaquim de Oliveira adquiriu muitas dessas propriedades. Antônio Ribeiro de Barros vendeu sua propriedade a Policarpo por 38.000 réis em 1789. Embora essa soma possa ter parecido enorme para Antônio, para Policarpo ela não o era. Os inventários

54 De Martim Lopes Lobo de Saldanha para Policarpo Joaquim de Oliveira, 26 dez. 1775, *Documentos interessantes*, v.84, p.59.

55 Devassa de Policarpo Joaquim de Oliveira, 1779, Ordens régias, 1:100, lata 282-45, Apesp.

56 Ibid.

dão uma medida aproximada do valor relativo de 38.000 réis para os proprietários agrícolas e para os pobres livres. A quantia representava 6% do patrimônio total de Antônio Correa de Lemos Leite e sua esposa, proprietários agrícolas e contemporâneos de Policarpo Joaquim de Oliveira, mas essa mesma soma representava 99,9% do total dos bens de Bernardo Pereira de Azevedo e sua esposa, pobres livres como Antônio Ribeiro de Barros.[57]

Muitos pobres livres perderam suas terras por meio de intimidações. A câmara de Parnaíba relatou, em 1801, que "ele [Policarpo] tem tomado sítios e terras de poder absoluto a maior parte do povo miúdo [...] os quais pelo temor que dele tem lhe entregam as terras de que são senhores e proprietários". Alguns tornavam-se arrendatários, pagando aluguéis por sítios e roças que já haviam sido deles. Aqueles que resistiam eram acusados por Policarpo de ter cometido crimes e sofriam ameaças de prisão. Em um distrito, trinta ou quarenta moradores perderam suas terras quando Policarpo conseguiu que a área fosse declarada devoluta (desocupada) e então solicitou à Coroa que ela lhe fosse concedida como sesmaria, pedido que foi acatado. "Pela sobre dita forma", o juiz escreveu para a câmara em relação às ações de Policarpo, "tem tomado não somente terras aos moradores mais ainda bairros inteiros".[58]

Em 1820, Parnaíba era uma vila diferente, e a vida dos pobres livres havia mudado muito; em 45 anos, ocorreram muitas transformações. A população cresceu, passando de 4.676 pessoas em 1775 para 7.090 em 1820. A quantidade de pobres livres aumentou em 57%, passando de 2.444 indivíduos em 1775 para 3.842 em 1820. O centro da vila crescera e provia o sustento de um grupo muito maior de artesãos, trabalhadores braçais, tropeiros e empregados domésticos. Dos domicílios sem escravizados, 33% estavam localizados no centro da vila ou nos centros das paróquias de São Roque e Araçariguama, que cresciam rapidamente. Os domicílios rurais de famílias dos pobres, que caíram de 84% de todos os domicílios sem escravizados em 1775 para 67% em 1820, continuavam a produzir açúcar, algodão, milho, feijão, mandioca, arroz, carne de boi e carne de porco.

57 Inventário de Mariana Dias, 1776, *Inventários e testamentos*, lata 553-76, Apesp; inventário de Ana Moreira, 1789, Inventários do Primeiro Ofício, n.14.241, lata 662-50, Apesp.

58 Queixas contra Policarpo Joaquim de Oliveira, 1801, São Paulo 3865, AHU; sesmaria de Policarpo Joaquim de Oliveira, 1802, Patentes e Sesmarias, 13:1-2, Apesp.

A expansão da economia açucareira entre 1775 e 1820 expulsara muitas famílias da terra e as empurrara para o centro da vila. Esse movimento explica o declínio da porcentagem de domicílios nas áreas rurais e o aumento do número de artesãos e trabalhadores braçais no centro. Guilherme Luís Pais, por exemplo, apareceu no censo de 1775 como um lavrador que plantava milho, feijão e amendoim, além de criar cavalos, gado e porcos. Pouco depois, ele vendeu suas terras e se mudou para a vila, onde trabalhou como tecelão.[59]

Muitas famílias fizeram a transição das lavouras agrícolas para o artesanato. Bento Cardoso Correa, que possuía um pequeno sítio em 1775, no qual criava cavalos e porcos, perdera-o ou desistira dele antes de 1798. O censo desse ano, realizado quando Bento tinha 77 anos, demonstra que ele vivia no centro da vila com duas filhas e um filho. As suas filhas sustentavam a família "fiando algodão e tecendo panos", tarefa pela qual ganhavam "8.000 réis por ano".[60] Antônio José da Silva passou por uma mudança semelhante. Em 1775, criava gado e vivia da lavoura, mas em 1798 havia se tornado um artesão que cortava e curtia couro.

Um dos poucos domicílios que perdurou entre os anos de 1775 e 1820 – o de Alexandre José e Ana Maria Trindade – ilustra muitas das mudanças que afetaram a vida da população pobre livre nesse período de 45 anos. Em 1775, Alexandre e Ana Maria tinham três filhos e viviam em um terreno alugado, onde plantavam milho e feijão. Em 1798, com quatro filhos morando em casa, eles plantavam milho e alugavam sua canoa para levar passageiros de um lado ao outro do rio. Em 1820, cinco filhos e um neto moravam com o casal, mas este não vivia mais da agricultura. No censo consta que eles viviam de "suas agências", um termo onipresente no censo que significava que eles viviam de uma variedade de trabalhos, fazendo o melhor que podiam.[61]

À medida que os pobres livres se mudavam das áreas rurais para o centro da vila, suas vidas também mudavam. A maioria dos habitantes da vila trabalhava como artesãos. Seus domicílios, chefiados por homens e mulheres, eram listados no censo com ocupações como alfaiate, sapateiro, fiandeiro, costureira, azulejista, carpinteiro, ferreiro e oleiro. Eles produziam itens

59 Escritura de venda de terra, 1799, Livros de Parnaíba, v.85, lata 6065-17, Apesp (a terra realmente mudou de mãos em 1775); dois domicílios dos censos de 1775 e 1798, Mapas de população, latas 125-125 e 127-127, Apesp.

60 Censo de 1820, Mapas de população, lata 133-133, Apesp.

61 Censos de 1775, 1798 e 1820, Mapas de população, latas 125-125, 127-127 e 133-133, Apesp.

simples para clientes locais ou prestavam serviços para famílias locais. A maioria trabalhava em casa e cultivava milho e feijão nos quintais atrás de suas barracas. Outros que moravam na vila tinham pequenas lojas e tabernas ou trabalhavam como tropeiros. Os membros das famílias que se sustentavam "vivendo de suas agências" podem ter trabalhado como empregados, trabalhadores braçais ou faz-tudo, tentando sobreviver da melhor forma possível. Os pobres, sobretudo mulheres e crianças, doentes e enfermos, pediam esmolas do lado de fora das igrejas paroquiais e andavam de casa em casa pedindo alimentos.

As mulheres chefiavam a maioria dos domicílios que se sustentavam com trabalho não agrícola: 75% de todos os domicílios de artesãos e 69% dos domicílios descritos como pobres eram chefiados por mulheres. Na maioria deles, as mulheres fiavam e teciam algodão para se sustentar. Junto com seus filhos, elas faziam parte de uma indústria local de manufatura têxtil doméstica.[62] Muitas eram mães solteiras e, a julgar pelo censo, criavam seus filhos com pouco ou nenhum suporte dos pais. Assim, no centro da vila de Parnaíba e, em menor escala, nos embrionários centros das paróquias de Araçariguama e São Roque, mulheres pobres podiam ser encontradas em muitas casas fiando, tecendo e costurando roupas. Isso deu ao centro da vila um caráter diferente das áreas rurais vizinhas, nas quais os domicílios tendiam a ser compostos por famílias nucleares (Tabela 5.3).

Tabela 5.3. Domicílios chefiados por homens e mulheres, população pobre livre, 1820

	Chefe de domicílio homem		*Chefe de domicílio mulher*	
Domicílios	N	%	N	%
Rurais	512	81	75	31
Urbanos	118	19	170	69
Total	630	100	245	100

Qui-quadrado = 205,00; grau de liberdade = 1; probabilidade = 0,000.

Fonte: Censo de 1820, Parnaíba.

62 O morgado de Mateus promoveu a produção de algodão em São Paulo e, por conseguinte, muitos pobres livres começaram a cultivá-lo no final do século XVIII. Isso originou a indústria caseira de fiação e tecelagem encontrada em todas as vilas de São Paulo no período.

As famílias que continuaram a cultivar em 1820 encontravam condições muito diferentes daquelas de 1775. As que haviam sobrevivido por gerações como posseiros, arrendatários e pequenos proprietários de terra viram seus direitos tradicionais se deteriorarem. Sua posição frágil ficou clara quando tentaram defender seus direitos à terra. Em 1820, três arrendatários de uma propriedade religiosa tentaram, por meio de um processo legal, recuperar o controle de suas terras. No requerimento, alegaram que tinham trabalhado nas terras por mais de quarenta anos, mas que, em 1816, permitiram que João Rodrigues Fam abrisse um rancho no local. João, por sua vez, permitiu que o capitão José Manoel Tavares plantasse em grandes campos e pastasse seu gado nessas terras. Em 1819, os querelantes afirmaram que o capitão havia plantado em toda a mata, não deixando "nem um pé" para eles plantarem seu milho. Como o capitão era um homem rico e eles eram pobres, os requerentes pediram ao juiz de São Paulo que obrigasse o capitão a renunciar seu poder sobre as terras, retirar seus animais e também obrigar João Rodrigues Fam a sair.[63] Quando solicitou-se a um oficial de Parnaíba que investigasse a situação, ele respondeu que as terras em questão na verdade pertenciam à capela de Monserrate e que os querelantes não tinham direito a elas, pois apenas haviam nascido lá e vivido nelas como arrendatários.[64] Embora não saibamos qual foi o desfecho da disputa, pode-se depreender, com base na opinião do oficial local, que os arrendatários teriam dificuldade em recuperar suas terras, uma vez que elas nunca lhes pertenceram formalmente.

À medida que as famílias perdiam suas terras, aconteciam mudanças significativas na vida familiar. Os domicílios diminuíram: o tamanho médio caiu de 4,8 pessoas em 1775 para 4,3 em 1820. Menos domicílios mantinham agregados para servir da mão de obra extra nos trabalhos agrícolas. Os domicílios chefiados por mulheres aumentaram de 24% em 1775 para 28% em 1820. O número de mulheres solteiras com filhos também cresceu: de 3% em 1775 para 7% em 1820. Não é de surpreender que o número de bebês com "pai incógnito" tenha crescido drasticamente. O padre batizou cinco bebês na paróquia de Santana em 1775 cujo pai foi listado como "incógnito",

---

63 Requerimento de Domingos Francisco Pires e outros, 1819, Requerimentos, 4:28, lata 342-93A, Apesp.

64 Ibid.

representando 10% de todos os batizados daquele ano. Em 1820, um terço de todos os bebês batizados pelo padre tinha pai incógnito.[65]

A maioria dessas transformações na estrutura familiar ocorreu nos domicílios localizados no centro da vila. Lá, os domicílios chefiados por mulheres eram mais comuns, o tamanho dos domicílios era menor e havia mais mulheres do que homens. Nos bairros rurais, no entanto, a família nuclear permanecia o alicerce da vida agrícola (Tabela 5.4).

Tabela 5.4. Estrutura familiar rural e urbana, população pobre livre, 1820

	Rural		*Urbano*	
Tamanho médio do domicílio	4,8		3,6	
Proporção de gênero[a]	88		56	
Domicílios de famílias nucleares	363	(62%)	56	(21%)
Domicílios com agregados	81	(14%)	30	(11%)
Domicílios chefiados por mulheres	75	(13%)	168	(62%)

[a] Homens por 100 mulheres

Fonte: Censo de 1820, Parnaíba.

Essas mudanças nas famílias dos pobres livres entre 1775 e 1820 ilustram até que ponto a expansão da economia açucareira afetou suas vidas. O aumento do número de domicílios chefiados por mulheres solteiras é um exemplo claro disso. Como a competição por terras reduziu o tamanho das lavouras, as famílias começaram a expulsar os membros dependentes. Ao mesmo tempo, a demanda por mão de obra na fronteira, bem como a disponibilidade de terras na região, fez que muitos homens migrassem para o oeste. Essa migração deixou muitas mulheres para trás, e elas se mudaram para as vilas, onde geralmente viviam na pobreza. Muitas delas nunca se casaram, mas mesmo assim deram à luz vários filhos. Em geral, suas filhas também permaneciam em Parnaíba, onde repetiam o modelo familiar de suas mães. Os filhos homens dessas mulheres tendiam a deixar o lar, indo para a cidade de São Paulo ou para a fronteira. Dessa forma, os domicílios chefiados por mulheres tinham mais mulheres do que homens, o que limitava ainda mais sua capacidade de sobrevivência. Privados da proteção e do

65 Registros de Batismo de 1775 e 1820, Livros Paroquiais de Santana de Parnaíba, ACDJ.

trabalho normalmente encabeçados pelos homens, tais domicílios chefiados por mulheres estavam entre os mais marginalizados da vila.[66]

As mulheres se mudavam para o centro da vila não porque não podiam administrar propriedades rurais, mas porque tinham poucos bens (ou nenhum bem). Em 1775, as mulheres chefiavam 97 sítios, enquanto 34 mulheres chefiavam domicílios no centro da vila que viviam de fiar, tecer ou pedir esmolas. Em 1820, as mulheres comandavam 73 sítios, mas a grande maioria dos domicílios chefiados por mulheres se localizava no centro da vila, onde elas e os filhos trabalhavam como fiandeiros e empregados ou foram descritos no censo simplesmente como "pobres" (Tabela 5.4). O crescente número de mulheres chefes de domicílio no centro da vila sugere que ou as famílias não podiam mais sustentar as solteiras e viúvas, e, por conseguinte, elas mudavam para o centro da vila trabalhando para o seu sustento, ou, quando as famílias perdiam suas terras, os homens partiam para as fronteiras e as mulheres ficavam para trás.

A história de vida de Paula Soares ilustra como essas transformações ocorreram. Em 1775, o pai de Paula, Felix Soares, aparecia no censo com a sua esposa Tomazia, e os filhos José e Izabel, morando "a favor" e cultivando milho. Em 1798, 23 anos depois, Paula havia nascido, e a família continuava vivendo como agricultores de subsistência, plantando e vendendo milho e feijão. José tinha se casado e vivia próximo com sua esposa e dois filhos, lavrando para subsistência. Em 1820, 22 anos depois, Felix, agora um homem idoso de 70 anos, era viúvo e morava com Paula e os dois filhos dela. Paula, pelo que parece, nunca se casou, pois aparece no censo como "solteira". O domicílio era sustentado pela atividade de fiar algodão, tarefa realizada provavelmente por Paula e sua filha, Rosa. Seu irmão, José, agora com 50 anos, vivia próximo com a esposa e os filhos, trabalhando ainda como roceiros, plantando

66 A abundância de domicílios chefiados por mulheres em 1820 não era uma peculiaridade de Parnaíba, sendo comum no estado de São Paulo. No final do século XVIII, grande número de mulheres vivia nos centros das vilas, como ocorria em Parnaíba. Ver os censos manuscritos de Guaratinguetá, Ubatuba e São Paulo, Mapas de população, Apesp. Na cidade de São Paulo, os domicílios desse tipo eram particularmente visíveis; ver Dias, *Quotidiano e poder em São Paulo no século XIX – Ana Gertrudes de Jesus*; e Samara, *As mulheres, o poder e a família: São Paulo, século XIX*. Elizabeth Kuznesof relaciona o grande número de domicílios chefiados por mulheres em São Paulo com os primeiros estágios de modernização, argumentando que as mulheres faziam parte de uma crescente e valiosa indústria doméstica; ver Kuznesof, "The Role of the Female-Headed Household in Brazilian Modernization. São Paulo, 1765 to 1836".

Tabela 5.5. Domicílios chefiados por mulheres, população pobre livre, 1775 e 1820

Domicílios	1775		1820	
	N	%	N	%
Roceiros	97	74	73	30
Trabalhadores braçais/artesãos/pobres	34	26	169	70
Total	131	100	242	100

Fonte: Censos de 1775 e 1820, Parnaíba.

um pouco de milho. Embora não saibamos exatamente o que aconteceu com essa família, parece que Felix perdera suas terras ou as doara, ao menos parcialmente, para seu filho, José – o qual continuou na roça. Durante sua velhice, Felix viveu com a filha, a qual, juntamente com o irmão, sustentava o pai da melhor maneira que podia – Paula fiando e o irmão com alimentos da roça. Após a morte do pai, Paula certamente continuou a trabalhar como fiandeira, provavelmente no centro da vila, enquanto José e a sua família provavelmente permaneceram trabalhando como roceiros.[67]

Com o crescimento da população de Parnaíba e a crescente escassez de terras, as maneiras tradicionais usadas pelas famílias dos pobres livres para sobreviver se tornaram cada vez mais difíceis. Além disso, as estratégias que muitas famílias usaram em 1775 para lidar com as mudanças em Parnaíba só resolveram seus problemas temporariamente. As famílias que deixaram Parnaíba em 1775, por exemplo, a fim de preservar um modo de vida tradicional mais a oeste simplesmente adiaram o dia do acerto de contas, mas não escaparam dele. Mudar-se de Parnaíba para o oeste (por exemplo, para a vila de Itu) ou da paróquia de Santana para a paróquia de São Roque, mais a oeste, teria resolvido apenas por um tempo o problema do acesso à terra e da liberdade em relação ao controle social. Como a economia açucareira movia-se em ondas, ganhando impulso à medida que se deslocava para o oeste, ela afetou as comunidades fronteiriças mais novas de forma ainda mais profunda do que as regiões açucareiras mais antigas. Itu tornou-se um centro açucareiro mais importante do que Parnaíba o fora uma geração antes, assim como as paróquias de Araçariguama e São Roque acabaram ultrapassando a paróquia de Santana, mais antiga, na produção de açúcar. Aquelas que

67 Censos de 1775, 1798, 1820, Mapas de população, latas 125-125, 127-127 e 133-133, Apesp.

decidiram se mudar para essas áreas em busca de terras ganharam algum tempo, mas não muito. As famílias tinham que mudar constantemente para manter o acesso às terras livres da fronteira.[68]

Da mesma forma, a estratégia de estabelecer vínculos com proprietários agrícolas também tinha suas limitações. Esses laços dependiam da benevolência desses proprietários. Embora tradicionalmente estes últimos possam ter considerado de seu interesse defender os direitos dos pobres livres, com a expansão da economia açucareira, cada vez mais não era de seu interesse fazê-lo. Os pobres livres ocupavam terras, às vezes de grande valor, que os proprietários agrícolas poderiam usar para plantar cana-de-açúcar. Cada vez mais, tais proprietários se viam como diferentes da população pobre livre, e os laços entre essas duas classes se enfraqueceram. Em 1820, 48% dos chefes de domicílios dos pobres livres foram descritos no censo como "pardos" ou "pretos", ao passo que, no censo de 1775, supôs-se que 73% dos chefes de domicílios dos pobres livres eram "brancos". Alguns pobres livres supostamente "brancos" no censo de 1798 tornaram-se "pardos" no censo de 1820.[69] Essas categorizações sugerem que os indivíduos que coletavam as informações para o censo mudaram a maneira como viam a cor. Divisões mais definidas entre as classes sociais haviam surgido em 1820. Os proprietários agrícolas não viam mais a população pobre livre como seus parentes pobres e brancos, mas sim, cada vez mais, como pertencentes a uma classe diferente, que se distinguia da deles por sua cor.

Assim, os pobres livres desenvolveram estratégias de sobrevivência muito diferentes na Parnaíba de 1820 em comparação com a de 1775. Em 1820, era praticamente impossível viver "a favor" na região. Os limites entre as terras eram claramente delimitados, e as terras mais valiosas eram cobiçadas pelos proprietários agrícolas. Os pobres livres também não podiam mais viver escondidos dentro da floresta, como na época do morgado de Mateus. Em 1820, sua posição na sociedade agrária era frágil, sendo constantemente ameaçada pela expansão dos proprietários agrícolas. O mundo mais íntimo

---

68 Esse fenômeno levou Maxine Margolis a descrever uma "fronteira em movimento" no Brasil. Ver seu estudo sobre a população pobre livre no Paraná em 1967-1968 em *The Moving Frontier: Social and Economic Change in a Southern Brazilian Community*.

69 Felix Soares apareceu nos censos de 1775 e 1798 sem nenhuma classificação de cor, um indicativo de que ele não era considerado "pardo", "negro" ou indígena. No censo de 1820, contudo, ele aparece como "pardo".

e patriarcal onde os pobres livres haviam buscado a benevolência dos proprietários agrícolas havia desmoronado. A população pobre livre começou a viver em seu próprio mundo, definido por sua classe. Eles viam os outros pobres livres como seus aliados mais próximos e escolhiam-nos para serem os padrinhos de seus filhos. Contudo, também viam outras famílias de pobres livres como concorrentes diretos.[70]

Embora os pobres livres tivessem dependido de relações com proprietários agrícolas como um meio importante de manter sua posição na vila, em 1820 eles haviam praticamente abandonado essa estratégia. Raras eram as famílias que escolhiam os ricos e poderosos para serem padrinhos dos seus filhos, tendendo a escolher, ao contrário, compadres do mesmo estrato social. A maioria das crianças da população pobre livre batizadas entre 1819 e 1821 tinha um ou os dois padrinhos da mesma classe social dos seus pais: 38% delas tinham padrinhos que pertenciam ao grupo dos proprietários agrícolas pobres e apenas 20% tinham padrinhos que possuíam mais de dez escravizados (Tabela 5.2).

À medida que o número de famílias pobres livres crescia e que as terras ao seu redor se tornavam mais povoadas, as famílias viviam muito próximas umas das outras. Enquanto em 1775 os pobres livres viviam relativamente dispersos na vila, em 1820 bairros bem definidos já haviam se delineado. Nesses bairros, habitados principalmente por pobres livres, as famílias viviam próximas umas das outras, e, portanto, havia pouca privacidade. Era de conhecimento público em 1806 que João Duarte de Moura costumava bater em sua esposa.[71] Muito se falou em 1805 quando Izabel Leme se irritou com Floriana Maria e a agrediu com um pedaço de pau.[72] Ana Maria de Oliveira reclamava para todos dos maus-tratos de seu marido, José Rodrigues, que a abandonara por dois anos.[73]

Os pobres livres brigavam entre si por terras e espaço, frequentemente resolvendo suas diferenças por meio de intervenções de oficiais locais.

70 Ver o trabalho de Maria Sylvia de Carvalho Franco, que enfatiza a violência e a competição entre os pobres livres no século XIX em São Paulo em *Homens livres*, p.20-59.

71 Ele não havia apenas batido nela: ao menos quatro homens testemunharam que ele a havia envenenado, o que a levou a óbito. Querela de João Montes Ferreira contra João Duarte de Moura, 1806, Livros de Parnaíba, v.98, [s.p.], lata 6068-20, Apesp.

72 Querela de Floriana Maria contra Izabel Leme, 1805, Livros de Parnaíba, v.98, [s.p.], lata 6068-20, Apesp.

73 Petição de Ana Maria de Oliveira, 1819, Requerimentos, 3:60, lata 342-93A, Apesp.

Poucas famílias haviam usado as instituições locais para defender seus interesses em 1775, mas em 1820 elas haviam se tornado habilidosas em manipular as cortes locais. Muitos desses casos giravam em torno de disputas de terras e roças, além de espancamentos, roubos e problemas familiares. Os pobres livres procuravam os juízes da câmara municipal e às vezes os oficiais das ordenanças e os padres para mediar tais conflitos, e geralmente a justiça local conseguia chegar a um acordo. Izabel Leme, culpada de bater na cabeça de Floriana Maria com um pedaço de pau, foi presa. João Duarte de Moura, que batera na esposa e a envenenara, também acabou sendo preso. Quando a justiça local não conseguia resolver o problema, as famílias buscavam autoridades mais poderosas. João Francisco Pais e Antônio Teles, vizinhos em São Roque, primeiro pediram ao capitão da ordenança do distrito de São Roque para mediar as suas desavenças. Como ele foi incapaz de resolver o conflito, o caso foi encaminhado ao juiz ordinário em São Paulo.[74]

Os roceiros itinerantes independentes que viviam "na ociosidade e liberdade" por trás do véu da floresta haviam praticamente desaparecido de Parnaíba em 1820. Muitos foram empurrados para as fronteiras à medida que a economia açucareira se expandia na vila. Outros se mudaram para o centro da vila ou para cidades e vilas maiores. Aqueles que permaneceram lavraram terras menores que sustentavam domicílios reduzidos. Quando a economia açucareira começou a decair em Parnaíba à medida que as matas virgens foram cortadas e as terras rapidamente despojadas de seus compostos orgânicos, os grandes proprietários agrícolas da economia açucareira deixaram a vila. Alguns permaneceram em Parnaíba e passaram a plantar café, mas, em geral, por volta de 1850, o foco agrícola da região passou a ser a agricultura de subsistência. Aqueles que continuaram a sobreviver como lavradores passaram a produzir para um novo mercado: o da cidade de São Paulo, que crescia cada vez mais.[75]

Em meados do século XIX, os pobres livres haviam desenvolvido novas estratégias de sobrevivência em Santana de Parnaíba. Eles tentaram limitar

74 A controvérsia começou quando Antônio decidiu abrir um campo próximo ao paiol de João e, em um dia de vento, queimou a área sem informar João e sem querer colocou fogo no paiol. Petição de João Francisco Pais, 1816, Requerimentos, 3:8, lata 342-93A, Apesp.

75 Para uma interessante análise comparativa da importância da agricultura de subsistência no Brasil durante o século XIX, ver Castro, "Beyond Masters and Slaves: Subsistence Agriculture as a Survival Strategy in Brazil During the Second Half of the Nineteenth Century".

a divisão das terras entre seus filhos para mantê-las intactas. Como a terra havia se tornado um recurso valioso, eles não mais as reivindicavam e depois as abandonavam. Em vez disso, cultivavam as mesmas terras e, assim como os pequenos proprietários de escravizados, travavam uma batalha constante contra a divisão do patrimônio produtivo da família entre muitos herdeiros. Um número maior de pobres livres começou a fazer testamentos, oferecer dotes para suas filhas e ter seus bens inventariados pelo juiz de órfãos local. Eles também incentivavam seus herdeiros a compartilharem a terra e forçavam outros a migrar para a cidade ou para a fronteira, visando diminuir a pressão sobre recursos limitados.[76]

A transformação dos pobres livres de Parnaíba, passando de lavradores de sítios volantes a pequenos produtores sedentários voltados para os mercados locais, ocorreu lentamente entre o final do século XVIII e meados do século XIX. Esse processo não foi exclusivo de Parnaíba; ele representou a experiência compartilhada de comunidades em São Paulo à medida que o avanço do cultivo de cana e café submeteu a região a um ciclo econômico de expansão e retração. Para as famílias que tinham pouca influência na esfera pública, cada etapa desse ciclo trazia riscos, pois elas não tinham condições de defender suas terras.[77] Quando se esgotaram em Santana de Parnaíba os recursos gratuitos da fronteira de que dependia o estilo de vida tradicional dos pobres livres, aqueles que permaneceram na vila tornaram-se mais semelhantes à classe dos camponeses europeus do que aos fronteiriços norte-americanos. Assim, os pobres livres tiveram de mudar muitos aspectos de suas vidas para sobreviver, como pode ser visto nas esferas da família, comunidade e vida rural. Todavia, mesmo com o desaparecimento do sertão em

---

76 Muriel Nazzari observa que a soma de capital concedida em dotes no Oitocentos diminuiu em relação ao que as mulheres haviam recebido nos séculos XVII e XVIII. Porém, como o número de dotes aumentou, parece provável que os pobres livres tenham começado a dotar suas filhas para influenciar com quem elas se casariam. Ver Nazzari, "Women and Family and Property. The Decline of the Dowry in São Paulo, Brazil (1600-1870)". Sobre as estratégias sucessórias utilizadas pelos pequenos agricultores no Brasil moderno, ver Moura, *Os herdeiros da terra: parentesco e herança numa área rural.*

77 Ver Marcílio, *Caiçara*, sobre quando os roceiros e pescadores de Ubatuba perderam suas terras à medida que o turismo rapidamente inflacionou as propriedades à beira-mar; Stein, *Vassouras: A Brazilian Coffee County, 1850-1890*; e Dean, *Rio Claro: A Brazilian Plantation System, 1820-1920*, descrevem como os pobres livres perderam suas terras para os fazendeiros de café. Esse processo é tão disseminado no Brasil que pode ser visto até na literatura; ver Amado, *Terras do sem-fim.*

Parnaíba, ele ainda atraía homens e mulheres pobres da vila, os quais, como os filhos dos proprietários agrícolas, seguiram a expansão da fronteira a oeste em busca de terras baratas ou gratuitas. Lá, em novas terras reivindicadas do sertão, reproduziram o modo de vida que seus pais e avós haviam tido anteriormente na vila de Parnaíba.

No início do século XIX, o modo de vida tradicional da população pobre livre passou a fazer parte da memória de Parnaíba. Famílias como a de Bento Cardoso Correa viram-se sendo puxadas em direções diferentes: a vila, a cidade ou mesmo a fronteira. Alguns dos filhos de Bento provavelmente continuaram a viver como ele e sua esposa, Maria, haviam vivido, ou em Parnaíba ou em algum outro local mais a oeste. Um Bento José Cardoso aparece no censo de 1798 na paróquia de São Roque. Ele era casado, tinha uma filha e era um agricultor de subsistência. Esse Bento poderia ser o filho de Bento Cardoso Correa que tinha 2 anos em 1775. Da mesma forma, um José Alves Cardoso, com 47 anos em 1820 e que plantava para sua subsistência, poderia ser o filho de Bento Cardoso Correa que tinha 6 anos em 1775. Entretanto, pelo menos três dos filhos de Bento Cardoso Correa viveram de forma muito diferente de seus pais. Dois anos antes do final do século XVIII, Joana e Rosa, as duas filhas de Bento e Maria, ainda não haviam se casado. Dada a idade delas (40 e 37 anos), elas provavelmente nunca se casariam. Após o falecimento do pai, muito provavelmente continuariam a viver no centro de Parnaíba, tentando se sustentar como fiandeiras e tecelãs. Seu irmão Francisco, com 35 anos, também não havia se casado em 1798. A menos que se mudasse para a fronteira, provavelmente ficaria no centro de Parnaíba "vivendo de suas agências". Se ele se casasse, poderia se mudar com a esposa para a fronteira e restabelecer o modo de vida que conhecera quando criança no sítio de seu pai em Parnaíba. Os outros filhos de Bento estão perdidos no censo, listados como esposas ou agregados, ou já haviam deixado a vila. Em 1822, ano da independência do Brasil, os filhos de Bento provavelmente estavam espalhados pela província. Alguns ainda viviam em Parnaíba, no centro ou nos arredores da vila, trabalhando como agricultores de subsistência. Outros se mudaram para a fronteira, agora bem além de Parnaíba. Alguns podem ter se mudado para a cidade de São Paulo. Essa dispersão da família de Bento talvez seja o melhor indicativo de como as famílias dos pobres livres se adaptaram às mudanças que estavam ocorrendo em São Paulo no final do século XVIII.

Capítulo 6
Famílias dos escravizados

Quando Mariana Dias (descendente de Suzana Dias) morreu em 1776, seu marido, Antônio Correa de Lemos Leite, capitão-mor de Parnaíba, iniciou o processo legal de inventário de seus bens um mês após o seu falecimento, conforme exigido por lei. Antônio relatou que o patrimônio do casal incluía dezessete pessoas escravizadas: Joaquim, que era casado com Euzébia; Pedro, casado com Leonarda; Venturo, casado com Joana; três africanos que não eram casados; e oito crianças, cinco das quais supostamente eram os filhos dos três casais de escravizados. As outras três crianças escravizadas foram listadas no inventário como "mulatos", o que sugere que elas tinham um pai branco; não há menção à mãe delas. Assim, havia três famílias nucleares e talvez uma família matrifocal de escravizados no sítio de Mariana e Antônio.

Com a morte de Mariana, teve início o processo de herança. Os avaliadores primeiro estimaram o valor de cada um dos escravizados, e, posteriormente, o juiz de órfãos supervisionou a divisão deles entre os herdeiros ou a venda deles para pagar as dívidas do casal. Pedro e Leonarda deveriam ser vendidos para pagar empréstimos pendentes. Bárbara, Benta e Ana Esmeria seriam coproprietárias de Joaquim e Euzébia. Joana, Venturo e outros quatro cativos ficariam com Antônio, como parte de sua metade dos bens do casal. Os demais escravizados foram destinados aos outros herdeiros ou foram vendidos para pagar as dívidas do casal.[1]

Em 1782, quando Antônio morreu, o patrimônio da família foi novamente avaliado e dividido pelo juiz de órfãos. Todos os escravizados tiveram de ser

1 Inventário de Mariana Dias, 1776, Inventários e testamentos, lata 553-76, Apesp.

distribuídos entre os herdeiros ou vendidos para cobrir as dívidas do falecido. Pedro e Leonarda, que deveriam ter sido vendidos para pagar as dívidas da família em 1776, não o foram e permaneceram com Antônio até a data de sua morte. Pedro, agora com 50 anos, estava acamado e, de acordo com o tabelião, "esperando a morte". Leonarda, sua esposa, iria para a filha de Antônio, mas o filho deles, Francisco, foi escolhido para ser vendido. Venturo e Joana, que haviam permanecido com Antônio após a morte de sua esposa, agora seriam separados: Venturo passaria para uma das filhas de Antônio e Joana para outra. A filha de Venturo e Joana, Rita, seria dividida entre o filho de Antônio e o pagamento de dívidas, indicando que ela provavelmente seria vendida. Os demais escravizados seriam divididos entre os herdeiros ou vendidos para pagar as dívidas, com exceção dos três jovens mulatos que Antônio decidira libertar, possivelmente por reconhecê-los como parentes. Esse ato desagradou seus genros, que tentaram revogar a alforria.[2]

Assim, das três famílias de escravizados que viveram no sítio de Antônio e Mariana, nenhuma permaneceu unida após o falecimento do casal. Esse processo de separação das famílias de escravizados teve início na verdade com a morte de Mariana, porque foram aplicadas as leis sucessórias portuguesas, mas a verdadeira ruptura ocorreu depois da morte de Antônio, quando todos os bens do casal tiveram de ser transferidos para a geração seguinte ou liquidados para saldar dívidas com credores. Rastrear os herdeiros de Antônio em censos posteriores revela ainda mais a dissolução dessas famílias de escravizados. A filha de Antônio casada com José Medeiros de Sousa foi a única dos herdeiros que permaneceu em Parnaíba. Os outros se mudaram para o oeste, para Itu, acompanhando o desenvolvimento da fronteira açucareira, e levaram consigo seus escravizados. José herdou a maior parte do sítio da família e, em 1798, ele e a esposa possuíam dez escravizados. Contudo, nenhum dos cativos que eles tinham naquele ano eram os mesmos que Antônio possuíra no momento de seu falecimento.[3]

---

2 Inventário de Antônio Correa de Lemos Leite, 1782, Inventários e testamentos, lata 556-79, Apesp. Dois dos genros de Antônio, insatisfeitos com a diminuição da herança de suas esposas, pediram ao juiz de órfãos que revogasse as alforrias. Eles argumentaram que as teriam aceitado se o sogro tivesse feito um testamento, porém, como Antônio não havia deixado testamento, ele não tinha uma terça para distribuir como desejava. Por isso, eles defendiam que os escravizados não poderiam ser libertados.

3 Censo de 1798, Mapas de população, lata 127-127, Apesp.

A divisão dos bens da família de acordo com a legislação sucessória portuguesa trouxe tensões praticamente insuperáveis para a vida familiar dos escravizados. Após a divisão do patrimônio, os escravizados tinham muita dificuldade em manter seus laços familiares, especialmente se os herdeiros levassem membros da família dos cativos para fora de Parnaíba a fim de desenvolver a fronteira a oeste. Essa era a diferença fundamental entre a vida familiar dos escravizados e a dos não escravizados: o *status* de propriedade dos primeiros ofuscava seu direito a uma vida familiar. Além disso, fatores externos sobre os quais os escravizados não tinham controle, como a morte de seus senhores, tinham um enorme impacto em suas famílias.

A vida familiar dos escravizados não girava em torno dos recursos basicamente gratuitos do sertão necessários para os negócios familiares, como era o caso dos proprietários agrícolas, ou em torno da agricultura fronteiriça tradicional praticada pela população pobre livre, e sim em torno do trabalho exigido pelos senhores e dos poucos direitos e privilégios que eram concedidos em troca. Como os escravizados raramente possuíam bens e não tinham praticamente nenhuma independência, a sua vida familiar diferia de maneiras muito fundamentais da dos proprietários agrícolas e dos pobres livres.

Como a vida familiar dos escravizados contrastava de maneira tão fundamental com a dos proprietários agrícolas e a da população pobre livre, as estratégias que eles desenvolveram para criar e manter uma família e uma comunidade são bem distintas. Enquanto as outras classes sociais viam o sertão como uma fonte de riqueza e oportunidade, os escravizados não o consideravam algo essencial à sua sobrevivência, uma vez que não tinham nenhuma possibilidade de adquirir os recursos da região. Em vez disso, suas estratégias enfocavam a sobrevivência em níveis muito mais básicos: como suportar fisicamente a labuta diária, a violência e a desumanização psicológica trazidas pela escravização.

A vida familiar era central para as estratégias de sobrevivência dos escravizados. Ela lhes propiciava um dos poucos meios de estabelecer uma existência separada e privada, independente do senhor. Mesmo que este interviesse na vida familiar dos escravizados, ele ou ela não poderia controlar as emoções que ligavam os membros dessas famílias. A vida familiar também permitia aos escravizados criar suas próprias comunidades, também separadas das de seus senhores. As relações de parentesco ou de compadrio uniam os cativos. A partir da criação de famílias, os escravizados reduziam as grandes diferenças entre eles – entre as nações africanas de que vinham e entre os nascidos na África e no Brasil. Por fim, a vida familiar funcionava como um veículo pelo qual os cativos transmitiam sua cultura para as próximas gerações. Assim, a vida familiar é fundamental para compreender como eles sobreviveram às violências físicas e emocionais da escravidão.

Como os escravizados eram bens pertencentes às famílias, suas vidas vinculavam-se fortemente à da família dos seus proprietários. Desse modo, os escravizados e seus filhos acompanhavam os seus senhores e os descendentes destes ao longo do tempo. Por isso, muitos aspectos da vida familiar dos proprietários afetavam a vida familiar dos escravizados. Para reconstruir a vida dos cativos, os historiadores devem também reconstruir a vida dos seus senhores. Assim, quando os pesquisadores buscam as histórias de vida dos escravizados, estes estão ligados a seus senhores não apenas no passado, mas também no presente.

Acontecimentos na vida dos proprietários minavam a vida familiar dos escravizados, e, como demonstra o historiador Barry Higman, especializado na história do Caribe, a vida familiar dos escravizados tendia a ter uma forte correlação com os níveis de desenvolvimento econômico e comércio de escravizados. Nas áreas de *plantation* em desenvolvimento do Caribe, onde o tráfico da África era o maior responsável por abastecer a região com escravizados para os engenhos de açúcar, predominavam os escravizados do sexo masculino, e poucos viviam em famílias. Em áreas maduras, nas quais a população escravizada crioula tinha tido a oportunidade de crescer, o número de escravizados homens e mulheres se igualou e mais escravizados viviam em famílias.[4]

Em Santana de Parnaíba, como em muitas outras vilas do Brasil colonial, a presença do sertão também afetou a vida familiar dos escravizados. No século XVII, os indígenas escravizados pelos colonizadores construíram a vila, desmataram as florestas, plantaram as lavouras e colheram o trigo que trouxe uma modesta prosperidade à vila. No século seguinte, os escravizados africanos também possibilitaram aos proprietários agrícolas explorarem o sertão. Eles acompanharam os homens das famílias dessa classe social até

4 Higman, "The Slave Family and Household in the British West Indies, 1800-1834"; Kulikoff defende uma ideia semelhante em *Tobacco and Slaves: The Development of Southern Cultures in the Chesapeake, 1680-1800*, p.355-60.

Minas Gerais, Mato Grosso e Goiás, onde mineraram ouro, comercializaram gado ou foram vendidos por altos preços. Na segunda metade do século XVIII, a mão de obra escravizada africana abriu os novos canaviais em São Paulo, o que finalmente inseriu a região sudeste na órbita da economia atlântica portuguesa. As históricas ligações entre a economia de Santana de Parnaíba e o sertão afetaram profundamente os escravizados. Assim como os proprietários agrícolas e a população pobre livre acompanhavam a fronteira constantemente, os africanos fizeram o mesmo.

Para a maioria das pessoas escravizadas, migrar seguindo a fronteira significava uma realocação forçada e deixar suas famílias para trás e a comunidade estabelecida de cativos. No entanto, o sertão poderia trazer liberdade, mesmo que temporária. Os escravizados fugitivos iam para o sertão, onde se escondiam da sociedade portuguesa em comunidades quilombolas. Nas regiões de mineração, os escravizados acumulavam ouro, que podiam usar para comprar sua liberdade. Quando André de Goes Leme escreveu seu testamento em 1738, ele registrou que devia ouro a quatro escravizados: 24 oitavas (86,4 gramas) a Agostinho; 8 oitavas (28,8 gramas) a José; 10 oitavas (36 gramas) a João; e 6 oitavas (21,6 gramas) a Faustino. Um deles incumbiu André de guardar o ouro, mas os outros aparentemente lhe emprestaram quantias. Esses escravizados haviam acumulado esse ouro por meio da mineração em Cuiabá. Assim, algumas pessoas escravizadas se beneficiaram do sertão, embora a maioria não tenha tentado seguir a fronteira como uma estratégia de sobrevivência.[5]

Os escravizados deixavam poucos registros visíveis da sua vida familiar. Contudo, para eles, assim como para os proprietários agrícolas e a população pobre livre, a vida familiar exercia uma grande influência sobre a educação das crianças, a socialização e o cotidiano. Quando estudados como um grupo, os escravizados, bem como as outras classes sociais, tinham objetivos comuns. Eles buscavam ordem e estabilidade em suas vidas por meio de suas famílias e da criação de comunidades de pessoas escravizadas. Eles buscavam sua liberdade por vários meios. Essas estratégias moldaram

5 Inventário de André de Goes Leme, 1738, Inventários e testamentos, lata 516-39, Apesp. Para uma discussão sobre as estratégias desenvolvidas pelos escravizados na fronteira mineradora, ver Higgins, *The Slave Society in Eighteenth-Century Sabará: A Community Study in Colonial Brazil*.

Pedro	mulato	casado	60 anos
Teresa	mulata	sua mulher	58 anos
Domingos	Guiné	casado	30 anos
Maria	crioula	sua mulher	19 anos
João	Guiné	solteiro	40 anos
João	mulato	solteiro	20 anos
Francisca	mulata	solteira	30 anos
Antônia	mulata	solteira	16 anos
Simão	crioulo	solteiro	15 anos
José	crioulo	solteiro	7 anos
Tomé	crioulo	solteiro	2 anos

Fonte: Censo de 1798, Parnaíba.

Figura 6.1. Escravizados do reverendo Francisco Lopes Sá, 1798

a vida de seus descendentes, tanto dos futuros escravizados quanto dos libertos. As estratégias dos escravizados, assim como as de outras classes sociais, afetaram a vida da comunidade de Santana de Parnaíba.

O que constituía uma família de escravizados? Embora os historiadores tenham usado os domicílios das famílias de proprietários agrícolas e da população pobre livre listados nos recenseamentos manuscritos para reconstruir os contornos básicos das estruturas domésticas desses grupos sociais, as mesmas informações detalhadas não são encontradas nos censos para as famílias de pessoas escravizadas. Como os recenseadores listavam os escravizados como propriedade, nunca fica claro se a ordem em que eram listados correspondia às suas famílias. Por exemplo, no censo de 1775 os recenseadores registraram apenas o número de escravizados que cada senhor tinha. Já nos censos de 1798 e 1820, os escravizados foram nomeados individualmente e geralmente são indicados os casamentos entre eles, mas os filhos raramente foram listados junto com os pais. Por exemplo, pela maneira como foram registrados no censo de 1798, é difícil organizar em famílias distintas os escravizados pertencentes ao reverendo Francisco Lopes Sá, sua mãe viúva e seus seis irmãos e irmãs (Figura 6.1).

Com um exame mais apurado da lista, aparecem duas famílias de escravizados: uma formada pelo casamento de Pedro e Teresa e outra de Domingos e Maria. João, escravizado da Guiné, não tinha laços familiares visíveis. Francisca, Antônia, Simão, José e Tomé podiam ser filhos tanto de Pedro e

	Família escravizada 1		
Pedro	mulato	60 anos	(marido)
Teresa	mulata	58 anos	(esposa)
João	mulato	20 anos	(filho)
Francisca	mulata	30 anos	(filha)
Antônia	mulata	16 anos	(filha)
	Família escravizada 2		
Domingos	Guiné	30 anos	(marido)
Maria	crioula	19 anos	(esposa)
Tomé	crioulo	2 anos	(filho)
	Escravizados sem família		
João	Guiné	40 anos	(solteiro)
Simão	crioulo	15 anos	(solteiro)
José	crioulo	7 anos	(solteiro, possivelmente filho de Maria)

Figura 6.2. Famílias de escravizados do reverendo Francisco Lopes Sá

Teresa quanto de Domingos e Maria. Devido à classificação racial atribuída a cada escravizado ("mulato" e "pardo" geralmente se referiam aos escravizados de pele mais clara e "crioulo" aos de pele mais retinta), pode-se reconstruir duas famílias de escravizados nessa propriedade (Figura 6.2). Foram essas as famílias de cativos que se formaram dentro e em torno da família do reverendo Francisco Lopes de Sá? A dificuldade de saber com certeza mostra os problemas enfrentados pelos historiadores ao tentar reconstruir as famílias dos escravizados com base nas fontes que funcionam bem para reconstruir as famílias da população livre.

Os inventários feitos tão meticulosamente pelos juízes de órfãos são outra importante fonte de informações sobre a vida familiar dos escravizados. Como as pessoas escravizadas representavam o maior investimento individual feito por seus proprietários, os avaliadores sempre descreviam e avaliavam cuidadosamente cada pessoa escravizada. Muitas vezes, mas nem sempre, é possível distinguir a existência de famílias de escravizados nessas listas. Por exemplo, onze escravizados apareceram no inventário de Antônio Francisco Lima, que morreu em 1758.[6] Eles estão listados na seguinte ordem:

6 Inventários e testamentos, lata 535-58, Apesp.

João, Angola, 30 anos
Rosa, Benguela, 30 anos, sua mulher
Teresa, crioula, 11 anos
Quitéria, crioula, 10 anos
Francisco, Benguela, 45 anos
Inácia, mulata, 22 anos, sua mulher
Rita, crioula, 8 anos
Joaquim, mulato, 2 anos
Ângelo, crioulo, 12 anos
Francisco, crioulo, 4 anos
João, Angola, 35 anos

Seguindo a ordem das pessoas escravizadas listadas no inventário, havia claramente duas famílias vivendo com Antônio: uma formada pelo casamento do angolano João com Rosa e a outra composta pelo benguelense Francisco e sua mulher, Inácia. No entanto, como as relações dos filhos não constam do inventário, é preciso inferir o parentesco. É provável que a maioria das crianças escravizadas fosse de Rosa: Ângelo (12 anos), Teresa (11), Quitéria (10), Rita (8) e Francisco (4). O único filho da mulata Inácia era provavelmente o jovem mulato de 2 anos, Joaquim. Entretanto, como não há informações precisas no inventário, é impossível ter certeza de que esses eram os laços familiares dos escravizados.

Informações precisas sobre laços familiares podem ser encontradas em alguns inventários. No maior patrimônio inventariado em Parnaíba no século XVIII, o de Manoel Correa Penteado, que morreu em 1745 e possuía 110 pessoas escravizadas naquela época, a listagem de cativos mostra que apenas 15 deles não vivia em famílias. A maioria, 54%, vivia em famílias nucleares, compostas pelo casal e seus filhos.[7]

Os inventários de alguns proprietários agrícolas podem ser muito úteis para se ter uma ideia de como os escravizados viviam. Embora muitos inventários não forneçam um panorama preciso da vida familiar dessa parcela da população, esses documentos, combinados com os censos, permitem aos historiadores reconstruírem em linhas gerais as famílias escravizadas que viviam nos sítios e lavouras de Santana de Parnaíba.

---

7 Inventário de Manoel Correa Penteado, 1745, Inventários do Primeiro Ofício, n.14.406, lata 676-64, Apesp.

Para compreender a vida familiar dos povos escravizados, em primeiro lugar é necessário reconstruir a história da própria população escravizada. Sua capacidade de formar famílias dependia de muitos fatores fora do seu controle, como o número de pessoas escravizadas em uma determinada área e a proporção entre o número de homens e mulheres. Seria difícil formar famílias se o número de homens fosse muito superior ao de mulheres e se a idade média dos escravizados fosse avançada, supõem os historiadores. Como a escravidão era basicamente uma migração forçada de africanos, a população cativa em uma vila como Parnaíba tinha mais homens e adultos do que crianças. Dessa forma, a estrutura demográfica básica da população escravizada teve um grande impacto sobre as famílias escravizadas.

O lugar em que viviam os escravizados também influenciava sua vida familiar. Aqueles que viviam em grandes propriedades agrícolas tinham mais chances de formarem relações familiares duradouras do que aqueles que moravam em pequenas propriedades ou em vilas e cidades. Os historiadores descobriram que famílias nucleares e famílias extensas predominavam nas grandes propriedades. A análise de Richard Graham sobre a propriedade jesuítica de Santa Cruz, que tinha 1.300 escravizados, revela que 55% deles viviam em famílias nucleares.[8] Stuart Schwartz aponta que em 1731 na fazenda Santana, na Bahia, onde viviam 178 pessoas escravizadas, 47% das unidades familiares correspondiam a alguma forma de família nuclear ou extensa. Em 1752, na mesma propriedade, o número de famílias nucleares e extensas chegou a 72%.[9] Nos Estados Unidos, Herbert Gutman mostra que, na propriedade Good Hope, na Carolina do Sul, quase todas as 175 pessoas escravizadas eram parentes por sangue ou casamento em 1857.[10] No entanto, os escravizados que viviam em vilas e cidades geralmente trabalhavam como empregados, artesãos ou trabalhadores manuais e normalmente pertenciam a senhores que tinham apenas alguns escravizados. Portanto, eles não viviam em um ambiente tão propício à formação de famílias como os cativos nas áreas rurais. A discussão de Mary Karasch sobre a vida de famílias escravizadas no Rio de Janeiro confirma isso. Ela encontra poucas evidências de famílias estáveis de cativos na movimentada cidade portuária

8 Graham, "Slaves Families on a Rural Estate in Colonial Brazil".

9 Schwartz, *Sugar Plantations in the Formation of Brazilian Society: Bahia, 1550-1835*, p.395-9.

10 Gutman, *The Black Family in Slavery and Freedom*, p.45-61.

no século XIX. No Rio, os efeitos do tráfico de escravizados criaram um desequilíbrio entre o número de homens e mulheres; ademais, os senhores eram resistentes ao casamento de cativos e as famílias escravizadas tinham dificuldade em encontrar um lugar para morar. Todos esses fatores conspiravam contra a formação de famílias de escravizados.[11]

Em Santana de Parnaíba, a composição da população escravizada mudou ao longo do tempo dependendo de fatores econômicos externos. No início do século XVIII, quando os escravizados de origem africana foram introduzidos na vila, os cativos eram principalmente homens e africanos. As famílias dos proprietários agrícolas, enriquecidas por seus investimentos nas regiões de mineração, adquiriam cativos homens de comerciantes de escravizados. No início, essa população de escravizados teve dificuldade em formar famílias. Não só porque eles haviam sido arrancados de sua terra natal na África, mas também porque viviam com escravizados de diferentes nacionalidades. A comunicação entre africanos oriundos de diferentes nações não era fácil. Além disso, os traficantes preferiam comercializar homens. Por conseguinte, nem todos os homens escravizados que queriam encontrar uma esposa para se casar (legalmente ou não) conseguiam fazê-lo. Por exemplo, quando o patrimônio de André de Goes Leme foi inventariado em 1738, havia doze pessoas escravizadas nele. Apenas três eram mulheres, e duas delas eram meninas com menos de 10 anos. Todos os escravizados do sexo masculino pertencentes a André, com exceção de um, eram africanos, mas vinham de quatro nações diferentes.[12]

À medida que o século avançava e as pessoas escravizadas se casavam e tinham filhos, aumentava a proporção de escravizados em Parnaíba que eram nascidos no Brasil. O número crescente de pessoas escravizadas nascidas no Brasil significava que cada vez mais cativos tinham laços familiares – os nascidos no Novo Mundo já tinham parentes no Novo Mundo, o que os africanos escravizados só adquiriam quando se casavam. Gradualmente, o número de escravizados homens e mulheres se igualou, tornando mais fácil para os escravizados masculinos encontrarem parceiras. Os escravizados recém-chegados da África ainda tinham dificuldade de se comunicar com

11 Karasch, *Slave Life in Rio de Janeiro, 1808-1850*, p.287-98. Ver também Higman, *Slave Populations of the British Caribbean, 1807-1834*, p.224-59.

12 Inventário de André de Goes Leme, 1738, Inventários e testamentos, lata 519-39, Apesp.

outros cativos, mas encontravam no Brasil uma comunidade de escravizados que facilitava sua integração nas comunidades, como Santana de Parnaíba. Esse processo pode ser visto na análise do patrimônio de Antônio Francisco Lima, discutida anteriormente. Inventariado em 1758, vinte anos após o inventário de André [de Goes Leme], apenas quatro de seus onze escravizados haviam nascido na África. Seis dos onze eram homens e cinco eram mulheres. Todos, com exceção de um dos homens adultos, eram casados. Assim, uma das influências mais importantes na vida familiar dos escravizados foi o crescimento do número de escravizados nascidos no Brasil, criando as condições que permitiram a formação de famílias de escravizados.[13]

A importância desses fatores demográficos para a capacidade das pessoas escravizadas de formar famílias pode ser vista nos censos manuscritos, que fornecem um retrato da população escravizada em determinado momento. Os censos mostram que a população escravizada nascida na África era muito diferente da população de escravizados nascida no Brasil. No censo de 1820, por exemplo, os nascidos na África representavam 27% de todos os cativos que viviam em Parnaíba. Eles vinham de várias regiões da África, sendo Angola, Congo e África Ocidental as mais comuns. Em comparação com a população escravizada nascida no Brasil, os africanos tendiam a ser mais velhos e eram em sua maioria homens. Os escravizados nascidos no Brasil, contudo, tendiam a ter nascido na própria vila de Parnaíba, eram mais jovens e tinham um maior equilíbrio entre o número de homens e mulheres (Tabela 6.1)

Tabela 6.1. Escravizados em Parnaíba, 1820

	Nascidos no Brasil	Nascidos na África	Todos os escravizados
Proporção entre os sexos[a]	102,5	163,7	115,1
Média de idade	20,1	29,7	22,6

[a] Homens por 100 mulheres.

Fonte: Censo de 1820, Parnaíba.

13 Essa é uma das razões pelas quais John Blassingame afirma que o sul dos Estados Unidos era o único lugar do Novo Mundo onde era permitido o desenvolvimento de uma família escravizada monogâmica. Cf. Blassingame, *The Slave Community: Plantation Life in the Antebellum South*, p.149.

As pirâmides etárias produzidas por demógrafos para ilustrar a estrutura da população em determinado momento mostram claramente essas diferenças entre as pessoas escravizadas nascidas no Brasil e na África em 1820. Entre os escravizados africanos, os homens superavam as mulheres em número em quase todas as faixas etárias. Os maiores grupos etários em meio à população africana eram aqueles de pessoas entre 15 e 35 anos, o ápice dos anos de trabalho na vida de homens e mulheres. Essas características resultavam do tráfico de escravizados, pois os traficantes compravam mais homens do que mulheres e mais pessoas de determinadas idades, pois era possível vendê-las a preços mais altos no Brasil.

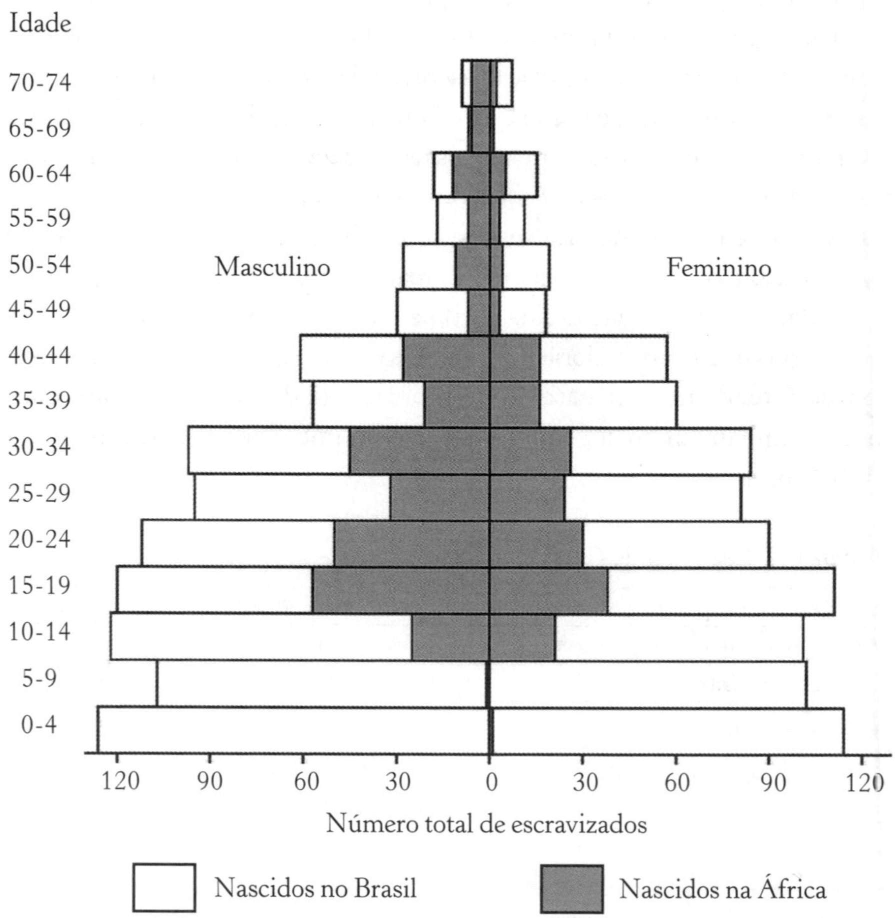

Fonte: Censo de 1820, Parnaíba.

Figura 6.3. Pirâmide etária da população escravizada, 1820

A pirâmide etária da população africana contrasta fortemente com a dos nascidos no Brasil. Na população escravizada dos nascidos no Brasil, os maiores grupos etários aparecem na base da pirâmide etária, entre os recém-nascidos e 15 anos. O número de crianças é superior ao de adultos, fazendo que a média etária de toda a população cativa nascida no Brasil fosse jovem. A proporção entre homens e mulheres permanece relativamente constante em cada grupo etário. A pirâmide etária da população de escravizados nascidos no Brasil assemelha-se àquilo que os demógrafos consideram como uma população mais "característica" de uma sociedade agrícola pré-industrial (Figura 6.3).

Nas sociedades escravistas, o desenvolvimento econômico de novas regiões impactava profundamente a formação de famílias cativas. À medida que a economia açucareira espalhava-se para novas áreas, os proprietários agrícolas adquiriam escravizados africanos, e, conforme a região amadurecia, os cativos crioulos aumentavam em número. Essa relação entre crescimento econômico e vida familiar escravizada pode ser vista nas paróquias da vila. A paróquia de Santana de Parnaíba, como o centro da vila, desenvolveu-se primeiro, seguida pela de Araçariguama e pela de São Roque. Em 1820, quando a economia açucareira estava em declínio em Santana, o número de escravizados crioulos ultrapassou o de africanos, com uma proporção de seis para um. Não obstante, em Araçariguama e em São Roque, onde a economia açucareira era mais forte, a proporção de escravizados crioulos para africanos era apenas de dois para um. A paróquia de Santana, que incluía o centro da vila, tinha a maior comunidade escravizada, com três irmandades que se formaram para atender aos interesses dos cativos e libertos.[14] Todavia, um número menor de escravizados em Santana tinha se casado, pois tendiam a viver no centro da vila e pertencer a proprietários agrícolas pobres. Nas paróquias mais rurais de Araçariguama e São Roque, onde predominavam grandes propriedades agrícolas, era mais provável que os escravizados se casassem.

Os historiadores discutem há bastante tempo sobre o "tipo" mais comum de domicílio de famílias de escravizados. Alguns argumentam que famílias

14 Essas irmandades se formaram no final do século XVIII e cuidavam dos altares da igreja matriz, emprestavam dinheiro aos seus membros e garantiam o direito de estes serem enterrados na igreja, como era costume no Brasil. Livro de Notas, Igreja de Santana de Parnaíba, liv. 524:117; 123-125, ACDJ; Irmandade de Nossa Senhora da Boa Morte, liv. 530, ACDJ.

nucleares predominavam, outros que famílias matrifocais eram a norma.[15] Em Parnaíba, fica claro que os escravizados viviam em famílias nucleares, em famílias matrifocais e como indivíduos solitários. Famílias poligâmicas, comuns na África, especialmente entre os homens ricos, praticamente não existiam em Parnaíba. Devido à escassez de mulheres para os escravizados se casarem, às crenças cristãs dos senhores e à falta de riqueza entre os escravizados de Parnaíba, é provável que raramente tenham se formado famílias poligâmicas na vila. No entanto, a possibilidade de a poligamia ter existido entre os escravizados não pode ser rejeitada, pois Higman encontrou evidências disso no Caribe.[16]

As famílias nucleares eram o tipo mais comum de família entre os escravizados que viviam em Parnaíba no século XVIII. Assim como as famílias dos proprietários agrícolas e as da população pobre livre, os escravizados se casavam em cerimônias católicas reconhecidas realizadas por párocos. Com o nascimento de seus filhos, também batizados por padres, formavam-se famílias nucleares de escravizados. Essas famílias se fragmentavam quando os parentes mais velhos morriam. Assim, a principal diferença entre o ciclo familiar dos escravizados e o dos libertos não estava tanto no formato externo da família, mas no fato de que os escravizados tinham muito menos controle sobre seu ciclo familiar do que as outras classes sociais.

Em Santana de Parnaíba, ao contrário de muitas outras povoações, vilas e cidades do Novo Mundo nas quais moravam escravizados,[17] os cativos se casavam sem restrições nas igrejas das paróquias. Embora muitos historia-

---

15 Ver a introdução de Gutman em *The Black Family*. Embora Gutman critique aqueles que afirmaram que as famílias escravizadas eram predominantemente matrifocais, ele admite que esse era um dos tipos de estrutura familiar entre os escravizados; ibid., p.115-6. Para uma crítica à hipótese matrifocal nos estudos sobre a escravidão no Brasil, ver Slenes, "Escravidão e família: padrões de casamento e estabilidade familiar numa comunidade escrava", p.221-2.

16 Higman discute a existência de famílias poligâmicas no Caribe em *Slave Population and Economy in Jamaica, 1807-1834*, p.165-71. O autor acredita que os tipos predominantes de família de escravizados na Jamaica eram em primeiro lugar os domicílios de pessoas solitárias, depois as famílias nucleares e, em terceiro lugar, as famílias extensas; ibid., p.168. Ele despreza a importância da família matrifocal. No Brasil, onde as pessoas escravizadas às vezes acumulavam riqueza nas cidades, famílias poligâmicas podem ter se formado.

17 De acordo com Kulikoff, "nenhum escravizado desfrutava da segurança do casamento legal" na região tabagista de Chesapeake no século XVIII; ver *Tobacco and Slaves*, p.353. Higman declara que as igrejas anglicanas e católicas realizavam "relativamente poucos casamentos" no Caribe Britânico, mas que os missionários moravianos e wesleyanos enfatizavam a importância do matrimônio. Ver *Slave Populations of the British Caribbean*, p.369-70.

dores afirmem que poucos escravizados se casaram no Brasil colonial, um exame dos inventários, dos censos e dos registros paroquiais de casamento revela claramente que isso não era verdade no caso dessa vila. Como vimos, os censos registravam o estado civil das pessoas escravizadas, bem como o das pessoas livres, e os inventários geralmente declaravam quais escravizados eram casados e com quem. As inscrições nos registros de casamento da paróquia de Santana documentam que, entre 1726 e 1820, os párocos celebraram 400 casamentos entre pessoas escravizadas que viviam no local. Ademais, eles também casaram indígenas administrados, principalmente na primeira metade do século XVIII. Os casamentos entre escravizados e administrados, escravizados e indígenas e escravizados e pessoas livres também aparecem nos registros de casamento. Um registro típico informa:

> Aos onze dias do mês de agosto de mil setecentos e trinta e sete anos nesta Igreja Matriz da Vila de Parnaíba, depois da missa do dia, procedendo as denunciações e na forma do Sagrado Concílio Tridentino se receberam perante mim por palavras de presente João com Josefa escravos do Tenente Manoel Rodrigues Fam de Jesus. Foram testemunhas Bento Pereira, administrado que foi da defunta Paula Moreira, Antônio, escravo do dito Tenente, que ambos assinaram comigo exceto [...] Maria de Almeida, Índia da aldeia de Barueri, e Maria, escrava do dito Tenente, que sendo mulheres não assinaram.

O número de pessoas escravizadas que se casavam a cada ano na paróquia de Santana variava consideravelmente, de apenas um casamento em 1781 a catorze em 1737 e 1759. Em média, os padres celebravam quatro casamentos entre pessoas escravizadas por ano na paróquia. Para as décadas de 1770, 1790 e 1810, é possível calcular as taxas brutas de casamento de escravizados e pessoas livres na paróquia de Santana cruzando os registros de casamento e os censos. Na década de 1770, os cativos de fato tinham taxas de casamento comparáveis às das pessoas livres. Entretanto, nas décadas de 1790 e 1810, a porcentagem de casamentos de pessoas livres superou a de pessoas escravizadas na igreja paroquial (Tabela 6.2).

Quase todos os casamentos de escravizados (94%) celebrados pelo pároco de Santana ocorreram entre escravizados de um mesmo senhor. Alguns senhores aparecem repetidamente nos registros matrimoniais: Antônio Francisco de Andrade (17 vezes), Baltazar Rodrigues Fam (10 vezes),

Tabela 6.2. Taxa bruta de casamentos, população livre e escravizada[a]

	1775	1798	1820
População escravizada	6,6	7,0	7,4
População livre	6,7	9,4	9,2

[a] Casamentos por mil indivíduos.

Fonte: Número médio de casamentos, paróquia de Santana, 1770-1779, 1790-1799, 1811-1820, e censos da paróquia de Santana, 1775, 1798, 1820.

Tabela 6.3. Casamentos de escravizados, paróquia de Santana, 1726-1820

	N	%
Escravizado com escravizado	400	70
Escravizado com negro livre	117	21
Escravizado com indígena	52	9
Total	569	100

Fonte: Registros de casamentos de escravizados.

Bartolomeu Bueno Pedroso Leme (10 vezes), João Gonçalves Seixas (10 vezes), Manuel Fernandes Souto (11 vezes) e Manuel Rodrigues Fam (8 vezes). Esses foram os proprietários agrícolas mais ricos, que viram muitos de seus escravizados se casarem. A maioria dos proprietários de escravizados, contudo, aparece apenas algumas vezes nos registros de casamento, quando um, dois ou três casais de escravizados nas suas propriedades agrícolas queriam se casar. Esses cativos conseguiram formar famílias nas propriedades de seus senhores, mas não viviam em comunidades de escravizados como as que existiam nas grandes propriedades agrícolas. Em vez disso, suas vidas estavam muito mais interligadas com a dos seus senhores.

Um número surpreendentemente alto de escravizados se casou com pessoas livres no século XVIII em Parnaíba. Esses casamentos geralmente ocorriam entre escravizados e negros livres (21% do total de matrimônios envolvendo cativos) e ocasionalmente entre escravizados e indígenas (9%) (Tabela 6.3). A maioria dos negros livres casados com escravizados vivia como criados ou agregados com os mesmos senhores. Embora esses negros livres dependessem dos senhores de maneiras muito semelhantes às dos escravizados, eles ainda tinham um *status* social bem diferente, tanto na propriedade rural quanto na comunidade. Em geral, eles tinham seus próprios pedaços de terra e podiam circular livremente. Por exemplo, Rafael, um escravizado de Vicente Correa de Barros, casou-se com Ana de Assunção, uma mulher negra livre. Os dois viviam na mesma propriedade: Rafael como escravizado e Ana como agregada. Contudo, além disso, Vicente havia obtido para eles um pequeno lote de terra que o casal alugava da câmara de Parnaíba. No contrato de arrendamento, Vicente, o senhor, comprometeu-se a pagar o aluguel caso o casal não tivesse condições de fazê-lo.[18] Assim, o casamento entre uma pessoa escravizada e uma pessoa negra livre dava aos cativos acesso ao mundo dos pobres livres. O matrimônio também propiciava um meio de mobilidade social para os escravizados e seus descendentes.[19]

Os casamentos entre negros livres (ou indígenas) e pessoas escravizadas trouxeram algumas questões complexas para a vida familiar. No início do século XIX, o pároco fazia o cônjuge livre prometer acompanhar o cônjuge escravizado para onde este fosse levado. Por exemplo, quando Bento Francisco Vieira, um negro livre de 18 anos, casou-se com Maria, uma escravizada de 17 anos pertencente a Ana Ribeira de Castro, o pároco escreveu no registro de casamento que ele "prometeu e se obrigou a seguir a sua mesma mulher em qualquer estado que permitir o seu cativeiro".[20] Dezenove anos depois, é possível ver brevemente esse casal, pois o domicílio de Ana Ribeira, uma mulher branca solteira de 66 anos, aparece no censo de 1820. Ela possuía quatro escravizados: Mariana, casada (seria a Maria do casamento entre escravizados?), duas crianças pequenas, provavelmente filhos de Mariana, e um jovem negro, João. Também vivia com ela um agregado chamado Bento, também declarado como casado. É possível que esse seja o casal Bento e Maria casado pelo pároco anos antes. Se for, Bento tinha de fato cumprido a sua promessa e acompanhado sua esposa durante a vida, tornando-se agregado da senhora dela.

Os casamentos entre escravizados e pessoas livres faziam muita diferença quando os filhos nasciam. Entre os cônjuges negros livres, o número de

18 Censo de 1820, Mapas de população, lata 133-133, Apesp; Foros de Terrenos, Livros de Parnaíba, liv. 89, p.84, lata 6066-18, Apesp.

19 Na Bahia, Schwartz encontra um padrão similar: numa paróquia, 21% dos matrimônios envolvendo escravizados ocorriam com pessoas libertas. Ver *Sugar Plantations*, p.392.

20 Certidão de casamento de Bento Francisco Vieira, 1801, Livros paroquiais de Santana de Parnaíba, ACDJ.

mulheres era superior ao de homens (78 mulheres para 69 homens). Os filhos dessas mulheres livres, mesmo que o pai fosse escravizado, eram livres ao nascer, de acordo com a lei. Embora a lei considerasse o filho de um homem livre casado com uma mulher escravizada como um bem pertencente ao senhor de sua mulher, ainda era possível que o pai alforriasse o filho. Um pai podia assumir o controle da vida dos seus filhos, principalmente se ele comprasse a liberdade dos filhos quando eles eram jovens e ainda não tinham nenhum valor imediato ao senhor.[21] Assim, para os escravizados, os casamentos mistos propiciavam um meio de mobilidade social, sobretudo para os filhos.

A imagem dos casamentos de escravizados que emerge dos registros paroquiais corresponde às informações encontradas nos censos sobre o número de casamentos de pessoas escravizadas em comparação com o de pessoas livres. Os censos revelam que, embora muitas pessoas escravizadas fossem casadas, a quantidade de pessoas livres casadas ainda era superior. Na paróquia de Santana em 1820, por exemplo, 138 cativos com 15 anos ou mais eram casados (33% das pessoas escravizadas), em comparação com 470 pessoas livres da mesma idade (43% de todas as pessoas livres). Embora se casassem, os escravizados não o faziam com a mesma frequência que as pessoas livres.

Embora fosse de se esperar que menos africanos escravizados fossem casados em comparação com os escravizados nascidos no Brasil, esse não era o caso em Parnaíba em 1820: 35% de todas as pessoas escravizadas nascidas no Brasil com 15 anos ou mais eram casadas em 1820, mas a porcentagem para os cativos nascidos na África era de 41%. Quase a mesma porcentagem de homens escravizados nascidos no Brasil e nascidos na África eram casados (35%), mas as mulheres africanas escravizadas tinham uma probabilidade muito maior de serem casadas do que as nascidas no Brasil – 51% e 35%, respectivamente. Por que as mulheres africanas se casavam mais facilmente do que as escravizadas brasileiras? Talvez os homens as preferissem como companheiras, ou talvez a maioria das africanas vivesse em propriedades maiores, nas quais tinham mais chances de se casar, enquanto a maioria das escravizadas brasileiras vivia com proprietários agrícolas pobres, tendo, portanto, menos chances de se casar. Como praticamente todas as mulheres

21 Por exemplo, Antônio da Silva, um mulato livre casado com Domingas, uma escravizada, libertou a filha de 3 anos, Juliana, por 38.400 réis em 1780. Escritura de Alforria, Livros de Parnaíba, v.81, lata 6064-16, Apesp.

africanas escravizadas eram casadas, a porcentagem de escravizados africanos casados era maior do que a dos escravizados brasileiros em todas as paróquias, exceto Araçariguama, em 1820. Desse modo, a maior proporção de africanos em relação aos brasileiros em Araçariguama e São Roque não parece ter afetado a capacidade dos escravizados de formar famílias.

Os escravizados se casavam na faixa dos 20 anos: em média, as mulheres tinham 22 anos e os homens, 29. Depois de casados, os escravizados iniciavam o processo de formação de famílias nucleares, que, com o tempo, podiam se tornar extensas. O fator mais importante que afetava o caráter dessas novas famílias era a riqueza de seus proprietários. Aqueles que pertenciam a senhores que tinham muitos escravizados tinham mais facilidade para se casar. Era mais provável que se casassem com uma pessoa escravizada que vivesse na mesma propriedade, o que lhes permitia continuar a viver juntos após o casamento. Por exemplo, o maior proprietário de escravizados de Parnaíba no final do século XVIII, Antônio Francisco de Andrade, possuía 91 pessoas escravizadas. Entre 1761 e 1795, foram realizados dezessete casamentos entre os escravizados que viviam em sua propriedade. Quando ele morreu, um grande número de seus escravizados possivelmente vivia em famílias e tinha laços de parentesco com outros escravizados. Os cativos que pertenciam a senhores como Antônio formaram pequenas comunidades de escravizados na propriedade de seus senhores. Essas famílias tinham muitos laços entre si, servindo como testemunhas nos casamentos de outros escravizados e como padrinhos de crianças escravizadas. Muitos cativos tinham laços pessoais com os senhores, com membros da família dele ou com os agregados livres que viviam em suas terras. Famílias nucleares estáveis e comunidades duradouras de pessoas escravizadas eram comuns nessas propriedades.

A existência de famílias nucleares pode ser documentada em outras grandes propriedades em Parnaíba, como as de Manoel Correa Penteado, Rodrigo Bicudo Chassim e Domingos Rodrigues de Fonseca Leme, todas inventariadas na década de 1740.[22] Havia 234 pessoas escravizadas vivendo

22 Inventários de Manoel Correa Penteado, 1745, Inventários do Primeiro Ofício, n.14.406, lata 676-64, Apesp; Rodrigo Bicudo Chassim, 1743, Inventários do Primeiro Ofício, n.14.648, lata 698-86, Apesp; e Domingos Rodrigues de Fonseca Leme, 1738, Inventários do Primeiro Ofício, n.15.085, lata 740-128, Apesp; ver a propriedade de Ângela Ribeira Leite, 1749, Inventários do Primeiro Ofício, n.14.584, lata 692-80, Apesp.

nessas três propriedades. Dos adultos escravizados com mais de 15 anos, 65% eram casados, o que correspondia a 38% de todas as pessoas escravizadas nas propriedades. As famílias nucleares superavam em muito os outros tipos de domicílios, com 44 de um total de 52 famílias. De todas as pessoas escravizadas nessas três propriedades, 61% viviam em famílias nucleares (Tabela 6.4).

Tabela 6.4. Famílias escravizadas em três grandes propriedades, década de 1740

	Número de domicílios		*Número de escravizados*	
Domicílios	N	%	N	%
Famílias nucleares	31	60	143	61
Casais	15	29	29	12
Famílias monoparentais	5	10	21	9
Famílias complexas	1	2	3	1
Escravizados solitários	–	–	38	16
Total	52	100	234	100

Fonte: Inventários de Domingos Rodrigues de Fonseca Leme, 1738; Rodrigo Bicudo Chassim, 1743; e Manoel Correa Penteado, 1745.

Uma variação do padrão comum de famílias nucleares de escravizados ocorreu quando pessoas escravizadas se casaram com pessoas escravizadas que viviam em outras propriedades ou quando se casaram com negros livres. Esses indivíduos podiam formar famílias nucleares, mas suas famílias eram diferentes das famílias nucleares mais comuns de escravizados que se formavam na propriedade de um mesmo senhor. Apenas 6% dos casamentos entre escravizados celebrados pelo pároco ocorreram entre pessoas que pertenciam a donos diferentes.[23] Os proprietários que tinham poucos escravizados possivelmente os desencorajavam a se casar, o que pode explicar o menor número de casamentos entre escravizados pertencentes a senhores

23 Em outro estudo, relatei que os casamentos entre escravizados de diferentes senhores chegavam a 13% do total. Esse número incluía os casamentos entre escravizados e administrados, que podiam pertencer a diferentes senhores. Eliminei esses casamentos desta análise das famílias de escravizados. Ver Metcalf, "Families of Planters, Peasants and Slaves: Strategies of Survival in Santana de Parnaíba, 1720-1820", p.181; e id., "Vida familiar dos escravos em São Paulo no século dezoito: o caso de Santana de Parnaíba", p.238.

diferentes.[24] Dos 46 casais que viviam nas três maiores propriedades inventariadas na década de 1740, nenhum incluía escravizados de outros proprietários. Os escravizados casados com outros de proprietários diferentes em geral já tinham morado na mesma propriedade, mas haviam sido separados após a divisão de bens da herança. Esse fato pode ser constatado no inventário de Ângela Ribeira Leite, nora de Manoel Correa Penteado. Ângela tinha dois escravizados casados com cativos pertencentes a outros donos. As esposas de ambos pertenciam aos cunhados de Ângela, que os herdaram de seu pai, Manoel Correa Penteado. Os escravizados casados tinham vivido juntos na mesma propriedade até serem separados pelo processo de herança.[25] Para os casais que viviam separados, os laços entre as famílias dos proprietários facilitavam a manutenção dos laços das famílias dos escravizados. Por exemplo, Antônio e Helena pertenciam a dois primos, enquanto Manoel, um escravizado pertencente a José Rodrigues Fam, era casado com Maria, uma escravizada do tio de José. Embora todos esses escravizados tivessem senhores diferentes e vivessem separados, os laços entre eles eram fortalecidos pelas relações de parentesco entre seus proprietários.[26]

A estrutura familiar mais comum entre as famílias escravizadas que viviam nas grandes propriedades do século XVIII era a família nuclear. Como os senhores não impunham grandes obstáculos ao desejo de seus

---

24 Essa é uma das principais diferenças entre a escravidão nos Estados Unidos e no Brasil. No sul dos Estados Unidos, casamentos entre escravarias diferentes – os chamados *broad marriages* – eram comuns. Tratava-se de casamentos entre escravizados que viviam em propriedades diferentes na mesma região e que tinham permissão para viajar para visitar seus cônjuges. Ver Gutman, *The Black Family*, p.131-42; e Kulikoff, *Tobacco and Slaves*, p.352-80. Slenes encontra baixos índices de casamento entre escravizados de senhores diferentes em Campinas, região cafeeira de São Paulo no século XIX; ver "Escravidão e Família", p.220. Schwartz não encontra nenhuma evidência desse tipo de casamento na Bahia; ver *Sugar Plantations*, p.383.

25 Inventário de Ângela Ribeira Leite, 1749, Inventários do Primeiro Ofício, n.14.584, lata 692-80, Apesp.

26 No caso de outros escravizados que se casaram com escravizados de senhores diferentes, estes senhores pareciam ter algum grau de parentesco entre si. Quando Vitorino casou-se com Rosa, o pároco notou que Vitorino pertencia a Andreza Buena, e Rosa, a Antônio Bueno de Azevedo. Manoel e Francisco, pertencentes a Antônio Correa de Barros, casaram-se com duas Marias da senhora Maria Xavier de Barros. Parece, portanto, que a maioria dos escravizados que se casava fora da propriedade de seus senhores o fazia com escravizados que pertenciam à mesma família extensa branca. Desse modo, os escravizados possivelmente não viviam distantes, e as famílias podem ter trocado cativos para permitir que eles se vissem por períodos mais longos. Cf. Casamentos de administrados e escravos, Livros paroquiais de Santana de Parnaíba, ACDJ.

escravizados de se casarem com outros na mesma propriedade, um número significativo de cativos nas grandes propriedades agrícolas se casou e formou famílias nucleares. Um pequeno número dessas famílias era formado por escravizados de diferentes proprietários ou por escravizados casados com pessoas livres. Em cada um dos casos, foi a atitude do senhor em relação à família escravizada que fez uma grande diferença na capacidade dos cativos de manter uma vida familiar estável.

Considerando os padrões de posse na Parnaíba no século XVIII, a maioria dos escravizados não vivia em grandes propriedades. A vila era pobre em comparação com as zonas açucareiras do nordeste do século XVII ou com as fazendas de café do século XIX, e o número médio de escravizados por proprietário era de 6,4 em 1775. Os proprietários agrícolas que possuíam mais de dez escravizados em 1775 (36 no total) possuíam 700 escravizados, ou 59% de todos os cativos da vila. Ainda assim, o número médio de escravizados desse grupo privilegiado era de apenas 19,4 por proprietário. Portanto, somente 135 escravizados, ou 11% da população cativa em 1775, viviam nas maiores propriedades agrícolas, aquelas com mais de 50 escravizados. Nelas, o número médio de escravizados por proprietário atingiu 68, criando assim uma comunidade na qual eles podiam formar famílias. No entanto, para muitos, não era garantido que pudessem formar famílias nas propriedades de seus senhores.

O segundo tipo mais comum de estrutura familiar entre os escravizados em Parnaíba era a família matrifocal. Essas famílias podem ser vistas nos censos e nos inventários, principalmente nas propriedades menores. Por exemplo, entre os 22 escravizados de Agostinha Rodrigues, apenas duas famílias aparecem em seu inventário de 1757, ambas matrifocais: Luzia, nascida no Brasil e com 40 anos, e seus dois filhos; e Elena, também nascida no Brasil e com 20 anos, e sua filha, Úrsula.[27] No inventário de Bárbara Pais de Queiroz, apenas três famílias de escravizados podem ser vistas entre o total de 18 cativos, todas matrifocais: Rosa com sua filha de 10 anos, Maria com seus dois filhos e Ângela com seus quatro filhos.[28]

A exploração sexual que as mulheres escravizadas sofriam e eram obrigadas a aceitar foi um dos principais motivos para a formação de famílias

27 Inventário de Agostinha Rodrigues, 1757, Inventários e testamentos, lata 534-57, Apesp.

28 Inventário de Bárbara Pais de Queiroz, 1761, Inventários e testamentos, lata 539-62, Apesp.

matrifocais. Como mulheres que eram consideradas posses e racialmente inferiores aos brancos, elas estavam extremamente vulneráveis ao assédio sexual de seus senhores, dos parentes deles e de homens brancos em geral. Algumas mulheres escravizadas conseguiram ser reconhecidas como amantes de homens livres e obtiveram favores deles. Essas mulheres podiam buscar a própria liberdade e também a de seus filhos.

Um pouco mais da metade de todas as crianças escravizadas batizadas pelo padre na paróquia de Santana tinham "pais incógnitos". Alguns pais, ao saber da paternidade, libertavam seus filhos, porém outros não.[29] Essas crianças cresciam como escravizados mulatos nas famílias matrifocais, estando visíveis nos inventários e nos censos. Nelas, o pai, ou os pais, dessas crianças permaneciam figuras nebulosas nas margens da família.

A escravizada Quitéria chefiava uma família matrifocal em Parnaíba que ilustra muitas das características desse tipo de família. Quitéria tinha vários filhos, a maioria de pais incógnitos. Apesar da natureza informal de suas relações com esses homens, ela os convenceu a alforriar seus filhos ainda quando eram jovens. Ao longo de vários anos, Quitéria libertou não só os seus cinco filhos, todos de pais diferentes, como também conseguiu a alforria para si mesma. Em primeiro lugar, pagou ao seu senhor, Manoel Fernandes Ramos, 89.600 réis pela própria liberdade e posteriormente 128.000 réis pela liberdade de sua filha Ana. No batizado de seu filho Francisco, o pai do menino pagou pela liberdade dele. Os pais de Maria e Manoel também compraram a alforria deles quando ainda eram novos. Posteriormente, Manoel Fernandes Ramos recebeu 64.000 réis pela filha de Quitéria chamada Rita. Quando Manoel registrou todas as alforrias no notário da vila, Quitéria e seus filhos tornaram-se pessoas livres em Parnaíba.[30] Assim, embora ela nunca tenha se casado e todos os seus filhos pareçam ter sido de pais diferentes, ela ainda conseguiu manter seus laços familiares e assegurar a liberdade de todos.

As famílias matrifocais provavelmente também surgiram quando as mulheres escravizadas eram jovens e estavam dando à luz seus primeiros filhos. Nem todos os recém-nascidos de "pais incógnitos" eram filhos de

---

29 Por exemplo, o escravizado mulato Bento (6 anos), Maria (3 anos), Antônio (3 anos), Ricardo (5 meses) e Manoel (6 meses) foram todos alforriados por seus pais – ou seus supostos pais – nas décadas de 1780 e 1790. Ver Escrituras de alforrias, Livros de Parnaíba, v.85, v.56 e v.57, latas 6061-13 e 6065-17, Apesp.

30 Escrituras de alforrias, Livros de Parnaíba, v.85, 3 dez. 1800, lata 6065-17, Apesp.

homens livres; muitos, sem dúvida, eram filhos de homens escravizados. Em outras populações de pessoas escravizadas, os historiadores descobriram que as mulheres escravizadas geralmente tinham seu primeiro filho antes do matrimônio.[31] Depois disso, elas se casavam e formavam uma família nuclear com seu parceiro e filhos. Esse pode ter sido o caso em Parnaíba. Essas famílias matrifocais podem ter sido, portanto, de curta duração e mais tarde ter se transformado em famílias nucleares. Pelo mesmo motivo, as famílias nucleares sem dúvida se transformavam em famílias matrifocais quando os escravizados eram vendidos ou morriam. Em suma, as famílias matrifocais parecem ter sido um estágio comum no ciclo familiar das mulheres escravizadas e de seus filhos.

As famílias escravizadas matrifocais com frequência eram favorecidas quando os proprietários agrícolas faziam seus testamentos. Como uma mãe e seus filhos mulatos compunham muitas das famílias escravizadas matrifocais, esses eram os cativos que tinham mais chances de serem libertados pelos senhores. Um dos párocos de Santana, o reverendo Felipe de Santiago Xavier, escreveu em seu testamento: "declaro que os cinco mulatinhos, a saber Floriano, Caetano, Luciano, João, e Maria, com a condição de assistirem com Antônio Bernardinho ou algum de seus herdeiros, deixo livres de toda e qualquer escravidão. Declaro que Ana, sua mãe, para os acabar de criar, como tem tratado até agora, deixo a aos ditos mulatinhos, seus filhos".[32] Deixando Ana aos seus filhos livres, o reverendo expressou de maneira não intencional muitas de suas próprias percepções e atitudes perante famílias escravizadas matrifocais compostas por mulheres escravizadas e seus filhos mulatos. Ele claramente achava que o *status* da criança mulata era superior em comparação ao da mãe negra. Deixando a mãe aos filhos, ele a impedia de ser vendida, mantendo, portanto, a família reunida. Mas há dúvidas sobre por que ele não libertou a mãe também. Essa omissão sugere que o pároco não conseguia se libertar da concepção de que escravidão e negritude andavam juntas.

O terceiro tipo de estrutura familiar dos escravizados em Parnaíba era solitário. Esses escravizados viviam com outros escravizados com quem não tinham laços sanguíneos ou familiares. Os escravizados solitários podiam ser

31 Gutman, *The Black Family*, p.60-6; Slenes, "Escravidão e família", p.220.

32 Testamento do reverendo Felipe de Santiago Xavier, 1793, Testamentos, 6, 2-8, lata 456-2, Apesp.

encontrados em todas as propriedades, pequenas ou grandes, mas uma proporção maior de escravizados nas propriedades menores vivia fora de famílias discerníveis. Estar isolado de uma família provavelmente era comum ao longo da vida dos escravizados, principalmente dos africanos quando chegavam à vila e dos nascidos no Brasil quando eram vendidos e realocados em novas propriedades ou vilas. Nas grandes fazendas, esses solitários moravam em senzalas separadas por sexo.[33] Nas pequenas propriedades, podiam ser alojados juntos, talvez dividindo um galpão. Os escravizados pertencentes aos pequenos proprietários que tinham apenas um ou dois escravizados provavelmente residiam com a família dos donos, como criados. As características dessas famílias de escravizados solitários são as mais difíceis de descrever. Para muitos, tratava-se de um estado temporário até se casarem ou terem filhos. No entanto, durante esse período, invariavelmente formavam fortes laços de amizade e intensas conexões com outros escravizados. Assim como os membros das "famílias" dependiam de seus parentes para obter amor, apoio e compaixão, os solitários também buscavam essas coisas uns nos outros. Talvez a existência de tantos escravizados solitários tenha facilitado o desenvolvimento de uma comunidade de escravizados.

Cada um desses tipos de família influenciava a vida dos escravizados e tinha um impacto na formação de comunidades de escravizados. Embora seja impossível obter uma estimativa realista de quantos escravizados viviam em famílias nucleares, matrifocais ou solitárias, as primeiras parecem ter sido as mais comuns. Sabe-se que, na faixa dos 30 anos, mais de 50% dos escravizados que moravam na vila em 1820 tinham se casado (Figura 6.4). Assim, eles e seus filhos viviam em famílias nucleares. Contudo, de acordo com o registro de batismos da paróquia de Santana em 1820, 51% dos bebês escravizados que haviam sido batizados tinham pais incógnitos. Portanto, metade das crianças escravizadas começava a vida como filhos de mães solteiras, vivendo em famílias matrifocais. Algumas dessas crianças, embora não se saiba quantas, viveram posteriormente em famílias nucleares, quando suas mães contraíram matrimônio. Outras passaram a infância em famílias matrifocais. Também sabemos que um número muito alto de escravizados, cerca de 40%, nunca se casou. Esses cativos não necessariamente viviam

33 Viajantes que vieram ao Brasil descreveram esses casebres. Iraci del Nero da Costa coleta várias dessas descrições em "Os viajantes estrangeiros e a família escrava no Brasil".

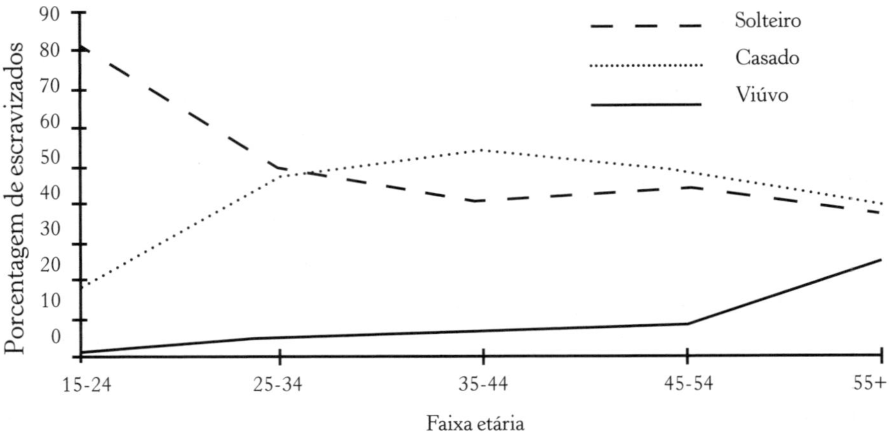

Fonte: Censo de 1820, Parnaíba.

Figura 6.4. Escravizados solteiros, casados e viúvos por idade, 1820

fora de famílias, fazendo provavelmente parte de famílias extensas e redes de parentesco. Todavia, nunca se casaram e assim nunca estabeleceram formalmente suas próprias famílias. Uma parte dos escravizados que nunca se casaram vivia em famílias solitárias, sem nenhum laço familiar visível com outros escravizados.

As famílias dos escravizados se modificavam em resposta aos eventos das suas próprias vidas, tais como casamentos, nascimento dos filhos e falecimento dos idosos. Entretanto, como eventos semelhantes nas famílias dos senhores também afetavam diretamente as famílias dos escravizados, estes viviam de fato dentro de dois ciclos familiares, o seu próprio e o de seus proprietários. O ciclo familiar intrínseco aos escravizados começava quando se casavam e formavam famílias nucleares. Essas famílias perduravam até se tornarem extensas com o acréscimo de parentes ou se fragmentarem com a morte de um cônjuge. Como a família nuclear não era tão predominante na população escravizada como o era na população livre, também se desenvolveram ciclos familiares alternados, como o da família matrifocal. Esse ciclo iniciava-se quando uma jovem mulher escravizada se tornava mãe. A sua simples família matrifocal perdurava até o seu casamento, quando passava a ser uma família nuclear, ou até que a família se tornasse extensa, o que poderia acontecer se uma filha sua também se tornasse mãe solteira.

Raras foram as famílias de escravizados que passaram por um ciclo ininterrupto, pois estavam intimamente ligadas aos eventos ocorridos nas famílias dos seus senhores. Famílias nucleares e matrifocais passavam por várias ocasiões difíceis que coincidiam com momentos cruciais do ciclo de vida dos seus proprietários. Essas tensões fragmentavam as famílias escravizadas e contribuíam para o alto índice de indivíduos solitários na população cativa. O evento de maior impacto na vida dos escravizados era sem dúvida a partilha de heranças. Visto que as leis sucessórias determinavam uma divisão igual dos bens do falecido entre todos os herdeiros, os escravizados, segundo a lei, tinham de ser divididos igualmente. Assim como as famílias dos proprietários agrícolas temiam os efeitos da lei referente a inventários, que dividia patrimônios, os escravizados também a temiam, porque ela poderia dissolver suas famílias. Enquanto as famílias dos proprietários agrícolas geralmente davam aos escravizados mais espaço para formarem suas próprias famílias e comunidades, elas não podiam oferecer estabilidade a eles ao longo do tempo. Em vez disso, no momento da herança, famílias e comunidades de escravizados tinham seus laços rompidos.

A divisão do patrimônio de Manoel Correa Penteado em 1745 fornece muitas pistas para compreender o que acontecia aos escravizados quando os seus senhores faleciam.[34] Como uma das maiores propriedades agrícolas do século XVIII em Parnaíba, ela permitiu que muitas famílias de escravizados se formassem. No momento da morte de Manoel, ele possuía 110 escravizados e havia 25 famílias na propriedade. A maioria destas (13) eram famílias nucleares, seguidas por casais (8) e domicílios monoparentais (4). Quando a propriedade foi inventariada e dividida, um herdeiro, Fernão Pais de Barros, conseguiu consolidar quase metade dos escravizados sob seu domínio. Além dos cativos que herdou, Fernão fez ofertas e comprou outros escravizados da propriedade do pai quando eles foram leiloados.

O que acontecia com as famílias dos escravizados depois da morte de seus senhores? A primeira observação que pode ser feita é a de que o juiz de órfãos e os herdeiros não separavam os escravizados casados. Todos os casais, exceto um, permaneceram juntos após a morte de Manoel. Inácio e Catarina, que faziam parte da terça, foram comprados por Fernão, assim como Antônio e Luiza, Silvestre e Felícia, Grácia e Iria, Manoel e Isabel, Antônio e Ana, e Vitória – esta casada com um homem livre que já morava na casa de Fernão.

34 Inventário de Manoel Correa Penteado, 1745, Inventários do Primeiro Ofício, n.14.406, lata 676-64, Apesp.

Além disso, Fernão herdou os casais Antônio e Mariana, Inácio (um tecelão) e sua esposa, Escolástica, além de Faustina (que também era casada com um homem livre que já morava no seu domicílio), Antônio e Inácia, Cláudio e Rosa, e João, conhecido como "o rei do Congo", e sua esposa, Eugênia.

Não obstante, o juiz de órfãos e os herdeiros não tiveram o mesmo cuidado para manter a ligação familiar entre pais e filhos. Os dois filhos de Antônio e Luiza foram para o irmão de Fernão, Manoel. Dois dos três filhos de Silvestre e Felícia foram comprados em leilão, assim como o bebê de 1 ano do casal. Fernão herdou três filhos da viúva Eugênia, enquanto seu irmão, Manoel, herdou a própria Eugênia. Fernão também herdou o filho de 2 anos de Maria do Rosário, cuja família matrifocal foi completamente dividida entre os seis herdeiros e compradores no leilão. Outras famílias de escravizados tiveram mais sorte. Vitória e Faustina, ambas casadas com homens livres que já moravam no domicílio de Fernão, foram destinadas a Fernão com todos os seus filhos. Estevão, filho de João, o rei do Congo, permaneceu com seus pais. Todos os filhos de Inácia e Antônio passaram para as mãos de Fernão, bem como os filhos de Antônio e Ana, Manoel e Izabel, Grácia e Iria. Três dos filhos de Cláudio e Rosa também ficaram com Fernão, mas a filha deles de 15 anos, Izabel, foi vendida.

Em 1749, apenas quatro anos depois de Fernão Pais de Barros ter consolidado seu patrimônio ao comprar ou herdar 48 escravizados do pai, sua esposa, Ângela Ribeira Leite, faleceu. Como requeria a lei, os bens do casal – a propriedade comum – entraram no processo sucessório. No inventário de Ângela, é possível acompanhar o destino das famílias de escravizados herdadas ou compradas por Fernão em 1745. Esse inventário, portanto, permite aos historiadores acompanharem as famílias escravizadas durante o período mais vulnerável do ciclo familiar: o momento após a morte de seus senhores.[35]

Quando se comparam as listas dos escravizados nos inventários de Ângela Ribeira Leite e Manoel Correa Penteado, muitas das mesmas famílias escravas podem ser vistas. Silvestre e Felícia, comprados em leilão por Fernão Pais de Barros, aparecem no inventário de sua esposa Ângela com três filhos. Cláudio e Rosa também aparecem com quatro filhos. Eugênia,

35 Inventário de Ângela Correa Penteado, 1745, Inventários do Primeiro Ofício, n.14, 584, lata 692-80, Apesp.

uma viúva com cinco filhos em 1745, também está presente no inventário de Ângela. Antônio e Luiza aparecem com uma filha. Os avaliadores listaram Vitória, casada com um homem livre morador do domicílio de Fernão, e suas duas filhas, Grácia e Iria. Compradas por Fernão em 1745, elas aparecem no inventário de Ângela em 1749. Os casais Inácio e Catarina, sem filhos em 1745, e Antônio e Mariana, também sem filhos nessa data, aparecem no inventário de 1749.

Algumas das famílias de escravizados indicadas para serem vendidas ou separadas no inventário de Manoel apareceram parcialmente intactas na propriedade de Fernão e Ângela em 1749. Ângelo e Polônia, um casal que aparentemente foi separado na divisão dos bens de Manoel Correa Penteado, na verdade foi parar na propriedade de Fernão e Ângela, permanecendo juntos. Em 1749, com 22 anos, Polônia tinha dado à luz um filho, Leonardo. Antônio e Ana, o único casal separado pelo juiz dos órfãos em 1745, aparecem no inventário de Ângela em 1749. Contudo, o casal não vivia junto. Ana pertencia a Fernão e Ângela, e o esposo, ao irmão de Fernão, Manoel. Em 1749, o casal tinha três filhos, os quais viviam com Ana.

A presença de muitas das mesmas famílias nos dois inventários sugere que as famílias dos escravizados sobreviveram à crise trazida pela morte e pela divisão dos bens. Porém, uma análise mais atenta revela que mudanças significativas ocorreram nas vidas familiares desses escravizados. A viúva Eugênia, com cinco filhos em 1745, tinha apenas duas jovens crianças com ela em 1749. Só um dos seus filhos aparece nos dois inventários. Isso significa que, no período de quatro anos entre os dois inventários, ela perdeu quatro de seus filhos. Noutro caso, os três filhos listados com Silvestre e Felícia no inventário de 1749 não eram os mesmos nomeados em 1745. De acordo com o inventário de Manoel, todos os filhos do casal foram vendidos em 1745. Todavia, um deles, Benedito, foi adquirido por Fernão, pois aparece com seus pais em 1749. Nesse meio-tempo, Felícia deu à luz mais dois filhos, Ilário e Gertrudes. Porém Polônia, com sete anos em 1745, e Lourenço, com um ano naquela data, não estão presentes no inventário. Apesar de a família manter uma estrutura "nuclear", dois filhos haviam sido vendidos depois do falecimento de Manoel. A trajetória foi a mesma para quase todas as famílias presentes nos dois inventários. Praticamente todas perderam algum filho. Essas crianças escravizadas foram distribuídas aos herdeiros, vendidas em leilões ou possivelmente faleceram.

Depois da morte de Ângela, os escravizados não foram divididos novamente, permanecendo com Fernão, que, como viúvo dela e tutor de seus filhos, continuou administrando o patrimônio. As famílias escravizadas não seriam divididas novamente até Fernão dar dotes para suas filhas ou até ele próprio falecer. Contudo, a divisão dos escravizados depois do falecimento de Manoel e o fato de muitas das famílias de escravizados aparecerem no inventário da Ângela sugerem observações muito importantes sobre a vida familiar dos cativos.

Apesar das interpretações predominantes do baixo índice de natalidade entre as mulheres escravizadas no Brasil, nas grandes propriedades em Parnaíba elas certamente tiveram filhos. As famílias dos escravizados não parecem maiores porque os filhos eram separados dos pais nas partilhas de bens. A maioria das crianças descritas no inventário de Ângela nasceu depois da morte de Manoel. Entretanto, raramente todos os filhos das mulheres escravizadas apareciam com elas nos inventários. Assim, embora famílias nucleares tenham predominado nos inventários de Manoel e Ângela, isso não significa que as famílias dos escravizados eram estáveis. Na verdade, a estrutura da vida familiar continuava a mesma, mas os filhos mais velhos desapareciam. Visto que as famílias dos escravizados estavam interligadas aos eventos das famílias dos seus proprietários, sobretudo o falecimento dos senhores, elas geralmente não se tornavam grandes, complexas ou extensas.

No entanto, apesar do impacto da herança sobre as pessoas escravizadas pertencentes a Manoel Correa Penteado, muitas famílias escravizadas permaneceram, pelo menos parcialmente, intactas. Metade das famílias de escravizados que viviam na propriedade de Ângela e Fernão aparece no inventário de Manoel em 1745, onde correspondiam a quase metade das famílias de escravizados.

Em decorrência da natureza das leis sucessórias portuguesas, as famílias dos escravizados estavam particularmente vulneráveis quando o segundo cônjuge de um casal de proprietários falecia. As leis determinavam que os bens seriam avaliados e divididos depois da morte de cada cônjuge, mas a verdadeira divisão ocorria quando o segundo esposo morria. O inventário de Ângela lança luzes sobre os escravizados que moravam na propriedade pertencente a ela e a Fernão, porém eles só seriam divididos após o falecimento de Fernão. Dessa maneira, as famílias de escravizados podiam esperar um ambiente relativamente estável em que podiam constituir suas famílias, o qual duraria até o falecimento de seus senhores. Com a morte do segundo cônjuge, os escravizados seriam divididos entre os herdeiros, e suas famílias seriam separadas.

O impacto dos eventos familiares dos proprietários agrícolas sobre os escravizados é apenas um exemplo da tremenda influência das famílias desses proprietários sobre a comunidade de Santana de Parnaíba. Essa influência, tanto explícita quanto implícita, obscurece a vida de muitos na comunidade. Em sua pesquisa sobre famílias de escravizados na Fazenda Cohoon, na Virgínia, o historiador Herbert Gutman ilustra relações semelhantes entre as famílias de escravizados e os ciclos de vida de seus proprietários. Quando era jovem, John Cohoon, proprietário da fazenda na Virgínia, reuniu sua mão de obra escravizada, destruindo muitas famílias de cativos no processo, algumas delas extensas. Na idade adulta, entretanto, à medida que sua fazenda prosperava, seus escravizados formaram novas famílias. Todavia, por ocasião de sua morte, essas famílias se fragmentaram mais uma vez, quando seu patrimônio foi herdado ou vendido. Assim, de acordo com o modelo de Gutman (simplificado na Figura 6.5), as famílias dos escravizados só podiam esperar um período de estabilidade proporcional ao tempo de vida de um proprietário.[36]

Cohoon era proprietário de cerca de 47 escravizados no momento de sua morte, possuindo uma fazenda comparável às grandes de Parnaíba, em que os escravizados conseguiam contrair matrimônio com outros escravizados na mesma propriedade, formando famílias nucleares e até mesmo extensas e estabelecendo uma comunidade de escravizados. O fato de que os cativos de Cohoon só conseguiam manter uma vida familiar estável durante a vida de seu proprietário indica como era limitada a estabilidade das famílias de escravizados, mesmo para os tipos mais estáveis de famílias de cativos.

36 Gutman, *The Black Family*, p.123-39. João Luís Fragoso e Manolo G. Florentino argumentam, com base na análise de grandes propriedades no Rio de Janeiro no século XIX (com mais de cem escravizados), que as famílias dos escravizados foram capazes de atravessar o difícil período da herança e manter suas relações familiares. Eles também sugerem que os senhores, principalmente os donos de grandes propriedades, adquiriam famílias de escravizados. Ver Fragoso; Florentino, "Marcelino, filho de Inocência crioula, neto de Joana cabinda: um estudo sobre famílias escravas em Paraíba do Sul (1835-1872)". Não está claro até que ponto os autores querem dizer que famílias *inteiras* conseguiram permanecer juntas, ou apenas *alguns* membros dela.

	Idade do proprietário		
	Jovem adulto	*Meia-idade*	*Idoso/morte*
Família escravizada	destruída	reconstruída	dispersa
Estabilidade da família	baixa	alta	baixa

Fonte: Gutman, *The Black Family*, p.138.

Figura 6.5. Modelo de Gutman do ciclo familiar de escravizados

As partilhas dos bens no processo da herança também afetavam tremendamente as famílias matrifocais. Assim como as famílias nucleares dos escravizados, as famílias matrifocais poderiam permanecer juntas por um longo período de tempo e se organizar em uma comunidade maior de escravizados. Todavia, no momento da partilha, os laços entre mães e filhos eram ofuscados pela ordem do juiz de órfãos para que os bens fossem divididos igualmente entre todos os herdeiros. Ademais, como essas mulheres chefes de família não eram casadas, não tinham o benefício da única relação familiar costumeiramente respeitada, o casamento. Consequentemente, as famílias matrifocais raramente sobreviveram intactas ao processo de herança. Assim como a experiência dos escravizados vivendo em famílias nucleares, a forma da família matrifocal podia perdurar, mas os membros dessa família não costumavam permanecer os mesmos.

A família da escravizada Mariana ilustra como as famílias matrifocais eram afetadas quando os senhores faleciam e a partilha de bens se iniciava. Sabemos sobre sua família porque em 1816 ela fez um requerimento ao governador de São Paulo, reclamando que a liberdade dela e de seus filhos havia sido negada de forma indevida pela viúva de seu falecido senhor.[37] Embora as palavras da própria Mariana tenham desaparecido, fica claro, pelo que outros disseram sobre o seu caso, que ela acreditava que seu proprietário a havia libertado, juntamente com seus filhos, em reconhecimento aos bons serviços prestados. Quando ele falecesse, ela receberia sua liberdade, bem como um pedaço de terra onde viver com seus filhos. A liberdade de Mariana e o terreno foram declarados em um documento escrito que seu senhor guardou junto com seus papéis, em um cofre em sua casa. Depois da morte dele, contudo, a carta de liberdade nunca apareceu, e Mariana não apenas permaneceu escravizada como foi vendida, sendo

37 Requerimento de Mariana, 1816, Requerimentos, pasta 2, doc. 58, lata 313-72, Apesp.

separada de seus filhos. Achando-se injustiçada, ela iniciou o requerimento ao governador.

Durante a investigação que se seguiu, as seguintes perguntas foram feitas a várias testemunhas: o senhor de Mariana era o pai de seus filhos? Ele "tinha uma família" com ela? A viúva insistiu que o falecido não era o pai dos filhos de Mariana e que, se o fosse, ele os teria libertado. Em vez disso, ele alforriou apenas um dos filhos da escravizada, José, não porque este fosse filho do senhor, mas sim porque era filho de seu irmão. Outras testemunhas, no entanto, declararam que era de conhecimento geral que o proprietário de Mariana era de fato o pai dos filhos dela. Se essas crianças eram filhos dele, então eram seus filhos "naturais" e, consequentemente, tinham de herdar seu patrimônio, sendo "herdeiros forçados".

O executor do inventário do proprietário de Mariana defendeu a decisão de vendê-la. Ele declarou que, no testamento, não havia menção de alforrias para Mariana ou para seus filhos, com exceção de José, que foi libertado por ser sobrinho do falecido, bem como Gertrudes, uma filha alforriada no momento de seu batismo. Como não havia nenhuma menção a outras alforrias, o testamenteiro achou que tinha feito a coisa certa ao vender Mariana e enviar seus filhos, tanto os escravizados quanto os libertos, para servir na casa da viúva.

Ao pesquisar pelo senhor de Mariana nos censos anteriores, alguns fatos interessantes foram encontrados, sugerindo que ele era realmente o pai dos seus filhos e ela, sua amante. No censo de 1798, dezoito anos antes do requerimento feito por Mariana ao governador-geral, aparece o domicílio de seu senhor, registrado da seguinte forma pelo recenseador:

Amaro Pereira, solteiro, 45 anos
escravizados: Mariana, negra, solteira, 33 anos
Benta, mulata, 6 anos
Úrsula, mulata, 3 anos
Maria, mulata, 2 anos

Era Amaro ou seu irmão o pai dessas crianças, mais as crianças que, como se sabe, foram libertas posteriormente (José e Gertrudes)? O pai dos filhos de Mariana podia ter sido um homem branco, pois o recenseador descreveu as crianças como mulatas e Mariana como negra. Talvez Mariana de fato vivesse como amante de Amaro e se beneficiasse de seu patronato enquanto ele estava vivo. Ela própria acreditava estar em posse de uma carta de liberdade e de um pedaço de terra – uma posição privilegiada para uma mulher escravizada. Posteriormente, entretanto, Amaro decidiu se casar. De acordo com seu irmão, ele estava doente quando contraiu matrimônio e faleceu logo em seguida. Então, sua esposa legal, a coproprietária dos bens do casal, tinha direito a metade do patrimônio, cuja maior parte consistia em seus escravizados: Mariana e seus filhos. Misteriosamente a carta de liberdade de Mariana desapareceu e ela foi vendida. Por quê? Uma testemunha declarou que Amaro lhe dissera que pretendia revogar a alforria de Mariana porque ela lhe desobedecera. Mariana pensou que a esposa destruíra a carta com maldade, pois, se os filhos de Mariana fossem filhos naturais de Amaro, eles herdariam todos os seus bens, enquanto a viúva não receberia nada. O que quer que tenha acontecido, a família de Mariana se desintegrou depois do falecimento do proprietário. Ela tomou as medidas que pôde para tentar manter a família unida, mas, infelizmente, não se sabe o resultado da sua petição. Entretanto, a sua história sugere as dificuldades enfrentadas pelas famílias matrifocais quando ocorriam mudanças no *status* das famílias dos seus senhores, assim como as dificuldades que as mães escravizadas tinham de tentar manter suas famílias juntas durante períodos de morte e partilha dos bens nas famílias dos seus proprietários.

Os laços menos formalizados que os escravizados solitários criavam entre si também eram profundamente afetados por eventos como a divisão da herança. Como esses escravizados tendiam a ser mais jovens e do sexo masculino, eles tinham um preço alto no mercado e, consequentemente, corriam mais risco de serem vendidos durante a partilha de bens para quitar as dívidas do falecido. Ao se mudarem para uma nova propriedade, eles teriam que começar novamente a formar laços com outros escravizados e negros livres. Suas vidas emocionais, por conseguinte, eram provavelmente as menos estáveis e menos previsíveis. Não é de surpreender que esses cativos tivessem maior probabilidade de fugir ou cometer crimes. A imagem do escravizado Manoel, apreendido pelo capitão do mato em 1790 e enviado para a prisão da vila, transmite o desespero da vida de alguns desses escravizados. O carcereiro descrevia Manoel da seguinte forma:

> tinha 20 anos de idade cujo achei preso esta cadeia com uma corrente no pescoço algemas nas mãos e um grilhão chamado vira mundo nos pés, cujo preso e de estatura ordinário pescoço grosso cara redonda olhos pretos nariz acaçapado cabelo grenho testa pequeno o qual estava embrulhado em uma rede velha sem mais vestimenta alguma [sic].

Devido ao efeito pernicioso das partilhas de herança sobre as famílias escravizadas, pode-se esperar que, nas propriedades que não eram afetadas por herança, os escravizados poderiam estabelecer famílias estáveis e duradouras. No Brasil, apenas dois tipos de propriedades poderiam oferecer esse ambiente aos escravizados: morgados (propriedades vinculadas) e as fazendas religiosas. Os primeiros eram raramente estabelecidos no Brasil; portanto, as propriedades religiosas seriam praticamente o único lugar em que famílias de escravizados poderiam esperar viver sem medo de serem separadas. Em uma dessas propriedades, a fazenda Araçariguama, uma das maiores de Santana de Parnaíba no século XVIII, os escravizados deveriam, em tese, ter conseguido estabelecer famílias duradouras e laços de parentesco resistentes, mas eles não conseguiram fazê-lo. A propriedade pertencera aos jesuítas, que a herdaram de um rico comerciante e proprietário de indígenas, Guilherme Pompeu de Almeida, em 1713. Como ela pertencera a uma ordem religiosa, ela nunca precisou passar pelo processo de divisão conforme as leis sucessórias, e, por conseguinte, as pessoas escravizadas que ali viviam raramente foram vendidas. Entretanto, por conta de fatores políticos externos, até mesmo essa fazenda acabou sendo um local onde as famílias e redes de escravizados não permaneciam estáveis com o passar do tempo.

Organizada para produzir milho, feijão, trigo, amendoim, algodão, mandioca, mel, vinho, cachaça e arroz para sustentar o colégio dos jesuítas na cidade de São Paulo, a fazenda permaneceu nas mãos da Companhia apenas até 1759. Nesse ano, depois de o primeiro-ministro de Portugal, o Marquês de Pombal, expulsar os jesuítas do Brasil, a fazenda tornou-se parte do grande patrimônio dos jesuítas confiscado pela Coroa. Naquele momento, 102 escravizados africanos e 101 indígenas administrados moravam e trabalhavam no local. É provável que esses escravizados e indígenas vivessem em famílias nucleares e tivessem formado extensas redes de parentesco. Depois da expulsão dos jesuítas, a propriedade começou a se deteriorar, o que afetou profundamente a vida dos escravizados. A Coroa alugou a fazenda a indivíduos ricos de Parnaíba, os quais a administraram única e exclusivamente para obter lucros. O número de escravizados caiu de maneira alarmante por conta de mortes e fugas. Só no ano de 1779, vinte cativos fugiram. Em 1801, a câmara de Parnaíba escreveu que, durante o período em que Policarpo Joaquim de Oliveira alugou a propriedade, ela ficou tão descuidada que valia apenas um terço do valor em que fora avaliada em 1760, quando os jesuítas a deixaram. Em 1815, um inventário da fazenda revelou seu estado precário. A propriedade tinha uma capela, uma casa grande em ruínas, vinte senzalas em más condições e apenas 35 escravizados, três dos quais haviam fugido. Sem dúvida, as condições da fazenda Araçariguama haviam decaído a tal ponto que os escravizados preferiam fugir e romper os laços familiares a continuar vivendo lá. Assim, nessa grande fazenda onde se poderia esperar que os escravizados formassem famílias estáveis, suas famílias não puderam perdurar com o passar do tempo. Mais uma vez, circunstâncias fora do controle dos cativos determinaram a natureza de suas vidas familiares.[38]

Considerando o fato de que os escravizados tinham tão pouco controle sobre suas vidas familiares, como é possível falar em estratégias de sobrevivência dos cativos? Muitos historiadores concluíram que a vida familiar dos escravizados era tão instável e imprevisível que podia ser considerada praticamente inexistente.[39] No entanto, está claro que, no século XVIII em Parnaíba, embora os escravizados tivessem menos controle sobre suas vidas familiares do que outros grupos sociais, eles tiveram longos períodos de relativa estabilidade. Esses períodos ocorriam quando as famílias nucleares eram formadas e cresciam ou quando mães solteiras criavam seus filhos. Os momentos de crise que fragmentavam a vida familiar ocorriam em situações muito específicas: quando os proprietários tinham dificul-

---

38 Essa história da fazenda Araçariguama foi reconstituída a partir das seguintes fontes: Relatório de Manoel da Costa Couto, notário do sequestro de bens de propriedades dos jesuítas, *Documentos interessantes*, v.84, p.151-3; Do Conselho de Parnaíba à Coroa, 1815, São Paulo, 3865, AHU; inventário da propriedade de Araçariguama, 1815, códice 481, p.203-21, AN.

39 Ver, por exemplo, Fernandes, *A integração do negro na sociedade de classe*. Uma geração anterior de historiadores norte-americanos ainda tinha essa visão; ver, por exemplo, Frazier, *The Negro Family in the United States*. Entretanto, historiadores contemporâneos estudiosos da escravidão enfatizam que os escravizados conseguiam moldar suas próprias vidas familiares. Exemplos desses historiadores norte-americanos incluem Gutman, Blassingame e Kulikoff e, para estudos brasileiros, Schwartz, Slenes e Graham.

dades financeiras e vendiam escravizados ou quando os bens de um casal tinham que ser divididos com a morte do último cônjuge. Em outros períodos, os escravizados podiam, e de fato conseguiam, moldar suas famílias e desenvolver suas próprias estratégias de sobrevivência em seus universos restritos.

Para compreender como os escravizados desenvolviam estratégias de sobrevivência, primeiro é necessário distinguir entre os dois mundos extremamente diferentes em que viviam: o universo de seus senhores, que demandava que eles se comportassem de determinada maneira, e o universo dos escravizados, que lhes permitia se portarem de maneira muito diferente. Esses dois mundos eram partes fundamentais da vida dos escravizados, e nenhum cativo, com exceção dos fugitivos, vivia isolado de qualquer um deles. Assim, a vida familiar dos escravizados tinha duas faces: uma, as relações entre os próprios escravizados, e a outra, as relações entre os escravizados e as famílias de seus proprietários.[40]

Como muitos aspectos da vida dos proprietários afetavam os escravizados, as famílias deste últimos não podiam ser, e nunca eram, independentes de seus senhores. Entretanto, os proprietários também nunca dominavam completamente seus escravizados. Essa dualidade na vida dos cativos influenciou a maneira como eles criaram estratégias para melhorar um pouco sua existência e como socializaram seus filhos. Apesar da violência inerente à escravidão – violência expressa por meio de chicotadas, espancamentos e algemas –, os escravizados viam seus senhores como uma fonte de favores que poderia levá-los à liberdade, à permissão para se casarem ou ao direito de socializarem com outros escravizados em outras propriedades. Contudo, cientes do abismo entre os dois grupos, os escravizados se uniam na comunidade, oferecendo apoio e assistência mútua. Eles se viam em dois mundos e desenvolveram estratégias para sobreviver em cada um deles.

---

40 Aqui, seguem-se os modelos de família escravizada e vida comunitária desenvolvidos por Genovese, *Roll, Jordan, Roll: The World the Slaves Made*; e Gutman, *The Black Family*. Genovese enfatiza as relações verticais que os escravizados tinham com seus proprietários, as quais se desenvolveram por causa do caráter patriarcal e paternalista da escravidão. Gutman volta sua atenção para as conexões horizontais que os escravizados possuíam entre si, argumentando que o cerne da família escravizada e da vida comunitária ocorria em um mundo separado daqueles dos senhores. Defende-se, neste trabalho, que essas duas perspectivas não são excludentes, pois os escravizados sobreviveram ao aprenderem a interagir com seus proprietários e com outros cativos.

Um sonho em comum entre os escravizados era a possibilidade de conseguir a liberdade. Como os escravizados o conseguiam dependia de como manipulavam com sucesso as suas relações com seus senhores. A liberdade foi obtida de várias maneiras, todas com o objetivo de alcançar a mobilidade social para eles e seus filhos. No Brasil, os escravizados encontravam mais facilidade de conseguir, ou comprar, a liberdade do que em outras sociedades escravocratas, como nos Estados Unidos. Diferentemente dos Estados Unidos, onde relativamente poucos escravizados compravam sua liberdade e onde, em algumas regiões, a legislação restringia os donos de libertá-los, mesmo que desejassem, a escravidão brasileira era mais flexível nesse quesito.[41] Os donos poderiam libertar seus escravizados se eles assim o desejassem, e os escravizados poderiam comprar a sua liberdade. Isso deu aos escravizados um motivo para investir na comunidade dos escravizados, porque eles podiam sonhar que um dia se tornariam um membro livre nessa comunidade. Isso também deu aos escravizados um incentivo para manter um bom relacionamento com seus proprietários.

A maioria dos escravizados que obtiveram sua liberdade a receberam dos seus proprietários como um favor, geralmente em reconhecimento de seus "bons serviços" e de sua "obediência". Por exemplo, Luzia Leme de Barros libertou a sua escravizada Lourença em 1781 "pelos bons serviços que lhe tem feito, ao bem que a tem servido e o amor que lhe tem".[42] João Ribeiro de Magalhães alforriou todos os seus escravizados antes de falecer – Inácio, Felisberto, Manoela, Inácio e todos os filhos de João – "pelos bons serviços" e estipulou que daquele momento em diante seriam tratados "como se teriam nascidos livres".[43] No seu leito de morte, Tomazia de Almeida disse a Rita Antônia da Silva Serra que seu último desejo era libertar a jovem mulata escravizada Catarina. Tomazia pediu a Rita que cuidasse de Catarina, a criasse e a educasse até o casamento dela. Quando casasse, Catarina receberia sua alforria.[44] Esses exemplos demonstram que os proprietários tinham

---

41 Carl N. Degler discute a comparação entre os escravizados libertos do Brasil e dos Estados Unidos em *Neither Black nor White: Slavery and Race Relations in Brazil and United States*, p.39-47, e conclui que, embora houvesse a possibilidade de os escravizados conseguirem sua liberdade nos Estados Unidos (o que de fato ocorreu em alguns casos), no Brasil eram maiores as chances de os cativos serem alforriados ou comprarem sua liberdade.

42 Escritura de Alforria, Livros de Parnaíba, v.81, p.39, lata 6064-16, Apesp.

43 Ibid., Livros de Parnaíba, v.85, sem página, lata 6065-17, Apesp.

44 Ibid., Livros de Parnaíba, v.57, p.42-3, lata 6061-13, Apesp.

envolvimentos emocionais com seus escravizados e desejavam ajudá-los. O fato de que os senhores os alforriavam indicava aos escravizados que a "obediência" e o "bom serviço" poderiam ser recompensados.

A maior parte dos proprietários que alforriou seus escravizados condicionava essa liberdade à continuidade dos bons serviços. Entendiam a alforria não meramente como um gesto humanitário, mas como um ato pragmático. Antônia, alforriada por sua senhora pelos "bons serviços" e "retidão", ainda tinha de continuar a servi-la até esta falecer.[45] Mariazinha recebeu sua liberdade em uma cláusula do testamento de Maria de Abreu, com a condição de servir a Francisca Xavier até esta se casar.[46] O reverendo Felipe de Santiago Xavier alforriou o escravizado Manoel em 1796, porém lhe deixou a responsabilidade de lhe servir enquanto estivesse vivo e, posteriormente, tinha de cuidar do altar de Nossa Senhora das Dores na igreja. Para ajudá-lo nessa missão, o reverendo lhe deixou metade do quintal da sua casa para que o liberto construísse a sua própria moradia.[47]

Os escravizados que receberam a liberdade como um presente de seus senhores se beneficiaram da humanidade, da bondade e do paternalismo deles. Não é de surpreender que esses cativos tendiam a ser mais velhos, mulheres e jovens crianças, os escravizados aos quais os senhores tinham se apegado por terem recebido serviços fiéis, por conta da inocência e da ingenuidade dos jovens cativos ou mesmo porque sabiam que os mulatos escravizados eram seus parentes.[48] Era mais difícil homens e mulheres no auge da idade produtiva receberem suas liberdades como dádivas de seus proprietários. Valiosos demais para serem libertados, esses escravizados tendiam a permanecer sob o domínio de seus senhores. Todavia, alguns ainda podiam comprar sua própria alforria. A escravizada Benta pagou à sua senhora 100.000 réis por sua liberdade, um montante que indica que Benta ainda estava em seus melhores anos de trabalho.[49] João e Liberata, parte de um patrimônio inventariado em 1793, pagaram os valores em que haviam sido avaliados no inventário ao seu novo proprietário em troca da sua

45 Ibid., Livros de Parnaíba, v.81, sem página, lata 6064-16, Apesp.

46 Ibid., Livros de Parnaíba, v.85, sem página, lata 6065-17, Apesp.

47 Ibid., Livros de Parnaíba, v.75, p.68-9, lata 6061-13, Apesp.

48 Esse era um padrão comum no Brasil. Ver Eisenberg, "Ficando livre: as alforrias em Campinas no século XIX"; e Kiernan, *The Manumission of Slaves in Colonial Brazil: Paraty, 1789-1822.*

49 Escritura de alforria, Livros de Parnaíba, v.85, sem página, lata 6065-17, Apesp.

liberdade.[50] Outros escravizados também conseguiram comprar sua própria alforria, como Francisco, que pagou 153.600 réis por ela em 1801, ou Bento, que angariou 89.600 réis por ela em 1798.[51]

Para conseguirem a alforria, os escravizados utilizavam diferentes estratégias. Alguns apelavam para a benevolência dos seus senhores; outros tentavam angariar o montante necessário. Entretanto, a maioria permanecia como mão de obra cativa até a morte. Enquanto para muitos cativos serem alforriados não afetava de maneira significativa as condições sob as quais trabalhavam, isso fazia uma enorme diferença para eles. Os alforriados poderiam viver onde quisessem, "isent[os] de cativeiro e de sujeição alguma" e ser considerados como forros "de hoje para todo o sempre".[52] Isso significava que os alforriados poderiam viver com suas famílias e não estavam mais sujeitos ao tratamento desumano que os escravizados normalmente recebiam. O melhor indício do quanto os cativos desejavam a liberdade talvez fique evidente nas palavras do escravizado Francisco, que fez uma petição junto ao governador de São Paulo em 1822, pedindo sua intervenção para que pudesse comprar sua alforria. Francisco havia sido avaliado no inventário em 25.600 réis e desejava pagar essa quantia à sua senhora, que a recusou. A petição afirmava que

> em tais circunstâncias lhe é pesada a sujeição de cativeiro e a fim de passar mais comodamente esses dias que ainda lhe poderão restar de vida, tem procurado todos os meios a fim da dita D. Viúva receber a quantia de sua valoração e conferir-lhe sua liberdade.[53]

Por outros documentos, sabe-se que Francisco tinha 65 anos, havia servido a seu senhor por mais de 30 anos, era casado com uma negra forra e queria sua liberdade para tomar conta da sua salvação e viver o resto dos seus dias em paz.[54] Ele havia contratado um escrivão para redigir a petição para

---

50 Ibid., Livros de Parnaíba, v.57, p.8, lata 6061-13, Apesp.

51 Ibid., Livros de Parnaíba, v.85, lata 6061-17; *Livros de Parnaíba*, v.56, p.11-2, lata 6061-13, Apesp.

52 Ibid., Livros de Parnaíba, v.57, p.68-9, lata 6061-13, Apesp; *Livros de Parnaíba*, v.85, sem página, lata 6065-16, Apesp.

53 Requerimento de Francisco, 1822, Requerimentos, pasta 3, documento 37, lata 313-72, Apesp.

54 Ibid.; censo de 1820, Mapas de população, lata 133-133, Apesp.

ele e talvez tivesse até contratado um advogado também, pois o documento aos oficiais de São Paulo se encerrava com um apelo impressionante:

> Pede a Vossas Excelências, que como pais de misericórdia se dignem fazer que a dita sua senhora entre no conhecimento que o Direito de domínio que tem sobre o Suplicante não dirige a fora do Direito natural de equidade a favor de sua liberdade, e muito menos a caridade cristã e neste conhecimento conceda ao Suplicante o que lhe pede pela sua justa a valoração nas partilhas feitas no inventário.[55]

O fato de um escravizado de 65 anos se esforçar tanto para obter a liberdade antes de morrer reflete o quanto os escravizados almejavam sua alforria, mesmo que apenas nos últimos anos de vida.

Os escravizados aos quais os senhores haviam prometido a alforria geralmente tinham que defender seus direitos a ela diante dos possíveis herdeiros que queriam mantê-los como escravizados. Quando Antônio Correa de Lemos Leite faleceu em 1782, seus herdeiros descobriram que ele havia libertado três escravizados antes de morrer. Dois genros, descontentes que o sogro havia reduzido a herança que suas esposas receberiam, pediram ao juiz de órfãos que invalidasse as alforrias. Eles argumentaram que, como Antônio falecera sem testamento, ele não tinha a terça para distribuir como desejasse. Dessa maneira, os escravizados deveriam fazer parte dos bens que seriam destinados automaticamente aos herdeiros de Antônio.[56]

Não muito tempo depois, outro escravizado de origem africana, chamado Maximiano Antônio, gastou dinheiro para realizar um requerimento junto ao governador de São Paulo. Na petição, ele declarou que nascera livre, pois sua mãe, uma escravizada, recebera a alforria do seu senhor, Manoel Rodrigues Fam. Entretanto, depois do falecimento de Manoel, seus herdeiros destruíram as cartas de alforria e o sujeitaram à escravidão. Ciente de que era um homem pobre, Maximiano pedia que um juiz em Parnaíba fosse nomeado para cuidar de sua reivindicação pela liberdade. Quando nomeado para investigar o assunto, o juiz local entrevistou o capitão-mor de Parnaíba, o juiz de órfãos e dois oficiais da ordenança, havendo todos eles declarado

55 Ibid.

56 Inventário de Antônio Correa de Lemos Leite, 1782, Inventários e testamentos, lata 556-79, Apesp.

que sempre souberam que Maximiano era um escravizado. Além disso, ao ler o testamento, o juiz reportou ao governador que não havia nenhuma menção à alforria da mãe de Maximiano; na verdade, ela e seus filhos apareciam no testamento como escravizados.[57]

Esses dois casos refletem a situação dos escravizados aos quais os senhores haviam prometido a liberdade, mas que tiveram suas alforrias contestadas pelos herdeiros. Tais casos demonstram como os escravizados estavam vinculados não somente aos seus proprietários, mas também aos familiares destes. Como os escravizados era bens valiosos, os herdeiros lutavam contra as liberdades concedidas pelos seus pais. Nessas situações, os escravizados só poderiam manter sua alforria caso tivessem provas documentais. Nos dois casos supracitados, os cativos de Antônio Correa de Lemos Leite conseguiram manter suas liberdades, mas é provável que Maximiano não tenha conseguido fazê-lo.

A dualidade da vida familiar dos escravizados também pode ser vista em momentos importantes do ciclo de vida. Em períodos de casamento, os escravizados pediam a outros escravizados, ou mesmo a seus senhores, que atuassem como testemunhas.[58] Da mesma forma, quando os escravizados batizavam seus filhos, eles escolhiam padrinhos entre os escravizados, negros forros, brancos da população pobre livre e até mesmo proprietários agrícolas. Aparentemente, a estratégia adotada pelos escravizados era vincular seus filhos horizontalmente a outras pessoas escravizadas ou verticalmente a membros da classe dos proprietários agrícolas. Cada uma dessas estratégias fazia sentido: ao escolher um padrinho livre para o filho, possivelmente um dono de escravizados, eles esperavam dar à criança acesso a indivíduos mais poderosos na comunidade. Ao escolher outras pessoas escravizadas como padrinhos, eles conectavam seus descendentes à comunidade dos escravizados.

Como mostram Stephen Gudeman e Stuart Schwartz, na Bahia do século XVIII, "em nenhum caso os senhores foram padrinhos de seus próprios

57 Petição de Maximiano Antônio, 1820, Requerimentos, pasta 3, doc. 52, lata 313-75, Apesp.

58 A maioria das testemunhas de casamentos de escravizados eram outros escravizados, mas negros forros, indígenas e senhores também eram testemunhas nesses eventos. Por exemplo, o sargento-mor Luís Pedroso de Barros foi uma das testemunhas no casamento de seus escravizados Francisco e Dezideria. Cf. Casamento de escravos, 1728, Livros paroquiais de Santana de Parnaíba, ACDJ.

escravizados".[59] Em Parnaíba, encontrei apenas um caso em que o proprietário era padrinho de um de seus escravizados: tratava-se de um recém-nascido prestes a morrer que foi batizado pelo próprio senhor, que desempenhou o papel de padrinho e também de pároco. Gudeman e Schwartz atribuem a ausência de proprietários entre os padrinhos de pessoas escravizadas ao conflito entre a Igreja e a escravidão: como um proprietário poderia ser o guia espiritual de seus escravizados e ao mesmo tempo possuí-los como propriedade? Assim, Gudeman e Schwartz argumentam que o conflito entre o batismo e a escravidão foi resolvido evitando-se a questão, ou seja, não tendo proprietários como padrinhos dos filhos de seus cativos. Embora isso não ocorresse em Parnaíba, ocasionalmente os filhos dos proprietários atuavam como patronos dos filhos dos escravizados de seus pais. Nos 115 batismos de crianças nascidas escravizadas, encontrei seis casos nos quais os filhos solteiros dos proprietários foram padrinhos de crianças que um dia poderiam herdar.[60]

Mas quem eram então os padrinhos? A análise dos registros de batismo da paróquia de Santana revela que 32% dos padrinhos e 34% das madrinhas de filhos de cativos eram também escravizados.[61] Esses padrinhos e madrinhas viviam na mesma paróquia que os afilhados, e a maioria deles era solteira e jovem. Eles tendiam a apadrinhar os filhos de pessoas escravizadas casadas com mais frequência do que os filhos de mães solteiras e também apadrinhavam mais meninos do que meninas. Entretanto, a maioria dos padrinhos e madrinhas de bebês escravizados eram pessoas livres, predominantemente na paróquia de Santana, e, assim como os escravizados, eram solteiros. Desses, 36 padrinhos e 19 madrinhas eram proprietários agrícolas pobres com menos de dez escravizados. Eles tendiam a ser jovens e solteiros, filhos de famílias proprietárias agrícolas na paróquia. É interessante observar que esses padrinhos e madrinhas apadrinhavam filhos de mães solteiras com mais frequência do que os escravizados (Tabela 6.5).

---

59 Gudeman; Schwartz, Cleansing Original Sin: Godparenthood and the Baptism of Slaves in Eighteenth-Century Bahia, p.40.

60 Batismos de escravizados em 4/11, 7/17 e 8/26, 1798 e 4/9, 4/13 e 11/21, 1820, Livros paroquiais de Santana de Parnaíba, ACDJ. Gudeman e Schwartz encontram a mesma forma na Bahia: ver "Cleansing Original Sin".

61 Gudeman e Schwartz descobriram que 20% dos padrinhos de crianças escravizadas eram eles próprios escravizados, 10% eram ex-escravizados e 70% eram pessoas livres. Ver Gudeman; Schwartz, "Cleansing Original Sin".

Tabela 6.5. Padrinhos de crianças escravizadas

	Padrinhos			
	Livres		*Escravizados*	
Crianças	N	%	N	%
Legítimas	32	42	23	66
Pais incógnitos	44	58	12	34
Total	76	100	35	100

Qui-quadrado = 5,34; grau de liberdade = 1; probabilidade = 0,021.

Fonte: Batismos de escravizados, 1770, 1798, 1820, paróquia de Santana.

Como as mães solteiras procuravam padrinhos entre os membros da população livre – tanto os pobres livres quanto os proprietários agrícolas –, isso pode significar que na realidade os "padrinhos" eram de fato os pais naturais das crianças. Ou pode refletir o fato de que as famílias matrifocais tendiam a buscar estratégias verticais, que as atrelavam a pessoas com mais poder, em vez de estratégias horizontais, as quais as aproximavam de outros escravizados. As famílias nucleares dos escravizados, porém, escolhiam padrinhos entre outros escravizados. Possivelmente, as famílias nucleares formavam a base da comunidade dos escravizados e, por isso, desejavam que seus filhos tivessem suporte emocional e espiritual de outros cativos. Qualquer opção que fosse escolhida pelos pais era consistente, pois os filhos raramente tinham padrinhos de *status* sociais muito diferentes. Se uma criança escravizada tivesse um padrinho escravizado, sua madrinha também seria cativa; se seu padrinho fosse livre, sua madrinha também o seria.

Devido ao fato de que os escravizados adotaram estratégias horizontais e verticais, eles conseguiram obter cada vez mais liberdade a cada geração. Consequentemente, a comunidade de negros livres de Parnaíba aumentou. Em 1820, 37% dos domicílios de pessoas livres na vila eram chefiados por homens e mulheres registrados pelos censitários como "pardos" ou "pretos". Embora a maioria daqueles classificados como "pardos" possivelmente fosse descendente de indígenas ou mamelucos, muitos eram indubitavelmente mulatos. Por exemplo, no mesmo censo, 28% dos escravizados nascidos no Brasil, os chamados "crioulos", tinham a sua cor descrita como "pardo"; tratava-se dos escravizados mulatos. Por conseguinte, é lógico pressupor que uma parte dos domicílios de pardos livres era na verdade composta de domicílios de mulatos livres. O crescimento dessa comunidade de negros forros criava um importante "colchão de segurança" entre proprietários e escravizados, permitindo aos últimos lutarem por sua liberdade e aos proprietários ver os negros em outros papéis que não o de escravizados. Isso significava que as estratégias dos escravizados em Parnaíba impactavam a formação da estrutura social da comunidade.

Embora os escravizados buscassem estratégias para melhorar suas vidas, sua impotência na comunidade significava que tais medidas não resolviam e não podiam resolver a miríade de problemas com os quais conviviam. Os escravizados não podiam impedir que seus donos os explorassem até a morte, os punissem por pequenos delitos ou vendessem seus familiares. Suas estratégias, portanto, poderiam melhorar suas vidas apenas de maneira limitada.

As frustrações que os escravizados enfrentavam mas não podiam mudar eram expressas por meio da violência que existia na comunidade dos cativos. Embora essa comunidade oferecesse a seus membros uma importante fonte de apoio e recursos, a violência também fazia parte dela. A raiva reprimida que as pessoas escravizadas sentiam em relação aos seus senhores raramente se manifestava em ações violentas contra eles, mas sim em atos violentos contra outros cativos, negros livres ou membros da população pobre livre.

De acordo com o "Rol dos culpados", um registro mantido pelos carcereiros de Parnaíba, 20% dos que foram presos entre 1720 e 1820 eram pessoas escravizadas. Os crimes cometidos por eles variavam de assassinato a feitiçaria (Tabela 6.6). Embora 53% dos escravizados presos haviam atacado ou assassinado alguém, raramente as suas vítimas eram seus senhores. Apenas três escravizados se rebelaram contra seus proprietários: José, que espancou seu senhor; Inácio, que feriu gravemente seu dono, matou a esposa dele e a filha do casal; e Francisco, que, como José, atacou o seu proprietário.[62] A maioria das vítimas atacadas pelos escravizados pertenciam à população pobre livre (ver Tabela 6.7)

Por que os escravizados costumavam atacar mais a população pobre livre do que outros escravizados ou proprietários agrícolas? A resposta a essa pergunta está relacionada, ao menos em parte, ao fato de que os pobres livres compunham a maioria da população em Parnaíba. Além disso, existia uma forte hostilidade entre estes dois grupos. A população pobre livre olhava com desprezo para os escravizados, considerando-os socialmente inferiores.

62 Rol dos Culpados, Livros de Parnaíba, v.133, lata 6074-26, Apesp.

Tabela 6.6. Crimes pelos quais escravizados foram presos

	N	%
Agressão	26	28
Homicídio	23	25
Fuga da prisão	15	16
Perturbação da ordem	13	14
Desconhecido/outro	16	18
Total	93	101

Fonte: Rol dos culpados, 1720-1820, Parnaíba.

Tabela 6.7. Vítimas de crimes violentos cometidos por escravizados

Vítimas	*Ataques e homicídios*	
	N	%
Pobres livres	21	43
Escravizados	11	22
Proprietários agrícolas	10	20
Status desconhecido	7	14
Total	49	99

Fonte: Rol dos culpados, 1720-1820, Parnaíba.

Contudo, ao mesmo tempo, o trabalho dos pobres livres parecia com o dos escravizados em muitos aspectos. Para se distanciar dos escravizados, alguns dos pobres livres os insultavam, ridicularizavam e intimidavam, reforçando assim sua percepção de uma inferioridade social. Por exemplo, em um dia de trabalho no sítio de Anastácio Pereira de Camargo em 1818, ocorreu uma briga entre um escravizado e um homem pobre livre. O escravizado, Francisco, aparentemente emprestado ou contratado para aquele dia, trabalhava ao lado de outros trabalhadores livres da vizinhança e dos escravizados de Anastácio. Durante o dia, Rodrigo, um jovem roceiro pobre e livre que era branco, assediou Francisco, vinte anos mais velho. Quando Rodrigo o chamou de "cisco", Francisco "pediu que não o chamasse desta forma", ao que o jovem retrucou que não fazia mal em chamá-lo do que era. Irritado, Francisco insultou Rodrigo, chamando-o de "filho da puta", e Rodrigo partiu para o ataque físico, dando um soco em Francisco e o derrubando. Em voz alta, Rodrigo declarou que, se Francisco reclamasse com seu senhor, iria atrás do escravizado com uma arma.

Depois do dia de trabalho, o senhor de Francisco apresentou uma queixa ao juiz de paz de Parnaíba. Três testemunhas, todos pobres livres, recontaram o ocorrido. A decisão do juiz foi desfavorável a Rodrigo, que foi preso.[63] Esse episódio sugere que existia muita raiva reprimida entre escravizados e pobres livres. Segundo o registro do carcereiro, muita da violência contra escravizados era causada pela população pobre livre.

Ocasionalmente, os escravizados se rebelavam, perturbando a ordem nas propriedades e sítios próximos. Esses tumultos (assuadas) envolviam grupos de escravizados e pessoas livres. Por exemplo, treze escravizados e muitos outros pobres livres foram presos por participarem de três assuadas em 1765. As rebeliões ocorreram nos sítios de Miguel Garcia de Carvalho, José da Costa Ribeiro e Sebastião Teixeira. Nenhuma dessas propriedades pertencia a grandes proprietários agrícolas: José da Costa Ribeiro tinha apenas dois cativos e Sebastião Teixeira não tinha nenhum. Aparentemente as assuadas ficaram violentas, pois existem referências nas fontes sobre escravizados que bateram em outros ou os feriram com facas. Outras duas revoltas aconteceram no início do século: uma na propriedade de Francisco Gonçalves de Oliveira em 1731 e outra na de Paulo Dias da Silva em 1733.[64]

Os escravizados também eram mandados para a cadeia por pequenos delitos ocorridos nas propriedades agrícolas ou porque haviam fugido e sido capturados por um capitão do mato. Uma vez na cadeia, eles tentavam fugir a todo custo. Os carcereiros registraram vários casos de cativos que atearam fogo em partes da cadeia, quebraram as grossas paredes da cela ou removeram telhas do telhado para fugir. Por exemplo, as histórias de como Ana "arrombou o telhado", ou como Benedito fugiu, mesmo estando "preso na enxovia de cadeia no tronco e na corrente algemado", ou como Custódia saiu pelo "arrombamento feita na cadeia" com "queimadas nas grades"[65] sugerem as diversas maneiras que os escravizados usavam para fugir da prisão. No campo simbólico, a cadeia pode representar a instituição

---

63 Francisco Cruz *versus* Rodrigo José de Barros, Livros de Parnaíba, v.98, p.38-40, lata 6068-20, Apesp.

64 Cada assuada foi investigada pelas autoridades legais em devassas, mas eu não encontrei essas devassas nem os processos referentes às pessoas acusadas de crimes e presas em Parnaíba. Portanto, temos somente os registros feitos pelos carcereiros quando os prisioneiros chegavam à cadeia. Rol dos culpados, Livros de Parnaíba, v.133, lata 6074-26, Apesp.

65 Ibid.

da escravidão. Os cativos que fugiam buscavam liberdade não apenas em relação à prisão, mas também em relação à própria escravidão.

Os escravizados expressavam seu descontentamento fugindo e tentando se esconder ou se passar por negros forros. A maioria das fugas, contudo, não durava muito tempo. Às vezes, os escravizados fugiam para outras vilas, nas quais tinham parentes. Leonor e Maria, por exemplo, ambas com 20 anos, fugiram da fazenda Santana, fora da cidade de São Paulo, para Araçariguama em 1775. Lá, Policarpo Joaquim de Oliveira as capturou e as denunciou.[66] Outros escravizados fugiam para o sertão, onde tentavam sobreviver com o que a terra provia. Manoel, um escravizado que fugiu de sua senhora na vila vizinha de Itu, foi a Parnaíba, onde ele construiu para si um barraco e uma horta nas terras de Maria Franca da Cunha. Todavia, Manoel não conseguiu sobreviver, pois foi encontrado morto de fome ou de doença em 1820.[67]

Pequenas comunidades de escravizados fugitivos (quilombos) existiam ao redor de praticamente todos os principais povoamentos do Brasil colonial. Em 1775, o governador de São Paulo permitiu que "qualquer pessoa, ou pessoas deem assalto ao quilombo que se vai formando no termo da Parnaíba".[68] Onze anos depois, Ana Maria Xavier Pinto da Silva ordenou a doze de seus escravizados que limpassem a área próxima a um quilombo, possivelmente até o mesmo, localizado entre Parnaíba e a vila de Jundiaí. Depois de três meses de trabalho, seus escravizados encontraram o quilombo, mas os quilombolas já haviam fugido. Tendo desalojado os quilombolas, Ana Maria pediu a posse das terras como recompensa.[69] Embora em geral fosse apenas por um curto período de tempo, os escravizados fugitivos conseguiam sobreviver enquanto permanecessem escondidos e conseguissem produzir alimentos suficientes para se sustentar.

Apesar de a vida familiar na comunidade de escravizados propiciar a estes uma importante fonte de estabilidade e suporte, ela não atenuava a vida

66 Do governador de São Paulo para Rodrigo Bicudo Chassim, 1775, *Documentos interessantes*, v.70, p.25.

67 Do capitão-mor de Parnaíba para o governador de São Paulo, 1820, Ordenanças, 2:41, lata 295-57, Apesp.

68 Do governador de São Paulo para o capitão-mor de Parnaíba, 1775, *Documentos interessantes*, v.84, p.51.

69 Requerimento, Ana Maria Xavier Pinto da Silva, 1786, Patentes e sesmarias, livro 22, doc. 11, Apesp.

difícil que levavam. A dureza das suas vidas emerge em um documento atrás de outro nas fontes históricas de Parnaíba. Os avaliadores dos escravizados de Agostinha Rodrigues descreveram seu escravizado mina, chamado André, como "quebrado" em 1757.[70] Jacinto, escravizado pertencente a Baltazar Rodrigues Fam, teve seu braço comido pela moenda de açúcar.[71] João Paulo Correa, capataz do coronel Policarpo Joaquim de Oliveira, matou um dos escravizados do seu patrão em 1802. José Fernandes Mota assassinou dois dos seus próprios escravizados em 1727. Manoel Antônio, um soldado da cidade de São Paulo, matou um escravizado chamado Domingos quando atuava como capataz da fazenda do arcebispo em 1815. Francisco Inácio, um transeunte, assassinou Manoel, um escravizado, em 1763. No século XVIII, outros três homens foram presos em Parnaíba por terem assassinado escravizados e mais cinco tiveram o mesmo destino por terem atacado escravizados. Como eram bens valiosos, os escravizados também poderiam ser roubados. Cinco homens foram presos por roubarem escravizados. Assim, os escravizados eram vítimas de notável violência em Parnaíba no Setecentos.[72]

No entanto, no ambiente perigoso, violento e duro em que os escravizados viviam, no início do século XIX, os cativos haviam estabelecido uma comunidade estável na vila de Santana de Parnaíba. Eles se casaram, batizaram seus filhos e enterraram seus mortos nas igrejas da paróquia. Além disso, haviam estabelecido suas próprias irmandades religiosas dedicadas a Nossa Senhora do Rosário, Nossa Senhora da Boa Morte e Assunção e a São Benedito, nas quais participavam juntamente com os negros forros. Os escravizados sabiam como fazer petições e requerimentos aos oficiais da governança e como obter suas próprias alforrias. Assim, apesar das adversidades e das inúmeras incertezas que existiam em suas vidas, os escravizados de Parnaíba conseguiram usar suas famílias como meio de combater os efeitos dolorosos da escravidão e melhorar sua vida cotidiana.

70 Inventário de Agostinha Rodrigues, 1757, Inventários e testamentos, lata 534-57, Apesp.

71 Inventário de Baltazar Rodrigues Fam, 1758, Inventários e testamentos, lata 536-59, Apesp.

72 Rol dos culpados, Livros de Parnaíba, v.133, lata 6074-26, Apesp.

Conclusão
Famílias e fronteira na independência

Quando as tropas napoleônicas cruzaram a fronteira entre a Espanha e Portugal em 1807, o então regente português, Dom João VI, a família real e sua corte empacotaram desesperadamente seus pertences e se prepararam para abandonar Lisboa. À medida que as tropas de Napoleão acamparam nas cercanias de Lisboa, toda a corte partiu da cidade escoltada pela poderosa marinha britânica. Depois da dificuldade em atravessar o Atlântico, descrita por um historiador moderno como "um pesadelo [...] as armadas com a realeza partiram superlotadas, com escassez de comida e água, com piolhos (as mulheres tiveram que cortar o cabelo) e doenças",[1] a corte desembarcou no Rio de Janeiro. Nos meses seguintes, Dom João transformou o Rio de Janeiro na capital do império português. Essa rara reviravolta simbólica marcou o começo da transformação do Brasil de colônia em uma nação.

A chegada da corte ao Rio de Janeiro decretou o fim do "período colonial" do Brasil. Dom João abriu os portos do Brasil para o comércio com as "nações amigas". As embarcações com açúcar do Brasil não precisavam mais parar em Portugal para pagar taxas antes de enviar a carga a outros portos da Europa. Os comerciantes ingleses podiam despachar mercadorias direto ao Brasil e dispensar totalmente o intermédio de Portugal. O príncipe-regente criou as secretarias de Estado, o Tribunal da Mesa do Desembargo do Paço e da Consciência e Ordens, a Casa da Suplicação, o Conselho da Fazenda e o Erário Régio, a Real Junta do Comércio e Agricultura e outras instituições importantes no Rio de Janeiro, como o primeiro banco do Brasil. Quando o Brasil se tornou reino, em 1815, a mesma hierarquia que

1 Bethell, "The Independence of Brazil", p.170.

Portugal, o país não só deixou de ser colônia como parecia ter substituído a própria metrópole.[2]

Aparentemente contente no Brasil, Dom João VI só retornaria a Portugal em 1821, quando as Cortes, que ressurgiram em Lisboa depois da derrota de Napoleão em Waterloo, ameaçaram tomar medidas drásticas se ele não voltasse. Os membros das Cortes indignaram-se com o fato de que o príncipe-regente parecia alheio à deterioração de Portugal desde 1808, reduzindo-se quase a uma colônia do Brasil e a um protetorado da Inglaterra. Ao partir rumo a Lisboa, Dom João VI deixou para trás seu filho Pedro como regente do Brasil. De volta a Portugal, encontrou as Cortes, que incluíam representantes brasileiros, determinadas a restabelecer o antigo *status* colonial do Brasil. Quando essas Cortes ordenaram que Pedro retornasse a Portugal em 1822, ele se recusou e, poucos meses depois, nas planícies fora da cidade de São Paulo, declarou o Brasil independente de Portugal e se tornou o primeiro imperador do país, intitulando-se Dom Pedro I.[3]

Esses importantes eventos tiveram pouca repercussão nas fontes primárias consultadas para a compilação dessa história de Santana de Parnaíba. Para os historiadores sociais, os grandes eventos da história, como a chegada de Dom João ao Rio de Janeiro e a declaração de independência feita por Dom Pedro I, nem sempre tiveram influência imediata na vida das pessoas comuns. Em Parnaíba, o comportamento aparente dos pobres livres e dos escravizados pouco mudou. As famílias dos pobres livres continuaram a queimar matas para plantar milho, feijão e algodão; no centro da vila, os artesãos continuaram fazendo tecidos, chapéus e sapatos e trabalhando em outros serviços. Os escravizados continuaram trabalhando nos sítios, nos engenhos e nos domicílios dos seus proprietários independentemente das transformações políticas do *status* do Brasil que se anunciavam. Mesmo as famílias dos proprietários agrícolas, a classe com mais chances de ter informações sobre os acontecimentos no Rio de Janeiro e em São Paulo, continuavam a viver de forma praticamente inalterada por essas grandes forças.

As fontes primárias que mostram tão claramente a vida familiar das pessoas comuns em Parnaíba não revelam nada sobre o que essas pessoas

---

2 Ibid., p.180-3; Marques, *A History of Portugal*, p.455-7.

3 Bethell, "The Independence of Brazil", p.180-3; Marques, *A History of Portugal*, p.429-30, 458-9.

pensavam à medida que a independência se aproximava e se desenrolava. Documentos como testamentos, vendas de terras, cartas de liberdade, inventários, censos e atas da câmara da vila sugerem que, na prática, os negócios praticamente não mudaram. Os notários continuaram a redigir contratos da mesma maneira, e os juízes seguiram fazendo inventários da mesma forma e dividindo patrimônios segundo a mesma legislação. Os capitães-mores continuaram a compilar os censos anuais das vilas, e os padres seguiram, sem interrupção, com os registros de nascimento, casamento e morte nas paróquias. Até mesmo para os oficiais nada mudou. As ordenanças não sofreram transformações e nem mesmo o governador-geral de São Paulo, João C. A. de Oeynhausen, foi substituído, tendo simplesmente passado a ser o presidente da província de São Paulo depois de 1822.[4]

Embora a independência fosse trazer transformações ao Brasil e ao povo de Santana de Parnaíba, em 1822 as forças de permanência superavam em muito as de mudança. Naquele momento, os censos da vila retratavam as características de uma estrutura de classe que se desenvolvera durante 250 anos. Os recursos do sertão – terras, indígenas e minerais preciosos – tinham dado poder e riqueza a uma pequena classe de proprietários agrícolas. Esse grupo aprendeu, no século XVII, a tirar seu sustento de grandes propriedades, lavradas por escravizados, e a manter sua riqueza por meio da exploração do sertão. No século seguinte, os seus descendentes formaram a poderosa classe de proprietários agrícolas que dominava os recursos da vila e o governo local. Essa classe representava 15% da população total da vila em 1820.

A escravidão constituía uma forma de vida onipresente e inquestionável desde os primeiros tempos do povoamento de Santana de Parnaíba. No século XVII, os indígenas do interior serviam a senhores portugueses e mamelucos como empregados e escravizados *de facto*. Quando a população indígena diminuiu devido a doenças, os proprietários agrícolas, mineradores e comerciantes se voltaram ao tráfico de escravizados africanos. Nas primeiras décadas do século XVIII, os escravizados africanos forneciam a mão de obra nos sítios e fazendas dos proprietários agrícolas em Santana de Parnaíba e nas suas propriedades mineradoras no interior. Vivendo sob a escravidão com poucos direitos, os cativos faziam o trabalho extenuante que sustentava a riqueza da classe dos proprietários agrícolas. Assim, os

4 Morse, *From Community to Metropolis: A Biography of São Paulo, Brazil*, p.45-58.

escravizados haviam constituído uma segunda classe de pessoas na Santana de Parnaíba colonial. Em 1820, os escravizados representavam 27% da população total da vila.

No século XVII em Santana de Parnaíba, emerge a primeira evidência de uma terceira classe social, a população pobre livre. Ocupando naquele momento um universo intermediário entre os proprietários agrícolas e os escravizados, eles viviam frequentemente como dependentes das famílias de proprietários agrícolas. No século XVIII, esse segmento da população se tornou uma classe separada, que plantava para sua subsistência. Constituída por descendentes de proprietários agrícolas pobres, indígenas livres e negros forros, a classe dos pobres livres não tinha influência política, poder ou títulos legais das terras que habitavam. Com o crescimento da comercialização da agricultura no final do Setecentos, os roceiros pobres livres ficaram cada vez mais vulneráveis. Os proprietários agrícolas os forçavam a venderem suas terras ou os desalojavam à força para expandir suas próprias propriedades. Com a ausência de uma atuação firme na vila para protegê-los, muitos pobres livres deixavam a comunidade, mudando-se para outras vilas e para a cidade de São Paulo, ou ainda adentrando os sertões mais a oeste. Dois anos antes da independência, a população pobre livre representava a maioria dos moradores de Santana de Parnaíba (59%).

A estrutura de classe que surgiu em Parnaíba durante os séculos XVII e XVIII e que estava presente em 1822, no momento da independência, pode ser associada às forças maiores características da colonização portuguesa, as quais incentivaram o desenvolvimento da economia agrícola comercial centrada na produção de produtos como o açúcar. Todavia, a estrutura de classe que se desenvolveu em Parnaíba também resultava de estratégias empregadas pelas famílias. As estratégias familiares que cada classe utilizava na busca de seus interesses podem ser vistas nos padrões implícitos e não reconhecidos da vida familiar.

As estratégias das famílias de proprietários agrícolas influenciaram de maneira mais direta a criação de uma estrutura de classe desigual. Essas famílias eram grandes e hierárquicas. Elas mantinham suas propriedades e sua posição social por gerações por meio da colonização de novas fronteiras e da divisão desigual do patrimônio entre os seus herdeiros. Planejavam cuidadosamente seus casamentos, suas partilhas de heranças e suas migrações. Favoreciam um herdeiro, geralmente uma filha, que recebia um grande dote no casamento; consequentemente, seu esposo tornava-se o representante da família em Parnaíba na geração seguinte. Muitos filhos geralmente se mudavam para a fronteira, onde se casavam com membros de famílias estabelecidas. Algumas filhas também partiram para o oeste, mas outras permaneciam em Parnaíba, vivendo em circunstâncias socialmente inferiores. Com essas estratégias, as famílias de proprietários agrícolas preservaram sua posição social ao longo do tempo, mas só ao canalizarem muitos dos seus descendentes em um subgrupo da classe dos proprietários agrícolas: os proprietários agrícolas pobres. Donos de somente alguns escravizados, eles raramente tinham muito poder econômico, mas se identificavam com os proprietários agrícolas ricos.

A população pobre livre adaptava suas estratégias de sobrevivência em um ambiente fronteiriço onde as terras poderiam ser livremente obtidas e onde agentes locais e reais continuavam fracos. Para essa população, as famílias nucleares predominavam como o tipo de estrutura familiar mais bem adaptado para a agricultura de subsistência. As mulheres pobres livres tinham muitos filhos, todos os quais trabalhavam na roça ajudando a família. Mudanças drásticas ocorreram na vida dessa parcela da população durante o século XVIII. Sua existência fronteiriça tradicional foi ameaçada em Santana de Parnaíba à medida que a economia açucareira expandia-se. As famílias se adaptaram, mudando-se para regiões mais a oeste ou migrando para vilas e cidades próximas. Relativamente poucas conseguiram manter suas terras em Parnaíba. Os que ficaram com suas terras na vila tornaram-se agricultores de subsistência sedentários e produziam para o mercado local. Aqueles que partiram para o oeste continuaram a viver tradicionalmente na fronteira, nas margens do sertão. Um terceiro grupo se mudou para as vilas e cidades e trabalhavam como artesãos, trabalhadores braçais ou criados ou pediam esmolas. Com essas mudanças, as estratégias familiares tradicionais não sustentavam mais todos os membros da família. Nesse processo, as mulheres tornaram-se particularmente vulneráveis. Muitas foram forçadas a partir para outras vilas e para a cidade de São Paulo, onde faziam o que podiam, "vivendo de suas agências".

Das três classes, os escravizados tinham a vida familiar menos estável e o menor controle sobre a sua própria sobrevivência. Fatores econômicos externos, tais como o nível de desenvolvimento econômico da região, a riqueza de seus proprietários e as características demográficas da população escravizada, determinavam muitas facetas da vida familiar dessa parcela da população. No entanto, os escravizados criavam estratégias para sobreviver, as quais afetavam diretamente a vida na vila. O crescimento da população negra livre em Parnaíba atestava o quanto os escravizados negociavam com sucesso uma saída da escravidão para alguns membros da família a cada geração. Os escravizados formavam famílias praticamente da mesma forma que os proprietários agrícolas e os pobres livres. Eles se casavam nas igrejas da paróquia e viviam em família nas propriedades de seus senhores. Eles batizavam seus filhos e escolhiam padrinhos e madrinhas entre os escravizados e a população livre. Havia basicamente dois tipos de família de escravizados em Parnaíba: a família nuclear e a família matrifocal. Vulneráveis a eventos na vida de seus senhores, como o falecimento e as leis sucessórias portuguesas que determinavam a venda de alguns dos escravizados ou sua transmissão aos herdeiros, as famílias nucleares e matrifocais se fragmentavam nesses momentos.

Na Santana de Parnaíba colonial, a fronteira dominava a vida de quase todas as famílias – dos escravizados, da população pobre livre e dos proprietários agrícolas. Nos séculos XVII e XVIII, os moradores da vila colonizaram o sertão ao norte, a oeste e ao sul. A maior parte desses recursos foi parar nas mãos de uns poucos empreendedores que os usaram para criar suas próprias fortunas, posições sociais e poder político. A capacidade de transformar o sertão em fonte de riqueza, de acordo com os valores do reino, era um talento aperfeiçoado por gerações de famílias de proprietários agrícolas. Muitas outras famílias, contudo, aprendiam a sobreviver com os recursos do sertão. Os pobres livres dependiam das terras livres da região da fronteira e dos modos de viver dos povos indígenas para sobreviver. Apossavam-se de terras, cultivavam-nas com as plantas nativas do continente e adaptavam as técnicas de lavoura indígenas para criar um estilo de vida que era em parte indígena e em parte europeu. A presença do sertão os sustentava e dava-lhes independência. Diferentemente dos proprietários agrícolas, os pobres livres não transformavam o sertão em riqueza ou poder.

Para os escravizados, o sertão às vezes representava independência e liberdade. Quando fugiam, se escondiam no sertão, onde estabeleciam suas próprias comunidades independentes, os quilombos. Estes sobreviviam enquanto os escravizados conseguiam resistir aos soldados armados mandados para capturá-los. Para a maioria dos cativos, o sertão não significava liberdade, mas o trabalho árduo de limpar as matas para demarcar novos sítios ou fazendas sob o olhar atento e o chicote inclemente dos capatazes. Os escravizados que acompanhavam seus senhores ao sertão eram fundamentais na transformação da região em vilas agrícolas. Na verdade, a metamorfose do sertão em vila seria impensável sem eles.

Portanto, diferentemente da tese de Frederick Jackson Turner do efeito equalizador da fronteira, em Santana de Parnaíba a fronteira tinha um efeito diferente nas três classes da vila. Ela trazia independência e autossuficiência para os pobres livres, mas não igualdade com a classe de proprietários agrícolas. Para estes últimos, que possuíam escravizados, a fronteira oferecia um meio de expandir constantemente seus bens familiares, o que, por sua vez, lhes permitia acomodar cada vez mais descendentes seus, enviando-os para a fronteira. Os recursos da fronteira apenas raramente beneficiavam os escravizados.

Tanto para os pobres livres quanto para os proprietários agrícolas, o fato de que o sertão existia praticamente no limite de Parnaíba durante mais de duzentos anos significava que padrões tradicionais de sobrevivência perduraram por gerações. Os proprietários agrícolas do século XVIII, descendentes dos bandeirantes do século anterior, herdaram um modo de vida análogo em muitas maneiras ao dos seus ancestrais. Similarmente, a população pobre livre do século XVIII continuava vivendo na fronteira como seus ancestrais o fizeram cem anos antes. O papel dos escravizados africanos em Parnaíba no Setecentos havia sido prefigurado pela maneira de viver dos cativos indígenas no século XVII. Os proprietários agrícolas e os pobres livres, assim como seus ancestrais, enviavam geração após geração de descendentes, muitos juntamente com escravizados, para a fronteira. Esse movimento transportou modos de vida ao sertão e colonizou grandes áreas do que atualmente é o oeste de São Paulo, Paraná, Mato Grosso, Goiás e Minas Gerais.

Assim, a história de Santana de Parnaíba no período colonial ilustra claramente que a colonização não foi um fenômeno limitado ao início do século XVI. Ela na verdade ocorreu repetidamente em novas regiões. Com poucas variações, o drama da colonização consistia em um ciclo comum de eventos.

Na primeira etapa, os povos indígenas do sertão encontraram os colonizadores portugueses e mamelucos. À medida que os indígenas morriam de doenças desconhecidas e se tornavam servos e escravizados dos colonizadores, uma nova cultura fronteiriça híbrida se estabeleceu. Nessa sociedade de fronteira, o colonizador absorveu muitos dos modos de vida dos indígenas. Apesar dos sinais claros de estratificação social, a sociedade manteve uma fluidez que permitia a mobilidade social para alguns. Esse estágio de colonização caracteriza o século XVII em Parnaíba.

Na segunda etapa de colonização, os indígenas praticamente desapareceram da vila, e, entre aqueles que sobreviveram a doenças, escravidão e guerras, somente uma pequena minoria manteve sua cultura tribal tradicional. A maioria dos indígenas foi assimilada à sociedade colonial e tornou-se membro da população pobre livre, vivendo na aldeia indígena de Barueri. Os escravizados africanos substituíram os indígenas como mão de obra, principalmente nas grandes propriedades agrícolas dos ricos que produziam para a agricultura mercantil. Um pequeno mas poderoso grupo de proprietários agrícolas dominava a vila, a qual se tornou uma sociedade claramente estratificada em classes sociais de proprietários agrícolas, pobres livres e escravizados. Havia certo grau de mobilidade social para escravizados que compravam sua liberdade e para os pobres livres que adquiriam terras e escravizados, bem como para imigrantes portugueses que se casaram com membros de famílias estabelecidas. Todos esses traços caracterizam o século XVIII em Parnaíba.

No último estágio desse ciclo, com o esgotamento do solo e o desaparecimento das antigas matas virgens, os proprietários agrícolas lamentavam sua pobreza. Contudo, mais a oeste, nas regiões que ainda estavam nos primeiros estágios do processo de colonização, seus filhos e netos reproduziam propriedades similares. No período da independência, Santana de Parnaíba começou a ter um declínio em relação às vilas mais a oeste.

Esse drama, com sua ênfase no ciclo de contato, expansão e declínio, enfatiza a fluidez do desenvolvimento brasileiro. Assim como o oeste da América do Norte, o oeste brasileiro foi conquistado repetidas vezes à medida que os colonos, impulsionados por suas famílias, rumavam ao interior, onde buscavam recriar um mundo que haviam conhecido. Poucos dos descendentes de Manoel Fernandes Ramos e Suzana Dias vivem hoje em Santana de Parnaíba; a grande maioria se estabeleceu no oeste.

O quão significativos eram esses simples atos de famílias comparados com as grandes forças políticas e econômicas do império colonial português na determinação do caráter do Brasil colonial? Os historiadores geralmente enfatizam a importância dos fatores externos na formação do caráter do Brasil colonial. Tais fatores externos incluem a natureza autoritária do governo imperial ou a transmissão de instituições autoritárias, como as forças militares ou o governo municipal, de Portugal para o Brasil.[5] O tipo de sistema econômico que Portugal implantou no Brasil – um sistema mercantil criado para maximizar a exploração dos recursos da colônia do Brasil em benefício da metrópole, Portugal – é outro fator externo enfatizado pelos historiadores como responsável pelo caráter do desenvolvimento brasileiro.[6]

Sem negar a importância de tais fatores externos, os quais claramente moldaram o ambiente do Brasil colonial, a história das vidas em uma vila pequena como Parnaíba sugere que as políticas e a autoridade de Portugal permaneciam distantes e vagas para as pessoas comuns. Na região de São Paulo, os colonos costumavam ignorar as ordens reais. No século XVII, eles deliberadamente desobedeciam às ordens reais e escravizavam indígenas.[7] No século seguinte, o governador-geral, o morgado de Mateus, exasperou-se com a tranquilidade e facilidade com que os moradores de São Paulo escapavam do serviço militar e de outros decretos reais.[8] O aparente desinteresse na vila diante da proximidade da independência no começo do Oitocentos sugere uma ignorância generalizada das escolhas políticas que determinariam o caráter político futuro do Brasil. Também na esfera econômica, os colonos dessa parte do império português não se destacam por sua adesão ao mercantilismo. Diferentemente de outros povoamentos do Brasil, as vilas de São Vicente nos séculos XVI e XVII desenvolveram-se no interior, e não na costa. Elas não tinham a infraestrutura que lhes permitiria exportar safras comerciais para Portugal. O contrabando pelo Paraguai, pelo Rio da Prata e pela vila mineradora de prata de Potosí não podia ser erradicado. Até os últimos anos do século XVIII, poucos navios ancoravam regularmente em Santos para carregar os produtos agrícolas para exportação que haviam sido transportados até o porto passando pelas encostas íngremes da Serra do Mar. O grande crescimento da produção agrícola comercial em São Paulo chegou apenas depois da independência, quando o açúcar, seguido pelo café, arrebatou o oeste de São Paulo.

---

5 Faoro, *Os donos do poder: formação do patronato político brasileiro*, v.1, p.139-240.

6 Ibid., p.221-34; Novais, *Portugal e Brasil na crise do Antigo Sistema Colonial (1777-1808)*.

7 Em *Os donos do poder*, Faoro argumenta que os bandeirantes eram agentes de controle e de políticas imperiais; ver v.1, p.146-65.

8 Bellotto, *Autoridade e conflito no Brasil colonial: o governo do morgado de Mateus em São Paulo (1765-1775)*, p.251-61.

Embora os historiadores da família no Brasil rejeitem a descrição de Gilberto Freyre sobre a vida familiar no Brasil colonial, afirmando que ela é muito impressionista, não deve rejeitar tão rapidamente a insistência de Freyre de que era a família, e não a Coroa e as instituições econômicas, que realmente colonizava o Brasil.[9] As famílias de Santana de Parnaíba não lembram as grandes famílias que plantavam açúcar descritas por Freyre, nem a vila de Parnaíba seguia o tipo de desenvolvimento característico do nordeste açucareiro. Contudo, as famílias dos proprietários agrícolas de Parnaíba dominaram a vila durante os séculos XVII e XVIII e lançaram grandes sombras nas vidas dos seus escravizados e dos seus vizinhos, os pobres livres. Como demonstrado neste livro, o modo como as famílias de proprietários agrícolas colonizaram o sertão iniciou o processo que criou desigualdade na vila. De Parnaíba, os descendentes dessas famílias levaram para as fronteiras a oeste os padrões familiares que haviam conhecido na vila. As famílias dessa comunidade não apenas influenciaram a estrutura social da própria vila de Santana de Parnaíba, mas também afetaram o desenvolvimento de estruturas sociais no interior. Como as ações das famílias em Parnaíba tinham um impacto tão grande na criação de uma sociedade desigual na vila, a desigualdade social no Brasil pode estar enraizada tanto nas estratégias familiares quanto nas forças políticas e econômicas mais abrangentes do colonialismo português.

O advento da independência em 1822 trouxe grandes transformações ao Brasil, mesmo que elas tenham sido pouco percebidas por pessoas comuns, como os residentes de Santana de Parnaíba. Depois da independência, o papel do "reino" no construto mental tripartite de "vila", "reino" e "sertão" mudou. O reino agora era o Brasil, e não mais Portugal, embora, assim como Portugal no século XVIII, o novo reino do Brasil também tenha sido rapidamente invadido por comerciantes britânicos. O conceito da vila incontestavelmente mudou, assim como as relações políticas entre vilas e províncias foram reimaginadas no novo país. Todavia, o conceito de sertão continuava intacto depois da independência, assim como as estratégias tradicionais de uso do sertão por parte de proprietários agrícolas e pobres livres. O processo de colonização permanecia basicamente o mesmo, com os proprietários agrícolas reivindicando terras no sertão na região oeste de São Paulo para suas

---

9 Freyre, *Casa-Grande & Senzala*, p.45-7.

fazendas de café e com os pobres livres indo cada vez mais em direção ao oeste em busca de terras livres na mata.

As três classes sociais de Parnaíba beneficiavam-se de modos diversos da independência. Depois de 1822, as elites proprietárias agrícolas consolidaram seu poder no Brasil, e São Paulo não foi uma exceção. Nas novas instituições representativas da monarquia constitucional, os membros dessa classe tomaram seus assentos e manifestaram seus interesses ao lado de seus aliados próximos: os comerciantes e os profissionais.[10]

Em Parnaíba, assim como em outros lugares do Brasil, a independência ocasionou poucas mudanças na vida dos escravizados. A escravidão perdurou na então independente monarquia constitucional do Brasil. A rápida expansão da economia cafeeira no oeste de São Paulo só acontecia devido ao tráfico massivo de escravizados da África e de outras regiões do Brasil. Sem essa realocação forçada, os proprietários agrícolas não poderiam derrubar florestas, plantar novas mudas de café ou realizar a colheita do café maduro.[11] A escravidão continuava como um pilar inquestionável da sociedade no Brasil independente. Apenas depois de 1850 o governo brasileiro limitou o tráfico de escravizados. Em 1871, a Lei do Ventre Livre, declarando livres todos os filhos nascidos de mães escravizadas, determinou que somente no século XX a escravidão desaparecia no Brasil. Porém, doze anos antes da virada do século, em 1888, a Lei Áurea aboliu a escravidão em todas as suas formas, encerrando uma instituição que durou mais de trezentos anos no Brasil.[12]

No momento da independência, os pobres livres das áreas rurais do Brasil permaneceram isolados das mudanças que estavam ocorrendo, desconhecendo-as. Nas vilas e cidades maiores, artesãos, trabalhadores braçais e tropeiros mantinham-se a par das mudanças políticas e frequentemente tinham posições políticas claras.[13] Todavia, a população pobre livre rural tornava-se cada vez mais vulnerável em relação à classe de proprietários agrícolas depois

10 Costa, *The Brazilian Empire: Myths and Histories*, p.20-3.

11 Para uma clara descrição da expansão cafeeira em São Paulo e no Rio de Janeiro no século XIX, ver Dean, *Rio Claro: A Brazilian Plantation System, 1820-1920*; e Stein, *Vassouras: A Brazilian Coffee County, 1850-1890*.

12 Ver Mattoso, *Être esclave au Brésil: XVIe-XIXe siècles*, para um debate mais detalhado sobre a abolição da escravidão no Brasil no século XIX.

13 Ver Reis, *Slave Rebellion in Brazil: The African Muslim Uprising in Bahia, 1835*, p.57-123.

da independência. Como a classe de proprietários herdou a independência, eles podiam usar sua recente autoridade para ir atrás de seus próprios interesses. Entretanto, como muitos desses interesses iam de encontro aos interesses dos pobres livres, estes últimos se encontravam cada vez mais indefesos. O melhor exemplo de sua posição frágil e vulnerável está simbolizado na Lei de Terras de 1850. Essa lei declarava ilegais os direitos dos posseiros como um meio legal de obter terras. Na esteira dessa lei, os proprietários agrícolas abriram caminho para expulsar os pobres livres que tradicionalmente dependiam do direito de obter terras por meio de posse.[14]

Este livro narra a história de pessoas que viveram em uma vila simples que se equilibrava entre o reino e o sertão. Sua história traz um enfoque para uma análise detalhada da fronteira e da vida familiar no Brasil colonial. Adotando esse olhar, o estudo reconstrói como os indivíduos e suas famílias sobreviveram – física e socialmente – em uma comunidade no Novo Mundo. Talvez a característica mais importante do Brasil colonial revelada por essa reconstrução da vida familiar em Santana de Parnaíba seja a conexão entre o sertão e a origem da desigualdade no Brasil. Os moradores do Brasil colonial não desfrutavam igualmente dos vastos recursos do sertão do país. Os proprietários agrícolas de Santana de Parnaíba obtinham seus poderes da capacidade de controlar os recursos do sertão, não apenas por os possuir materialmente, mas por meio de sua expropriação legal dentro do arcabouço da legislação portuguesa e das instituições políticas. Os pobres livres e os indígenas que possuíam recursos semelhantes do sertão não conseguiam legitimar com tanta facilidade suas reivindicações a eles e, por conseguinte, frequentemente os perdiam. Os escravizados africanos, por sua vez, tinham poucas oportunidades de possuir tais recursos, tanto física quanto legalmente.

Depois da independência, os recursos do sertão continuaram a beneficiar os brasileiros de maneira desigual. O ciclo de colonização visível em Parnaíba nos séculos XVII e XVIII ocorreu no oeste de São Paulo ao longo do Oitocentos e ainda mais a oeste no século XX. Atualmente, um ciclo parecido pode ser visto na rápida colonização dos estados de Rondônia e Acre na região amazônica. Portanto, as relações entre família e fronteira e entre vila, reino e sertão são tão relevantes hoje quanto o eram em Santana de Parnaíba quando Suzana Dias, a fundadora mameluca da vila, faleceu, em 1634.

---

14 Costa, *The Brazilian Empire*, p.78-93.

ANEXO
NOTA SOBRE FONTES PRIMÁRIAS E METODOLOGIA

Uma análise quantitativa das três principais fontes primárias – os censos, os inventários e os registros paroquiais – usando o Statistical Analysis System (SAS) compõe a espinha dorsal deste livro ao estabelecer o caráter demográfico básico da vila, a estrutura da posse de bens e as mudanças econômicas ao longo do tempo. A leitura qualitativa de muitas outras fontes a transformar esse esboço em uma história social da família e da vida comunitárias. A seguir, discuto brevemente como abordei essas fontes e integrei as análises quantitativas e qualitativas.

Os censos manuscritos (mapas de população) do final do século XVIII e do início do XIX que se encontram no Arquivo Público do Estado de São Paulo (Apesp) são a fonte estatística mais importante deste estudo. Os censos manuscritos para São Paulo, iniciados em 1765, têm sido amplamente utilizados por historiadores por terem informações extremamente detalhadas sobre os domicílios, a produção agrícola, os escravizados e a vida familiar. Em cada censo, aparecem todos os membros do domicílio, listados por nome, idade, raça e estado civil. Os censos antes de 1798 não registram os nomes dos escravizados, o que impossibilita o estudo da população escravizada; entretanto, no censo de 1775, há indicação do número de escravizados por proprietário. A partir de 1798, mais dados aparecem sobre os escravizados, incluindo idade, raça, sexo, estado civil e frequentemente local de nascimento. O recenseador, geralmente o capitão-mor da ordenança, registrava a produção agrícola do domicílio, anotando a colheita de cana-de-açúcar, algodão, milho, feijão e outros produtos agrícolas. Tudo indica que o censo servia como documentação para cobrar impostos e para o recrutamento militar.

Selecionei os censos de 1775, 1798 e 1820 para o presente estudo por causa das características particulares de cada um. O censo de 1775 é o melhor entre os anos de 1765 e 1798 por registrar o número de escravizados e sobretudo por conter informações sobre a posse de terras por domicílio. Já os censos de 1798 e 1820 são de qualidade excepcional, por isso a escolha. Cada um desses três censos examina três das quatro paróquias da vila de Parnaíba (Santana, Araçariguama e São Roque). A quarta paróquia, a aldeia indígena de Barueri, aparece separadamente até o censo de 1820. Antes dessa data, o censo de 1804 foi escolhido como a melhor fonte disponível para analisar a aldeia.

Os censos, listados por domicílio, fornecem informações sobre 695 domicílios em 1775, 985 em 1798 e 1.161 em 1820. O censo de 1804 de Barueri apresenta dados sobre 133 domicílios. As variáveis que foram codificadas incluem estrutura da família (de acordo com a tipologia de Laslett), idade, sexo, estado civil e local de nascimento do chefe do domicílio e de sua/seu esposo(a); o número de filhos, escravizados e agregados vivendo no domicílio; e a produção agrícola deste. Como a tipologia de Laslett de tipos de família não inclui a família matrifocal (mulheres solteiras com filhos), acrescentei algumas categorias a esse esquema para abranger o número significativo de domicílios chefiados por mulheres solteiras (que nunca se casaram).

O censo de 1820 foi codificado não somente por domicílio, mas também por indivíduo, para obter dados demográficos mais detalhados sobre a população, principalmente a população escravizada. As informações sobre cada indivíduo neste censo incluem idade, raça, sexo, relação com o chefe do domicílio e estado civil.

A análise dos censos documenta claramente a estrutura social da vila, as principais características familiares de cada classe social e as mudanças nesses traços ao longo do tempo. Com um retrato tão nítido da vila no final do século XVIII em mente, foi então possível realizar um trabalho retroativo e traçar como a vila evoluíra desde o povoamento.

Os inventários dos séculos XVII e XVIII abriram um importante caminho para analisar o desenvolvimento da vila, pois fornecem informações sobre todos os bens de um indivíduo (ou, mais comumente, de um casal) e listam individualmente cada item e sua avaliação monetária. Também registram como o patrimônio familiar foi dividido entre os herdeiros, um processo que geralmente levava anos. Muitos inventários, mas certamente não todos, contêm um testamento escrito antes de o indivíduo falecer. Os inventários de Parnaíba se encontram em duas coleções documentais separadas: Inventários e testamentos e Inventários do Primeiro Ofício, ambas no Arquivo Público do Estado de São Paulo. Nelas, os inventários de Parnaíba estão misturados com os de outros locais, tornando particularmente difícil separar imediatamente os que são de interesse para esta pesquisa. Neste trabalho, foram utilizados principalmente os inventários do século XVIII. Em primeiro lugar, ordenei centenas de inventários para localizar os de Parnaíba. Todos os inventários encontrados para Parnaíba que abrangiam o período de 1733 até 1800 foram selecionados para constituir um banco de dados de 241 inventários que foram codificados para análise computacional. Para a análise quantitativa, as variáveis codificadas continham informações sobre escravizados, terras, ferramentas agrícolas, equipamentos, valor da propriedade, tamanho das dívidas a pagar e a herança transmitida aos herdeiros.

Os inventários também foram analisados em termos qualitativos. Uma amostra de 55 dos 241 inventários foi cuidadosamente analisada para compreender os padrões de partilha de bens entre herdeiros no Setecentos. Essa amostra era composta de todos os inventários de Parnaíba da coleção Inventários e testamentos. Os inventários dos proprietários agrícolas com dez ou mais escravizados (16 dos 55 inventários) foram então usados para determinar os padrões de herança dessa classe social. Desses 16 inventários, apenas 9 tinham informações sobre como os bens foram divididos (dois inventários eram de homens solteiros, dois eram de indivíduos que não tinham filhos, um estava incompleto e dois não tinham partilhas de bens). Os 9 restantes, contudo, continham informações excelentes de como as famílias de proprietários agrícolas distribuíam seu patrimônio entre os herdeiros. Então, buscou-se esses herdeiros em censos ou em outros inventários. Esses nove estudos de caso foram complementados com o estudo de outros 11 inventários da coleção dos Inventários do Primeiro Ofício, que foram escolhidos entre 51 inventários de proprietários agrícolas que possuíam mais de 10 escravizados. Ademais, 14 inventários de proprietários agrícolas pobres (aqueles com menos de 10 escravizados) foram estudados para entender os padrões de herança. Portanto, do total de 241 inventários analisados quantitativamente para os dados apresentados no Capítulo 4 sobre as estratégias das famílias proprietárias agrícolas, 34 foram analisados qualitativamente, utilizando-se as ligações nominativas entre os dados dos inventários e aqueles dos censos.

Para o século XVII, não tentei duplicar a análise quantitativa de inventários do século XVIII. Em vez disso, estudei de perto outros 58 inventários da coleção publicada *Inventários e testamentos* para verificar como padrões de herança, posse de bens e relações familiares diferiam daqueles observados no Setecentos.

Os testamentos encontrados nos inventários são uma fonte excepcionalmente importante de informações sobre a família e a vida comunitária. Analisei 84 testamentos do século XVIII (todos os que foram encontrados) e 38 testamentos do século anterior. Devido à variação no conteúdo desses documentos, eles não foram quantificados. Em vez disso, enfoquei os dados sobre dotes, posse de terras, endividamento, relações entre os membros das famílias, estratégias econômicas e reflexões pessoais do testador.

Encontrei os livros paroquiais para a paróquia de Santana no Arquivo da Cúria Diocesana de Jundiaí (ACDJ). Não encontrei os livros paroquiais do século XVII para a paróquia de Santana nem os do século XVIII para Barueri, Araçariguama ou São Roque (com exceção de um registro de óbito de Araçariguama encontrado no Arquivo Público do Estado de São Paulo). Portanto, a análise demográfica de casamentos e nascimentos enfocou apenas a paróquia de Santana, que, de qualquer forma, era a paróquia central da vila. Utilizei as certidões de casamento para averiguar os padrões de matrimônio entre homens e mulheres livres e escravizados no Setecentos. Dado o volume de registros para a população livre, codifiquei os dados para décadas alternadas: 1730-1739, 1750-1759, 1770-1779, 1790-1799, 1810-1819. Formou-se, assim, uma base de dados de 274 casamentos. Para os escravizados, foram codificados todos os casamentos de 1726 (quando se iniciou o registro) até 1820. Esses dados formaram uma base de dados de 610 matrimônios envolvendo pelo menos um cônjuge vivendo na condição de escravidão.

Os registros de batismo foram utilizados para entender as relações de apadrinhamento entre escravizados e pobres livres. Uma vez que os registros de batismo não fornecem o *status* social dos pais e padrinhos (exceto no caso dos escravizados), vinculei-os aos censos utilizando a ligação nominativa. Para os escravizados, analisei todos os registros de batismo dos anos de 1770, 1798 e 1820. (Como não foram encontrados registros de 1775, conectei os batismos de 1770 com o censo de 1775.) Para os pobres livres, criei uma base de dados maior, devido à maior dificuldade de encontrar indivíduos dessa classe nos censos. Para esse banco de dados, usei todos os batismos do ano do censo, bem como aqueles do ano imediatamente anterior e imediatamente posterior ao recenseamento. Assim, incluíram-se todos os batismos de crianças livres dos anos de 1774 a 1776, 1797 a 1799 e 1819 a 1821.

A ligação nominativa das fontes desempenha um papel importante neste estudo porque a análise das famílias é feita por meio da categoria de classe social. Apesar de todas as fontes primárias identificarem os escravizados como tal, poucas distinguem de maneira consistente entre os proprietários agrícolas e os pobres livres. Como neste estudo a posse de escravizados é a diferença central entre os membros dessas duas classes, precisei encontrar uma maneira de distinguir os indivíduos que tinham e os que não tinham escravizados. Resolvi esse problema com a criação de um índice principal de nomes que apareciam nos censos e inventários, as duas fontes que registram informações sobre a posse de escravizados. Utilizando a ferramenta de combinação (*merge*) do SAS, compilei um índice de nomes com informações sobre idade, posse de escravizados e paróquia de residência. Em seguida, usei esse índice para verificar a classe social dos indivíduos encontrados em outras fontes. O índice mostrou-se uma ferramenta valiosa para a análise qualitativa, pois possibilitou determinar a classe social de praticamente todos que aparecem em outros documentos. Por exemplo, caso um indivíduo que figura em um processo judicial perante o juiz de paz local fosse encontrado no índice, poder-se-ia atribuir um *status* social a ele. O índice permitiu verificar o *status* social dos padrinhos dos filhos de pais livres e escravizados, além de possibilitar acompanhar as mudanças nos domicílios ao longo do tempo.

Muitas outras fontes primárias aparecem neste estudo, tais como escrituras registradas pelos notários, processos judiciais, processos de divórcios, atas da câmara da vila, cartas de sesmarias, correspondências oficiais e o código legislativo português (as *Ordenações Filipinas*). A maioria dessas fontes encontra-se no Arquivo Público do Estado de São Paulo, em uma extensa coleção de 194 livros (Livros de Parnaíba) mantidos pela câmara da vila de Parnaíba desde o final do século XVII até o início do século XX. Essas fontes me permitiram responder a muitas das questões levantadas pela análise quantitativa. Por ter sempre em vista as estruturas sincrônicas e diacrônicas fornecidas pela análise quantitativa, foi possível inserir muitas fontes qualitativas diferentes em um contexto mais amplo e explorá-las ao máximo.

Bibliografia

Arquivos

Arquivo da Cúria Diocesana de Jundiaí (ACDJ)
  Livros Paroquiais de Santana de Parnaíba
Arquivo da Cúria Metropolitana de São Paulo (ACMSP)
  Divórcios
Arquivo da Torre do Tombo, Lisboa (ATT)
Arquivo Público do Estado de São Paulo (Apesp)
  Inventários do Primeiro Ofício
  Inventários e testamentos
  Livros de Parnaíba
  Mapas de população
  Requerimentos
  Sesmarias
Arquivo Histórico Ultramarino, Lisboa (AHU)
  São Paulo
Arquivo Nacional, Rio de Janeiro (AN)

Fontes primárias publicadas

ALMEIDA, C. M. de. *Codigo Phillipino, ou Ordenações e leis do reino de Portugal, recopilados por mandado d'el Rey D. Phillipe I*. 24.ed. Rio de Janeiro: 1870; ed. reimp. Lisboa: Fundação Calouste Gulbenkian, 1985.

ANCHIETA, J. de. *Cartas, informações, fragmentos históricos e sermões*. Belo Horizonte: Editora Itatiaia, 1988.

ANDRADA, M. F. R. de. Jornais das viagens pela Capitania de São Paulo. In: BRUNO, E. S. (Org.). *Roteiros e notícias de São Paulo colonial: 1751-1804*. São Paulo: Governo do Estado, 1977. p.145-463.

"Capitulaciones de Santa Fe", 1492. Archivo General de Indias, PATRONATO,8,5.8.

CORDEIRO, J. P. L. Documentação sôbre o "Capitão Mor Guilherme Pompeo de Almeida, morador que foi na vila de Parnaíba". *Revista do Instituto Histórico e Geográfico de São Paulo*, v.58, p.491-549, 1960-1961.

DEPARTAMENTO DO ARQUIVO PÚBLICO DO ESTADO DE SÃO PAULO. *Documentos interessantes para a história e costumes de São Paulo*. São Paulo: Instituto Histórico e Geográfico de São Paulo, 1895-.

______. *Inventários e testamentos*. São Paulo: Departamento do Arquivo Público do Estado de São Paulo, 1920-.

______. *Boletim*. São Paulo: Departamento do Arquivo Público do Estado de São Paulo, 1942-1948.

______. *Sesmarias*. São Paulo: Departamento do Arquivo Público do Estado de São Paulo, 1921.

INSTITUTO DO AÇÚCAR E DO ÁLCOOL. *Documentos para a história do açúcar*, v.3: engenho Sergipe do Conde, Espólio de Mem de Sá (1569-1579). Rio de Janeiro: Serviço Especial de Documentação Histórica, 1963.

LEITE, S. *Novas cartas jesuíticas*: de Nóbrega a Vieira. São Paulo: Companhia Editora Nacional, 1940.

______. *Monumenta Brasiliae*. Roma: Monumenta Historica Societatis Iesu, 1957.

LEME, L. G. da S. *Genealogia paulistana*. São Paulo: Duprat, 1903-1905.

MÜLLER, D. P. *Ensaio d'um quadro estatístico da província de São Paulo*: ordenado pelas leis provinciais de 11 de abril de 1836 e 10 de março de 1837. São Paulo: 1838; ed. reimp. São Paulo: Governo do Estado, 1978.

RENDON, J. de T. Memória sobre as aldeias de Indios da Província de São Paulo, segundo as observações feitas no anno de 1798. In: REIS, P. P. dos (Org.). *Obras*. São Paulo: Governo do Estado, 1978. p.37-53.

SAINT-HILAIRE, A. de. *Segunda viagem do Rio de Janeiro a Minas Gerais e a São Paulo (1822)*. Trad. V. Moreira. São Paulo: Livraria Itatiaia Editora Limitada, 1974.

VALENTE, J. A. V. *A carta de Pero Vaz de Caminha*: estudo crítico, paleográfico-diplomático. São Paulo: Fundo de Pesquisas do Museu Paulista da Universidade de São Paulo, 1975.

Fontes secundárias, publicadas e não publicadas

ADAMS, J. W.; KASAKOFF, A. B. Migration and the Family in Colonial New England: The View from Genealogies. *Journal of Family History*, v.9, p.24-43, 1984.

AGUIRRA, J. B. C. Tombamento de 1817. *Revista do Arquivo Municipal de São Paulo*, v.12, p.77-80, 1935.

ALDEN, D. The Population of Brazil in the Late Eighteenth Century: A Preliminary Survey. *Hispanic American Historical Review*, v.43, p.173-205, 1963.

______. The Growth and Decline of Indigo Production in Colonial Brazil: A Study in Comparative Economic History. *Journal of Economic History*, v.25, p.350-60, 1965.

______. *Royal Government in Colonial Brazil*: With Special Reference to the Administration of the Marquis of Lavradio, Viceroy, 1769-1779. Berkeley: University of California Press, 1968.

ALDEN, D. Vicissitudes of Trade in the Portuguese Atlantic Empire during the First Half of the Eighteenth Century. *Americas*, v.32, p.282-91, 1975.

______. (Org.). *Colonial Roots of Modern Brazil*: Papers of the Newberry Library Conference. Berkeley: University of California Press, 1973.

ALLEN, D. G. *In English Ways*: The Movement of Societies and the Transferal of English Local Law and Custom to Massachusetts Bay in the Seventeenth Century. Chapel Hill: University of North Carolina Press, 1981.

AMADO, J. *Terras do sem fim*. Rio de Janeiro: Livraria Martins Fontes, 1943.

AMARAL, A. B. do. *O bairro de Pinheiros*. São Paulo: Departamento de Cultura da Secretaria de Educação e Cultura da Prefeitura do Município de São Paulo, 1969.

ANTONIL, A. J. *Cultura e opulência do Brasil*. 3.ed. Belo Horizonte: Editora Itatiaia Limitada, 1982.

ARIÈS, P. *Centuries of Childhood*: A Social History of Family Life. Trad. Robert Baldick. New York: Knopf, 1962.

______. *The Hour of Our Death*. Trad. Helen Weaver. New York: Knopf, 1981.

ARROM, S. M. Marriage Patterns in Mexico City, 1811. *Journal of Family History*, v.3, p.376-91, 1978.

______. *The Women of Mexico City, 1790-1857*. Stanford: Stanford University Press, 1985.

AUFDERHEIDE, P. A. *Order and Violence*: Social Deviance and Social Control in Brazil, 1780-1840. Minneapolis, 1976. Tese (Doutorado em História) – University of Minnesota.

AZEVEDO, T. de. Família, casamento e divórcio no Brasil. *Journal of Inter-American Studies*, v.3, p.213-57, 1961.

BACELLAR, C. de A. P. Herança em família: a partilha dos engenhos de açúcar no oeste paulista, 1765-1855. In: V ENCONTRO NACIONAL DE ESTUDOS POPULACIONAIS, 1986, Águas de São Pedro. *Anais do V Encontro Nacional de Estudos Populacionais*, Águas de São Pedro: Abep, 1986. p.123-37.

______. *Os senhores da terra*: família e sistema sucessório entre os senhores de engenho do oeste paulista, 1765-1855. São Paulo, 1987. Dissertação (Mestrado em História) – Universidade de São Paulo.

BAKEWELL, P. J. *Silver Mining and Society in Colonial Mexico*: Zacatecas, 1546-1700. Cambridge: Cambridge University Press, 1971.

BALMORI, D.; VOSS, S. F.; WORTMAN, M. *Notable Family Networks in Latin America*. Chicago: University of Chicago Press, 1984.

BAZANT, J. *Cinco haciendas mexicanas*: tres siglos de vida rural en San Luis Potosí, 1600-1910. México: El Colegio de México, 1975.

BELLOTTO, H. L. *Autoridade e conflito no Brasil colonial*: o governo do Morgado de Mateus em São Paulo (1765-1775). São Paulo: Conselho Estadual de Artes e Ciências Humanas, 1979.

BERGAD, L. W. *Coffee and the Growth of Agrarian Capitalism in Nineteenth-Century Puerto Rico*. Princeton: Princeton University Press, 1983.

BERKNER, L. K. Rural Family Organization in Europe: A Problem in Contemporary History. *Peasant Studies Newsletter*, v.1, p.145-56, 1972.

______. The Stem Family and the Developmental Cycle of the Peasant Household: An Eighteenth-Century Austrian Example. *American Historical Review*, v.77, p.398-418, 1972.

BERKNER, L. K. The Use and Misuse of Census Data for the Historical Analysis of Family Structure. *Journal of Interdisciplinary History*, v.5, p.721-38, 1975.

______. Inheritance, Land Tenure and Peasant Family Structure. A German Regional Comparison. In: GOODY, J.; THIRSK, J.; THOMPSON, E. P. (Orgs.). *Family and Inheritance:* Rural Society in Western Europe, 1200-1800. Cambridge: Cambridge University Press, 1976, p.71-95.

______. Household Arithmetic: A Note. *Journal of Family History*, v.2, p.159-63, 1977.

BERKNER, L. K.; MENDELS, F. F. Inheritance Systems, Family Structure, and Demographic Patterns in Western Europe, 1700-1900. In: TILLY, C. (Org.). *Historical Studies of Changing Fertility*. Princeton: Princeton University Press, 1978. p.209-23.

BERLINK, M. T. *The Structure of the Family in the City of São Paulo*. Ithaca: Cornell University Press, 1969.

BETHELL, L. The Independence of Brazil. In: BETHELL, L. (Org.). *The Cambridge History of Latin America*. v.3. Cambridge: Cambridge University Press, 1985.

______. (Org.). *The Cambridge History of Latin America*. Cambridge: Cambridge University Press, 1984.

BIBLIOTECA NACIONAL. Inventário dos documentos relativos ao Brasil existentes na Biblioteca Nacional de Lisboa. *Anais da Biblioteca Nacional*, v.75; v.93.

BILLINGTON, R. A. (Org.). *The Frontier Thesis*: Valid Interpretation of American History? New York: Krieger Pub. Co., 1977.

BILLINGTON, R. A.; RIDGE, M. *Western Expansion*: A History of the American Frontier. 5.ed. New York: Macmillan, 1982.

BLANK, S. *Social Integration and Social Stability in a Colonial Spanish American City, Caracas (1595-1627)*. Madison, 1971. Tese (Doutorado em História) – University of Wisconsin.

______. Patrons, Clients, and Kin in Seventeenth-Century Caracas: A Methodological Essay in Colonial Spanish American Social History. *Hispanic American Historical Review*, v.54, p.260-83, 1974.

BLASSINGAME, J. W. *The Slave Community*: Plantation Life in the Antebellum South. 2.ed. New York: Oxford University Press, 1979.

BLUTEAU, R. *Vocabulario Portuguez e Latino, aulico, anatomico, architectonico, bellico, botanico* [...]: autorizado com exemplos dos melhores escritores portuguezes, e latinos; e offerecido a El Rey de Portugal D. Joaõ V. Coimbra: Collegio das Artes da Companhia de Jesu/Lisboa: Officina de Pascoal da Sylva, 1712-1728. 8v. Disponível em: Biblioteca Brasiliana Online (https://www.bbm.usp.br/pt-br/dicionarios/vocabulario-portuguez-latino-aulico-anatomico-architectonico). Acesso em: 30 abr. 2024.

BOURDIEU, P. Marriage Strategies as Strategies of Social Reproduction. In: FORSTER, R.; RANUM, O. (Orgs.). *Family and Society: Selections from the Annales, Economies, Sociétés, Civilisations*. Trad. Elborg Forster e Patricia M. Ranum. Baltimore: Johns Hopkins University Press, 1976. p.117-44.

BOXER, C. R. *Salvador de Sá and the Struggle for Brazil and Angola, 1602-1686*, 1952. Ed. reimp. Westport, Greenwood Press, 1975.

______. *Four Centuries of Portuguese Expansion, 1415-1825*: A Succinct Survey. Johannesburg: Witwatersrand University Press, 1961.

BOXER, C. R. *The Golden Age of Brazil, 1695-1750*: Growing Pains of a Colonial Society. Berkeley: University of California Press, 1962.

______. *Portuguese Society in the Tropics*: The Municipal Councils of Goa, Macao, Bahia, and Luanda, 1510-1800. Madison: University of Wisconsin Press, 1965.

______. *The Portuguese Seaborne Empire, 1415-1825*. London: Hutchinson, 1969.

BRADING, D. A. *Miners and Merchants in Bourbon Mexico, 1763-1810*. Cambridge: Cambridge University Press, 1971.

BRAUDEL, F. *Civilization and Capitalism, 15th-18th Century*. Trad. Siân Reynolds. New York: Harper & Row, 1986.

BRENNAN, E. R.; JAMES, A. V.; MORRILL, W. T. Inheritance, Demographic Structure, and Marriage: A Cross-Cultural Perspective. *Journal of Family History*, v.7, p.289-98, 1982.

BRETTELL, C. B. Family Legacies: An Analysis of the *Livros dos Testamentos* in a Portuguese Village, 1750-1860. SOCIETY FOR SPANISH AND PORTUGUESE HISTORICAL STUDIES, Bloomington, Indiana, abr. 1984.

______. *Men Who Migrate, Women Who Wait*: Population and History in a Portuguese Parish. Princeton: Princeton University Press, 1986.

BRONNER, F. Peruvian Encomenderos in 1630: Elite Circulation and Consolidation. *Hispanic American Historical Review*, v.57, p.633-59, 1977.

BRUNO, E. S. *Viagem ao país dos paulistas*: ensaio sobre a ocupação da área vicentina e a formação de sua economia e de sua sociedade nos tempos coloniais. Rio de Janeiro: José Olympio, 1966.

CAMARGO, P. F. da S. *História de Santana de Parnaíba*. São Paulo: Conselho Estadual de Cultura, 1971.

CANABRAVA, A. P. A evolução das posturas municipais de Sant'Ana de Parnaíba, 1829-1867. *Revista de Administração*, v.3, p.34-62, 1949.

______. A repartição da terra na Capitania de São Paulo, 1818. *Estudos Econômicos*, v.2, n.6. p.77-129, 1972.

______. Uma economia de decadência: os níveis de riqueza na Capitania de São Paulo, 1765/67. *Revista Brasileira de Economia*, v.26, n.4, p.95-123, 1972.

CANDIDO, A. A vida familiar do caipira. *Sociologia*, v.16, p.341-67, 1954.

______. *Os parceiros do Rio Bonito*: estudo sobre o caipira paulista e a transformação dos seus meios de vida. 5.ed. São Paulo: Livraria Duas Cidades, 1979.

CANNY, N.; PAGDEN, A. (Orgs.). *Colonial Identity in the Atlantic World, 1500-1800*. Princeton: Princeton University Press, 1987.

CARDOSO, F. H. *Capitalismo e escravidão no Brasil meridional*: o negro na sociedade escravocrata do Rio Grande do Sul. São Paulo: Difusão Europeia do Livro, 1962.

CARNEIRO, R. L. Slash-and-Burn Agriculture: A Closer Look at Its Implications for Settlement Patterns. In: WALLACE, A. F. C. (Org.). *Men and Cultures*. Philadelphia: University of Pennsylvania Press, 1960. p.229-34.

CARR, L. G.; WALSH, L. S. The Planter's Wife: The Experience of White Women in Seventeenth-Century Maryland. *William and Mary Quarterly*, 3.ser., v.34, p.542-71. 1977.

CASTRO, H. M. M. de. Beyond Masters and Slaves: Subsistence Agriculture as a Survival Strategy in Brazil during the Second Half of the Nineteenth Century. *Hispanic American Historical Review*, v.68, p.461-89, 1988.

CHANCE, J. K.; TAYLOR, W. B. Estate and Class in a Colonial City: Oaxaca in 1792. *Comparative Studies in Society and History*, v.19, p.454-87, 1977.

______. Estate and Class: A Reply. *Comparative Studies in Society and History*, v.21, p.433-42, 1979.

CHANDLER, B. J. *The Feitosas and the Sertão dos Inhamuns*: The History of a Family and a Community in Northeast Brazil, 1700-1930. Gainesville: University of Florida Press, 1972.

CHEVALIER, F. *La formatión des grands domaines au Mexique*: terre et société aux XVIè--XVIIIè siècles. Paris: L'Université de Paris, 1952.

CHOJNACKI, S. Dowries and Kinsmen in Early Renaissance Venice. *Journal of Interdisciplinary History*, v.5, p.571-600, 1975.

COALE, A. J.; WATKINS, S. C. (Orgs.). *The Decline of Fertility in Europe*: The Revised Proceedings of a Conference on the Princeton European Fertility Project. Princeton: Princeton University Press, 1986.

COLE, J. W.; WOLF, E. R. *The Hidden Frontier*: Ecology and Ethnicity in an Alpine Valley. New York: Academic Press, 1974.

CORDEIRO, J. P. L. Documentação sobre o "Capitão Mor Guilherme Pompeo de Almeida, morador que foi da vila de Parnaíba". *Revista do Instituto Histórico e Geográfico de São Paulo*, v.58, p.525-6.

COSTA, E. V. da. *Da senzala à colônia*. São Paulo: Difusão Europeia do Livro, 1966. [5.ed. São Paulo: Editora Unesp, 2012.]

______. *The Brazilian Empire*: Myths and Histories. Chicago: University of Chicago Press, 1985.

COSTA, I. del N. da. A estrutura familiar e domiciliária em Vila Rica no alvorecer do século XIX. *Revista do Instituto de Estudos Brasileiros*, v.19, p.17-34, 1977.

______. *Vila Rica: população (1719-1826)*. São Paulo: IPE-USP, 1979.

______. *Minas Gerais*: estruturas populacionais típicas. São Paulo: EDEC, 1982.

______. Os viajantes estrangeiros e a família escrava no Brasil. *Leitura*, São Paulo, v.7, n.77, p.9-10, out. 1988.

COSTA, I. del N. da; GUTIÉRREZ, H. Nota sobre casamentos de escravos em São Paulo e no Paraná (1830). *História: Questões e Debates*, v.5, n.9, p.313-21, 1984.

COSTA, I. del N. da; NOZOE, N. H. Economia colonial brasileira: classificação das ocupações segundo ramos e setores. *Estudos Econômicos*, v.17, p.69-87, 1987.

COSTA, I. del N. da; SLENES, R. W.; SCHWARTZ, S. B. A família escrava em Lorena (1801). *Estudos Econômicos*, v.17, p.245-95, 1987.

COTT, N. F. Eighteenth-Century Family and Social Life Revealed in Massachusetts Divorce Records. *Journal of Social History*, v.10, p.20-43, 1976.

CRATON, M. *Searching for the Invisible Man*: Slaves and Plantation Life in Jamaica. Cambridge: Harvard University Press, 1978.

______. *Testing the Chains*: Resistance to Slavery in the British West Indies. Ithaca: Cornell University Press, 1982.

CRATON, M. (Org.). *Roots and Branches*: Current Directions in Slave Studies. Historical Reflections Directions, n.1. New York: Pergamon Press, 1979.

CROSBY, A. W. *The Columbian Exchange*: Biological and Cultural Consequences of 1492. Westport, Conn.: Greenwood Press, 1972.

CROSBY, A. W. *Ecological Imperialism*: The Biological Expansion of Europe, 900-1900. Cambridge: Cambridge University Press, 1986.

CURTIN, P. D. *The Atlantic Slave Trade*: A Census. Madison: University of Wisconsin Press, 1969.

DARNTON, R. *The Great Cat Massacre and Other Episodes in French Cultural History*. New York: Vintage Books, 1985.

DAVIDSON, D. M. *Rivers and Empire*: The Madeira Route and the Incorporation of the Brazilian Far West, 1737-1808. New Haven, 1970. Tese (Doutorado em História) – Yale University.

______. How the Brazilian West Was Won: Freelance and State on the Mato Grosso Frontier, 1737-1752. In: ALDEN, D. (Org.). *Colonial Roots of Modern Brazil*: Papers of the Newberry Library Conference. Berkeley: University of California Press, 1973. p.61-106.

DAVIS, J. *Land and Family in Pisticci*. New York: Humanities Press, Inc., 1973.

DAVIS, N. A. Z. *Society and Culture in Early Modern France*: Eight Essays. Stanford: Stanford University Press, 1975.

______. Ghosts, Kin, and Progeny: Some Features of Family Life in Early Modern France. *Daedalus*, v.106, n 2, p.87-114, 1977.

DEAN, W. Latifundia and Land Policy in Nineteenth-Century Brazil. *Hispanic American Historical Review*, v.51, p.606-25, 1971.

______. *Rio Claro: A Brazilian Plantation System, 1820-1920*. Stanford: Stanford University Press, 1976.

______. Indigenous Populations of the Rio de Janeiro Coast: Trade, Aldeamento, Slavery, and Extinction. *Revista de História*, v.117, p.3-26, 1984.

DEGLER, C. N. *Neither Black Nor White*: Slavery and Race Relations in Brazil and the United States. New York: Macmillan, 1971.

DEMOS, J. *A Little Commonwealth*: Family Life in Plymouth Colony. New York: Oxford University Press, 1970.

DENEVAN, W. M. (Org.). *The Native Population of the Americas in 1492*. Madison: University of Wisconsin Press, 1976.

DEPARTAMENTO DE GEOGRAFIA DA UNIVERSIDADE DE SÃO PAULO. *Pinheiros*: aspectos geográficos de um bairro paulistano. São Paulo: Editora da Universidade de São Paulo, 1963.

DIAS, C. M.; VASCONCELOS, E. de; GAMEIRO, R. *História da colonização portuguesa do Brasil*. Porto: Litografia Nacional, 1924.

DIAS, M. O. L. da S. *Quotidiano e poder em São Paulo no século XIX*: Ana Gertrudes de Jesus. São Paulo: Brasiliense, 1984.

DIAZ, A. J.; STEWART, J. Occupational Class and Female-Headed Households in Santiago Maior do Iguape, Brazil, 1835. *Journal of Family History*, v.16, p.299-313, 1991.

DIEFENDORF, B. B. Widowhood and Remarriage in Sixteenth-Century Paris. *Journal of Family History*, v.7, p.379-95, 1982.

DIFFIE, B. W.; WINIUS, G. D. *Foundations of the Portuguese Empire*, 1415-1580. Minneapolis: University of Minnesota Press, 1977.

DIVISÃO ADMINISTRATIVA E DIVISAS MUNICIPAIS DO ESTADO DE SÃO PAULO. São Paulo: Divisão de Estatística e Arquivo do Estado, 1908.

DOMINIAN, H. G. *Apostle of Brazil: The Biography of Padre José de Anchieta.* New York: Exposition Press, 1958.

DUPÁQUIER, J. et al. (Orgs.). *Marriage and Remarriage in Populations of the Past.* London: Academic Press, 1981.

EISENBERG, P. L. O homem esquecido: o trabalhador livre nacional no século XIX. Sugestões para uma pesquisa. *Anais do Museu Paulista,* v.28, p.153-73, 1977/1978.

______. Ficando livre: as alforrias em Campinas no século XIX. *Estudos Econômicos,* v.17, p.175-216, 1987.

ELLIS JÚNIOR, A. O *bandeirismo paulista e o recuo do meridiano.* 3.ed. São Paulo: Companhia Editora Nacional, 1938.

ENGELS, F. *The Origin of the Family, Private Property and the State.* Ed. Eleanor Burke Leacock. New York: International Publishers, 1972.

ESTUDOS ECONÔMICOS. *Demografia da Escravidão,* v.17, n.2, 1987.

FAIRCHILDS, C. Female Sexual Attitudes and the Rise of Illegitimacy: A Case Study. *Journal of Interdisciplinary History,* v.8, p.627-67, 1978.

FAORO, R. *Os donos do poder*: formação do patronato político brasileiro. 5.ed. Porto Alegre: Editora Globo, 1979.

FARRISS, N. M. *Maya Society under Colonial Rule*: The Collective Enterprise of Survival. Princeton: Princeton University Press, 1984.

FELSTINER, M. A. L. *The Larrain Family in the Independence of Chile, 1780-1830.* Stanford, 1970. Tese (Doutorado em História) – Stanford University.

FERNANDES, F. *A integração do negro na sociedade de classes.* São Paulo: Dominus; Editora da Universidade de São Paulo, 1965.

FERREIRA, M. R. *As bandeiras do Paraupava.* São Paulo: Prefeitura Municipal, 1977.

FERRY, R. J. *The Colonial Elite of Early Caracas*: Formation and Crisis, 1567-1767. Berkeley: University of California Press, 1989.

FLANDRIN, J. *Families in Former Times*: Kinship, Household, and Sexuality. Trad. Richard Southern. Cambridge: Cambridge University Press, 1979.

FLORESCANO, E. (Org.). *Haciendas, latifundios y plantaciones en América Latina.* México: Siglo Veintiuno Editores, 1975.

FLORY, R. J. D. *Bahian Society in the Mid-Colonial Period*: The Sugar Planters, Tobacco Growers, Merchants, and Artisans of Salvador and the Recôncavo, 1680-1725. Austin, 1978. Tese (Doutorado em História) – University of Texas.

FLORY, R. J. D.; SMITH, D. S. Bahian Merchants and Planters in the Seventeenth and Early Eighteenth Centuries. *Hispanic American Historical Review,* v.58, p.571-94, 1978.

FOGEL, R. W.; ENGERMAN, S. L. *Time on the Cross*: The Economies of American Negro Slavery. Boston: Little, Brown & Co., 1974.

FOLBRE, N. The Wealth of Patriarchs: Deerfield, Massachusetts, 1760-1840. *Journal of Interdisciplinary History,* v.2, p.199-220, 1985.

FORSTER, R.; RANUM, O. (Orgs.). *Family and Society*: Selections from the Annales. Economies, Sociétés, Civilisations. Trad. Elborg Forster e Patricia Ranum. Baltimore: Johns Hopkins University Press, 1976.

FOSTER, G. M. Cofradía and Compadrazgo in Spain and South America. *Southwest Journal of Anthropology,* v.9, p.1-28, 1953.

FRAGINALS, M. M. *The Sugar Mill*: The Socio-Economic Complex of Sugar in Cuba, 1760-1860. Trad. Cedric Belfrage. New York: Monthly Review Press, 1976.

FRAGOSO, J. L. R.; FLORENTINO, M. G. Marcelino, filho de Inocência crioula, neto de Joana cabinda: um estudo sobre famílias escravas em Paraíba do Sul (1835-1872). *Estudos Econômicos*, v.17, n.2, p.151-73, 1987.

FRANCO, C. *Bandeiras e bandeirantes de São Paulo*. São Paulo: Companhia Editora Nacional, 1940.

FRANCO, M. S. de C. *Homes livres na ordem escravocrata*. 2.ed. São Paulo: Ática, 1976.

FRAZIER, E. F. *The Negro Family in the United States*. Ed. rev. New York: Dryden Press, 1948.

FREYRE, G. *Casa-grande & senzala*: edição crítica. GIUCCI, G.; LARRETA, E. R.; FONSECA, E. N. da (Coords.). Madrid: Allca XX, 2002.

FUKUI, L. F. G. *Sertão e bairro rural*: parentesco e família entre sitiantes tradicionais. São Paulo: Ática, 1979.

GAMA, R. *Engenho e tecnologia*. São Paulo: Livraria Duas Cidades, 1983.

GANDAVO, P. de M. de. *The Histories of Brazil*. Trad. J. B. Seton. New York: Cortes Society, 1922; ed. reimp. Boston: Longwood Press: 1978.

GENOVESE, E. *The Political Economy of Slavery*: Studies in the Economy and Society of the Slave South. New York: Pantheon Books, 1967.

______. *Roll, Jordan, Roll*: The World the Slaves Made. New York: Pantheon Books, 1974.

GINZBURG, C. *The Cheese and the Worms*: The Cosmos of a Sixteenth-Century Miller. Trad. John Tedeschi e Anne Tedeschi. New York: Penguin Books, 1982.

GODINHO, V. M. *A economia dos descobrimentos henriquinos*. Lisboa: Liv. Sá da Costa, 1962.

GONGORA, M. *Los grupos de conquistadores en Tierra Firme (1509-1530)*: fisonomía histórico-social de un tipo de conquista. Santiago: Editorial Universitaria, 1962.

______. *Encomenderos y estancieros*: estudios acerca de la constitución social aristocrática de Chile después de la conquista, 1580-1660. Santiago: Editorial Universitaria, 1970.

GOODY, J. *The Development of the Family and Marriage in Europe*. Cambridge: Cambridge University Press, 1983.

______. Bridewealth and Dowry in Africa and Eurasia. In: GOODY, J.; TAMBIAH, S. J. (Orgs.). *Bridewealth and Dowry*. Cambridge: Cambridge University Press, 1973.

GOODY, J.; THIRSK, J.; THOMPSON, E. P. (Orgs.). *Family and Inheritance*: Rural Society in Western Europe, 1200-1800. Cambridge: Cambridge University Press, 1976.

GORDON, M. (Org.). *The American Family in Social-Historical Perspective*. 2.ed. New York: St. Martin's Press, 1978.

GORENDER, J. *O escravismo colonial*. 2.ed. São Paulo: Ática, 1978.

GRAHAM, R. Slave Families of a Rural Estate in Colonial Brazil. *Journal of Social History*, v.9, p.382-402, 1976.

GRAHAM, S. L. *House and Street*: The Domestic World of Servants and Masters in Nineteenth-Century Rio de Janeiro. Cambridge: Cambridge University Press, 1988.

GREENE, J. P. *Pursuits of Happiness*: The Social Development of Early Modern British Colonies and the Formation of American Culture. Chapel Hill: University of North Carolina Press, 1988.

GREENE, J. P.; POLE, J. R. (Orgs.). *Colonial British America*: Essays in the New History of the Early Modern Era. Baltimore: Johns Hopkins University Press, 1984.

GREER, A. *Peasant, Lord, and Merchant*: Rural Society in Three Quebec Parishes, 1740-1840. Toronto: University of Toronto Press, 1985.

GREVEN JR, P. J. Family Structure in Seventeenth-Century Andover, Massachusetts. *William and Mary Quarterly*, 3.ser., v.23, p.234-56, 1966.

______. *Four Generations*: Population, Land, and Family in Colonial Andover, Massachusetts. Ithaca: Cornell University Press, 1970.

GUDEMAN, S.; SCHWARTZ, S. B. Cleansing Original Sin: Godparenthood and the Baptism of Slaves in Eighteenth-Century Bahia. In: SMITH, R. T. (Org.). *Kinship Ideology and Practice in Latin America*. Chapel Hill: University of North Carolina Press, 1984.

GUTMAN, H. G. *The Black Family in Slavery and Freedom, 1750-1925*. New York: Pantheon Books, 1976.

HABAKKUK, H. J. Family Structure and Economic Change in Nineteenth-Century Europe. *Journal of Economic History*, v.15, p.1-12, 1955.

HALL, P. D. Family Structure and Economic Organization: Massachusetts Merchants, 1700-1850. In: HAREVEN, T. K. *Family and Kin in Urban Communities*. New York: New Viewpoints, 1977. p.38-61.

HALLETT, J. P. *Fathers and Daughters in Roman Society*: Women and the Elite Family. Princeton: Princeton University Press, 1984.

HANAWALT, B. A. *The Ties that Bound*: Peasant Families in Medieval England. New York: Oxford University Press, 1986.

HAREVEN, T. K. The Family as Process: The Historical Study of the Family Cycle. *Journal of Social History*, v.7, p.322-9, 1974.

______. Modernization and Family History: Perspectives on Social Change. *Signs*, v.2, p.190-206, 1976.

HAREVEN, T. K. (Org.). *Transitions*: The Family and the Life Course in Historical Perspective. New York: Academic Press, 1978.

HARRIS III, C. H. *A Mexican Family Empire*: The Latifundio of the Sánchez Navarros, 1765-1867. Austin: University of Texas Press, 1975.

HARRIS, M. *Patterns of Race in the Americas*. New York: Walker, 1964.

HARRIS, R. C. *The Seigneurial System in Early Canada*: A Geographic Study. Madison: University of Wisconsin Press, 1966.

HEMMING, J. *Red Gold*: The Conquest of the Brazilian Indians. Cambridge: Harvard University Press, 1978.

______. The Indians of Brazil in 1500. In: BETHELL, L. (Org.). *The Cambridge History of Latin America*. Cambridge: Cambridge University Press, 1984, v.1.

HENRETTA, J. A. Families and Farms: *Mentalité* in Pre-Industrial America. *William and Mary Quarterly*, 3.ser., v.35, p.3-32, 1978.

HERLIHY, D. *Medieval Households*. Cambridge: Harvard University Press, 1985.

HERRMANN, L. *Evolução da estrutura social de Guaratinguetá num período de trezentos anos*. São Paulo: Instituto de Pesquisas Econômicas, 1986.

HIGGINBOTHAM JR., A. L. *In the Matter of Color, Race and the American Legal Process: The Colonial Period*. New York: Oxford University Press, 1978.

HIGGINS, K. J. Iguatemí: A Brazilian Frontier Community, 1767-1777. Austin, 1980. Dissertação (Mestrado em História) – University of Texas.

______. *The Slave Society in Eighteenth-Century Sabará*: A Community Study in Colonial Brazil. New Haven, 1987. Tese (Doutorado em História) – Yale University.

HIGMAN, B. W. The Slave Family and Household in the British West Indies, 1800-1834. *Journal of Interdisciplinary History*, v.6, p.261-87, 1975.

______. *Slave Population and Economy in Jamaica, 1807-1834*. Cambridge: Cambridge University Press, 1976.

______. *Slave Populations of the British Caribbean, 1807-1834*. Baltimore: Johns Hopkins University Press, 1984.

HIRANO, S. *Pré-capitalismo e capitalismo*. São Paulo: Editora Hucitec, 1988.

HOBERMAN, L.; SOCOLOW, S. (Orgs.). *Cities and Society in Colonial Latin America*. Albuquerque: University of New Mexico Press, 1986.

HOLANDA, S. B. de. *Raízes do Brasil*. 2.ed. Rio de Janeiro: José Olympio, 1948.

______. *Caminhos e fronteiras*. Rio de Janeiro: Livraria José Olympio Editora, 1957.

______ . Movimentos da população em São Paulo no século XVIII. *Revista do Instituto de Estudos Brasileiros*, v.1, p.55-114, 1966.

______. *Monções*. 2.ed. São Paulo: Editora Alfa-Ômega, 1976.

______. *O extremo oeste*. São Paulo: Brasiliense; Secretaria de Estado da Cultura, 1986.

HOLME, O. Ubatuba: uma das primeiras vilas da Capitania de São Paulo a produzir café. *Boletim de Estudos Sociais*, v.1, p.17-28, 1972.

HOWELL, C. *Land, Family and Inheritance in Transition: Kibworth Harcourt, 1280-1700*. Cambridge: Cambridge University Press, 1983.

HUGHES, D. Domestic Ideals and Social Behavior: Evidence from Medieval Genoa. In: ROSENBERG, C. (Org.). *The Family in History*. Philadelphia: University of Pennsylvania Press, 1975. p.115-43.

INNES, S. Land Tenancy and Social Order in Springfield, Massachusetts, 1652 to 1702. *William and Mary Quarterly*, 3.ser., v.35, p.33-56, 1978.

______. *Labor in a New Land*: Economy and Society in Seventeenth-Century Springfield. Princeton: Princeton University Press, 1983.

INSTITUTO HISTÓRICO E GEOGRÁFICO BRASILEIRO. *Catálogo de documentos sobre a história de São Paulo, existentes no Arquivo Histórico Ultramarino de Lisboa*. Rio de Janeiro: Instituto Histórico e Geográfico Brasileiro, 1956-1959.

ISAAC, R. *The Transformation of Virginia, 1740-1790*. Chapel Hill: University of North Carolina Press, 1982.

JOHNSON, H. B. The Donatary Captaincy in Perspective: Portuguese Backgrounds to the Settlement of Brazil. *Hispanic American Historical Review*, v.52, p.203-14, 1972.

______. A Preliminary Inquiry into Money, Prices, and Wages in Rio de Janeiro, 1763-1823. In: ALDEN, D. (Org.). *Colonial Roots of Modern Brazil*: Papers of the Newberry Library Conference. Berkeley: University of California Press, 1973. p.231-83.

______. The Portuguese Settlement of Brazil, 1500-1580. In: BETHELL, L. (Org.). *The Cambridge History of Latin America*. Cambridge: Cambridge University Press, 1984, v.1.

JONES, A. H. Estimating Wealth of the Living from a Probate Sample. *Journal of Interdisciplinary History*, v.13, p.273-300, 1982.

JORDAN, D. W. Political Stability and the Emergence of a Native Elite in Maryland. In: TATE, T. W.; AMMERMAN, D. L. (Orgs.). *The Chesapeake in the Seventeenth Century*: Essays on Anglo-American Society. Chapel Hill: University of North Carolina Press, 1979. p.243-73.

KARASCH, M. C. From Porterage to Proprietorship: African Occupations in Rio de Janeiro, 1808-1850. In: ENGERMAN, S. L.; GENOVESE, E. D. (Orgs.). *Race and Slavery in the Western Hemisphere*: Quantitative Studies. Princeton: Princeton University Press, 1975. p.369-93.

______. *Slave Life in Rio de Janeiro, 1808-1850*. Princeton: Princeton University Press, 1987.

KEIM, C. R. Primogeniture and Entail in Colonial Virginia. *William and Mary Quarterly*, 3.ser., v.25, p.545-86, 1968.

KEITH, R. B. *Conquest and Agrarian Change*. Cambridge: Harvard University Press, 1976.

KENNEDY, J. N. Bahian Elites, 1750-1822. *Hispanic American Historical Review*, v.53, p.415-39, 1973.

KENT, R. K. Palmares: An African State in Brazil. *Journal of African History*, v.6, p.161-75, 1965.

KERTZER, D. I. *Family Life in Central Italy, 1880-1910*: Sharecropping, Wage Labor and Coresidence. New Brunswick: Rutgers University Press, 1984.

KERTZER, D. I.; BRETTELL, C. Advances in Italian and Iberian Family History. In: HAREVEN, T.; PLAKANS, A. (Orgs.). *Family History at the Crossroads*: A Journal of Family History Reader. Princeton: Princeton University Press, 1987. p.87-120.

KIERNAN, J. P. *The Manumission of Slaves in Colonial Brazil*: Paraty, 1789-1822. New York, 1976. Tese (Doutorado em História) – New York University.

KISCA, J. E. The Great Families of Mexico: Elite Maintenance and Business Practices in Late Colonial Mexico City. *Hispanic American Historical Review*, v.62, p.429-57, 1982.

______. *Colonial Entrepreneurs*: Families and Business in Bourbon Mexico City. Albuquerque: University of New Mexico Press, 1983.

KLEIN, H. S. *The Middle Passage*: Comparative Studies in the Atlantic Slave Trade. Princeton: Princeton University Press, 1978.

KNIGHT, F. W. *Slave Society in Cuba during the Nineteenth Century*. Madison: University of Wisconsin Press, 1970.

KOCKA, J. Family and Class Formation: Intergenerational Mobility and Marriage Patterns in Nineteenth-Century Westphalian Towns. *Journal of Social History*, v.17, p.411-33, 1984.

KORTH, E. H.; FLUSCHE, D. M. Dowry and Inheritance in Colonial Spanish America: Peninsular Law and Chilean Practice. *The Americas*, v.43, p.395-410, 1987.

KOTTAK, C. P. Kinship and Class in Brazil. *Ethnology*, v.6, p.427-43, 1967.

KUBLER, G. *The Indian Caste of Peru, 1795-1940*: A Study Based upon Tax Records and Census Reports. Washington, D. C.: U. S. Government Printing Office, 1952.

KULIKOFF, A. *Tobacco and Slaves*: The Development of Southern Cultures in the Chesapeake, 1680-1800. Chapel Hill: University of North Carolina Press, 1986.

KUZNESOF, E. A. Clans, the Militia and Territorial Government: The Articulation of Kinship with Polity in Eighteenth-Century São Paulo. In: ROBINSON, D. J.; BROWNING, D. G. (Orgs.). *Social Fabric and Spatial Structures in Colonial Latin America*. Syracuse: Syracuse University Press, 1979. p.181-226.

KUZNESOF, E. A. An Analysis of Household Composition and Headship Rates as Related to Changes in Mode of Production: São Paulo, 1765 to 1836. *Comparative Studies in Society and History*, v.22, p.78-108, 1980.

______. The Role of the Female-Headed Household in Brazilian Modernization: São Paulo, 1765 to 1836. *Journal of Social History*, v.13, p.589-613, 1980.

______. The Role of the Merchants in the Economic Development of São Paulo, 1765-1850. *Hispanic American Historical Review*, v.60, p.571-92, 1980.

______. *Household Economy and Urban Development*: São Paulo, 1765-1836. Boulder: Westview Press, 1986.

______. A família na sociedade brasileira: parentesco, clientelismo e estrutura social. São Paulo, 1700-1980. In: SAMARA, E. de M. (Ed.). *Família e grupos de convívio*. São Paulo: ANPUH/Marco Zero, 1989.

______. Sexual Politics, Race, and Bastard-Bearing in Nineteenth-Century Brazil: A Question of Culture or Power? *Journal of Family History*, v.16, p.241-60, 1991.

LADD, D. M. *The Mexican Nobility at Independence*, 1780-1826. Austin: University of Texas Press, 1976.

LASCH, C. *Haven in a Heartless World*: The Family Besieged. New York: Basic Books, 1977.

LASLETT, P. The Study of Social Structure from Listings of Inhabitants. In: WRIGLEY, E. A. (Org.). *An Introduction to English Historical Demography*. London: Weidenfeld & Nicolson, 1966. p.160-208.

______. Size and Structure of the Household in England over Three Centuries. *Population Studies*, v.23, p.199-223, 1969.

LASLETT, P.; WALL, R. (Orgs.). *Household and Family in Past Time*: Comparative Studies in the Size and Structure of the Domestic Group over the Last Three Centuries in England, France, Serbia, Japan and Colonial North America with Further Materials from Western Europe. Cambridge University Press, 1972.

LAVRIN, A. (Org.). *Latin American Women*: Historical Perspectives. Westport, Conn.: Greenwood Press, 1978.

______. *Sexuality and Marriage in Colonial Latin America*. Lincoln: University of Nebraska Press, 1989.

LAVRIN, A.; COUTURIER, E. Dowries and Wills: A View of Women's Socioeconomic Roles in Colonial Guadalajara and Puebla. *Hispanic American Historical Review*, v.59, p.280-304, 1979.

LE ROY, E. L. Family Structures and Inheritance Customs in Sixteenth-Century France. In: GOODY, J.; THIRSK, J.; THOMPSON, E. P. (Eds.). *Family and Inheritance*: Rural Society in Western Europe. Cambridge: Cambridge University Press, 1976. p.37-70.

______. *Montaillou*: The Promised Land of Error. Trad. Barbara Bray. New York: Vintage Books, 1979.

LEAL, V. N. *Coronelismo*: The Municipality and Representative Government in Brazil. Trad. June Henfrey. New York: Cambridge University Press, 1977.

LEITE, S. I. S. *História da Companhia de Jesus no Brasil*. Lisboa: Livraria Portugália, 1938.

______. *Novas páginas de história do Brasil*. São Paulo: Companhia Editora Nacional, 1965.

LEME, P. T. de A. P. *Nobiliarquia paulistana histórica e genealógica*. 5.ed. Belo Horizonte: Editora Itatiaia, 1980.

LEONZO, N. As Companhias de Ordenanças na Capitania de São Paulo: das origens ao governo do Morgado de Matheus. *Coleção Museu Paulista*, v.6, p.125-239, 1977.

______. *Defesa militar e controle social na Capitania de São Paulo*: as milícias. São Paulo, 1979. Tese (Doutorado em História) – Universidade de São Paulo.

LEVI, D. E. *The Prados of São Paulo, Brazil*: An Elite Family and Social Change, 1840-1930. Athens: University of Georgia Press, 1987.

LEVINE, D. *Family Formation in an Age of Nascent Capitalism*. New York: Academic Press, 1977.

LEWIN, L. Some Historical Implications of Kinship Organization for Family-Based Politics in the Brazilian Northeast. *Comparative Studies in Society and History*, v.21, p.262-92, 1979.

______. *Politics and Parentela in Paraíba*: A Case Study of Family-Based Oligarchy in Brazil. Princeton: Princeton University Press, 1987.

LINDLEY, R. B. *Haciendas and Economic Development*: Guadalajara, Mexico, at Independence. Austin: University of Texas Press, 1983.

LOCKHART, J. M. *Spanish Peru, 1532-1560*: A Colonial Society. Madison: University of Wisconsin Press, 1968.

______. The Social History of Colonial Latin America: Evolution and Potential. *Latin American Research Review*, v.7, p.5-45, 1972.

LOCKHART, J. M.; SCHWARTZ, S. B. *Early Latin America*: A History of Colonial Spanish America and Brazil. Cambridge: Cambridge University Press, 1983.

LOCKRIDGE, K. A. Land, Population and the Evolution of New England Society, 1630-1790. *Past and Present*, v.39, p.62-80, 1968.

______. *A New England Town, The First Hundred Years, Dedham, Massachusetts, 1636-1736*. New York: W. W. Norton & Co., 1970.

LOMAX, D. W. *The Reconquest of Spain*. New York: Longman, 1978.

LOVE, E. F. Marriage Patterns of Persons of African Descent in a Colonial Mexico City Parish. *Hispanic American Historical Review*, v.51, p.79-91, 1971.

LUIS, W. *Capitania de São Paulo*: governo de Rodrigo Cesar de Menezes. 2.ed. São Paulo: Companhia Editora Nacional, 1938.

LUNA, F. V.; COSTA, I. del N. da. *Minas colonial*: economia e sociedade. São Paulo: Fipe; Livraria Pioneira Editora, 1982.

______. Posse de escravos em São Paulo no início do século XIX. *Estudos Econômicos*, v.13, n.1, p.1-11, 1983.

MACFARLANE, A. *The Family Life of Ralph Josselin, a Seventeenth-Century Clergyman*: An Essay in Historical Anthropology. Cambridge: Cambridge University Press, 1970.

MACHADO, A. *Vida e morte do bandeirante*. Belo Horizonte: Editora Itatiaia, 1980.

MADRE DE DEUS, G. da. *Memórias para a história da Capitania de São Vicente*. Lisboa: 1797; ed. reimp. Belo Horizonte: Editora Itatiaia, 1975.

MAEYANA, T. *Familiarization of the Unfamiliar World*: The Family Networks and Groups in a Brazilian City. Ithaca: Cornell University Latin American Series, 1975.

MAIN, G. Inequality in Early America: The Evidence from Probate Records of Massachusetts and Maryland. *Journal of Interdisciplinary History*, v.7, p.559-81, 1977.

______. *Tobacco Colony*: Life in Early Maryland, 1650-1720. Princeton: Princeton University Press, 1982.

MARCHANT, A. *From Barter to Slavery*: The Economic Relations of Portuguese and Indians in the Settlement of Brazil, 1500-1580. Baltimore: Johns Hopkins University Press, 1942; ed. reimp. Gloucester, Mass.: Peter Smith, 1966.

MARCÍLIO, M. L. Dos registros paroquiais à demografia histórica no Brasil. *Anais de História*, v.2, p.81-100, 1970.

______. Tendências e estruturas dos domicílios na Capitania de São Paulo (1765-1828) segundo as listas nominativas de habitantes. *Estudos Econômicos*, v.2, n.6, p.131-43, 1972.

______. *A cidade de São Paulo*: povoamento e população, 1750-1850, com base nos registros paroquiais e nos recenseamentos antigos. São Paulo: Livraria Pioneira Editora, 1974.

______. *Crescimento demográfico e evolução agrária paulista, 1700-1836*. São Paulo, 1974. Tese (Livre-docência em História) – Universidade de São Paulo.

______. *Caiçara: terra e população* – estudo de demografia histórica e da história social de Ubatuba. São Paulo: Edições Paulinas-CEDHAL, 1986.

MARGOLIS, M. L. *The Moving Frontier*: Social and Economic Change in a Southern Brazilian Community. Gainesville: University of Florida Press, 1973.

MARIÉJOL, J. H. *The Spain of Ferdinand and Isabella*. Trad. e ed. Benjamin Keen. New Brunswick: Rutgers University Press, 1961.

MARQUES, A. H. de O. *A History of Portugal*. 2.ed. New York: Columbia University Press, 1976. [*História de Portugal: desde os tempos mais antigos até ao governo do Sr. Marcelo Caetano*.]

MARX, K. The German Ideology: Part One. In: TUCKER, R. C. (Ed.). *The Marx-Engels Reader*. New York: W. W. Norton & Co., 1972. p.110-64.

MARZAHL, P. G. *The Cabildo of Popayán in the Seventeenth Century*: The Emergence of a Creole Elite. Madison, 1970. Tese (Doutorado em História) – University of Wisconsin.

MATTOSO, K. M. de Q. *Être esclave au Brésil*: XVIe-XIXe siècles. Paris: Hachette, 1979.

MAXWELL, K. R. *Conflicts and Conspiracies*: Brazil and Portugal, 1750-1808. Cambridge: Cambridge University Press, 1973.

MERRICK, T. W. Household Structure and Poverty in Families Headed by Women: The Case of Belo Horizonte. 1877. Trabalho acadêmico – Joint Meetings of the Latin American Studies Association and African Studies Association, Houston.

MERRICK, T. W.; GRAHAM, D. H. *Population and Economic Development in Brazil, 1800 to the Present*. Baltimore: Johns Hopkins University Press, 1979.

METCALF, A. C. Recursos e estruturas familiares no século XVIII, em Ubatuba, Brasil. *Estudos Econômicos*, v.13, n. especial, p.771-85, 1983.

______. *Families of Planters, Peasants, and Slaves*: Strategies for Survival in Santana de Parnaíba, Brazil, 1720-1820. Austin, 1983. Tese (Doutorado em História) – University of Texas.

______. Father and Sons: The Politics of Inheritance in a Colonial Brazilian Township. *Hispanic American Historical Review*, v.66, p.455-84, 1986.

______. Vida familiar dos escravos em São Paulo no século dezoito: o caso de Santana de Parnaíba. *Estudos Econômicos*, v.17, p.229-43, 1987.

______. Women and Means: Women and Family Property in Colonial Brazil. *Journal of Social History*, v.24, p.277-98, 1990.

MÉTRAUX, A. *La civilizatión materielle des tribos Tupi-Guarani*. Paris: Librairie Orientaliste Paul Geuthner, 1928.

MINISTÉRIO DA CULTURA, FUNDAÇÃO BIBLIOTECA NACIONAL, DEPARTAMENTO NACIONAL DO LIVRO. *A carta de Pero Vaz de Caminha*. Disponível em: https://objdigital.bn.br/Acervo_Digital/Livros_eletronicos/carta.pdf.

MINTZ, S. W.; WOLF, E. R. An Analysis of Ritual Co-Parenthood (Compadrazgo). *Southwestern Journal of Anthropology*, v.6, p.341-68, 1950.

MONTEIRO, J. M. *São Paulo in the Seventeenth Century*: Economy and Society. Chicago, 1985. Tese (Doutorado em História) – University of Chicago.

______. From Indian to Slave: Forced Native Labor and Colonial Society in São Paulo during the Seventeenth Century. *Slavery and Abolition*, v.9, p.105-27, 1988.

______. Celeiro do Brasil: escravidão indígena e a agricultura paulista no século XVII. *História: São Paulo*, v.7, p.1-12, 1988.

______. Distribuição da riqueza e as origens da pobreza rural em São Paulo (século XVIII). *Estudos Econômicos*, v.19, p.109-30, 1989.

______. *Negros da terra*: índios e bandeirantes nas origens de São Paulo. São Paulo: Companhia das Letras, 1994.

MOOG, C. V. *Bandeirantes and Pioneers*. Trad. L. L. Barrett. New York: G. Braziller, 1964.

MORAES, A. de. *Diccionario da lingua portugueza composto pelo padre D. Rafael Bluteau, reformado, e accrescentado por Antonio de Moraes Silva natural do Rio de Janeiro*. Lisboa: Na Officina de Simão Thaddeo Ferreira, 1789. Disponível em: Biblioteca Brasiliana Online (https://digital.bbm.usp.br/handle/bbm/5412). Acesso em: 30 abr. 2024.

MÖRNER, M. (Org.). *Race and Class in Latin America*. New York: Columbia University Press, 1970.

MORSE, R. M. *The Bandeirantes*: The Historical Role of the Brazilian Pathfinders. New York: Knopf, 1965.

MORSE, R. M. (Org.). *From Community to Metropolis*: A Biography of São Paulo, Brazil. Gainesville: University of Florida Press, 1958.

MOTTA, J. F. A família escrava e a penetração do café em Bananal (1801-1829). Trabalho acadêmico – Seminário Permanente de Estudo da Família e da População no Passado Brasileiro, IPE-USP, São Paulo.

MOURA, C. *Rebeliões da senzala (quilombos, insurreições, guerrilhas)*. 2.ed. Rio de Janeiro: Conquista, 1972.

MOURA, M. M. *Os herdeiros da terra*: parentesco e herança numa área rural. São Paulo: Editora Hucitec, 1978.

MULVEY, P. A. Slave Confraternities in Brazil: Their Role in Colonial Society. *The Americas*, v.39, p.39-89, 1982.

NAZZARI, M. Women and Property in the Transition to Capitalism: Decline of the Dowry in São Paulo, Brazil (1640-1870). 1984. Trabalho acadêmico – American Historical Association, Chicago.

______. *Women, the Family and Property*: The Decline of the Dowry in São Paulo, Brazil (1600-1870). New Haven, 1986. Tese (Doutorado em História) – Yale University.

______. Parents and Daughters: Change in the Practice of Dowry in São Paulo (1600-1770). *Hispanic American Historical Review*, v.70, p.639-65, 1990.

NIELSEN, L. J. *Of Gentry, Peasants, and Slaves*: Rural Society in Sabará and Its Hinterland, 1780-1930. Davis, 1975. Tese (Doutorado em História) – University of California, Davis.

NOVAIS, F. A. *Portugal e Brasil na crise do antigo sistema colonial (1777-1808)*. São Paulo: Editora Hucitec, 1979.

O'NEILL, B. Dying and Inheriting in Rural Trás-os-Montes. *Journal of the Anthropological Society of Oxford*, v.14, n.1, p.44-73, 1983.

PATCH, R. W. Agrarian Change in Eighteenth-Century Yucatán. *Hispanic American Historical Review*, v.65, p.21-49, 1985.

PATTERSON, O. *The Sociology of Slavery*: An Analysis of the Origins, Development and Structure of Negro Slave Society in Jamaica. London: MacGibbon & Kee, 1967.

PEDLOW, G. W. Marriage, Family Size, and Inheritance among Hessian Nobles, 1650-1900. *Journal of Family History*, v.7, p.333-52, 1982.

PETERSEN, D. E. Sweet Success: Some Notes on the Founding of a Brazilian Sugar Dynasty, the Pais Barreto Family of Pernambuco. *The Americas*, v.40, p.325-48, 1984.

PETRONE, M. T. S. *A lavoura canavieira em São Paulo*: expansão e declínio (1765-1851). São Paulo: Difusão Europeia do Livro, 1968.

PETRONE, P. *Os aldeamentos paulistas e sua função na valorização da região paulistana*: estudo de geografia histórica. São Paulo, 1964. Tese (Livre-docência) – Universidade de São Paulo.

______. *Na baixada santista, a porta e o porto do planalto*. São Paulo: Universidade de São Paulo, Instituto de Geografia, 1969.

PIERSON, D. Família e compadrio numa comunidade rural paulista. *Sociologia*, v.17, p.113-31, 1955.

PRADO, C. *The Colonial Background of Modern Brazil*. Trad. Suzette Macedo. Berkeley: University of California Press, 1967.

PRADO, J. F. de A. *Primeiros povoadores do Brasil (1500-1530)*. 2.ed. São Paulo: Companhia Editora Nacional, 1939.

______. *São Vicente e as capitanias do sul do Brasil, as origens (1501-1531)*. São Paulo: Companhia Editora Nacional, 1961.

______. *Jean-Baptiste Debret*. São Paulo: Companhia Editora Nacional, 1973.

PREFEITURA DO MUNICÍPIO DE SÃO PAULO. *Bandeirantes no Paraguai, século XVII*: documentos inéditos. São Paulo: Publicação de Divisão do Arquivo Histórico, 1949.

PRICE, R. (Org.). *Maroon Societies*: Rebel Slave Communities in the Americas. New York: Doubleday, 1973.

PUTNAM, J. K. The Turner Thesis and Westward Movement: A Reappraisal. *Western Historical Quarterly*, v.7, p.379-404, 1976.

QUEIROZ, M. I. P. de. *Bairros rurais paulistas*. São Paulo: Livraria Duas Cidades, 1973.

______. *O mandonismo local na vida política brasileira e outros ensaios*. São Paulo: Editora Alfa-Ômega, 1976.

QUEIROZ, S. R. R. de. *Escravidão negra em São Paulo*: um estudo das tensões provocadas pelo escravismo no século XIX. Rio de Janeiro: Livraria José Olympio Editora, 1977.

RABB, T. K.; ROTBERG, R. I. (Orgs.). *The Family in History*: Interdisciplinary Essays. New York: Harper & Row, 1973.

RABELLO, E. D. *As elites na sociedade paulista na segunda metade do século XVIII*. São Paulo, 1973. Tese (Doutorado em História) – Universidade de São Paulo.

RABELLO, E. D. Os ofícios mecânicos e artesanais em São Paulo na segunda metade do século XVIII. *Revista de História*, v.112, p.575-88, 1977.

RABOTEAU, A. J. *Slave Religion*: The "Invisible Institution" in the Antebellum South. New York: Oxford University Press, 1978.

RAMIREZ, S. E. *Provincial Patriarchs*: The Economics of Power in Colonial Peru. Albuquerque: University of New Mexico Press, 1985.

RAMOS, D. Marriage and the Family in Colonial Vila Rica. *Hispanic American Historical Review*, v.55, p.200-25, 1975.

______. City and Country: The Family in Minas Gerais, 1804-1838. *Journal of Family History*, v.3, p.361-75, 1978.

______. *Consensual Unions and the Family in Nineteenth-Century Minas Gerais, Brazil*. 1989. Trabalho acadêmico – Social Science History Association, Washington, D. C.

______. Single and Married Women in Villa Rica, Brazil, 1754-1838. *Journal of Family History*, v.16, p.261-82, 1991.

REIS, J. J. Slave Rebellion in Brazil: The African Muslim Uprising in Bahia, 1835. Minneapolis, 1982. Tese (Doutorado em História) – University of Minnesota.

REIS, P. P. dos. *O indígena do Vale do Paraíba*. São Paulo: Governo do Estado de São Paulo, 1979.

RIDGE, M. Frederick Jackson Turner, Ray Allen Billington, and American Frontier History. *Western Historical Quarterly*, v.19, p.5-20, 1988.

ROSEN, B. C.; BERLINCK, M. T. Modernization and Family Structure in the Region of São Paulo, Brazil. *América Latina*, v.11, n.3, p.75-96, 1968.

ROUT, L. B. *The African Experience in Spanish America*: 1502 to the Present Day. Cambridge: Cambridge University Press, 1976.

ROWLAND, R. Family and Marriage in Portugal (16th-20th Centuries): A Comparative Sketch. 1983. Trabalho acadêmico – Social Science History Association, Washington, D. C.

RUBBO, A. The Spread of Capitalism in Rural Colombia: Effects on Poor Women. In: REITER, R. R. (Org.). *Toward an Anthropology of Women*. New York: Monthly Review Press, 1975. p.333-57.

RUSSELL-WOOD, A. J. R. *Fidalgos and Philanthropists*: The Santa Casa da Misericórdia of Bahia, 1550-1755. Berkeley: University of California Press, 1968.

______. Local Government in Portuguese America: A Study in Cultural Divergence. *Comparative Studies in Society and History*, v.16, p.187-231, 1974.

______. Women and Society in Colonial Brazil. *Journal of Latin American Studies*, v.9, p.1-34, 1977.

RUSSELL-WOOD, A. J. R. (Org.). *From Colony to Nation*: Essays on the Independence of Brazil. Baltimore: Johns Hopkins University Press, 1975.

RUTMAN, D. B. Assessing the Little Communities of Early America. *William and Mary Quarterly*, 3.ser., v.43, p.163-78, 1986.

RUTMAN, D. B.; RUTMAN, A. H. "Now Wives and Sons-in-Law": Parental Death in a Seventeenth Century Virginia County. In: TATE, T. W.; AMMERMAN, D. L. *The Chesapeake in the Seventeenth Century*: Essays on Anglo-American Society and Politics. Chapel Hill: University of North Carolina Press, 1979. p.153-82.

SALMON, M. *Women and the Law of Property in Early America*. Chapel Hill: University of North Carolina Press, 1986.

SALVADOR, V. do. *História do Brasil, 1500-1627*. ABREU, C. de; GARCIA, R.; WILLEKE, V. (Eds.). 6.ed. São Paulo: Edições Melhoramentos, 1975.

SALZANO, F. M.; FREIRE-MAIA, N. *Problems in Human Biology*: A Study of Brazilian Populations. Detroit: Wayne State University Press, 1970.

SAMARA, E. de M. Aspectos de uma vila paulista em 1813 (de acordo com os dados fornecidos pelos maços de população de Itú). In: SIMPÓSIO NACIONAL DOS PROFESSORES UNIVERSITÁRIOS DE HISTÓRIA, São Paulo, 1973. *Anais do VII Simpósio Nacional dos Professores Universitários de História*, São Paulo, 1973. p.347-69.

______. Uma contribuição ao estudo da estrutura familiar em São Paulo durante o período colonial: a família agregada em Itú de 1780 a 1830. *Revista de História*, v.105, p.35-45, 1976.

______. O papel do agregado na região de Itú – 1780 a 1830. *Coleção Museu Paulista*, v.6, p.13-121, 1977.

______. O dote na sociedade paulista do século XIX: legislação e evidências. *Anais do Museu Paulista*, v.30, p.41-53, 1980-1981.

______. Os agregados: uma tipologia ao fim do período colonial (1780-1830). *Estudos Econômicos*, v.11, n.3, p.159-68, 1981.

______. *As mulheres, o poder, e a família: São Paulo, século XIX*. São Paulo: Editora Marco Zero, 1989.

______. Famílias e domicílios em sociedades escravistas (São Paulo no século XIX). 1989. Trabalho acadêmico – Conferência sobre a História da População da América Latina, Ouro Preto.

______. *Lavoura canavieira, trabalho livre e cotidiano*: Itu (1780-1830). São Paulo: Edusp, 2005. p.13-53.

SAMARA, E. de M. (Org.). *Família e grupos de convívio*. São Paulo: ANPUH/Marco Zero, 1989.

SAMARA, E. de M.; COSTA, I. del N. da. *Demografia histórica*: bibliografia brasileira. São Paulo: Instituto de Pesquisas Econômicas, 1984.

SANT'ANA, B. S. de A. *São Paulo histórico*: aspectos, lendas e costumes. São Paulo: Coleção Departamento de Cultura, 1937-1944.

SAUER, C. O. *The Early Spanish Main*. Berkeley: University of California Press, 1969.

SCHIEBER, H. N. Turner's Legacy and the Search for a Reorientation of Western History: A Review Essay. *New Mexico Historical Review*, v.44, p.231-48, 1969.

SCHMIDT, C. B. *O milho e o monjolo*: aspectos da civilização do milho – técnicas, utensílios e maquinaria tradicionais. Rio de Janeiro: Ministério da Agricultura, Serviço de Informação Agrícola, 1967.

______. *Técnicas agrícolas primitivas e tradicionais*. Rio de Janeiro: Conselho Federal de Cultura, 1976.

SCHWARTZ, S. B. The *Mocambo*: Slave Resistance in Colonial Bahia. *Journal of Social History*, v.3, p.313-33, 1970.

______. Free Labor in a Slave Economy: The *Lavradores de Cana* of Colonial Bahia. In: ALDEN, D. (Org.). *Colonial Roots of Modern Brazil*. Berkeley: University of California Press, 1973. p.147-97.

______. *Sovereignty and Society in Colonial Brazil*: The High Court of Bahia and Its Judges, 1609-1751. Berkeley: University of California Press, 1973.

SCHWARTZ, S. B. Elite Politics and the Growth of a Peasantry in Late Colonial Brazil. In: RUSSELL-WOOD, A. J. R. (Org.). *From Colony to Nation: Essays on the Independence of Brazil*. Baltimore: Johns Hopkins University Press, 1975. p.133-54.

______. Indian Labor and New World Plantations: European Demands and Indian Responses in Northeastern Brazil. *American Historical Review*, v.83, p.43-79, 1978.

______. Plantation in Peripheries, c. 1580-1750. In: BETHELL, L. (Org.). *The Cambridge History of Latin America*. Cambridge: Cambridge University Press, 1984, v.2.

______. *Sugar Plantations in the Formation of Brazilian Society*: Bahia, 1550-1835. Cambridge: Cambridge University Press, 1985.

SCOTT, A. S. V. *Dinâmica familiar da elite paulista (1765-1836)*. São Paulo, 1987. Dissertação (Mestrado em História) – Universidade de São Paulo.

SCOTT, J. W.; TILLY, L. A. Women's Work and the Family in Nineteenth-Century Europe. *Comparative Studies in Society and History*, v.17, p.36-64, 1975.

SEARLE, E. Seigneurial Control of Woman's Marriage: The Antecedents and Function of Merchet in England. *Past and Present*, v.82, p.3-43, 1979.

SEED, P. Social Dimensions of Race: Mexico City, 1753. *Hispanic American Historical Review*, v.62, p.569-606, 1982.

SEGALEN, M. *Nuptialité et alliance*: le choix du conjoint dans une commune de l'Eure. Paris: Maisonneuve, 1972.

______. The Family Cycle and Household Structure: Five Generations in a French Village. *Journal of Family History*, v.2, p.223-36, 1977.

SHAMMAS, C. The Domestic Environment in Early Modern England and America. *Journal of Social History*, v.14, p.3-24, 1980.

SHORTER, E. *The Making of the Modern Family*. New York: Basic Books, 1975.

SILVA, M. B. N. da. Casamentos de escravos na Capitania de São Paulo. *Ciência e Cultura*, v.32, p.816-21, 1980.

______. O problema dos expostos na Capitania de São Paulo. *Anais do Museu Paulista*, v.30, p.147-58, 1980-1981.

______. *Sistema de casamento no Brasil colonial*. São Paulo: T. A. Queiroz; Editora da Universidade de São Paulo, 1984.

SIMONSEN, R. C. *História econômica do Brasil (1500-1820)*. 8.ed. São Paulo: Companhia Editora Nacional, 1978.

SIMPSON, L. B. *The Encomienda in New Spain*: The Beginning of Spanish Mexico. Berkeley: University of California Press, 1966.

SKIDMORE, T. E. *Black into White*: Race and Nationality in Brazilian Thought. New York: Oxford University Press, 1974.

SLENES, R. W. *The Demography and Economics of Brazilian Slavery, 1850-1888*. Stanford, 1976. Tese (Doutorado em História) – Stanford University.

______. Escravidão e família: padrões de casamento e estabilidade familiar numa comunidade escrava (Campinas, século XIX). *Estudos Econômicos*, v.17, p.217-27, 1987.

SLENES, R. W.; MELLO, P. C. de. Slave Marriage and Family Patterns in the Coffee Regions of Brazil, 1850-1888. 1978. Trabalho acadêmico – American Historical Association, San Francisco.

SMITH, D. B. *Inside the Great House*: Planter Family Life in Eighteenth-Century Chesapeake Society. Ithaca: Cornell University Press, 1980.

SMITH, D. G. *The Mercantile Class of Portugal and Brazil in the Seventeenth Century*: A Socio-Economic Study of the Merchants of Lisbon and Bahia, 1620-1690. Austin, 1975. Tese (Doutorado em História) – University of Texas.

SMITH, D. S.; HINDUS, M. S. Premarital Pregnancy America, 1640-1971: An Overview and Interpretation. *Journal of Interdisciplinary History*, v.5, p.537-70, 1975.

SMITH, J.; WALLERSTEIN, I.; EVERS, H. (Orgs.). *Households and the World Economy*. Beverly Hills: Sage Publications, 1984.

SMITH, R. M. (Org.). *Land, Kinship and Life-Cycle*. Cambridge: Cambridge University Press, 1984.

SMITH, R. T. (Org.). *Kinship Ideology and Practice in Latin America*. Chapel Hill: University of North Carolina Press, 1984.

SNYDACKER, D. Kinship and Community in Rural Pennsylvania, 1749-1820. *Journal of Interdisciplinary History*, v.13, p.41-61, 1982.

SOCOLOW, S. M. *The Merchants of Buenos Aires, 1778-1810*: Family and Commerce. Cambridge: Cambridge University Press, 1978.

SOEIRO, S. A. *A Baroque Nunnery*: The Economic and Social Role of a Colonial Convent, Santa Clara do Destêrro, Salvador, Bahia, 1677-1800. New York, 1974. Tese (Doutorado em História) – New York University.

______. The Social and Economic Role of the Convent: Women and Nuns in Colonial Bahia, 1677-1800. *Hispanic American Historical Review*, v.54, p.209-32, 1974.

SOUTHEY, R. *History of Brazil*. London: Longman, Durst, Rees, Orme & Brown, 1817-1822; ed. reimp. New York: Greenwood Press, 1969.

SOUZA, L. de M. e. *Desclassificados do ouro*: a pobreza mineira no século XVIII. Rio de Janeiro: Edições Graal, 1982.

______. *O diabo e a Terra de Santa Cruz*: feitiçaria e religiosidade popular no Brasil colonial. São Paulo: Editora Schwarcz, 1987.

SPALDING, K. *Huarochirí*: An Andean Society under Inca and Spanish Rule. Stanford: Stanford University Press, 1984.

STACK, C. B. *All Our Kin*: Strategies for Survival in a Black Community. New York: Harper & Row, 1974.

STEIN, S. *Vassouras*: A Brazilian Coffee County, 1850-1890. Cambridge: Harvard University Press, 1957; ed. reimp. New York: Atheneum, 1974.

STEIN, S.; STEIN, B. *The Colonial Heritage of Latin America*: Essays on Economic Dependence in Perspective. New York: Oxford University Press, 1970.

STOLCKE, V. *Cafeicultura*: homens, mulheres e capital (1850-1980). Trad. Denise Bottmann e João R. Martins Filho. São Paulo: Editora Brasiliense, 1986.

STONE, L. *The Family, Sex and Marriage in England, 1500-1800*. New York: Harper & Row, 1977.

______. Family History in the 1980s: Past Achievements and Future Trends. *Journal of Interdisciplinary History*, v.12, p.51-87, 1981.

TAUNAY, A. d'E. *São Paulo nos primeiros anos (1554-1601), ensaio de reconstituição social*. Tours: Imprimerie E. Arrault, 1920.

TAUNAY, A. d'E. *Collectanea de mappas da cartographia paulista antiga*. São Paulo: Companhia Melhoramentos de São Paulo, 1922.

______. *História geral das bandeiras paulistas*. São Paulo: Typ. Ideal H. L. Canton, 1924-1950.

______. *A grande vida de Fernão Dias Pais*. São Paulo: Melhoramentos, 1977.

TAYLOR, W. B. *Landlord and Peasant in Colonial Oaxaca*. Stanford: Stanford University Press, 1972.

______. *Drinking, Homicide and Rebellion in Colonial Mexican Villages*. Stanford: Stanford University Press, 1979.

THOMPSON, E. P. Patrician Society, Plebeian Culture. *Journal of Social History*, v.7, p.382-405, 1973-1974.

______. The Grid of Inheritance: A Comment. In: GOODY, J.; THIRSK, J.; THOMPSON, E. P. (Eds.). *Family and Inheritance*: Rural Society in Western Europe, 1200-1800. Cambridge: Cambridge University Press, 1976. p.328-60.

TRUMBACH, R. *The Rise of the Egalitarian Family*: Aristocratic Kinship and Domestic Relations in Eighteenth-Century England. New York: Academic Press, 1978.

TURNER, F. J. *The Frontier in American History*. Tucson: University of Arizona Press, 1986.

TUTINO, J. Power, Class, and Family: Men and Women in the Mexican Elite, 1750-1810. *The Americas*, v.39, p.359-81, 1983.

VARNHAGEN, F. A. de. *História geral do Brasil*. 10.ed. São Paulo: Editora Itatiaia, 1981.

VASCONCELLOS, S. de. *Chronica da Companhia de Jesu do Estado do Brasil*. Lisboa: A. J. Fernandes Lopes, 1865.

VENÂNCIO, R. P. *Ilegitimidade e concubinato no Brasil colonial*: Rio de Janeiro e São Paulo, 1760-1800. São Paulo: Centro de Estudos de Demografia Histórica de América Latina, 1986.

VIANNA, F. J. de O. *Instituições políticas brasileiras*. 3.ed. Rio de Janeiro: Record, 1974.

VIVES, J. V. *Manual de historia económica de España*. Barcelona: Editorial Teide, 1959.

VRIES, J. de. Peasant Demand Patterns and Economic Development: Friesland 1550-1750. In: PARKER, W. N.; JONES, E. L. (Orgs.). *European Peasants and Their Markets*: Essays in Agrarian Economic History. Princeton: Princeton University Press, 1975. p.205-68.

WAGLEY, C. Kinship Patterns in Brazil: The Persistence of a Cultural Tradition. In: WAGLEY, C. (Org.). *The Latin American Tradition*: Essays on the Unity and the Diversity of Latin American Culture. New York: Columbia University Press, 1968. p.175-93.

WALL, R. (Org.). *Family Forms in Historic Europe*. Cambridge: Cambridge University Press, 1983.

WALLACE, A. F. C. (Org.). *Men and Cultures*: Selected Papers of the Fifth International Congress of Anthropological and Ethnological Sciences, Philadelphia, 1-9 set. 1956. Philadelphia: University of Pennsylvania Press, 1960.

WALLE, E. V. de. Household Dynamics in a Belgian Village, 1847-1866. *Journal of Family History*, v.1, p.80-94, 1976.

WALSH, L. S. "Till Death Do Us Part": Marriage and Family in Seventeenth-Century Maryland. In: TATE, T. W.; AMMERMAN, D. L. (Orgs.). *The Chesapeake in the Seventeenth Century*: Essays on Anglo-American Society. Chapel Hill: University of North Carolina Press, 1979. p.126-52.

WATERS JR., J. J. Hingham, Massachusetts, 1631-1661: An East Anglian Oligarchy in the New World. *Journal of Social History*, v.1, p.351-70, 1968.

______. The Traditional World of the New England Peasants: A View from Seventeenth--Century Barnstable. *New England Historical and Genealogical Register*, v.130, p.3-21, 1976.

WEBER, D. Turner, the Boltonians, and the Borderlands. *American Historical Review*, v.91, p.66-81, 1986.

WEBER, M. *From Max Weber*: Essays in Sociology. Trad. e ed. H. H. Gerth e C. Wright Mills. New York: Oxford University Press, 1964; ed. reimp. New York: Oxford University Press, 1973.

______. *The Theory of Social and Economic Organization*. Trad. e ed. A. M. Henderson e Talcott Parsons. New York: Free Press, 1964.

WELLS, R. V. Quaker Marriage Patterns in a Colonial Perspective. *William and Mary Quarterly*, 3.ser., v.29, p.415-42, 1972.

WETHERELL, C. Slave Kinship: A Case Study of the South Carolina Good Hope Plantation, 1835-1856. *Journal of Family History*, v.6, p.294-308, 1981.

WHEATON, R. Family and Kinship in Western Europe: The Problem of the Joint Family Household. *Journal of Interdisciplinary History*, v.5, p.601-28, 1975.

WILKIE, J. W.; HAKER, S. *Statistical Abstract of Latin America*, v.21. Los Angeles: UCLA – Latin American Center Publication, 1981.

WILLEMS, E. The Structure of the Brazilian Family. *Social Forces*, v.31, p.339-45, 1953.

______. On Portuguese Family Structure. *International Journal of Comparative Sociology*, v.3, p.65-79, 1962.

______. Social Differentiation in Colonial Brazil. *Comparative Studies in Society and History*, v.12, p.31-49, 1970.

WOLF, E. R. Kinship, Friendship and Patron-Client Relations in Complex Societies. In: BANTON, M. (Org.). *The Social Anthropology of Complex Societies*. New York: Frederick A. Praeger, Inc., 1966. p.1-22.

______. *Europe and the People without History*. Berkeley: University of California Press, 1982.

WYNTJES, S. M. Survivors and Status: Widowhood and Family in the Early Modern Netherlands. *Journal of Family History*, v.7, p.396-405, 1982.

YAZAWA, M. *From Colonies to Commonwealth*: Familial Ideology and the Beginnings of the American Republic. Baltimore: Johns Hopkins University Press, 1985.

YVER, J. *Egalité entre héritiers et exclusión des enfants dotés*. Paris: Sirey, 1966.

ZUCKERMAN, M. *Peaceable Kingdoms*: New England Towns in the Eighteenth Century. New York: Vintage Books, 1970.

ÍNDICE REMISSIVO

SOBRE O LIVRO

Formato: 16 x 23 cm
Mancha: 27,5 x 49 paicas
Tipologia: Horley Old Style 11/15
Papel: Off-set 75 g/m² (miolo)
Cartão Triplex 250 g/m² (capa)

1ª edição Editora Unesp: 2024

EQUIPE DE REALIZAÇÃO

Capa
Negrito Editorial

Edição de texto
Giuliana Gramani (Copidesque)
Carmen T. S. Costa (Revisão)

Editoração eletrônica
Sergio Gzeschnik

Assistente de produção
Erick Abreu

Assistência editorial
Alberto Bononi
Gabriel Joppert

Rettec artes gráficas e editora

Rua Xavier Curado, 388 • Ipiranga - SP • 04210 100
Tel.: (11) 2063 7000 • Fax: (11) 2061 8709
rettec@rettec.com.br • www.rettec.com.br